Conrad Seidl | Werner Beuteln

DIE MARKE

ICH ®

Conrad Seidl | Werner Beutelmeyer

DIE MARKE
ICH®

So entwickeln Sie Ihre
persönliche Erfolgsstrategie –
mit Heroldprinzip

REDLINE | VERLAG

Bibliografische Information der Deutschen Nationalbibliothek
Die Deutsche Nationalbibliothek verzeichnet diese Publikation in der Deutschen Nationalbibliografie. Detaillierte bibliografische Daten sind im Internet über http://dnb.d-nb.de abrufbar.
ISBN 978-3-636-01355-2

Markennamen, die in diesem Buch verwendet werden, sind Eigentum ihrer jeweiligen Inhaber und wurden ausschließlich gebraucht, um die jeweiligen Produkte oder Unternehmen beispielhaft zu identifizieren.
http://marke-ich.blogspot.com

Unsere Web-Adresse:
http://www.redline-verlag.de

3., aktualisierte und überarbeitete Auflage

© 2003, 2006 by Redline Wirtschaft, Redline GmbH, Heidelberg
Ein Unternehmen von Süddeutscher Verlag | Mediengruppe

Umschlaggestaltung: INIT, Büro für Gestaltung, Bielefeld
Umschlagabbildung: plainpicture, Hamburg
Satz: Redline GmbH, S. Wilhelmer
Druck: Ebner & Spiegel, Ulm
Printed in Germany

Inhalt

Ein Vorwort über Marken. Und Menschen

Sie können sich natürlich auch anpassen.

Dann legen Sie dieses Buch am besten gleich weg – andere Karriereratgeber werden Ihnen einen Weg weisen. Sie können dann selbst feststellen, ob dieser Weg nach oben führt oder im Kreis, wie es das Wort „Karriere" impliziert.

Oder Sie sind anders. Sie passen sich nicht an. Werden markant.

Wir wissen, dass es ungewöhnlich und unbequem ist, was wir mit diesem Buch vorschlagen. Wer seinen eigenen Weg gehen will, eckt zwangsläufig an. Trifft dutzendweise Freunde, die ihn daran erinnern, dass man besser still und unauffällig ist. Da gibt es wohlmeinende Mitmenschen, die warnen, dass man sich lächerlich machen könnte. Uns alle umgeben Zweifler, die uns mahnen, dass wir vorsichtiger sein sollten, lieber den bequemeren Weg wählen sollten, so wie die anderen auch. Allerdings: Die meisten erfolgreichen Frauen und Männer haben sich nicht angepasst. Sie haben damit zu leben lernen müssen, dass man ihre Ambitionen anfangs nicht ernst genommen hat – Bill Gates ebenso wie Angela Merkel, Wolfgang Schüssel so sehr wie Dieter Mateschitz, Arnold Schwarzenegger in ähnlicher Weise wie Mutter Theresa, Christoph Columbus, Jeanne d'Arc oder Bertha von Suttner. Man hat über die „fixen" Ideen dieser Menschen den Kopf geschüttelt, vielleicht auch gelacht. Und hat nicht ernst genommen, dass sie zu ihren Zielen marschiert sind. Lange wurde verkannt, dass sie für etwas stehen, an das sie glauben – ob es nun der andere Weg nach Indien ist oder ein anderes Deutschland, ob es Nächstenliebe ist oder technologische Innovation. Ihr Erfolg hat ihnen Recht gegeben – und diese Menschen sind heute so markant und so bekannt wie Weltmarken.

Umgekehrt: Es gibt Weltmarken, die uns vertrauter sind als die Kinder unserer Geschwister. Und wie die Neffen und Nichten mit

Vornamen heißen, das braucht eine kurze Nachdenkpause. Aber was ein gutes Auto, ein weltbekannter Hamburger oder ein gutes philharmonisches Orchester ist – da brauchen wir nicht nachzudenken, da gibt es Weltmarken, die uns die Zuordnung erleichtern. Meist sind das Marken, die etwas ganz anders machen als alle anderen.

Dieses Buch handelt von Marken, die sich nicht an das angepasst haben, was die Mitbewerber als passend empfunden haben. Und von Menschen, die genau so konsequent waren – die gegen den Strom der Erwartungen und des Anpassungsdrucks geschwommen sind. Mit Anpassung wäre aus Angela Merkel eine fleißige Stütze der CDU-Fraktion geworden – kompetent, unter Fachleuten anerkannt, im Übrigen aber irgendwo in den hinteren Reihen des Bundestags versteckt. Frau Merkel aber hat sich nicht angepasst, hat sich nicht unterkriegen lassen, hat mit einer bewunderns- und nachahmenswerten Geduld ertragen, wie in tausenden peinlichen Karikaturen über ihr Äußeres gespottet wurde. Und hat ihre Frisur, ihr Auftreten und ihren bei Frauen immer noch verpönten Machtwillen zum Markenzeichen ihrer *Marke ICH®* gemacht. So ist sie heute international bewunderte deutsche Bundeskanzlerin – anstatt als Hinterbänklerin ignoriert zu werden.

Frau Merkel hat geschafft, was allen gelungen ist, um die es in diesem Buch geht: Sie hat es geschafft, aufzufallen – im richtigen Moment wahrgenommen zu werden. Um zu sehen, wie das funktioniert, gehen wir einen Moment von der großen Politik weg und schauen daheim in unseren Briefkasten. Stellen Sie sich vor, Sie kommen von einer Urlaubsreise heim und stellen fest, dass da zwei Dutzend persönlich an Sie adressierte Briefe liegen. Welche werden Sie zuerst öffnen? Wahrscheinlich die, deren Absender sie kennen. Zuallererst die, zu deren Absender Sie eine starke emotionale Beziehung haben. Stellen Sie sich vor, in dem Postfach wären nun auch zwei Dutzend Briefe von irgendwelchen Unternehmen, die Ihnen etwas verkaufen wollen. Sie sind nach Lektüre der Privatpost erschöpft, Sie werden nur wenigen Briefen aus diesem zweiten Haufen überhaupt Aufmerksamkeit schenken. Aber es werden diejenigen sein, bei denen Ihnen der Absender vertraut ist. Bei denen der Absender eine starke Marke hat – die anderen Briefe wandern ungeöffnet in den Papierkorb.

Was passiert da? Die Marke tritt als „Person" zwischen den Hersteller und Kunden. Marken sind wie Menschen. Erst wenn sie so wahrgenommen werden, werden sie erfolgreich. Auch umgekehrt gilt – und gilt immer mehr: Menschen, erfolgreiche Menschen, sind wie Marken. Das ist das Prinzip, auf dem der Erfolg der *Marke ICH®* beruht.

Marken geben uns Orientierung. Sie sind der Maßstab, den wir anlegen, wenn wir Produkte beurteilen. Sie sind aber auch der Maßstab, wenn wir Menschen beurteilen; obwohl das den wenigsten von uns bewusst ist. Noch mehr und noch weniger bewusst: Sie sind der Maßstab, nach dem wir selbst beurteilt werden. Denn die Beurteilungsmuster aus der Markenwelt haben wir alle mehr oder weniger verinnerlicht.

Noch vor 150 oder auch noch vor 100 Jahren waren die allgemein für verbindlich gehaltenen Beurteilungsmuster durch Eltern und Schule, durch Kirche und Kunst vorgegeben. Etwas später haben in weiten Teilen der Welt totalitäre Systeme die Rolle übernommen, Maßstäbe für gut und böse, für richtig und falsch und für guten (sprich Erfolg signalisierenden) und schlechten Geschmack zu definieren. In einer freien Marktwirtschaft gibt es andere Autoritäten – heute heißen die Instanzen MTV, Benetton oder die Ariel-Kampagne, die seit Jahrzehnten insistiert, dass es einen Unterschied zwischen „sauber" und „rein" gibt.

Diese Marken prägen unsere Welt. Überall. Kein Dorf auf dieser Welt, in dem einem nicht wenigstens Coca-Cola begegnete. Keine russische Großstadt ohne McDonald's. Kein Winkel der Welt, wo nicht Mercedes wegen seiner Qualität bewundert würde – auch wenn nie ein Mercedes in gerade jenen Winkel vorgedrungen sein mag. Denn Marken sind mächtige Symbole, sind Gestalten, die im Vordergrund stehen, die unser Interesse und unsere Aufmerksamkeit erregen. Markenwahrnehmung steckt tief in uns drin, befindet sich sozusagen im Genom – und den Marketingexperten ist das immer bewusster geworden. Unser Radarsystem gibt bei der Wahrnehmung der „Gestalt" den Vorzug. Die Gestalt ist anders als die Umgebung. Ist ein Ganzes, ist geschlossen und differenziert sich vom Hintergrund.

Marken prägen unsere Welt. Von klein auf. Kein Kindergarten, in dem nicht das herzige Outfit von Oilily Bewunderung fände. Keine

Grundschule, in der nicht Sportschuhe von Nike oder einer anderen Marke die Zugehörigkeit zu der angesehensten Gruppe signalisieren würden. Kein Kind, das nicht überzeugt wäre, dass Schokoladen von Suchard, Puppen von Mattel (=Barbie) und Comics von Walt Disney sein müssten.

Marken prägen unsere Welt, ob wir wollen oder nicht. Denn Marken signalisieren uns, dass wir das Richtige tun, sie geben Vertrauen. Natürlich kann man Babynahrung selber zubereiten – aber das Fertigprodukt garantiert, dass da sicher nichts falsch gemacht wurde. Jedes Fertigprodukt? Sicher nicht jedes. Aber in der großen Auswahl vertraut die junge Mutter der starken Marke Milupa. So wie der technisch nicht versierte Käufer einer Waschmaschine – und in Sachen Waschmaschinen ist wohl jeder von uns „technisch nicht versiert" – der Marke Miele vertraut: Bei diesem Hersteller kann man wohl nichts falsch machen. Der Katzenhalter greift sicherheitshalber zu Whiskas. Natürlich klingt da die Werbung im Ohr: „Katzen würden Whiskas kaufen." Aber die Auswahl wird von mehr bestimmt als von ein paar Inseraten oder Werbespots im Fernsehen. Was dahinter steckt, wenn wir nach Markenprodukten greifen, ist eines der Themen dieses Buches. Es handelt von Marken, die wir alle kennen.

Noch mehr aber handelt dieses Buch von Menschen. Von Menschen wie du und ich. Von Menschen, die ihre Katzen ebenfalls mit Whiskas füttern und auch sonst oft zu Markenprodukten greifen. Zum Beispiel zu Designerkleidung. Den Marken entkommt nämlich keiner. Man kann die Marken nicht übergehen.

Menschen aber kann man übergehen.

Leider. Es passiert auch dem Tüchtigsten immer wieder, dass er übergangen wird. Denn auf einem Marktplatz nicht aufzufallen ist gleichbedeutend mit unsichtbar zu sein. Und unsere ganze Umwelt ist, ob wir das nun mit neoliberalem Eifer begrüßen oder mit fundamentalistischer Skepsis ablehnen, eine Landschaft aus Marktplätzen geworden, auf denen die Gesetze der Aufmerksamkeits-Ökonomie gelten. Die Entwicklung Ihrer eigenen *Marke ICH®* hilft Ihnen, sich so zu positionieren, dass man Sie nicht mehr übergehen kann.

In den acht Jahren, seit wir zum ersten mal ein Buch mit dem Titel Die *Marke ICH®* geschrieben haben, hat sich das Wirtschaftsklima mehrfach deutlich verändert – es gab Boom-Zeiten, es gab bittere Rezessionen; wir haben Wirtschaftsbereiche verschwinden sehen, die noch vor zwei Jahrzehnten als Garant für „sichere Arbeitsplätze" gegolten hatten – wir haben neue Formen der Beschäftigung kommen sehen, während manche der alten immer seltener werden. Einiges war befreiend, anders war erschreckend aus der Perspektive der Betroffenen. Aber ein Faktum ist unverändert geblieben: Starke Marken tun sich leichter. Sie überstehen schwierige Zeiten besser. Sie können wachsen, wo andere schrumpfen oder aufgeben müssen. Und das trifft nicht nur auf Konsummarken wie Coca-Cola, Marlboro oder Nivea zu; nicht nur auf High-Tech-Marken wie IBM, Nokia oder Nikon; nicht nur auf Servicemarken wie AT&T, UPS oder Amazon.com. Es betrifft uns alle: In einer Welt, wo Marken stärker wahrgenommen werden als viele Menschen, kommen markante Menschen, Menschen mit einer eigenen *Marke ICH®*, einfach besser durchs Leben.

Sehen Sie sich um: Wahrscheinlich haben auch einige, wenn nicht viele andere ein ähnliches Angebot für Ihre potenziellen Auftraggeber bereit. Deshalb ist es notwendig, von den Markenartikel-Anbietern zu lernen. So wie auf dem Arbeitsmarkt Millionen Hilfskräfte, hunderttausende Facharbeiter und Absolventen höherer Schulen und zehntausende Akademiker vergleichbare Leistungen anbieten – so bietet auf dem Weltmarkt eine Vielfalt von Anbietern recht ähnliche Produkte etwa an Speisen und Getränken, an Mode oder an Autos an. Es ist ein so vielfältiges Angebot, dass wir uns am liebsten an starke, vertrauenswürdige Marken anlehnen.

Und wir fordern Sie auf, selbst eine so starke Marke zu werden, an der sich andere orientieren können. Bitte verstehen Sie uns richtig: Unser Konzept der *Marke ICH®* ist keine Aufforderung zum Bluffen. Sondern im Gegenteil eine Einladung, das eigene Können auszubauen und es richtig zu vermarkten – ob wir nun in der Finanzwelt tätig sind oder als Straßenhändler, ob wir Beamte oder Künstler, hoch spezialisierte Fachärzte oder einfache Angestellte sind. Mit einer richtig positionierten Marke kommt man in dieser oder auch in jener Funktion weiter. Gut muss man schon vorher sein.

Aber davon gehen wir generell aus: Wer dieses Buch liest, wer Die *Marke ICH®* ernsthaft für sich entwickeln will, muss in seinem Feld sattelfest sein. Auch eine starke Marke kann auf Dauer kein schwaches Produkt verkaufen. In unserer Lebens- und Arbeitswelt ist es generell so, dass Bluffen auf die Dauer nicht funktioniert. Vielmehr drängen sich in jedem Büro, jedem Geschäft, jedem Verein Leute, die etwa gleich gut ausgebildet sind, ihre Aufgaben etwa gleich gut lösen können – und wenn man näher hinsieht, dann kommt man drauf, dass diese Leute sogar ähnlich aussehen. Die Aktienhändler in den Büros rund um die Wall Street sind einander ähnlich; die Schuhputzer unten an der Ecke auch. Und doch gibt es welche, die erfolgreicher sind. An die man als erstes denkt, wenn man einen Rat sucht (oder, um noch einmal im Bild zu bleiben: wenn man gepflegte Schuhe haben will).

Diese Menschen, die einem als erstes einfallen, sind eben jene, die einem besonders markant erscheinen. Die eine Marke für eine spezifische Problemlösung ausgebildet haben. So wie das eben Markenartikler tun: Sie positionieren sich „on top of mind", also ganz oben in der Liste der Problemlösungen und Problemlöser, die in den Hirnen ihrer Kunden abgespeichert sind. Denken Sie an ein Medikament, ein durstlöschendes Getränk oder an das Bezahlen mit Kreditkarte: Sehr wahrscheinlich sind die Marken Aspirin, Coca-Cola und Visa die ersten, die in den Sinn kommen. Wenn Sie einen Lieblingskellner in Ihrem Stammlokal haben, eine Friseurin oder einen Mechaniker, den Sie als einzigen an Ihr Auto heranlassen, dann wissen Sie schon, worum es sich bei der *Marke ICH®* handelt.

Dann kennen Sie offenbar schon Menschen, die aus dem einen oder anderen Grund markant für Sie sind. Die *Marke ICH®* ist allerdings ein Konzept, das über die Zufälligkeit hinausreicht, die Ihnen den Kellner oder die Friseurin ins Gedächtnis zurückruft. Es geht darum, im Hirn unserer Kunden oder potenziellen Kunden systematisch den ersten Platz in der Liste möglicher Lieferanten zu besetzen. Wobei wir die Bezeichnung Kunde und Lieferant in diesem Zusammenhang bewusst sehr weit fassen wollen. Denn egal ob Sie selbst am Verkaufspult stehen oder weit hinten in der Buchhaltung sitzen; ob Sie Generaldirektor sind oder Praktikant – Sie werden immer etwas für Ihr Selbstmarketing tun müssen.

Wer einfach nur gut ist, macht einen Fehler. Sie werden eine *Marke ICH®* aufbauen müssen. Selbst wenn Sie es eigentlich nicht wollen: Es ist sehr wahrscheinlich, dass Sie schon eine mehr oder weniger gut entwickelte Marke haben, dass der Branding-Prozess weiter fortgeschritten ist als es Ihnen bewusst ist oder vielleicht lieb sein kann. Branding, das ist das amerikanische Wort für Markenbildung. Es leitet sich von der Praxis der Viehzüchter her, ihren Rindern ein Brandzeichen aufzudrücken, das ein eindeutiges Bild vermittelt, wo das jeweilige Tier her ist. Wir selber neigen dazu, Menschen ebensolche Brandzeichen aufzudrücken – manche merken es, anderen ist gar nicht bewusst, dass ihnen ein Zeichen eingebrannt ist. Und vielfach haben sie keinen aktiven Einfluss darauf genommen, was das Zeichen über sie aussagt.

Gehen Sie sicherheitshalber davon aus, dass Ihnen bereits ein solches Branding verpasst worden ist. Dieses Buch hilft Ihnen dabei, herauszufinden, was andere bereits von Ihrer Marke wahrnehmen. Noch wichtiger ist aber, dass Sie darangehen, Ihre *Marke ICH®* aktiv zu gestalten und sicherzustellen, dass Sie selber kontrollieren, welche Brandzeichen mit Ihrer Person assoziiert werden.

Wir haben dieses Buch geschrieben, um Ihnen eine Brille aufzusetzen, durch die Sie die Welt – Ihre persönliche Umwelt – als markenorientiert verstehen können.

Wer versteht, was die Stärke von Marken ausmacht, kann auch mehr aus sich selbst machen. Kann Die *Marke ICH®* entwickeln. Das ist kein fertiges Erfolgsrezept – wir werfen daher in diesem Buch vielfach Fragen auf, die jede *Marke ICH®* individuell beantworten muss. Weil es ja auch keine fertigen Erfolgsrezepte für Colagetränke, Waschmaschinen, Luxusautos und Katzenfutter gibt. Aber wer in diesen Märkten bestehen will, muss sich ähnliche Fragen stellen. Muss eine klare Markenpersönlichkeit haben. Und wer auf dem Arbeitsmarkt bestehen will, auch. Uns gefällt, was Klaus-Dieter Koch dazu formuliert hat: „Marke ist ja auch ein Synonym für Geldverdienen und das ist ja nichts Ehrenrühriges. Dafür muss ich nicht ein Vermögen in die Werbung investieren. Ich muss nur zeigen, welche Spitzenleistungen ich anbiete und wie ich mich von meinen Mitbewerbern unterscheide. Marken baut man durch Leistung auf. Marke ist nicht Oberfläche. Viele verwechseln Marke mit einem Logo, das ist natürlich Unsinn. Eine Marke kann man sich vorstellen wie einen Akku: Erst durch die Leistung kommt da Energie hinein. Und irgendwann, wenn genug Energie vorhanden ist, kann man dann etwas anstecken."

Wir glauben, dass es lohnt, Profil zu entwickeln, zu zeigen, wofür man steht.

Wir haben auch selber die Erfahrung gemacht, dass man leichter und besser lebt, wenn man sich von den anderen abhebt – auch und gerade dann, wenn man nicht von allen Zustimmung bekommt. „Everybody's Darling" ist ohnehin keine sehr zukunftsträchtige Marke. „Graue Maus" ist erst recht keine erstrebenswerte Positionierung. Obwohl es manche für „sicherer" halten, mit dem Mainstream zu schwimmen und den Kopf schön untenzuhalten. „Meist wird Schüchternheit als Feigheit fehl interpretiert oder als Dummheit", schreibt Rotraut Perner in ihrem Buch „Die Hausapotheke für die Seele". Die bekannte Psychotherapeutin analysiert, dass Schüchternheit vor allem bedeutet, die unsichtbaren Grenzen zwischen Menschen zu spüren und diese nicht überrennen zu wollen. Das ist nicht a priori negativ – aber es ist hinderlich in einer Karriere- und Spaßgesellschaft, die nur die Lustigen, Mutigen und Pflegeleichten mag und nicht die Zeit aufbringen will, sich mit den Schwermütigen, Bedächtigen und Komplizierten auseinander zu setzen.

Was also bleibt dem zu tun übrig, der zu schüchtern ist, sich und seine Leistung ins rechte Licht zu setzen? Die Therapeutin warnt zu Recht vor den meist erfolglosen Versuchen, das erfolgreichste Modell aus der eigenen Umgebung einfach zu kopieren. Man soll zwar von den Erfolgreichen lernen, aber aus einer Kopie wird keine eigenständige *Marke ICH®*. Perner: „Dass sensible Menschen zu vorsichtig sind, sich ‚weit aus dem Fenster' zu lehnen, wenn drunten keiner steht, der sie auffängt, halte ich für klug… Streichen Sie das Wort ‚schüchtern' aus Ihrem Wörterbuch! Sagen Sie stattdessen ‚vorsichtig', ‚bedacht', ‚misstrauisch' oder ‚abwartend'." Dass dies als persönliche Grundhaltung und Lebensstil die Kontaktmöglichkeiten behindert, ist ein Faktum, mit dem man leben muss – und wenn man gezielt an sich arbeitet, verliert es an Schrecken und überhaupt an Bedeutung. Wir geben hier gerne Perners Rat weiter, körperlich und mental den Aufbau des Selbstbewusstseins, wir nennen es den Aufbau der *Marke ICH®*, zu betreiben:

- Körperlich, indem man zunächst versucht, jemand Fremden (natürlich nicht aus der engeren Umgebung), der oder die nicht schüchtern „auftritt", wie ein Schauspieler nachzuahmen. Beginnen Sie mit kleinen Schritten: Wie schaut dieser Mensch drein, wie gestikuliert diese Person, wie spricht sie, wie geht sie, wie sitzt sie? Probieren wir Mimik, Gestik, Sprache, Bewegungen aus – und horchen wir in uns hinein, wie sich das anfühlt, ob es uns gut geht dabei. Hier passiert schon viel, was hilft, zur *Marke ICH®* zu werden – wir finden heraus, was von dem, was andere machen, mit uns selbst vereinbar ist. Und wozu wir schon den Mut gefunden haben und wozu (vielleicht: noch) nicht.

■ Mental führt der Weg von der Schüchternheit zu einer selbstbewussten *Marke ICH®* über die Fragen: Was wäre das Ärgste, das passieren könnte, wenn ich ohne Schüchternheit auf jemand anderen zugehen würde? Wie realistisch ist, dass dies geschieht? Was könnte ich dazu beitragen, dass dieser „schlimmste Fall" nicht eintritt? Hier muss man sich vielleicht zwingen, eine andere als die triviale Lösung zu finden, gar nicht erst aus dem Schneckenhaus herauszukommen. Denken wir lieber den Schritt voraus: Was tue ich, wenn doch dieser gefürchtete „schlimmste Fall" eintritt?

Wir werden noch sehen, dass diese ersten Schritte genau so von großen Markenartiklern angewendet werden, wenn sie ihren Auftritt planen. Natürlich wird niemand zur erfolgreichen Marke, indem er nur imitiert – der wirklich große Schritt passiert dann, wenn wir uns von all dem lösen, was wir an anderen als vorbildlich kopiert haben und beginnen, selber Maßstäbe zu setzen. Wenn nur noch die *Marke ICH®* für uns relevant ist und wir die Sicherheit gewonnen haben, nicht mehr kopieren zu müssen.

Dann haben wir auch die Sicherheit gewonnen, konsequentes Eigen-Marketing zu betreiben.

Drei Faktoren sind nach einer viel zitierten, angeblich bei IBM durchgeführten US-Studie für berufliches Weiterkommen entscheidend: Die Qualität unserer Arbeit (10 Prozent), der Eindruck, den wir machen (30 Prozent), am meisten aber unser Bekanntheitsgrad (60 Prozent). Ein für jene ernüchterndes Ergebnis, die sich an die alte Tugend „Mehr sein als scheinen" halten: Nicht die Besten, die Kundigsten, die Fleißigsten kommen am schnellsten voran, sondern jene, die in eigener Sache am eindrucksvollsten trommeln. Und die die Lautstärke des Trommelklangs gerade so wählen, dass sie noch nicht penetrant wirkt.

Solches Selbst-Marketing hat nichts mit plumper Eigenanpreisung oder gar Aufschneiderei zu tun. Sondern damit, der Zielgruppe deutlich zu machen, was gerade unsere *Marke ICH®* für sie leisten kann. Dahin sind die Zeiten, als Dienstjahre die beste Garantie für Arbeitsplatzsicherheit und Beförderungen waren. Heute sind nicht Treue und beharrliches Nach-oben-Buckeln ausschlaggebend, sondern der vermittelbare eigene Marktwert. Dieser Marktwert muss natürlich einem realen Wert entsprechen – dem, was wir können, was wir an Erfahrung haben, wie wir uns weitergebildet haben. Wer aber noch ein bisschen mehr Eigeninitiative dazubringen kann, fällt eher auf. Die Anstöße müssen von jedem Einzelnen selber gebracht werden.

Schließlich wird es in diesem Buch auch um Allianzen gehen, die Die *Marke ICH®* eingehen muss. Wie sie selber zum Herold anderer Marken werden kann und umgekehrt markante, prominente Marken-Persönlichkeiten als Herolde gewinnen kann – bis dorthin, wo man sich fragen muss, wo die Grenzen liegen: Dem Prominenten ist in diesem Zusammenhang nur zu raten, laufend die Kernkompetenzen seiner *Marke ICH®* zu stärken und sich nicht dazu verleiten zu lassen, aus seiner zusätzlichen Popularität immer mehr Geld durch noch mehr Werbung schlagen zu wollen. Ein solches Vorgehen – sprich: zu viel Werbung für andere – untergräbt den Marken-Kern des Prominenten, der schließlich ja sein Kapital darstellt! Eine Gefahr, die wir etwa bei Armin Assinger sehen, der als österreichischer Millionenshow-Moderator ebenso bekannt ist wie als Werbefigur und Ex-Sportler: Das Bild solcher Prominenter wird dann leicht wieder verwaschen, sie stehen für alles und nichts, ihre *Marke ICH®* verliert an Kraft.

Aber das sind Sorgen, die Sie sich im Moment noch nicht machen müssen. Zunächst wird es darum gehen, zu verstehen, was starke Marken eigentlich ausmacht – und wie Sie den Kern Ihrer *Marke ICH®* entdecken, weiter entwickeln und pflegen können. Wir haben gesehen, dass viele Menschen über sich hinauszuwachsen beginnen, wenn sie sich als Markenpersönlichkeiten zu begreifen beginnen.

Andererseits haben wir immer wieder auch Leute getroffen, die uns gesagt haben, dass das mit der *Marke ICH®* ja ganz nett und richtig wäre. Für andere möge das ja alles gelten – aber sie selber würden sich das nicht zutrauen. Für diese Menschen haben wir das Herold-

Prinzip in dieses Buch eingebaut. Es ist ein uraltes Prinzip, das große Marken längst für sich verwenden (ohne dass sie aber viel darüber reden): Starke Marken werden umso stärker, je stärkere Herolde sie für sich wirken lassen.

Starke Marken wissen, dass Herolde etwas verkünden müssen – sie fabrizieren daher starke Botschaften – genau das ist es, was wir Ihnen auf den folgenden Seiten nahe bringen wollen. Wir wünschen Ihnen, dass Sie starke Herolde für Ihre *Marke ICH®* finden. Und wir wünschen ihnen Spaß bei der Entwicklung Ihrer *Marke ICH®* – dann kann nichts mehr schief gehen.

Conrad Seidl, Werner Beutelmeyer
Wien, im Sommer 2006

Marken schaffen Kultur – und Werte

Ein beachtlicher Teil dessen, was wir heute als unsere westliche Kultur empfinden, ist in Wirklichkeit von Marketingexperten geschaffen worden. Die gemeinsame Verwendung von Marken ist für viele Menschen heute ähnlich identitätsstiftend wie es früher eine gemeinsame Wallfahrt gewesen sein mag. Wer bestimmte Schuhe trägt, legt damit ein ähnlich starkes Bekenntnis ab wie jemand, der vor 200 Jahren in dieser oder jener Kirche war: Adidas oder Nike? Reebok oder Puma? Katholik oder Protestant? Jude oder Muslim? Indem eine Marke einem Gebrauchsgegenstand zusätzlichen Wert verleiht, indem sie Objekten des Marktes einen übergeordneten Wert verleiht, erfüllt sie tatsächlich eine Rolle, die historisch mit Religionen verknüpft war.

> Die gemeinsame Verwendung von Marken ist für viele Menschen heute ähnlich identitätsstiftend wie es früher eine gemeinsame Wallfahrt gewesen sein mag.

Das Heil erwartet uns nicht im Jenseits. Sondern vielleicht schon im nächsten Supermarktregal, wo wir eine identitätsstiftende Marke kaufen können. Die Marke hat dabei eine weit über den Nutzen des Produktes hinausgehende Wirkung: Sie verspricht einen virtuellen Vorteil, der im Wesentlichen darin besteht, dass die Konsumenten eben an diesen Vorteil glauben; fast so wie an ein Leben nach dem Tod. **Dieser virtuelle Nutzen ist oft viel wirksamer als ein realer Produktnutzen** es sein könnte – und er braucht (weil er ja nur virtuell vorhanden ist) von den Markeninhabern nicht einmal in der Wirklichkeit bewiesen zu werden. Starke Marken appellieren, ganz ähnlich wie die Religion, an unser Gewissen: „Ist die Katze gesund, freut sich der Mensch", wendet sich Kitekat an das Gewissen von Tierhaltern – wer könnte es vor seinem Gewissen verantworten, der Katze Gesundheit vorzuenthalten, das wäre ja eine Sünde. Ebenso wie die teuren Hallmark-Glückwunschkarten für ihre Verwender beanspruchen: „When you care enough to send the very best" – ist es nicht eine Sünde, ein billigeres Konkurrenzprodukt zu verschicken? Und: Wird diese Sünde nicht vom Empfänger wahrgenommen, müssen wir uns nicht, wenn schon nicht vor Gott, so doch vor der Welt schämen, eine andere als die Hallmark-Marke verwendet zu haben?

Es sind solche Überlegungen, die in den letzten Jahren auch erhebliche Kritik an Großkonzernen, die starke Marken besitzen, geschürt haben. Aber die Markenkultur ist dadurch keineswegs erodiert. Man kann zwar „No Logo" postulieren wie Naomi Klein in ihrem Buch und auf der Website www.nologo.org – aber der Macht der Marken entkommt man doch nicht. Allenfalls kann man für sich in Anspruch nehmen, dass man „bewusst" und „kritisch" mit Marken umgeht.

Wir sind keine Opfer des Markenfetischismus. Wir doch nicht ...

Aber: Wir trinken nicht einen Durstlöscher, sondern eine Marke; fahren nicht ein Auto, sondern eine Marke; tragen nicht Kleidung, sondern ein Label, ein Logo, eine Marke. Dem Impresario P. T. Barnum verdankt unsere Kultur den Begriff „Jumbo" (nach einem riesigen Elefanten, den er 1882 im Londoner Zoo gekauft und dann auf Jahrmärkten ausgestellt hat) – und das Prinzip, dass eine Story zu einem Produkt gehört. Eine Story, die das Produkt zum Star macht; und die letztlich das eigentliche Verkaufsobjekt ist. In der Kunst ist das einleuchtend: Man verkauft nicht eine Theaterkarte – sondern einen Traum; verkauft die Vorfreude auf das Vergnügen, in eine Kunstwelt einzutauchen.

Was schon immer für Theater- und Konzertkarten gegolten hat, gilt heutzutage für jedes Markenprodukt: **Mit dem Produkt kauft man die Markenwelt mit.**

Produkte sind meist austauschbar. Aber auf dem Markt kämpfen nicht Produkte gegeneinander, sondern das, was uns zu diesen Produkten einfällt. Unvorstellbar, dass jemand diese in Dreiecksform gegossenen Schokoladeriegel kaufte, ohne dabei daran zu denken, dass Toblerone aus der Schweiz ist. Und dass Toblerone eben ein bisschen anders ist – von der Verpackung bis zum Geschmack; mit jedem Stückchen, das wir auf der Zunge zergehen lassen, verbindet unser Gehirn die Markenwelt von Toblerone. Die Schokolade, der Honig und die Nüsse sind quasi nur die geschmackliche Verbindung in die reale Welt. Den relativ hohen Preis rechtfertigen aber nicht diese Ingredienzien, er wird durch das Gefühl gerechtfertigt, man könne sich eine Ecke Schweiz „åbknakkcken" (wie es in der Werbung ausgesprochen wird).

Marken schaffen Ordnung im Kopf

Marken schaffen eine Wirklichkeit. Sie codieren Unterschiede und machen aus Massenprodukten etwas Einzigartiges, Teures und Begehrenswertes. Marken sind Ideen und Gefühle, die die Verbraucher in ihren Köpfen und Herzen speichern. Sie geben Orientierung. „Marken haben eine Leuchtturmfunktion. Wenn an der Küste nur austauschbare Leuchttürme stehen, ist für den Konsumenten die Entscheidung schwierig, in welchen er Vertrauen haben kann", erläutert etwa der Philips-Designchef Stefano Marzano, warum die ökonomische Logik verlangt, dass Marken stark sind und alles andere überstrahlen.

Umgekehrt lechzen die Konsumenten geradezu danach, quasi den richtigen Leuchtturm zu finden – und sie lassen sich das tendenziell mehr kosten als sie ursprünglich für die Suche ausgeben wollten, erhob Anja Visscher für die 2005 erstellte Studie „Faktor Jugend 8 – Now and Forever". In der BERLINER MORGENPOST sagte sie: „Marken spielen in der Jugend eine absolut zentrale Rolle. Sie stärken das Selbstbewusstsein und helfen, die eigene Persönlichkeit zu entwickeln. 75 Prozent der Befragten haben uns sogar gesagt, dass sie bestimmte Marken einfach haben mussten, selbst wenn sie eigentlich zu teuer waren."

Marken haben also eine enorme Macht – nicht nur kommerziell betrachtet. In der ABSATZWIRTSCHAFT hat Jürgen Häusler von Interbrand im Frühjahr 2006 auch auf die politischen Implikationen verwiesen: „Der politische Einfluss von Marken basiert darauf, dass Marken als Identifikationsangebote an zunehmend orientierungslose Konsumenten deren Verhalten weit über den banalen Kauf- und Konsumtionsakt hinaus prägen: Man findet spannend, was Google spannend findet und was in der Hierarchisierung des Informationsangebots zum Ausdruck kommt. Es schmeckt gut, was McDonald als gut schmeckend definiert und in sein Angebot übernimmt. Man definiert professionelles Kommunikationsverhalten so, wie Microsoft dies vordenkt, und es sich in Form und Inhalt des E-Mail-Systems widerspiegelt. Aus den ‚geheimen Verführern' der 50er und 60er Jahre (so die damalige Kritik an ‚Reklame') sind mittlerweile zentrale Sozialisationsinstanzen geworden … Der politische Bedeutungs- und Machtgewinn von Marken verweist auf den schleichenden Bedeutungs- und Vertrauensverlust der ‚eigentlich zuständigen' politischen Institutionen.

Marken schaffen eine Wirklichkeit. Sie codieren Unterschiede und machen aus Massenprodukten etwas Einzigartiges, Teures und Begehrenswertes.

Marken trauen scheinbar immer mehr Menschen dort etwas zu, wo sie ansonsten längst vom Versagen politischer Einrichtungen ausgehen. So traut man Google in China wohl mehr Standhaftigkeit und Einfluss als den meisten westlichen Regierungen zu."

Das ist eine relativ neue Entwicklung – aber die ganze Geschichte der Wahrnehmung von Marken als gesellschaftliche Einflussgrößen ist ja etwas, das erst ein bisschen mehr als 100 Jahre alt ist.

Ende des 19. Jahrhunderts entwickelte sich die Geschäftsidee, die Konsumenten nicht nur mit immer billiger herzustellenden Industrieprodukten zu versorgen, sondern diese Produkte mit einem Qualitätsversprechen zu versehen. So begann jemand, Autos zu bauen (Benz), ein anderer hatte die Idee mit dem Backpulver (Oetker), ein Dritter wollte mit guter Literatur bilden (Reclam), ein Vierter kümmerte sich um unsere gepflegte Erscheinung (Schwarzkopf). Im Industriezeitalter waren das alles anonyme Produkte – im Unterschied zur früheren handwerklichen Wirtschaft kannte man den Produzenten nicht mehr. Und so entstand die Idee, über eine Marke eine emotionale Beziehung herzustellen. So wie ein Handwerker sich um die Gefühle und Wünsche seiner Kundschaft kümmerte (und nicht nur um deren unmittelbaren Bedarf), haben die Industriellen begonnen, die Marke als emotionale Klammer zwischen Produzenten und Konsumenten dazwischenzuschalten. Das jeweilige Produkt wurde emotionell aufgeladen.

Zu Beginn des 20. Jahrhunderts bauten die Kaufleute auf ihren Ladentischen stolz kleine Stapel von Maggis Suppenwürfeln neben Kathreiners Malzkaffee und Marco Polo Tee. Draußen auf den Straßen warben Plakate für das „wirklich antiseptische" Mundwasser

Odol. Das Bild der Städte jedoch veränderte schon 1855 der Berliner Buchdrucker Ernst Litfaß, als er die Genehmigung erhielt, „massive Säulen … zur Aufnahme von öffentlichen Anzeigen in den belebtesten Straßen der Stadt und ihrer nächsten Umgebung aufzustellen". Die Litfaßsäule war eine ordentlich preußische Erfindung, die aus dem Erfinder einen reichen Mann machte.

Damals bereits wurde das Entscheidende am Prinzip der Marke erkannt: Dass nämlich der Gebrauch von Marken seinen Verwender auszeichnet und ihn von der Masse unterscheidet. Und das beginnt schon in der Kinderzeit – denn nach den Daten der KidsVA, einer deutschen Marktanalyse des Marktes für 6- bis 13-jährige, hatten die deutschen Kinder im Jahr 2005 durchschnittlich 915 Euro zur Verfügung. Das durchschnittliche Taschengeld beträgt 21 Euro im Monat, dazu kommen immer größere Geldgeschenke. Zum Geburtstag kann ein Kind im Schnitt mit 69 Euro rechnen, zu Weihnachten liegen nun im Schnitt 76 Euro auf dem Gabentisch. Hohe Relevanz haben Marken nach dieser Erhebung beim Outfit – hier besonders bei Sportschuhen (58 Prozent), Taschen/Schulranzen (54 Prozent) und Jeans (50 Prozent). Im Food-Bereich wissen die Kinder, was ihnen schmeckt, daher ist die Marke vor allem bei Nuss-Nugat-Cremes (47 Prozent), Schokolade (43 Prozent) und Getränken (42 Prozent) wichtig. Und wenn das Taschengeld nicht reicht, setzen die Kinder ihre Wünsche nach Marken-Mode eben mit „Nörgel-Power" durch.

Für die Markenartikelhersteller lässt die Gewöhnung an Marken eine ertragreiche Zukunft erhoffen – auch wenn etwa der Kinderpsychologe Stefan Schmidtchen Werbebeschränkungen für die Jüngsten fordert: „Die frühe Fixierung auf Markenprodukte wie teure Klamotten, hervorgerufen von der Werbung, führt am Ende zur Jugendkriminalität." Tatsächlich sind die „Taschengeld-Milliardäre" schon in jungen Jahren eine beachtliche Stütze des Handels. Fast 60 Prozent der deutschen Kinder und Jugendlichen achten beim Kauf gezielt auf die Herstellermarken. Und in der Schweiz wunderte sich die SONNTAGSZEITUNG schon zu Weihnachten 1999: „Es gibt nichts, was es nicht gibt. Von der Daunenjacke für ein zweijähriges Mädchen mit echtem Fuchskragen von Le Guignol (559 Franken), Versace-Kunstlederjäckchen mit passenden Röckchen (838 Franken) bis hin zu Babydecken aus Wolle und Angora von Hermès für 1500 Franken.

Selbst die Kosmetikindustrie hat den König Kunde Kind entdeckt: Vichy hat eine Bébé-Linie mit Reinigungs- und Pflegeprodukten auf den Markt gebracht, Versace eine Parfümserie mit verschiedenen Duftnoten in coolen Blechdosen und L'Oréal eine spezielle Kinder-Haarpflege-Linie, bei der allein für das Shampoo 13 Franken zu berappen sind. Der Aufwand lohnt sich. Laut Bundesamt für Statistik gibt eine Schweizer Durchschnittsfamilie allein schon für die Kleidung eines Kindes 70 Franken pro Monat aus. Hinzu kommt ein durchschnittliches Taschengeld von 30 Franken pro Kind sowie die großen Beträge, die Verwandte und Bekannte für Weihnachts- und Geburtstagsgeschenke der Kids investieren."

Marken sind wie Freunde

Markenverwendung dokumentiert nicht nur bei Halbwüchsigen das persönliche Anspruchsniveau eines Konsumenten, seine Qualitätsorientierung und letztlich seine eigene Persönlichkeit.

Keiner kann sich dem entziehen. Damit entwickelt sich zwischen der Marke und dem Verwender eine Identität. Die beiden sind sozusagen aus demselben Holz geschnitzt. Das Ergebnis ist – nicht nur bei Autonarren – eine tiefe emotionale Verbindung vom User zur Marke, im Fachjargon wird diese **Markenloyalität** genannt. Das Markenprodukt auf unserem Esstisch, im Putzschrank oder in unserer Garage ist eben nie zufällig dort. Sein Vorhandensein steht immer im Zusammenhang mit einer kleinen Lebensgeschichte. Unsere Gewohnheiten sind angefüllt mit Marken, daran haben wir uns von klein auf gewöhnt:

- Der Märklin-Baukasten ist heute umzingelt von den Lego-Burgen; Playmobil-Welten. Barbie-Puppenhäuser und Fischer-Technik schließen sich an. Imitationen derselben werden sogleich erkannt und je nach familiärer Markenlage gewürdigt oder ausgesondert.
- Die Kämpfe um Cola setzen in europäischen Haushalten dann ein, wenn die Kleinen die Lust an Amerika, McDonald's oder Disneyworld zu spüren beginnen. Wie ein Virus setzt sich die erste Flasche mit der braunsüßen Flüssigkeit auf dem Mittagstisch fest. Und wenn auch erst nach Jahren – irgendwann gibt die Mutter den Kampf

gegen die vermeintlich schädliche Limonade auf, und der OBI-Apfelsaft bleibt fürderhin den Oldies reserviert. Die Kinder aber wachen darüber, dass Mama auch wirklich das Cola ihrer Lieblingsmarke kauft – denn von dem meinen sie zu wissen, dass es ihnen wirklich schmeckt. Dem No-Name-Cola der Handelsketten merken sie schon von außen an, dass es ihnen nicht schmecken wird.

- Auf dem Schulhof wird unterdessen genauestens unterschieden zwischen den Wranglers und den Levi's, zwischen Puma und Nike.

- Und während Mama zu erkennen gibt, dass sie mit dem Namen Knorr die besseren Fertigprodukte verbindet, lernt Papa, dass Audi das richtige Sortiment für gute Autos bereithält.

Auf diese Weise bilden sich unsere Vorlieben für Marken. Solche Vorlieben verdichten sich zu Vorurteilen. Gefragt, warum wir nicht eine andere Marke wählen, verteidigen wir die unsere als praktischer, besser schmeckend, weißer waschend und irgendwie bequemer. In eine Liebe lässt man sich nicht hineinreden – es geht nicht um Gründe, es geht um ein kleines Geheimnis.

Das gekaufte fremde Ding wird durch seinen Markencharakter zum Freund. Die Markenartikler machen sich damit eine Weisheit des amerikanischen Präsidenten Abraham Lincoln zu Nutze, die wir auch für *Die Marke ICH®* nie aus den Augen verlieren sollten: „Bevor man einen Menschen für etwas gewinnen kann, müssen wir ihn davon überzeugen, dass wir sein Freund sind.

> **Das gekaufte fremde Ding wird durch seinen Markencharakter zum Freund.**

Das ist für ihn wie Honig, wie Balsam für sein Herz. So gewinnen wir ihn. Wenn uns das gelingt, macht er unsere Sache zur seinen. Bedingung ist natürlich, dass die Sache gut ist."

Marken treten uns gegenüber wie Freunde. Sie schaffen damit einen starken Gegenwartsbezug. Und dieser ist in der Zeit nach Abraham Lincoln noch viel, viel wichtiger geworden. Die Jetzt-Haltung ist typisch. Der Augenblick zählt. Das Spontane ist wichtig. Im Moment liegt die Erfüllung. Das alles spiegelt sich deutlich im gesellschaftlichen Verhalten und löst erhebliche Unberechenbarkeit aus. Wähler entscheiden sich vermehrt spontan für eine bestimmte Partei. Fernreisen werden „last minute" gebucht. Und im Kaufhaus wird der Impulskauf immer relevanter.

Marken schaffen aber auch Träume. Die Bezeichnung „Dream-Society" von Rolf Jensen, einem dänischen Zukunftsdenker, charakterisiert diese Facette der Markenkultur prägnant. Markenwelt bedeutet gleichsam Traumwelt. Jensen sieht nicht den Technologiefaktor im Vordergrund, sondern „the story behind the product that will provide the competetive edge".

Die Marke macht den Unterschied ...

Vom Kommunikationsprofessor Klaus Kocks stammt das Bonmot, dass Marken nicht Produkte mit gewisser Bekanntheit sind, sondern Bekanntheiten mit gewissen Produkten. Wenn wir daher in diesem Buch von Marken sprechen, dann meinen wir üblicherweise nicht die Produkte, die den jeweiligen Markennamen tragen. Heineken ist mehr als ein Bier. BMW mehr als ein konkretes Auto. CNN mehr als eine Nachrichtensendung. Vielmehr verbürgt sich CNN dafür, dass Nachrichten aktuell, relevant und zutreffend sind; BMW verbürgt sich für Sportlichkeit und Verlässlichkeit der unter dieser Marke hergestellten Autos. Und Heineken garantiert uns gleichbleibende Bierqualität mit hoher Trinkbarkeit. Und das gilt selbst dann noch, wenn das Bier aus der Heineken-Flasche einmal unfrisch schmeckt, der BMW eine Panne oder CNN ausnahmsweise eine Nachricht verschlafen hat.

Einem Markenartikler nehmen wir es typischerweise nicht einmal übel, wenn uns sein Produkt ausnahmsweise einmal enttäuschen sollte. Denn die Marke steht für mehr als das Produkt: Sie ist ein Versprechen, dass wir uns der richtigen Lösung zugewendet haben – und wenn das Heineken einmal nicht passen sollte, so sind in unserem Bewusstsein die Umstände (etwa: der Kellner) schuld, nicht die Marke. Über die Marke lassen wir nämlich nichts kommen.

Das ist einer der großen Vorteile, den Marken haben: Man bringt ihnen Treue entgegen.

Hinter der Marke mag ein ganz konventionelles Produkt stehen. Aber der Markeninhaber macht ein starkes Versprechen: Für den Preis, den man für das Markenprodukt zahlt, bekommt man die Sicherheit, „richtig" gekauft zu haben. Gerade wenn die Produkte einer Kategorie sehr ähnlich sind, ist es die Marke, die den Unterschied macht.

Schlaue Markenartikler, ob sie nun kleine Bauern oder große Weltkonzerne sind, setzen daher viel daran, der Marke (und nicht bloß dem damit verbundenen Produkt) einen **Prestigeeffekt** zu geben. American Express sagt es ganz deutlich: „Zahlen Sie mit Ihrem guten Namen", also dem guten Namen, den American Express seinen Kunden leiht. Dies ist die wahre Leistung der Marke – nicht die Abrechnung von Kreditkarteneinkäufen.

Markenartikel können dem Verbraucher Identität, Charakter, Persönlichkeit geben – sowohl im positiven als auch im negativen Sinne. Wer lässt sich schon gern mit der Hausmarke von Aldi, Hofer oder Walgreen sehen? Indem wir dieses oder jenes Produkt verwenden, gönnen wir uns einen Lebensgenuss, der mit der jeweiligen Markenwelt verbunden ist. Und wir vermitteln allen, die uns beim Konsum beobachten: Seht her, ich gehöre zu dieser Markenwelt dazu. Während es in Nordamerika verboten ist, auf offener Straße aus einer Bierdose zu trinken, während es bei uns in Europa zumindest als wenig fein gilt, ist es in Vietnam höchst prestigeträchtig. Da gehen stolze Besitzer von Heineken- oder Coca-Cola-Dosen auf der Straße, warten, bis sie den Eindruck haben, auch wirklich mit ihrem Prestigeprodukt wahrgenommen zu werden und trinken dann vor aller Augen genüsslich einen kleinen Schluck des Markenproduktes.

> Markenartikel geben dem Verbraucher Identität, Charakter, Persönlichkeit.

Wobei es gar nicht so darauf ankommt, ob in der jeweiligen Dose wirklich das auf der Verpackung angegebene Produkt drinnen ist. Hauptsache, alle merken, was man sich leisten kann. Es wäre eine ungerechtfertigte westliche Überheblichkeit, das als eine Dritte-Welt-Haltung gegenüber Marken abzutun. Wir verhalten uns in Wirklichkeit genauso.

Die vielleicht schönste Geschichte dieser Art war in der Frühzeit des Internet in der Newsgroup „alt.beer" zu lesen: „Als ich noch studiert habe, konnte man Coors-Bier östlich des Mississippi nicht bekommen – ja, das heute so allgegenwärtige und gewöhnliche Coors war damals selten und galt dementsprechend als cool. Mein Vater ließ sich immer ein paar Dosen von einem Freund mitbringen, der bei einer Fluggesellschaft gearbeitet hat. Und mir ist es gelungen, eine Dose zu stehlen und zu trinken. Danach habe ich diese Dose zu Partys mitgenommen und sie mit Miller oder was immer gerade vorhanden war heimlich aufgefüllt. Allein, dass es in dieser coolen Coors-Dose war, ließ das Miller beinahe gut schmecken … die Mädchen waren nett zu mir, um auch davon bekommen zu dürfen. Bis schließlich die Dose verbogen war und niemand mehr überzeugen konnte, dass es sich wirklich um Coors handelte. Es war eben eine andere Zeit damals … kein MTV, kein AIDS, kein Coors."

Dieser Umgang mit einer als „cool" eingestuften Marke ist nicht auf Halbwüchsige beschränkt, auch wenn uns bei Kindern und Jugendlichen besonders stark auffällt, dass in rascher Folge die eine oder andere Marke „in" oder „out" ist. Durchaus vernünftige Erwachsene verschaffen sich ihr „cooles" Markengefühl durch den Kauf und Gebrauch von Prestigemarken wie Cartier, IWC Schaffhausen oder Rolex. Und wenn ihnen der Spaß zu teuer ist, greifen sie zu Imitaten. Die **Markenpiraterie** ist eine weiterhin wachsende, wenn auch natürlich illegale Industrie: Die Markenpiraterie, deren Anteil am gesamten Welthandel auf etwa fünf Prozent geschätzt wird, trifft vor allem Luxusmarken – etwa ein Drittel aller weltweiten Fälschungen sind Kopien italienischer Markenware. Was in Ateliers von Stardesignern kreiert wurde, wird nur wenig später von Produktpiraten in großem Stil kopiert und als billige Massenware verkauft. Dazu kommt, dass in Italien jede fünfte CD eine Raubkopie ist – im Fernen Osten ist der Anteil wahrscheinlich noch viel höher. Schätzungen gehen davon aus, dass durch den Ideenklau und das Abkupfern von Markenartikeln bis zu 50.000 Arbeitsplätze in Deutschland potenziell gefährdet sind. Bundesweit beschlagnahmte der Zoll im Jahr 2005 bei seinen Einfuhrkontrollen gefälschte Markenprodukte im Wert von über 200 Millionen Euro – die Herkunftsländer der Fälschungen waren meist die Türkei, China und Taiwan.

... die Produkte allein machen noch keinen Unterschied

Wer viel kopiert wird, ist stark. Aber er muss sich wehren. Muss darauf bestehen, dass seine Marke unverwechselbar ist.

Im Internet kann man nachlesen, dass die Produkte meist gar keinen Unterschied machen. Informierte Konsumenten erfahren es bei www.nulltarif.de: Die Buttermilch von Edekas „Mibell" wird demnach zum Beispiel von keinem geringeren produziert als von Alois Müller, bekannt durch Müllermilch oder Milchreis. Alberto-Pizzas und Aldi-Pizzas dürften ebenfalls vom gleichen Hersteller stammen. Marktkauf's „Gut und Billig Schoko und Sahne" stammt diesem Test zufolge von der Molkerei Strothmann, Aldi's „Premium-Joghurt" ist von Zott und Lidl's „Milbona Bioghurt" von Campina. Und in STIFTUNG WARENTEST kann man nachlesen: Bei Tests schneiden die Billigmarken meistens genau so gut ab wie die teure Markenkonkurrenz, oft sogar besser. Nur das Design ist ein bisschen einfacher, damit die Marken aus derselben Fabrik nicht allzu sehr unter Druck kommen.

Die Marke also ist das, was einem Unternehmen und seinen Produkten Charakter gibt – sie ist der Name, die Botschaft, die eigentliche Existenzberechtigung. Und wie wir beim Vergleich der Billigmarken mit den Markenartikeln gesehen haben: Sie ist ein Ehrenzeichen, das enorm aufwertet. Wenn Menschen die Marke sehen, dann sehen sie eben nicht nur das damit verbundene Produkt, sie wissen etwas Besonderes über dieses Produkt – über seine Qualität, über seinen Wert.

Die Essenz einer Marke ist das, was dauerhaft ihren eigentümlichen Unterschied zu anderen ausmacht. Es ist der Kern ihrer Persönlichkeit: „Eine Marke ist eine Persönlichkeit. Sie definiert sich über ihre Herkunft und reift über die Zeit", sagt der frühere Audi-Chef Franz-Josef Paefgen. Eine Marke ohne starke Persönlichkeit hat es schwer, Aufmerksamkeit zu finden und eine Beziehung mit ihren Kunden aufzubauen. Wir werden uns desselben Phänomens noch bedienen, wenn wir aus einer Persönlichkeit eine starke *Marke ICH®* aufbauen wollen.

> „Eine Marke ist eine Persönlichkeit. Sie definiert sich über ihre Herkunft und reift über die Zeit."

Stars verändern unsere Weltsicht

Die Aufmerksamkeitsökonomie unterliegt einem Star-Prinzip: Wer nichts ganz, ganz Spezielles anzubieten hat, kann sich noch so bemühen – er wird weder beachtet noch gut bezahlt werden. Ob er nun Waschmittel oder Fernseher anbietet; oder die eigene Arbeitskraft.

Eine Starmarke aber findet Aufmerksamkeit – weil sie zu uns passt. Zu unserem Leben, zu unseren Werten, unserer Kultur.

Besonders erfolgreiche Marken machen etwas Ähnliches wie neue Strömungen in der Kunst: Sie ändern unser Weltbild. Sie ändern zumindest das Verständnis, das die Gesellschaft von einer Produktqualität oder von einem Service hat. Impressionismus und Expressionismus, Kubismus und Dadaismus haben die Erwartungen der Betrachter zunächst tief irritiert – es hat heftige Auseinandersetzungen, zum Teil scharfe Ablehnung gegeben. Und dann gab es Avantgardisten, die den Trend aufgriffen, die ein neues Verständnis entwickelten. Im Marketing spricht man von „early adaptors", also frühen Verwendern, die mit der neuen Marke oder mit dem neuen Produkt zu leben beginnen – ganz so wie ab 1875 Kunstsammler mit den ersten Impressionisten den Grundstock für den Erfolg der Kunstrichtung schufen, die heute anerkannt ist.

Noch vor wenigen Jahren erschien es als schlichtweg „unmöglich", in Jeans in die Oper zu gehen. Aber in Designerjeans von Armani oder Calvin Klein – warum nicht? Und wir alle wissen, dass bei sportlicher Betätigung vor allem das konsequente Trainingsprogramm für den Konditionsaufbau zählt. Aber würden wir das in irgendwelchen Klamotten aus dem Supermarkt absolvieren? Natürlich nicht, im No-Name-Turnanzug kämen wir uns ziemlich lächerlich vor. Im Sportgewand von Tommy Hilfiger fühlen wir uns viel wohler.

Kultmarken können ihren Verwendern eine außerordentliche Garantie geben, die Zugehörigkeit zu einer kulturellen Gruppe – zum Mainstream oder zur Subkultur; zur Masse oder zur Avantgarde. Als in den 70er Jahren Strümpfe und Strumpfhalter durch die liebestötenden Strumpfhosen verdrängt wurden, lenkten der Markenartikler Palmers und sein Tochterunternehmen Wolford bewusst gegen: Straps und Strumpf wurden in viel diskutierten Kampagnen forciert – das machte vielen Frauen Mut, sich „gewagtere" Unterwäsche anzuziehen. Sie konnten ja „nichts falsch machen", weil die von ihnen verwendeten

Marken Kultstatus hatten. Und sich Strumpfträgerinnen von den Verwenderinnen von Liebestötern kulturell differenzieren konnten.

Die Bedeutung der kulturellen Einbindung von Marken kann kaum überschätzt werden. Noch vor 25 Jahren hat man Halloween in Europa bestenfalls durch John Carpenters 1978 gedrehten gleichnamigen Horrorfilm gekannt. Noch vor zehn Jahren wurde Halloween wenn überhaupt als ein anglo-amerikanischer Brauch wahrgenommen, der auf dem Kontinent keine Bedeutung hätte. Es war vor allem die Süßwarenindustrie, die neidvoll nach den USA schielte, wo die Kinder zu Halloween mit Schokolade und Zuckerln beschenkt werden – aber diese zusätzliche Saison zwischen Schultütenverteilen und Weihnachten wollte sich nicht recht einstellen. Erst als Guinness mit seinem keltischen Hintergrund Halloween-Partys organisierte, sprang der Funken über. In Deutschland war es die PR-Agentur Gübler & Klein, die mit der Kampagne „Bite the Nite" im Jahr 2000 den Zusammenhang „Guinness – Tanz der Vampire – Halloween" nachhaltig in den Medien und beim Publikum verankern konnte: Am 31. Oktober finden sich als Hexen, Teufel und Dämonen verkleidete Halloween-Fans zusammen, um in 500 Guinness Irish Pubs (und 500 weiteren deutschen Gaststätten, die Guinness ausschenken) Halloween zu feiern. Partypakete mit Dekorationsmaterial für die Gastwirte gehören schon seit Jahren zum Service. An die kulturelle Prägung konnten sich daraufhin endlich auch die Süßwarenhersteller anschließen. Halloweenartikel und Halloweenaktionen sollen dem Handel „einen höllischen Umsatz" bescheren, heißt es unmissverständlich in der Presse-Info des Süßwarenherstellers Masterfoods, der im Herbst 2000 seine Marke M&M's im Halloween-Look (mit orangen und schwarzen Pastillen) groß herausbrachte. Jacobs-Suchards Angebot in diesem Kontext sind die Milka Halloween-Produkte „Hexenzisch" und „Alpenspuk". Mitnaschen können auch Kosmetikartikel-Hersteller, Scherzartikelhändler, Kostümverleihe und Dekorateure.

Die Werte, für die eine Marke steht, kann man nur verstehen, wenn man weiß, welcher Kultur diese Werte zugeordnet sind. Eine Marke, die sich im kulturellen Kontext von Weihnachtsbräuchen positioniert

> Markenzeichen auf dem Trainingsanzug oder dem Strumpfhalter geben Sicherheit – die Sicherheit, „nichts falsch zu machen".

hat – wie etwa Nürnberger Christstollen – wird in der gesamten christlichen Welt „verstanden" werden. Arabern, Indern und Chinesen wird der Zugang fehlen – bestenfalls ist das Nürnberger Element des Markenkerns als „deutsch" vermittelbar. Umgekehrt sind uns buddhistische Fastenspeisen nur vage als „fernöstlich" verständlich.

Beim interkulturellen Vergleich wird auch offensichtlich, welchen Einfluss die Körperpflege auf das kulturelle Empfinden der Menschen ausübt. In den USA sind beispielsweise Haare am Körper einer Frau verpönt, ebenso in arabischen Ländern – bei uns braucht es dagegen enorme Werbeanstrengungen, um Frauen dazu zu bringen, sich zu enthaaren. Man kann das natürlich über Produkteigenschaften versuchen: „Ergonomisches feminines Design für die effiziente Haarentfernung" wird der „Damenrasierer Lissea bi System SH-238 lila" angepriesen.

Besser als über Produkteigenschaften lässt sich die Damenrasur aber durch das Herausstreichen des Gegensatzes vermarkten: Körperhaare signalisieren männliche Urwüchsigkeit – und das ist etwas, was eine Frau gerade nicht ausstrahlen will. Umgekehrt ist es im Westen beinahe selbstverständlich, dass sich ein Mann den Bart abrasiert – für viele Moslems und Sikhs ist das dagegen geradezu eine Sünde.

Wenn wir in diesem Zusammenhang von Kultur sprechen, dann geht es nicht nur um Sauberkeit – es geht um ein Verständnis des Umfeldes, in dem wir leben. Werbefachleute wissen, dass man in manchen Ländern dieselbe Marke oft mit deutlich unterschiedlichen Werten, Bildern und Positionierungen verkaufen muss als auf dem Heimatmarkt. Dazu kommt, dass sich Kulturen in verschiedenen Ländern verschieden schnell, vielleicht sogar ganz in andere Richtungen entwickeln können. So wurde eine als „französisch" besetzte Marke in den USA bis zum Irakkrieg 2003 generell eher positiv, weil nobel und extravagant erlebt – danach aber war Frankreich verpönt und viele Marken, die Französisches im Schilde führten, mussten neu positioniert werden.

Marken sind keine Substantive, sondern Verben – sie stehen für etwas, was sie gemeinsam mit ihren Verwendern zu tun behaupten.

Dan Wieden von der durch ihre Nike-Kampagne bekannten Agentur Wieden & Kennedy wird die Aussage zugeschrieben, dass Marken keine Substantive, sondern Verben sind. Benetton stiftet Versöhnung,

Virgin klärt auf, Volvo rollt, Ikea erfrecht sich, IBM löst Probleme, Sprite löscht den Durst, Nike ermutigt, Sony träumt, McDonald's ist einfach gut. Die wirklich starken Marken stehen für etwas – und sie stehen für etwas, was sie gemeinsam mit ihren Verwendern zu tun behaupten.

So haben Marktforscher herausgefunden, dass die Trinker des schwedischen Absolut-Wodkas in ihren Wertvorstellungen, ihrem Lebensstil und natürlich ihren Einkaufsgewohnheiten weltweit sehr ähnlich sind: Der Absolut-Trinker in Prag hat mehr mit einem Absolut-Trinker in Sydney oder Mailand gemeinsam als mit einem anderen Wodka-Trinker in Prag. Absolut wendet sich auch nicht an Schnapstrinker irgendeiner geographischen Region, sondern weltweit an die Träger gewisser kultureller Merkmale. An Leute, die sich als Puristen verstehen und daher die lächerlich einfache Wodka-Flasche und die minimalistischen Anzeigentexte (stets nur zwei Worte „Absolut Perfection", „Absolut Fashion" oder auch „Absolut Manhattan" und „Absolut Athens") begeistert aufnehmen.

Marken prägen ihre eigene Kultur

Die inzwischen mehr als eine Milliarde Mal verkaufte Barbie-Puppe hat ihr Äußeres (und natürlich auch ihre zahllosen Accessoires) im Laufe der Jahrzehnte immer wieder geändert – so wurden zuletzt die Brüste verkleinert, die Hüften verbreitert und der dümmlich-offene Mund des Plastik-Blondchens geschlossen. Aber stets war das 1959 von Ruth Handler geschaffene Püppchen auch Ausdruck des Zeitgeists – also wird Barbie immer edler eingekleidet. „Als ich klein war, dachte ich, dass Barbie ein Mittelklasse-Mädchen wäre, ich dachte, sie wäre wie wir", sagt die den US-Demokraten nahe stehende Meinungsforscherin Celinda Lake. Aber das gelte heute nicht mehr – Barbie steht auf exclusive Marken und kauft nicht mehr in Einkaufszentren ein. Ihre im Jahr 2002 verstorbene Schöpferin Handler sagte freimütig: „Sie war immer eine Verkörperung wie Mädchen sich und ihre Zukunft in der Welt der Erwachsenen sehen." Barbie vermittelt seit 1980 den Eindruck, den Geschmack einer Lotteriegewinnerin zu haben. Und vermittelt Kindern damit den Wert, man müsse um jeden Preis reich sein.

Marken verweben auf diese Weise ihre Kultur mit anderen Kulturen. Coca-Cola hat eine sehr spezifische Kultur gestaltet – aber diese Kultur ist ohne die amerikanische Kultur nicht zu verstehen. Als Coca-Cola die Idee verbreitete, dass es nicht nur ein Sommergetränk wäre, sondern – „thirst knows no season" – auch von Santa Claus gebracht würde, wurde diese ur-amerikanische Einrichtung zum weltweit akzeptierten Weihnachtsmann, inklusive der Dienstkleidung von Santa Claus, die eben „zufällig" dieselbe Grundfarbe hat wie die Coca-Cola Marke.

Andererseits kann die Verletzung kultureller Normen durch große Marken desaströse Wirkungen haben – die Diskussion um die Versenkung der Ölplattform „Brent Spar" im Sommer 1995 ließ bei vielen Deutschen den Eindruck entstehen, dass der Shell-Konzern eine kulturelle Norm (Umweltschutz über Profit) verletze; an einzelnen deutschen Shell-Stationen gingen die Umsätze um 50 Prozent zurück. Ironie der Geschichte: Später stellte sich heraus, dass die Behauptungen der Shell-Kritiker bei Greenpeace auf falschen Daten beruhten und dass die Versenkung der Bohrinsel wahrscheinlich die umweltfreundlichste Lösung gewesen wäre.

Große Marken müssen daher quasi als politische Akteure im kulturellen und gesellschaftlichen Umfeld agieren – sie brauchen dazu ein „Public Affairs Management", wie Peter Köppl argumentiert, der diesen Begriff in der deutschen Diskussion verankern will: „Alle gesellschaftlichen Gruppen urteilen heute über ein Unternehmen nicht mehr nur aufgrund der feilgebotenen Produkte oder Dienstleistungen, sondern betrachten jede Organisation als ‚Bürger' mit Rechten und Pflichten." Das ist sozusagen die umgekehrte, von der Unternehmerseite her aufgezogene Problemsicht zu Naomi Kleins antikapitalistischer und markenkritischer Betrachtung in ihrem „No Logo"-Buch.

> Große Marken müssen als politische Akteure im kulturellen und gesellschaftlichen Umfeld agieren.

Im täglichen Umgang – wenn wir im Supermarkt oder der Boutique einkaufen – merken wir von all dem üblicherweise gar nichts. Dort ist im Gegenteil alles darauf eingerichtet, dass wir die Marke als solche wahrnehmen, ohne viel darüber nachzudenken. Umso mehr sollen wir als Konsumenten fühlen: „The goal is to create memorable fun, entertaining experiences", schreiben David Aaker und Erich Joachimsthaler in ihrem Buch „Brand Leadership". Die Marke, über die sie das schreiben, ist übrigens weder im Unterhaltungs- noch im Restaurantgeschäft tätig – es handelt sich um die Virgin-Fluglinie von Richard Branson, die zuletzt mit der Idee Schlagzeilen machte, sie könnte die Concorde-Flugzeuge übernehmen.

Es macht Sinn, sich Branson und seine Virgin-Marke anzusehen, auch wenn das für Ihre eigene *Marke ICH®* als Referenzgröße zunächst einmal ein paar Nummern zu groß erscheinen mag. Dabei ist Branson ein echter Self-Made-Man, der seine Marke Virgin aus einem kleinen Plattenversand aufgebaut hat. In den 70er Jahren hat Branson Mike Oldfields „Tubular Bells" verlegt – dass er 30 Jahre später mit seinem Label den Giganten des Luftverkehrs ebenso Konkurrenz machen würde wie Coca-Cola, das hat damals wohl niemand für möglich gehalten. Aus dem Plattenlabel wurde eine Kette von Plattenläden, diese Läden wurden als „Virgin Megastore" zu Kulturzentren – und dann kamen 100 weitere Geschäftsfelder dazu – Wodka, eine Reihe von Softdrinks, Jeans, eine Kosmetikserie und seit einigen Jahren sogar eine Pensionsversicherung.

Das alles passt offenbar nicht zusammen – es scheint dem Konzept einer streng fokussierten Marke geradezu diametral zu widersprechen. Diese Beobachtung stimmt auf den ersten Blick. Betrachtet man die Marke Virgin dagegen näher, dann merkt man, dass die scheinbar willkürlich zusammengefügten Geschäftsfelder alle einem gemeinsamen Muster folgen. Branson hat sie alle darauf hingetrimmt, das Establishment und die festgefahrenen Vorstellungen davon, „wie man dies und das macht", herauszufordern. Das ist eine Ideologie-Strategie: Je genauer die Ideologie einer Marke die Ideologie der Zielgruppe trifft, desto besser arbeiten solche Strategien.

Der französische Werbefachmann Jean Marie Dru sieht in Virgin einen der erfolgreichsten Brecher von Konventionen. Beispiel Virgin Megastore: Da lautet die Konvention, dass neue Einzelhandelskonzepte handfeste Elemente ihres Angebotes in den Mittelpunkt stellen sollten, etwa Auswahl, Preis oder Service. Virgin wählte einen von Dru „disruptiv" (in etwa: Gedankenketten unterbrechend) genannten Ansatz: „Virgin sollte eher eine emotionale Rolle übernehmen als greifbare Versprechen machen. Vision: Virgin als Kulturtempel. In

Virgin finden wir den Kult von Unterscheidung und Nonkonformität, wie einen Instinkt für Gelegenheiten und demonstratives Führungsverhalten. Das macht es zum Spiegelbild einer ganzen Generation. Virgin spricht immer das gleiche Publikum an und holt das Beste aus dieser Zielgruppe heraus."

Würde man die Marke Virgin als Person beschreiben wollen, so würde man ihr wahrscheinlich folgende Charakterzüge zuschreiben:

- Versucht, nach selbstgestrickten Regeln zu leben;

- Selbstsicher, weil er weiß, was er tut;

- Betont die hohe Qualität seiner Produkte und Dienstleistungen, indem er sein Gegenüber spüren lässt, dass die eigenen Standards kundenfreundlicher sind als die der Konkurrenz;

- Fordert damit das Establishment heraus – und weist gleichzeitig immer darauf hin, dass er ja eigentlich ein „Kleiner" ist;

- Fängt immer mal was Neues an, führt es aber dann auch immer zu Ende;

- Betont seine Herkunft – geographisch aus Großbritannien, kulturell aus der Jugendkultur;

- Vergisst bei all dem nie ein Augenzwinkern, hat gerne Spaß, lässt andere an seinem eigenen Spaß teilhaben.

Das alles dürfte auch ganz gut auf Herrn Branson selber passen.

Die Virgin-Kunden sind mit Tubular Bells aufgewachsen, haben sich in den Megastores mit Rockplatten, später Klassik-CDs und Stereoanlagen eingedeckt. Sie sind mit Virgin geflogen und nun bereiten sie sich mit den Finanzdienstleistungen der vertrauten Marke einen finanziellen Polster für den in 20 bis 30 Jahren fälligen Pensionsantritt vor. Noch ein letzter Satz von Dru dazu: „Was Virgin anbelangt, ist es nicht nötig, sich Sorgen zu machen, ob Markenerweiterungen gerechtfertigt sind oder nicht." Zumindest bisher hat Dru recht – aber natürlich schwebt auch Herr Branson mit seiner Marke in der Gefahr, sich eines Tages zu überheben oder allzu beliebig zu werden.

Aber wie gesagt: Virgin ist ohnehin die große Ausnahme.

Scharfer Fokus – hoher Markenwert

Für die meisten Marken ist es angebracht, sich auf ihr mehr oder weniger begrenztes Geschäftsfeld zu konzentrieren. Und die Marke ja nicht zu verwässern, auch wenn „innovative" Auftritte noch so verlockend erscheinen mögen: Cherry-Coke ist längst Geschichte, Cola-Lemon war kein durchschlagender Erfolg und Vanilla-Coke muss sich auch erst beweisen. „Die überwältigende Mehrzahl dieser Flut von Wässerchen, Zaubertränken und anderen Artikeln steht für keinen wie auch immer gearteten Durchbruch", mahnt der Marketingexperte Jack Trout.

Wenn es sich doch ergibt, dass verschiedene Märkte oder verschiedene Geschäftsfelder angegangen werden müssen, dann empfiehlt es sich oft, die Marken fein säuberlich voneinander getrennt zu halten. Bazooka, Cadbury, Dr. Pepper, Orangina, 7 Up, Schweppes, Snapple, Sunkist sind in einer Hand, aber die Marken werden getrennt geführt – das Schweppes-Tonic hat von der Schokolade oder dem Kaugummi nichts an Synergieeffekten zu erwarten. Und es soll auch nicht mit der deutlich billigeren Limonade verwechselt werden.

Die Fokussierung auf ein Thema ist typischerweise das, was gute Marken zu sehr erfolgreichen Marken macht. Die Fokussierung macht die Identität aus – und wie das funktioniert, hat Brad Curtis in den „five P's", die beim Schaffen einer Marke zu beachten sind, zusammengefasst:

1. A great identity is **planned**: Eine große Markenidentität ist geplant, sie weiß, wer sie ist, worin sie sich unterscheidet. Sie weiß, wer ihr Publikum ist und spricht dessen Emotionen an. Das gilt für Mars ebenso wie für Madonna.

2. A great identity is **proprietary**: Eine große Markenidentität ist markant, sie sieht nicht wie jede andere aus. Sie ist einzigartig, die einzige ihrer Art. Und sie erfindet sich selber stets neu. Das gilt für Kawasaki ebenso wie für Stephen King.

3. A great identity is **pragmatic**: Eine große Markenidentitiät ist pragmatisch und konsistent organisiert und wird logisch auf einen möglicherweise weiten Bereich von Produkten angewendet. Das gilt für Eastman-Kodak ebenso wie für Clint Eastwood.

4. **A great identity is promoted:** Eine große Markenidentität wird durch Werbung ebenso wie ihren eigentlichen Auftritt unterstützt, ihre Geschichte ist nie fertig erzählt. Das gilt für Philips ebenso wie für Luciano Pavarotti.

5. **A great identity is patient:** Eine große Markenidentität hat Geduld, weil sie langfristig präsent sein will. Sie arbeitet an der Marke für den langfristigen Effekt und bewirbt sie für den kurzfristigen. Das gilt für Jaguar genauso wie für Elton John.

Diese geplanten Identitäten haben einen weit über die Produkte – und die Personen – hinausgehenden Wert. Bei den wertvollsten geht es um Milliardenbeträge.

In dem jährlich vom Interbrand-Institut gemeinsam mit J. P. Morgan durchgeführten **Ranking der wertvollsten Marken der Welt** – gerechnet danach, was es kosten würde, diese Marke in Bausch und Bogen zu erwerben – führt seit Jahren Coca-Cola.

Die Tabelle der 100 wertvollsten Marken, die BUSINESS WEEK und Interbrand jährlich veröffentlichen, hat in den letzten Jahren wenige Veränderungen an der Spitze gesehen – aber ein paar bemerkenswerte Aufsteiger. Die Marke des koreanischen Konzerns Samsung, 2002 noch auf Platz 34, landete 2005 bereits auf Platz 20, dabei ist der relative Wertzuwachs nur der drittgrößte (+19 Prozent gegenüber 2004). Noch schneller wuchsen der Wert von Ebay (Platz 55, aber +21 Prozent Wertzuwachs) und HSBC (Platz 29, +20 Prozent). Größter Verlierer ist die Marke Sony mit -16 Prozent, was einer Abwertung des Markenwerts (nicht der Aktien, die folgen solchen Statements nicht sofort) um zwei Milliarden Dollar in nur einem Jahr entspricht.

Fassen wir also noch einmal zusammen, was den Wert von Marken ausmacht.

Starke Marken stärken den, der sie besitzt – denn sie bewirken:

- **Nachhaltige Differenzierung:** Eine Marke macht ein Unternehmen erst authentisch. Sie ist die emotionale Verbindung zwischen der Produktion und dem Konsumenten. Und sie hilft unterscheiden: Selbst bei sehr ähnlichen Produkten mit ähnlichem Nutzen ist eine starke Marke geeignet, ein Gefühl der Sicherheit zu geben,

Marke	Wert in Mio. € 2005	Her-kunfts-land	Marken-inhaber	Branche
1 Coca-Cola	56.046	USA	Coca-Cola Company	Getränke
2 Microsoft	49.751	USA	Microsoft Corp.	EDV
3 IBM	44.302	USA	International Business Machines Corp.	EDV
4 GE	39.006	USA	General Electric Company	Mischkonzern
5 INTEL	29.538	USA	Intel Corp.	EDV
6 Nokia	21.955	Finnland	Nokia Corp.	Konsum-elektronik
7 Disney	21.946	USA	Walt Disney Company	Unterhaltung
8 McDonald's	21.592	USA	McDonald's Corp.	Lebensmittel
9 Toyota	20.615	Japan	Toyota Motor Corp.	Automobil
10 Marlboro	17.587	USA	Philip Morris Companies Inc.	Tabak/Mischkonzern
11 Mercedes	16.605	Deutsch-land	DaimlerChrysler AG	Automobil
12 Citibank	16.573	USA	Citigroup Inc.	Finanzen
13 Hewlett-Packard	15.659	USA	Hewlett Packard Company	EDV
14 American Express	15.404	USA	American Express Company	Finanzen
15 Gillette	14.553	USA	Gillette Company	Kosmetik
17 Cisco	16,222	USA	Cisco Systems Inc.	EDV
16 BMW	14.214	Deutsch-land	Bayerische Motoren Werke AG	Automobil
17 Cisco	13.771	USA	Cisco Systems Inc.	EDV
18 Louis Vuitton	13.344	Frankreich	LVMH Moët Hennessy – Louis Vuitton	Automobil
19 Honda	13.104	Japan	Honda Motor Company	Automobil
20 Samsung	12.413	Korea	Samsung Group	Mischkonzern
21 Dell	10.982	USA	Dell Group	EDV
22 Ford	10.992	USA	Ford Motor Company	Automobil
23 Pepsi	12.241	USA	Pepsico	Getränke
24 Nescafe	10.160	Schweiz	Nestlé S.A.	Lebensmittel
25 Merrill Lynch	9.975	USA	Merrill Lynch & Company, Inc.	Finanzen

Quelle: Business Week, eigene Recherchen
Daten: Interbrand Corp., J. P. Morgan Chase & Co.

dass man als Konsument nichts falsch macht. Noch wichtiger ist diese Differenzierung bei komplizierten Produkten wie technischen Geräten, deren objektive Vorzüge der Laie nicht erkennen kann. Die Marke schafft hier das Vertrauen, das durch Information nicht ersetzt werden kann.

- **Loyalität von Kunden:** Sie kennen das, wenn Sie auf Reisen gehen – entweder Sie nehmen sich dazu einen Baedecker mit, oder einen DuMont, oder einen Frommer's – aber wenn Sie an einen Reiseführer gewohnt sind, dann nehmen Sie zu jeder Destination den von der gleichen Marke mit. Wer gewohnt ist, Radio und TV-Geräte von Sony zu kaufen und zu benutzen, wird beim nächsten Kauf wahrscheinlich andere Geräte verschmähen. Und diese Loyalität lässt sich nach und nach auf verwandte Produkte (Diktiergeräte, Videokameras, aber auch CDs) übertragen. Ähnliche Loyalitäts-Effekte gibt es bei Autos (Mercedes-Fahrer steigen nicht gerne um, Volvo-Fahrer auch nicht), Bieren, Computern ... bis zu Z wie Zigaretten.

- **Einen Startvorteil für Neueinführungen:** Wenn Sony gute Stereoanlagen bauen kann, dann glaubt man auch, dass ein tragbarer Kassettenspieler oder ein tragbarer CD-Spieler besonders gut sind – was den sofortigen Erfolg von Walkman und Discman erklärt. Dasselbe gilt für neue Modelle, Innovationen oder Geschmacksrichtungen – wiederum von A wie Autos bis Z wie Zigaretten.

- **Höhere Margen:** Für ein Markenprodukt zahlt der Kunde eben mehr als für ein No-Name-Produkt. Es ist besonders wichtig zu wissen, dass davon in der Regel alle Ebenen profitieren, vom Produzenten bis zum letzten Zwischenhändler – eine starke Marke bringt allen etwas.

- **Einen immateriellen Wert, der in die Zukunft wirkt:** Eine starke Marke kann etwas bieten, was über den Tag, das Geschäftsjahr oder auch die langfristige Prognose hinaus wirkt. Eine Marke, die für Innovation steht, wird in 20, 50 oder 100 Jahren in Geschäftsfeldern tätig sein, die wir heute noch gar nicht kennen können – vorausgesetzt, dass sie richtig gepflegt und geführt wird. Eine Marke, die für Mobilität steht, wird im Lauf der Jahrzehnte andere Fahrzeuge hervorbringen – aber diese Fahrzeuge werden die Werte der Marke als Gemeinsamkeit haben. Ähnlich ist es bei Marken, die stärker auf Produktnutzen orientiert sind, also Getränke (wobei die Positionierungen „Genuss" wie bei Remy Matin oder „Erfrischung" wie bei Coca-Cola für die Marke wichtiger sind als „Durstlöschen"), Süßwaren oder Werkzeuge. Natürlich kann die Positionierung polarisieren – wie Benetton. Darin liegt eine große Chance. Die Polarisierung besetzt Platz in unserem Hirn, verdrängt andere Möglichkeiten.

■ **Fehlertoleranz:** Markenartikler dürfen sich Fehler erlauben, die anderen nicht nachgesehen werden. Das betrifft sowohl vereinzelte Produktfehler (die allerdings eine rasche und kundenfreundliche Behandlung erfordern) als auch Fehler des Managements. Selbst wenn Fehler bei der Markenführung oder bei der Ausweitung in neue Produktfelder auftreten, bleibt ein ausreichender Restbestand an Vertrauen in die Marke, ein über das Unternehmen und seinen momentanen Zustand hinausgehender Wert, bestehen.

■ **Shareholder- und Stakeholder-Value:** Wer die Anteile am Unternehmen eines Markenartiklers besitzt, darf sich üblicherweise über eine bessere Entwicklung seines Investments freuen als jemand, der in Grundstoffe investiert hat – was übrigens einer der Gründe ist, warum nun auch Commodities (Massenwaren wie Stahl, Ziegel oder sogar Kies) als Marken gehandelt werden. Und die Stakeholder (das sind alle, die mit dem Unternehmen Interessen verbinden, also Nachbarn, Lieferanten, Banken, aber letztlich auch die Mitarbeiter) gewinnen ebenfalls Vertrauen, wenn sie mit einer als verantwortungsvoll und erfolgreich eingeschätzten Marke zu tun haben.

■ **Begeisterung auch bei den Mitarbeitern:** Wer eine starke Marke hat, tut sich leichter, die jeweils besten Talente zu rekrutieren; weil die gerne für starke Marken arbeiten. Eine starke Marke macht jene, die für sie arbeiten, stolz – sie ist eine Inspiration, darüber nachzudenken, was man tun kann. Und was man tun könnte. Womöglich auch: Was man tun könnte, es aber aus gutem Grund nicht tut.

Und bei all dem ist immer noch Platz für neue Marken. Selbst ganz an der Spitze: Unter den Top-Marken der Welt sind einige, die es vor zehn Jahren noch gar nicht gegeben hat. Google, bei der jährlichen Umfrage von Brandchannel zur weltweit bedeutendsten Marke 2002 gewählt, hat erst im September 1998 das Licht der Internet-Welt erblickt. e-Bay wurde 1995 als Auctionweb ins Leben gerufen, der Name e-Bay entstand erst 1997 – doch das Prinzip des elektronischen Versteigerns ist inzwischen in die Alltagssprache der USA eingegangen: „I didn't like that stuff any more – so I eBayed it." Und „to google" (also im Internet nach Information zu suchen) wurde von der American Dialect Society zum „Wort des Jahres 2002" gewählt. Es ist faszinierend, wie rasch Marken tief in unsere Alltagskultur eindringen können – wir wollen in jedem Abschnitt überprüfen, was wir davon für die Entwicklung einer eigenen *Marke ICH®* lernen können!

Aufgaben für *Die Marke ICH®*:

Versuchen Sie, uns bei folgendem provozierenden Gedankenexperiment zu folgen: Wenn Sie an Ihre Verrichtungen an einem ganz gewöhnlichen Morgen denken – wem begegnen Sie da? Hilft Ihnen, wenn Sie verschlafen aus den Augen blinzeln, der Blick auf die Blendax-Tube, das mehr oder weniger sanfte Gleiten des Gilette-Rasierers und der Gaultier-Duft zur Orientierung in den Alltag? Sind für Sie die Kelloggs-Corn-Flakes-Packung, die Schärdinger Teebutter, das Lieken-Urkorn-Brot und der Jacobs-Kaffee nicht vertrautere Partner am Frühstückstisch als die eigenen Kinder und der eigene Ehepartner? Machen Sie sich darum keine Sorgen. Die meisten Menschen wollen in der Früh erst einmal ihre vertraute Zahncreme-Marke und ihre vertraute Kaffeemarke im Mund spüren, bevor sie jemand anderen küssen. Marken strukturieren unseren Tagesablauf: Der erste Ton in der Früh kommt vom Sanyo-Radiowecker. Und vor dem Schlafengehen verwenden wir – je nach

Marken strukturieren unseren Tagesablauf.

Alter – einen Blausiegel-Gummi oder eine Kukident-Tablette. Und das ist uns vielleicht vertrauter als der Mensch, zu dem wir uns ins Bett legen.

Wir Menschen sollten aber unserer Umwelt mindestens so vertraut sein wie die angesprochenen Marken. Sonst nämlich geraten wir gegenüber dem Kommerz ins Hintertreffen.

Eine *Marke ICH®* entsteht nicht dadurch, dass Sie jetzt nicken und sagen: Klar, es ist eine gute Idee, eine Marke zu entwickeln! Zunächst müssen Sie beginnen, wie ein Markenunternehmen zu denken – über sich und über andere.

- Stellen Sie sich eine Süßwarenmarke in lila Verpackung vor. Sie wissen, um welche Marke es sich handelt – schreiben Sie den Namen auf. Schreiben Sie dazu, welche Bilder in Ihrem Kopf entstehen. Was passiert in Ihrem Mund? Können Sie den typischen Geschmack, der mit den Produkten dieser Marke verbunden ist, beschreiben? Machen Sie sich bewusst, dass unter dieser lila Marke nicht nur ein Produkt, sondern sehr viele verschiedene Produkte vermarktet werden. Was haben diese Produkte gemeinsam? Gibt es unter dieser Marke auch Konfitüren, saure Drops, Speiseeis? Warum nicht?

- Denken Sie an eine andere allgemein gut bekannte Marke – aus welcher Branche, bleibt Ihnen überlassen. Was ist deren Identität, wofür steht sie? Welches Bild kommt Ihnen in den Sinn? Gibt es Menschen, die für diese Marke stehen? Unabhängig davon: Was wären das für Menschen?

- Fällt Ihnen spontan eine starke Marke ein, die für unnötige oder wirkungslose Produkte steht? Ist sie erfolgreich? Warum nicht? Was können Sie daraus schließen?

- Gewöhnen Sie sich an, einmal im Vierteljahr einen Markenbeobachtungstag einzulegen: Schlendern Sie ohne Kaufabsicht durch ein Einkaufszentrum und beobachten Sie, was Sie an neuen Marken entdecken. Wie präsentieren sich diese Marken? Präsentieren sich Ihnen schon bekannte Marken plötzlich anders als bisher? Blättern Sie je eine Fachzeitschrift für ein Thema, bei dem Sie sich auskennen, eine für ein Thema, bei dem Sie sich absolut nicht auskennen, eine für Technologie und eine für Mode durch – welche Marken fallen Ihnen da auf? Und warum? Können Sie sagen, welche Marken „stark" sind und welche an Bedeutung verlieren werden? Machen Sie solche Markenbeobachtungstage und solches Zeitschriftenstudium ab und zu auch auf Auslandsreisen – können Sie in ausländischen Einkaufszentren und Supermärkten Trends erkennen, die uns noch nicht erreicht haben?

- Nehmen Sie ein Kind oder einen Jugendlichen auf so einen Markenbeobachtungstag mit. Was sehen die, was Sie selber nicht sehen?

- Sie kennen sicher das alte Gesellschaftsspiel, bei dem jeder sagen muss, welches Tier er gerne wäre – versuchen Sie es damit, dieses Spiel für sich im Stillen durchzuspielen: Welche bekannte Marke kommt Ihrer eigenen Persönlichkeit am ehesten nahe? Welche Marke entspricht am ehesten der Persönlichkeit Ihres Lebenspartners? Welche der Ihres Nachbarn, Ihres Vorgesetzten, Ihres häufigsten Kunden? Warum?

- Was Ihnen an allen langfristig erfolgreichen Marken auffallen wird, ist ihr Langmut: Starke Marken sind nicht sprunghaft. Erfolgreiche Marken werden üblicherweise von Managern geführt, die die Markenidentität wie seltene Weine behandeln, die keine Eile vertragen, die nicht geschüttelt oder zu vielen Temperaturschwankungen ausgesetzt werden dürfen.

Wenn Sie aus diesem Kapitel auch nur eine Lehre mitnehmen wollen, dann diese: Geduld zahlt sich aus, wenn man eine Marke entwickelt. Diese geduldige Konsequenz werden Sie bei der *Marke ICH®* immer brauchen.

Von Ihrem Ich zur *Marke ICH®*

Gegenüber einem Waschmittel, einem Hamburger, einer Designer-Handtasche oder einem Fahrrad haben wir Menschen einen großen Vorteil: Wir sind von Geburt an alle unterschiedlich, während die zitierten Produkte eines wie das andere bloß Bedürfnisse befriedigen. Jeder Mensch hat daher die Chance, sich wirklich anders als die anderen zu entwickeln. Eine herausragende Stellung zu gewinnen. Der Weg zu dieser herausragenden Stellung führt – folgt man den Karriereratgebern, die Meterware in den Buchhandlungen sind – über Anpassung. Anstatt zum Widerspruch, zum Anderssein zu ermutigen, lehren uns diese Bücher, unecht zu werden, fade Kopien des Erfolgsmodells zu sein.

Kopieren führt aber nicht weiter: Man wird nicht bemerkenswert, indem man jemand Bemerkenswertem nacheifert. So wenig es Sinn macht, sich eine Garderobe von Nadelstreifanzügen (beziehungsweise Business-Dresses) zuzulegen und auf den großen Durchbruch an die Spitze zu warten, so wenig macht es Sinn, Erfolgsgeschichten anderer nachleben zu wollen.

Und trotzdem geben wir in diesem Buch hunderte Beispiele von Erfolgsstorys. Warum? Weil man von diesen Beispielen lernen kann, wie andere es geschafft haben, sich von der Masse abzuheben.

Vor allem zeigen diese Beispiele, dass zu einer guten Selbstdarstellung nicht nur ein spektakuläres Auftreten gehört, sondern vor allem der Glaube an die Werte, die einer ausgeprägten *Marke ICH®* wichtig sind. Diese Werte, diese Ziele, diesen Markenkern kann niemand anderer für Sie definieren.

Wer seine *Marke ICH®* definiert, hat eine Menge Vorteile:

- Zunächst einmal: ein besseres, systematischeres Verständnis seiner selbst;

- Erhöhtes Vertrauen – und zwar sowohl von anderen als auch Selbstvertrauen;

- Verstärkte Wahrnehmung: Eine Marke ist eben präsenter;

- Klare Unterscheidbarkeit – man ist nicht mehr anonym, verwechselbar, auswechselbar;

- Mehr Einkommen – für Marken wird typischerweise mehr gezahlt, auch auf dem Arbeitsmarkt;

- Bessere Chancen auch in wirtschaftlich schwierigen Zeiten;

- Zugänge zu neuen Aufgaben, neuen Geschäftsfeldern, neuen Jobs.

Kopierer sind Verlierer

Die Kernfrage für jeden, der *Die Marke ICH®* entwickeln will, lautet: Wodurch unterscheide ich mich von anderen – was kann ich meinen Kunden viel besser anbieten als alle anderen? Denn **Marke heißt Unterschied.** Und es ist Ihre Aufgabe als Markenführer der *Marke ICH®*, Ihrem Gegenüber diese Unterschiede klarzumachen – was natürlich voraussetzt, dass Sie sich selber darüber klar geworden sind, worin genau Sie sich unterscheiden und warum dieser Unterschied für Ihr Gegenüber relevant sein könnte. Rufen wir uns ins Gedächtnis, dass es Marken gibt, die kaum einer kennt (und auch kaum einer kennen will), etwa:

- den zweiten Sänger, der so wie Michael Jackson daherkommt und so ähnlich singt;

- den dritten Wäschehersteller, der seine Models soooo sexy auftreten lässt;

- das vierte Waschmittel, das verspricht, „noch weißer als weiß" zu waschen;

- den fünften Energy-Drink, der auf den Markt drängt;

- den sechsten Snack-Hersteller, der knusprige Chips anbietet.

Und so weiter und so fort. Wer mehr Beispiele sucht, findet sie in Supermärkten, Warenhäusern, Boutiquen. Das Phänomen trifft ja alle

Branchen – und wir finden die **Me-Too-Marken** stets ein bisschen schlechter platziert und fast immer ein bisschen billiger angeboten als die starken Originale. Und wenn eine dieser schlechten Kopien, dieser zweit-, dritt- oder sechstbesten Marken auftaucht (oder auch wieder verschwindet), dann kräht kein Hahn danach. Ist die Welt ärmer, wenn die Red-Bull-Kopie verschwindet oder jene Kopie von Palmers, jene von Pringles? Nein, es würde uns nicht einmal auffallen.

Aber wenn die Originale verschwinden, dann ist das, als ob ein uns sehr vertrauter Mensch verschwinden würde.

In diesem Abschnitt geht es nun darum, Ihren Blick für die Unterschiede zu schärfen, die sich möglicherweise als Definition Ihrer *Marke ICH®* eignen können. Wir werden Sie immer wieder daran erinnern, dass Sie sich darüber klar sein müssen, dass Sie einzigartig sind. Einzigartig als Mensch, das sowieso. Aber Sie müssen auch von Ihrer Zielgruppe so gesehen werden. Und das funktioniert nicht anders als bei jenen Marken, die das Gleiche herstellen, was auch bei Aldi im Regal steht – aber aufgrund ihrer Markenstärke viel mehr dafür erlösen können.

Eine starke Marke ist vor allem echt

Es geht nicht darum, künstlich einen Unterschied zwischen dem, was Sie sind, und dem, was Ihre *Marke ICH®* sein soll und sein will, zu konstruieren. Sie müssen Sie selbst sein und bleiben – aber Sie müssen anders als die anderen sein und wirken. Sie können sowieso nicht eine ganz andere Marke darstellen, als Sie sind. Klaus Kocks von der Cato Sozietät für Kommunikationsberatung hat es – für die Zeitschrift POLITIK & KOMMUNIKATION – einmal mit spöttischem Unterton formuliert: „Zwischen Marke und Produkt muss zumindest Widerspruchsfreiheit herrschen. Moralische Lichtgestalt, Gandhi-Mythos und Bonus-Meilen gleichzeitig, das geht leider nicht durch. Auch Öko-Steuer und Badeurlaub in Bangkok klingt irgendwie komisch. Berühmte Marken sind in sich widerspruchsfrei. Am besten funktionieren sie, wenn es nur noch Fiktionen sind: John F. Kennedy, Che Guevara, Cato, Napoleon. Darum wollen sie alle in die Geschichtsbücher, weil einem dann die Stiftung Warentest nichts mehr anhaben kann."

Staatsmänner, Künstler wie auch Heilige sind darauf bedacht, dass ihr Lebenswerk über ihre Lebenszeit hinaus wirksam bleibt – dies ist ein Nutzen, der nicht nur die Eitelkeit befriedigt („meine Gestaltung der Stadt wird man noch in Jahrhunderten bewundern"), sondern auch eine gewisse transzendente Note hat („ein Mensch ist erst dann wirklich tot, wenn sich keiner mehr seiner erinnert"). Das verleiht ein bisschen etwas vom ewigen Leben – und ist schon im Hier und Heute konsumierbar. Unsereins hat mit dem Eingehen in die Geschichtsbücher noch etwas Zeit, das überlassen wir vorläufig den Herren Schüssel und Blair oder den Damen Merkel und Bachelet, die fleißig daran arbeiten. Aber wir sollten uns Kocks Mahnung zu Herzen nehmen, authentisch zu handeln – ein unstimmiges Markenbild funktioniert ohnehin nicht. Im Kern geht es also zunächst einmal darum, derjenige oder diejenige zu sein, der oder die wir ohnehin sind. Das aber bewusst – selbstbewusst – und mit klarer Kommunikationsstrategie.

Im Kern geht es zunächst einmal darum, derjenige oder diejenige zu sein, der oder die wir ohnehin sind.

Große Marken machen uns das sehr gut vor. Sie **stehen nicht für Produkte, sie stehen für Werte:**

- Harley Davidson ist in diesem Sinne kein Unternehmen, das Motorräder verkauft. Sondern eines, das Freiheit vermittelt – die Freiheit, ein bisschen rebellisch zu sein, seine wilde Seite auszuleben.

- The Body Shop verkauft nicht Kosmetik, sondern Umwelfreundlichkeit – „Not tested on animals" wurde von einem Versprechen zu einem Standard und von einem Standard zu einer Philosophie, die eine ganz bestimmte Käuferschicht anspricht. Aus diesem Anspruch der Umweltkompetenz heraus konnten weitere verwandte Ansprüche (etwa das Eintreten gegen die Rodungen in Amazonien und der Aufbau fairer Handelsbeziehungen mit der Dritten Welt) entwickelt werden. Das bedeutet auch, dass die Kunden nicht nur ins Recycling der Cremedosen, sondern auch in politische Kampagnen wie die zur Regenwaldrettung eingebunden werden können: „The Body Shop has soul – don't lose it". Die Marke wird so zum Vertrauten, mit dem man Gemeinsamkeiten hat.

- So schaltete VW vor Jahren ganzseitige Anzeigen in Schweizer Tageszeitungen, die jedem fünf Franken versprachen, wenn er ein Bild eines Volkswagens einschickt, der abgeschleppt wird. Das war zu einer Zeit, wo Autos noch nicht jene Zuverlässigkeit hatten, die sie heute haben – und der relativ simpel konstruierte VW Käfer den Anspruch erheben konnte, das zuverlässigste Auto zu sein. Die Schweizer gingen also mit offenen Augen durch die Straßen und sahen plötzlich, wie viele andere Autos abgeschleppt wurden. Und sie stellten fest, dass tatsächlich kaum ein VW darunter war. VW hat also den Wert „Zuverlässigkeit" augenfällig besetzt. Und das Markenversprechen erfüllt.

- Vicoria's Secret in den USA und Palmers in Europa verkaufen nicht die Massenware Unterwäsche. Sondern das Bekenntnis zur Schönheit des Körpers.

- Kodak erhebt den Anspruch, ein unkomplizierter Freund der Familie zu sein, der immer da ist, wenn irgendwelche Ereignisse einfach festgehalten werden sollen. Kodak hat diesen Anspruch über Jahrzehnte aufgebaut.

- Bang & Olufsen verkauft nicht HiFi-Geräte, sondern besonders gutes Design – dass die dänischen HiFi-Geräte auch einen guten Klang haben, setzt der Konsument angesichts der weltweit mehr oder weniger standardisierten Produktqualität ja irgendwie voraus. Das andere Unterscheidungsmerkmal, der Preis, wurde ebenso hochgehalten. Auch das schon seit Jahrzehnten: Die erste Markeneintragung für B&O lautete „Det Danske Kvalitetsmaerke" – klarer kann man den Anspruch nicht formulieren.

- Coca-Cola verkauft nicht Limonade, sondern Erfrischung. Coca-Cola ist es gelungen, den Anspruch zu pachten, *das* Freizeitgetränk zu sein: „The Pause that refreshes" war ein 1929 geborener Slogan, noch besser drückte es der deutsche Spruch „Mach mal Pause – Coca-Cola" aus. Er wurde vom Essener Werbefachmann Hubert Strauf am 11. September 1958 patentiert und ging rasch in die deutsche Alltagssprache ein.

- Ähnliches gilt etwa für Microsoft. Das ist kein Betriebssystem (das heißt Windows und ist ebenfalls mehr Marke als ein greifbares

Ding): „Where do you want to go today?" fragt Microsoft – und legt nahe, dass Microsoft den Kunden quasi bei der Hand nehmen kann, um ihn sofort nach seiner Antwort dorthin zu bringen, wo er hin will. Damit wird auch suggeriert: Große Marken fragen die Menschen nach ihrer Meinung. Und bieten sich als Problemlöser an – das Produkt gibt's sozusagen als Draufgabe zur Problemlösung.

Auch eine *Marke ICH*® muss für Werte stehen – und muss diese Werte konsequent leben:

- Wer aus den Medien für seine Freundlichkeit, sein Engagement für Schwache und sein Verständnis bekannt ist, der darf sich eben nicht im Privatleben gehen lassen; darf nicht unhöflich sein, wenn er die Kamera abgeschaltet wähnt. Wenn bekannt wird, dass die freundliche Moderatorin des Kinderprogrammes oder der bekannte Armenseelsorger den eigenen Mitarbeitern gegenüber unfreundlich-tyrannisch auftreten, kann das ernste Imageschäden für deren *Marke ICH*® bedeuten. Da ist der Spielraum minimal.

- Für einen Weinkenner, der sich eine *Marke ICH*® als „Rotweinpapst" aufgebaut hat, ist ein Schwips eine lässliche Sünde. Trunkenheit am Steuer würde ihm von seinen Fans dennoch übel genommen werden, übler als irgendeinem anderen Trinker. Und es ist eine Frage der Positionierung, ob sich ein „Rotweinpapst" gelegentlich auch mit einem Edelbrand oder Whisky sehen lassen kann. Nützlich ist es wohl nicht. Aber wenn er nicht vorher behauptet hat, außer Rotwein und Wasser nichts zu trinken, gibt es immerhin einen gewissen Spielraum.

- Richard Branson, der mit seiner Virgin-Marke für Rebellion gegen die Konventionen aller möglichen Märkte steht, darf niemals als Anpassler erwischt werden, Luciano Benneton dürfte niemals Diskriminierung im eigenen Unternehmen dulden.

- Für einen bekannten Radsportler wird das Radfahren im Zentrum seiner *Marke ICH*® stehen – nicht Sport allgemein, selbst wenn ihn eine Sportillustrierte zum „Sportler des Jahres" wählt. Wenn er gebeten wird, sich im Snowboarden, Kunstschwimmen oder Golfen zu versuchen, sollte er sich gut überlegen, was das wohl für ein Bild ergibt, wenn er einen ungelenken Bauchfleck produziert. Wenn er nicht vorher behauptet hat, quasi alles zu können, ist der Spielraum hier aber recht groß.

■ Im Zweifelsfall ist es wohl besser, gewisse Dinge klar auseinander zu halten. Auch wenn das schwer fällt, weil gerade eine starke *Marke ICH®* immer wieder herausgefordert wird und gereizt wird, weil sie doch vermeintlich alles kann. Es ist für das Image meistens besser, höflich, aber bestimmt zu sagen, was man nicht kann, was man nicht tun will. Die erfolgreiche Marketingdirektorin muss nicht auch noch eine perfekte Hausfrau, Köchin und Mutter spielen. Der erfolgreiche Fußballer muss nicht auch noch ein gewandter Schreiber sein. Das erfolgreiche Fotomodel braucht nicht musikalisch zu sein. Der erfolgreiche Politiker muss nicht ein vorbildlich treuer Ehemann sein. Sex darf für ihn wie alle anderen ruhig Privatsache sein – es sei denn, dass dadurch der Eindruck entstünde, man spiele öffentlich eine andere Rolle als im privatesten Bereich.

Markenbildung als Wettbewerbsvorteil am Arbeitsplatz

Was aber ist die Realität auf dem heutigen Arbeitsmarkt? Noch immer machen Unternehmen Karriereversprechen (die sie nicht halten können). Und es suchen Arbeitnehmer einen Job – der womöglich alsbald wieder wegrationalisiert wird. Oder an den sich die Beschäftigten klammern, obwohl sie sich mit ihrem Unternehmen längst nicht mehr identifizieren können. „Innerliche Kündigung" nennt man das. Die „Innerliche Kündigung" ist der feste Vorsatz, eben nicht zu kündigen, sondern unauffällig (und untätig) im Unternehmen zu bleiben.

Die Unternehmen antworten in diesem Umfeld ähnlich unerfreulich: Schon zeichnet sich ab, dass die Arbeit-„Geber" nicht nur den Schreibtisch einsparen, sondern auch die soziale Absicherung des Arbeitsplatzes nicht mehr dazugeben.

Das heißt nicht, dass nun wieder ein rechtloses und hungerndes Industrieproletariat entsteht, das nichts als die Kraft seiner Hände auf den (Arbeits-)Markt zu tragen hat. Die Ausgangssituation in der postindustriellen Gesellschaft ist deutlich besser:

- Wir haben durchaus beachtliche Rechte. Nur dürfen wir nicht in das Missverständnis verfallen, dass die einzige Sozialversicherungseinrichtung, die einem nicht fest angestellten Bürger zur Verfügung steht, die Arbeitslosenversicherung mit ihren Leistungen ist.

- Aus demselben Grund brauchen wir auch nicht Hunger zu fürchten. Wohl aber müssen wir mit einer Umkehr aller Gewohnheiten rechnen. In Mitteleuropa weiß kaum mehr jemand, wie schmerzhaft Hunger sein kann – deshalb werden viele meinen, die Veränderungen wären mindestens so schmerzhaft wie Hunger. Sie sind es nicht.

- Wir werden auch nicht zum Industrieproletariat. Nicht nur, weil die klassische produzierende Industrie als Faktor für die Beschäftigung an Bedeutung verliert. Auch deshalb, weil die marxistische Definition offenbar etwas anderes meint als uns halbwegs gebildete, mit Heimcomputer, Privattelefonanlage, Faxgerät, Handy und – nicht zu vergessen – Auto ausgestatteten Bürger des beginnenden 21. Jahrhunderts: „Unter Proletariat (wird) die Klasse der modernen Lohnarbeiter (verstanden), die, da sie keine eigenen Produktionsmittel besitzen, darauf angewiesen sind, ihre Arbeitskraft zu verkaufen, um leben zu können", heißt es im Manifest der Kommunistischen Partei.

- Schließlich haben wir etwas anderes anzubieten als die Kraft unserer Hände (und das Potenzial unserer Hirne): Unsere Arbeitskraft ist ein Markenartikel. Wir vermarkten *Die Marke ICH®*.

Die Motivforscherin Helene Karmasin vom Gallup-Institut hat formuliert, was das bedeutet: „Ich glaube, dass Markenbildung in vielen Fällen die Strategie ist, die in Zukunft zu einem entscheidenden Wettbewerbsvorteil führen wird. Non-Profit-Organisationen, Dienstleistungsangebote, Einzelgeschäfte, mittlere Anbieter, touristische Angebote, Länder und Regionen, Anbieter von Investitionsgütern – jedes Gut, das auf einem Markt gehandelt wird, kann als Marke konzipiert werden."

Das Stammkundenprinzip in Beruf und Privatleben

Dabei ist es natürlich vorteilhaft, wenn es einen Großkunden oder wenige Stammkunden gibt, auf die wir uns bei der Profilierung besonders stützen können – das heißt: Wenn unsere *Marke ICH®* die eines Angestellten in einem Büro ist, ist der Stammkunde das Unternehmen des Arbeitgebers; genauer genommen sind es personalisiert die Vorgesetzten, die dieses Unternehmen repräsentieren sowie die Kollegen. Natürlich sollten nicht nur diese Stammkunden gepflegt werden – eine erweiterte Zielgruppe gibt es auch in anderen Unternehmen, in die man vielleicht einmal wechseln möchte. Ähnliches gilt, wenn wir als Lieferant, Konsulent, Trainer, Handelsvertreter oder sonstiger freier Mitarbeiter für ein Unternehmen (oder eine Hand voll Unternehmen) tätig werden. Wer sich (noch) nicht positioniert hat, findet dazu Hinweise im Kapitel „Was Ihre *Marke ICH®* wertvoll macht".

Prinzipiell gilt das Stammkundenprinzip auch bei unseren Freunden und sogar bei der Wahl des Sexualpartners. Wenn wir auf dem Markt unseres Privatlebens einen solchen Stammkunden haben: Fein, dann wissen wir, auf welchem Feld *Die Marke ICH®* für das Privatleben positioniert werden muss. Haben wir aber keinen „Stammkunden", dann stellt sich die Frage des Geschäftsfeldes und der Methoden der Positionierung im Privatleben genauso wie im beruflichen Umfeld. Fragen Sie sich also, wer Ihre Kunden sind, wer Ihre Zielgruppe ist:

■ Wenn Ihre *Marke ICH®* bloß im Privatleben aktiv ist (weil Sie vielleicht zu der kleinen, glücklichen Gruppe von Erben eines wohlveranlagten, ertragreichen Vermögens gehören), kann das bedeuten, dass Sie als Playboy, als Ehemann, als Genießer und Feinschmecker, als Familienvater, als ehrenamtlicher Vereinspräsident, als Kunstsammler oder gar als Mäzen ernst genommen werden wollen – Sie wissen selber, wer die Leute sind, von denen Sie wirklich ernst genommen werden wollen.

■ Wenn Ihre *Marke ICH®* irgendwo im öffentlichkeitswirksamen Bereich positioniert ist, dann haben Sie dagegen einen fast unbeschränkt großen Kundenkreis. Für einen Redakteur der Lokalzeitung wird er kleiner sein als für einen Redakteur der Hauptnachrichten im Fernsehen, für einen Gemeindevertreter kleiner als für einen Bundespolitiker – in jedem Fall aber wird es darum gehen, Vertrauen zu schaffen und womöglich von einer größeren Kundengruppe auch in eine wichtigere Position getragen zu werden.

- Sind Sie etwa Künstler, dann sind alle Kunstsinnigen in Ihrer Umgebung (und die kann in Zeiten einer globalisierten Welt ganz schön groß sein) potenzielle Kunden, die Ihre *Marke ICH®* kennen sollten. Manche Künstler – nicht unbedingt die talentiertesten – bereiten sich mit gezielter Öffentlichkeitsarbeit ihren Markt auf. Etwa durch wohlinszenierte Skandale. Aber auch durch Anwesenheit an den Orten, wo man von Gesellschaftskolumnisten und Fernsehkameras aufgespürt wird.

- Sind Sie Zahnarzt, Anwalt oder Steuerberater, ist Ihr Kundenkreis wahrscheinlich regional begrenzt – aber umso wichtiger wird es, die potenziellen Kunden für den Fall eines Falles wissen zu lassen, dass Sie schmerzfreie Behandlungsmethoden, erfolgreiche Vertragsgestaltungen oder legale Steuerspartricks kennen. Möglicherweise wird Ihr Service aber auch von globaler Bedeutung werden – so wie das des Frisörs „Mr. Taylor" in der Old Bond Street, der als britischer Hoffriseur Herren in der ganzen Welt mit feinen Rasierutensilien versorgt.

- Wenn Ihre *Marke ICH®* irgendwo im Bereich klassischer „Arbeitnehmertätigkeiten" liegt, werden Sie inzwischen auch verstanden haben, dass Sie als Büroangestellter Ihre Mitarbeiter und Vorgesetzten als „Kunden" haben – und dass Sie eventuell auch von anderen Abteilungen (inklusive dem Top-Management) als „Markenartikler" in Ihrer Abteilung identifiziert werden wollen.

- Wenn Sie als Kleingewerbetreibender, als Verkäufer oder Vertreter irgendwo im Verkauf tätig sind, dann kennen Sie Ihre Kunden sowieso (Sie sollten es zumindest) – und Sie wissen auch, wie wichtig es ist, neue Kunden zu gewinnen.

Die Herkunft prägt die Marke

Nehmen Sie Maß an großen, erfolgreichen Marken: Mit dem Besitz der Marke besitzt ein Unternehmen vor allem ein geistiges Eigentum – ein ganzes Bündel von Assoziationen, die mit der Marke verbunden sind.

Herkunft ist selbstverständlich eine besonders stark die kulturellen Vorstellungen prägende Komponente: Da schwingen Wissen und Vorurteile mit. Große Marken machen sich das zunutze. Da gibt es das Vorurteil, dass in Tennessee alles ein bisschen langsamer und gemütlicher zugeht. Die Jack Daniel's Destillerie hat ihre ganze Markenwelt rund um diese Einschätzung aufgebaut: Sie signalisiert, dass ihr Whiskey die nötige Zeit zur Reifung hätte. Perfektioniert wird das alles in Lynchburg, dem Sitz der Destillerie, wo ein ganzer Erlebnispark darauf ausgerichtet ist, diese an den Ort und die Marke gebundene Kultur zu vermitteln. Dasselbe gilt natürlich auch für die Walt Disney Company, die mit Disneyland in Anaheim, Disneyworld in Orlando und Eurodisney in Paris eine ganz eigene (und dennoch dem Amerikanischen verbundene) Welt aufgebaut hat und als „Herkunft" vermarktet. Noch extremer ist der Heimatanspruch, den die Zigarettenmarke Marlboro stellt: „Come to where the flavour is – Marlboro Country" ist eine Einladung in ein imaginäres, nur von der Werbung gestaltetes Land, irgendwo dort, wo Amerika groß, weit, frei und männlich ist.

Ähnlich ist es mit nationalen Anspielungen, die sich Marken (und selbstverständlich auch *Die Marke ICH®*) zunutze machen können. Auch ein Mann, der noch nie mit einer Französin Sex hatte, glaubt zu wissen, dass französische Frauen besonders gut im Bett sind – Frauen denken dasselbe von italienischen Männern. Polen leiden unter dem Vorurteil, dass man ihre Landsleute als diebisch einstuft; Schotten unter dem Vorurteil, dass sie knauserig wären; Armenier, dass sie verschlagen wären. Ostfriesland und das Burgenland gelten als so unterentwickelt, dass die Bewohner zum Zielpunkt allgemeinen Witzereißens geworden sind. Spanier dagegen sonnen sich im Ruf, leidenschaftlich, Chinesen sanft und Inder stoisch zu sein. Nichts von dem muss auf die einzelne Person zutreffen – und sie müssen nicht einmal für die Gruppe stimmen. Aber sie prägen unsere Vorstellungswelt, ebenso wie wir zu wissen meinen, dass es in Russland immer kalt, in Afrika immer heiß, im Salzburgischen immer verregnet wäre.

Nicht nur Tourismuswerber wissen das zu nutzen, wenn es um **positive Konnotationen** geht:

- Wir haben es bei Milka gesehen: Da gehören Alpen dazu und Milch, die Farbe lila und natürlich Schokolade. Ein besonderer Schmelz dieser Schokolade und das besondere, mit Vanille angereicherte Aroma vervollständigen das Bild. Es ist – bei allen Aktualisierungen der letzten Jahre – ein konservativ-alpines, sehr europäisches Bild, das den europäischen Konsumenten Vertrauen in das Bleibende in einer globalisierten Marken-Welt gibt.

- Ähnlich ist es bei Coca-Cola, wo uns die Flaschenform, das Rot der Etiketten, der Geschmack und womöglich auch der Weihnachtsmann (der ohne Coca-Colas unermüdliche Marketinganstrengungen eine Randfigur des Weihnachtsbrauchs geblieben wäre, zumindest in Europa) an die amerikanische Herkunft erinnern. Dieser starke Status hat dazu geführt, dass Coca-Cola (ähnlich wie McDonald's) nicht nur kulturell gut eingebettet, sondern gerade deshalb auch angreifbar geworden ist: Der Softdrink Mecca-Cola setzt auf Antiamerikanismus. Mit weißer Schrift auf rotem Grund kopiert das Cola-Getränk das Logo und Design von Coca-Cola. Damit nicht genug wird das islamisch konnotierte Produkt auch noch mit politischen Inhalten vermarktet, die sich gegen die globale Hegemonie der USA richten. Hinter Mecca-Cola steht der aus Tunesien stammende Franzose Tawfik Mathlouthi. Bei Demonstrationen gegen den Irakkrieg 2003 in London verteilte er 36.000 Flaschen des Getränks gemeinsam mit 10.000 T-Shirts mit Aufschriften wie „Stop the war" und „Not in my name". Eine riesige Mecca-Cola-Dose sorgte für die nötige Aufmerksamkeit und brachte dem Softdrink prompt eine Erwähnung in der SUNDAY TIMES.

- Die Österreich-Werbung, die die bedeutendste Urlaubs-Destination der Deutschen zu einer Marke aufbaut, hat sich entschlossen, sich von der rein themenorientierten Werbekampagne zu verabschieden und künftig mit Werten zu werben. Auch andere Tourismusdestinationen würden mit Themen wie Bergen oder Meer werben, nur Spanien werbe mit „Leidenschaft", Italien mit dem „Dolce Vita" und Irland mit „Gastfreundschaft" – Österreich sucht noch einen bundesweit gültigen Wert, wie beispielsweise „Kunstsinnigkeit".

- Kärnten präsentiert sich als „der sonnige Süden Österreichs", so wie sich Florida als der „Sunshine State" darstellt.

- Alabama nennt sich „Cotton State", Georgia „Peach State" und New Jersey „Garden State" – alles Herkünfte, die einen besonderen Ruf zu begründen imstande sind.

- Natürlich funktioniert das auch dann, wenn das jeweilige Land oder die jeweilige Region die Corporate Identity nicht von Amts wegen vorgegeben hat. Wir alle kennen die Erfolgsstory von „Made in Germany": Eigentlich war das zunächst eine von der britischen Industrie im 19. Jahrhundert verlangte Kennzeichnung; die Aufschrift sollte deutsche Produkte auf dem englischen Markt diskriminieren. Tatsächlich gelang es den Deutschen, „Made in Germany" zum Qualitätszeichen für „deutsche Wertarbeit" umzudeuten. Ein Qualitätszeichen, das noch heute weltweite Anerkennung hat. Eine im Herbst 2002 veröffentlichte Studie von GfK zeigt, dass vor allem die deutsche Autoindustrie ein hohes Ansehen bei amerikanischen Konsumenten genießt. Abgesehen davon kommen deutsche Produkte und Unternehmen nicht an das Image der Japaner heran.

- Trost für die Deutschen mag bieten, wie „Made in Austria" international eingeschätzt wird: Zwar kann Österreich mit der Philharmoniker-Qualität und dem „Sound of Music"-Kitsch, mit Lipizzanern und Sachertorten, mit Sängerknaben und Mozart, mit Hüttenzauber und Kaffeehäusern immer noch internationales Publikum anlocken – „Ein Wirtschaftsbild Österreichs im Ausland ist im Vergleich zum Kultur-Image nicht existent" stellt DIE PRESSE dagegen fest. Das Jammern darüber übertönt die offensichtliche Lösung: Die kulturell bedingten Stärken müssten als Unterstützung der industriellen Kompetenz und nicht als peinliche Begleiterscheinung eingesetzt werden. So wie der Präsident der österreichischen Bundeswirtschaftskammer, Rudolf Sallinger, in den 80er Jahren weltweites Aufsehen für die österreichische Wirtschaft schuf, indem er US-Präsident Ronald Reagan einen Lipizzaner schenkte.

- Gänzlich auf Privatinitiative beruht die Etikettierung von steirischen Äpfeln mit der Bezeichnung „Frisch, saftig, steirisch". Ebenfalls regional geprägte Marken sind das Münsterland-Herkunftssiegel, Styria Beef, Export New Zealand Apples (ENZA), Chianti-Wein, Waldviertler Graumohn, Norwegischer Lachs, Tirol Milch – und, um den Bereich der Agrarprodukte zu verlassen: Wienerberger Ziegel im Baustoffbereich, RWE im Utility-Bereich und Bellsouth im Telekom-Bereich. In all diesen Beispielen wird die Herkunftsbezeichnung zu einem bedeutenden (nämlich den eigentlichen Markenwert darstellenden) Teil der Marke. Und das, obwohl es sich bei den dahinter stehenden Produkten um Commodities, also um Massengüter ohne besonders raffinierte Weiterverarbeitung handelt.

- Eine besondere regionale Prägung gelingt in Deutschland mit Produkten aus den neuen Bundesländern. So besetzte die ostdeutsche Zigarettenmarke „f6" erfolgreich die Heimatliebe, um sich gegen die westdeutsche Konkurrenz zu behaupten. Die Markenbindungen der Ostdeutschen sind stabiler und dauerhafter als die der westdeutschen Verbraucher: „Mit zunehmender Fülle des Warenangebotes werden diese Ostprodukte zu Vertrauensinstanzen der Menschen", heißt es in einer tiefenpsychologischen Untersuchung. Außerdem sichern die Ostmarken allein durch ihre regionale Produktion im Bewusstsein der Menschen Arbeitsplätze und signalisieren damit soziale Verantwortung.

- Dasselbe gilt auch im politischen Marketing. Die Sowjetunion hat ihre Politik mit Propaganda und Kalaschnikow exportiert und den Slogan „von der Sowjetunion lernen, heißt Siegen lernen". Ähnliches gelang Nicaragua: „Trinke ich Kaffee aus Nicaragua, bin ich ein Menschenfreund, ein Anti-Imperialist", analysiert die Verkaufspsychologin Susanne Hackl-Grümm.

- Für Industrieprodukte und Dienstleistungsunternehmen ist die kulturelle Einbettung in die Kultur ihres Ursprungs ebenso wichtig: „Made in Italy" steht für einige „weiche", aber dennoch wichtige Produkteigenschaften: gutes Design, Stilsicherheit, Gefühl – während Italien bei den „harten" Eigenschaften Haltbarkeit, Hochtechnologie und starker industrieller Hintergrund international hinterherhinkt. Japanischen Marken trauen wir einen verspielt-leichten Umgang mit Elektronik zu. Etliche bayrische Biermarken haben den Ruf Bayerns als Freizeitland erfolgreich in ihr Markenkonzept integriert. Österreichische, Schweizer und Luxemburger Banken bieten ihre Dienstleistungen mit Hinweis auf die in diesen Ländern übliche Diskretion am Bankschalter an.

Ursprüngliches für *Die Marke ICH®*

Daraus lässt sich viel für *Die Marke ICH®* machen. Denn je nach Herkunft werden jedem von uns Eigenschaften zugetraut, die sich unter Umständen in den Markenkern integrieren lassen. Hätte Richard Wagner wohl eine Oper über den „Fliegenden Böhmen" schreiben können? Wohl kaum! Aber den „Fliegenden Holländer" empfinden wir als vorstellbar. Umgekehrt: Was soll ein Holländer in der amerikanischen Country-Musik? Böhmische Geiger dagegen haben die Texas-Fiddle in diese Musikrichtung eingeführt. Sie haben eben eine spezielle, auf Grund ihres nationalen Hintergrundes vorausgesetzte Kompetenz.

Was halten Sie davon, wenn Ihnen ein Türke Sushi serviert? Er mag es noch so gut können – aber Sie hätten es wohl doch lieber von einem Japaner. Ebenso wie Sie einem Japaner nicht zutrauen würden, Kebab zu braten. Der nationale Vorteil ist natürlich umso größer, wenn er als unverwechselbare Besonderheit, als „unique selling proposition" (USP) zum Markenbestandteil wird: Die 50. Sushi-Bar in Düsseldorf und der 500. Kebabladen in Kreuzberg machen eben nicht ganz so viel her wie das „erste Haus am Platz" wie man früher treffend zu sagen pflegte. Ein algerisches Restaurant wird in Paris sicher seine Kunden finden – aber in Paris ist Algerisches nichts Besonderes. In Berlin dagegen wird man mehr für das Marketing ausgeben müssen, aber auch eine exklusivere Positionierung erreichen können.

> Was halten Sie davon, wenn Ihnen ein Türke Sushi serviert?

Allen Vorurteilen zum Trotz scheint es zu lohnen, zu seinem Fremdsein zu stehen:

- Teresa Franzia gilt als „die kleine Italienerin, die das amerikanische Weingeschäft zu dem machte, was es heute ist". Die quirlige, nur 1,47 große Frau hat – gleichzeitig mit ihrem Schwiegerson Ernest Gallo – nach der Prohibition die kalifornische Weinindustrie aufgebaut. Mit italienischem Hintergrund, der gut in das amerikanische Selbstverständnis eingewoben wurde; als erfolgreiche Herausforderung an die französische Weinindustrie.

- Cynthia Barcomi liefert ein Beispiel aus der Gastronomie: Seit Oktober 1994 betreibt die Amerikanerin mit ihrem Mann in der Kreuzberger Bergmannstraße ein Café mit eigener Rösterei, das „Barcomi's". Täglich wird die Röstmaschine mit 13 Sorten Kaffee aus aller Welt gefüttert. Neben ihrer Leidenschaft für einen guten Braunen schlägt Barcomis Herz für amerikanisches Gebäck: Bagels, Brownies, Cookies, Muffins, Pies, New York Cheese Cakes. Natürlich könnte sie auch eine richtige Berliner Kneipe führen, aber das wäre der halbe Spaß und vor allem nur das halbe Geschäft. Natürlich könnte sie auch ihren erlernten Beruf als Tänzerin ausüben – aber da wäre sie eben nur eine von vielen, wenn auch eine, die in New York gelernt hat. Wirklichen Nutzen stiftet die Herkunft aus Amerika für *Die Marke ICH®* aber dort, wo man typisch Amerikanisches anzubieten hat, in Cynthias Fall eben in der Gastronomie. Das war so erfolgreich, dass ein Deli in den Sophie Gips Höfen in Berlin Mitte dazugekommen ist.

- Das Ganze funktioniert natürlich auch umgekehrt: Die „La Brea Bakery" in Los Angeles wurde von einem Europäer – Manfred Krankl – seit 1989 aufgebaut. Europäer haben im Bereich Brot eine kulturell zugeordnete Kompetenz. Für Krankl ging es also „nur" noch darum, dieser Erwartung zu entsprechen. Dann konnte das europäische Brot als Spezialität vermarktet werden, erzählt Krankl: „Damals ist unser Brot fast wie feiner Wein verwendet worden. Ich hab' oft von Leuten gehört, die zu einer Dinnerparty gegangen sind und einen Laib La Brea-Bakery Brot als Geschenk mitgebracht haben."

- Im Modebusiness hat man dagegen mit französischer Herkunft die besten Aussichten. Pietro Cardini tilgte daher beizeiten die Hinweise darauf, dass er eigentlich aus Venedig stammt: Unter dem Namen Pierre Cardin baute er einen Modekonzern auf. Erst mit exklusiven Creationen, dann mit Prêt-à-Porter-Mode. Möbel, Schmuck, Geschirr, Kugelschreiber, Kaffeemaschinen oder Kochtöpfe folgten. Heute arbeiten rund 200.000 Menschen weltweit für das Imperium Pierre Cardin, zu dem auch das Nobeletablissement Maxim mit einer eigenen Produktlinie gehört. Unmöglich, seine mehr als 800 Lizenzprodukte, die in 800 Fabriken in 102 Ländern hergestellt werden, aufzuzählen. Sein französischer Name hilft, die unwahrscheinlichsten Objekte zu verkaufen, vom modischen Kernbereich über Brillen, Möbel, komplette Badezimmereinrichtungen bis hin zu Schokoladen. Cardins Markenartikel sind in der ganzen Welt bekannt – auch wenn längst weder die Produktqualität noch die Anmutung der Marke jenen Ansprüchen genügen kann, die eine exklusive Spitzenmarke erfüllen muss.

- Eine Betriebswirtschaftsstudentin aus China erkannte, dass sie etwas nach Europa mitgebracht hatte, was daheim wenig, hier aber viel zählt: perfekte Kenntnisse in Mandarin und ein hinreichendes Wissen über Geschäftspraktiken in ihrer Heimat. Sie begann, sich selbst zu vermarkten, ging eine Partnerschaft mit einer Unternehmensberatung ein und wurde fortan als angesehene Expertin herumgereicht.

- Wie viel die Herkunft im kulturellen Kontext ausmacht, zeigt sehr schön ein historisches Beispiel: Angelo Soliman (1720–1798), den es in der zweiten Hälfte des 18. Jahrhunderts nach Wien verschlagen hatte, machte eine für seine Zeit glänzende Karriere. Er war Privatlehrer und Freimaurer in der Loge „Zur Wahren Eintracht", die unter seinem Einfluss zur Intellektuellenloge Wiens geworden ist. Man erinnert sich seiner noch heute, weil damals jeder wissen wollte, was und wie „Der Mohr von Wien" denkt. Die schwarze Hautfarbe war Teil des Markenkerns dieses „Mohren" (wie man damals zu Dunkelhäutigen sagte) – seine aufklärerischen Freunde Wolfgang Amadeus Mozart und Emanuel Schikaneder setzten ihm ein literarisches Denkmal in Figur des Monostatos in der „Zauberflöte".

- An der Malerfamilie Bruegel lässt sich noch nach Jahrhunderten nachvollziehen, was es bedeutet, ein kulturelles Umfeld der *Marke ICH®* aufzubauen: Als Pieter Bruegel 1569, erst etwa 40-jährig, in Brüssel starb, war seine Kunst gerade so richtig en vogue. Und die Sammlerwelt wartete darauf, was wohl die Söhne Pieter (1564/65 bis 1637/38) und Jan (1568 bis 1625) daraus machen würden. Sie kopierten erst Werke des Vaters, interpretierten sie neu und schufen sich eigene Marken als „Höllenbruegel" beziehungsweise „Blumenbruegel", während der Vater als „Bauernbruegel" in die Sammlungen und die Kunstgeschichte einging: Er hatte als Erster die flämischen Bauern und ihr Leben für Wert befunden, gemalt zu werden. Ein nur 18 Zentimeter im Durchmesser kleines Gemälde des Bauernbruegel („The Drunkard Pushed Into The Pigsty") ist im Juli 2002 bei Christie's in London für 3,3 Millionen Pfund (5,14 Mio. Euro) versteigert worden. Die Niederlande als kulturelles Umfeld verkaufen sich noch heute gut, nicht nur als Heineken-Bier: Rudi Carrell und Heintje sind Beispiele für erfolgreiche Betonung der niederländischen Herkunft im deutschen Showgeschäft.

Machen Sie Vorurteile zu Vorteilen

Wir lernen daraus: Vorurteile können geschäftlich ganz schön lohnend sein – wenn man gekonnt mit ihnen spielt. Denn Vorurteile haben alle Menschen, ob sie es zugeben oder nicht. Also kommt es für einen Markenführer darauf an, diese Vorurteile seines Gegenübers (auch die Vorurteile, die möglicherweise der *Marke ICH®* entgegengebracht werden), zu nützen.

Und bedenken Sie: Sie können niemanden daran hindern, sich ein Bild von Ihnen zu machen. Vorurteile zu haben. Daher ist es so wichtig, dass Sie bewusst Signale aussenden, die die Identität Ihrer *Marke ICH®* verdeutlichen – und damit Vorurteile zu lenken. Diese Signale können zum Beispiel die Begriffspaare

- heimisch oder ausländisch

- unnahbar oder kumpelhaft

- fortschrittlich oder reaktionär
- modisch oder konservativ
- authentisch oder gekünstelt
- großzügig oder sparsam
- erfolgreich oder gescheitert
- loyal oder flatterhaft
- herzlich oder steif
- intellektuell oder pragmatisch
- jugendlich beweglich oder eher unbeweglich
- dominant oder anpassungswillig

verdeutlichen. Am Ende dieses Kapitels werden Sie darangehen, Signale zu definieren, die diese Eigenschaften Ihrer *Marke ICH®* verdeutlichen.

Natürlich wird das bedeuten, dass Sie wiederum einige Optionen fallen lassen – um sich immer klarer auf das zu konzentrieren, was Ihnen wirklich wichtig ist. Dabei kann es durchaus sein, dass Sie das eine oder andere ausprobiert haben; um es bewusst wieder fallen zu lassen. Es ist nicht schlimm, wenn Sie vor der Ausbildung Ihrer Marke zum treu sorgenden Familienvater ein stadtbekannter Herzensbrecher waren; oder vor Ihrem Aufstieg zum Finanzchef eines Unternehmens auch einmal selber an der Supermarktkasse gesessen sind. Allerdings gibt es Personalchefs, die es nicht gerne sehen, wenn sich der akademische Elektroingenieur nach dem Studium erst mal eine Zeit als Clown oder Kellner verdingt hat. „In vielen Personalbüros gelten Patchwork-Lebensläufe als Makel", schreibt Meike Haas in der ZEIT – und ergänzt: „Kreative Unterbrechungen müssen kein Makel sein." Wer in seinem Lebenslauf eine Zeit als „freie Mitarbeit" angibt, der sollte auf Nachfrage erzählen können, was er da so getan hat. Und wer laut Lebenslauf eine Weltreise unternommen hat, sollte erzählen können, wie es in diesem oder jenem Land so zugeht – dann gilt die Weltreise als charakterliche Bereicherung.

Denn die Vorurteile gegen Menschen, die ihre vielfältigen Talente ausgetestet haben, nehmen ab – und umgekehrt: In einem Unternehmen, das profilierte, mehrdimensionale Persönlichkeiten nicht akzeptiert, kann eine individuelle *Marke ICH®* ohnehin nicht weiterkommen. Wie auch mittel- und gar langfristig solche Unternehmen keine Zukunft haben werden.

Die Kaste der Personalchefs, wie sie die Arbeitswelt großer Unternehmen des 20. Jahrhunderts geprägt hat, ist bekannt dafür, stets die falschen Leute nach den falschen Kriterien zu fördern: Sie lieben die Subordiniertheit, die Gestriegelten, die Yuppies mit den genagelten Schuhen. Viele erstklassige Leute sind gezwungen, sich bei der Bewerbung zu prostituieren – aber auch das gilt nicht mehr generell: Auch die Personalchefs wissen ja, dass sie weniger Jobs zu vergeben haben – und dass auf diesen Jobs Anpassungs- und Schuldabweisungsstrategien zwar für die Inhaber der Jobs, nicht aber für die Unternehmen und ihre Marken nützlich sind. Sie wissen auch, dass die Entwicklung einer *Marke ICH®* für die Mitarbeiter nicht bedeutet, dass jeder nur mehr eigenbrötlerisch seine *Marke ICH®* pflegt. Im Gegenteil: Gerade im Team ist Bewusstsein für *Die Marke ICH®* sehr nützlich, weil dann jeder weiß, wofür er und wofür die anderen stehen: für Markenqualität der jeweiligen Expertise, die in das Team eingebracht wird.

Wie wird Ihre *Marke ICH®* von anderen wahrgenommen?

Entscheidender als das, was vielleicht als Abweg in Ihrem Lebenslauf stehen mag, ist daher das, was Sie daraus gemacht haben – also wie Ihre *Marke ICH®* heute dasteht.

Aber das ist oft gar nicht so leicht zu sagen. Die meisten Menschen können nicht einmal präzise sagen, was Sie derzeit eigentlich arbeiten. Die wenigsten können von sich sagen: Ich bin toll; ich kann etwas; ich mache etwas gut. Obwohl das für die meisten Menschen wahrscheinlich stimmt. Egal ob sie toll im Sport, im Beruf oder in der Kommunikation (eventuell auch: im Bett) sind; egal ob sie in alter Literatur, in strategischer Planung oder in stilsicherem Schreiben etwas können; egal, ob sie Musik, Menschenführung oder Kindererziehung gut machen können.

Die meisten Menschen wissen auch gar nicht, was sie darstellen – wie sie von ihrer Umwelt erlebt werden. Denn natürlich wird jeder Mensch nach dem Schema betrachtet, das wir als Konsumenten von den großen Marken vermittelt bekommen haben. Obwohl meistens weder den Betrachtern noch ihren Objekten klar ist, dass hier die Wahrnehmungen völlig dem Schema der Markenwelt folgen. Probieren Sie es einfach aus. Schauen Sie sich in Ihrem beruflichen Umfeld um und versuchen Sie, die Marken zu identifizieren. Sie werden sehen, dass beinahe jeder für etwas steht. Da gibt es:

- den Casanova – der seinen Beruf auf die leichte Schulter nimmt und jede Ablenkung durch eine Frau wichtiger nimmt;

- das Mädchen für alles – das stets freundlich, aber unbedankt einspringt;

- den Angepassten – der sich stets duckt, die Meinung des Chefs erkundet und sich danach orientiert;

- die Unzufriedene – die mit ihrer Rolle im Beruf und im Privatleben nicht zurechtkommt und das auch alle wissen lässt;

- das Arbeitspferd – das den Betrieb aufrechterhält und von allen anderen als unverzichtbar eingestuft wird;

- das Flittchen – das nach Meinung der Kollegen (und vor allem der Kolleginnen) seinen beruflichen Erfolg nur über das Bett erreicht hat;

- den cholerischen Chef – der unberechenbar und gefürchtet ist, wenn er gerade im Zimmer ist, und hintergangen wird, wenn er gerade nicht da ist.

Wir kennen diese Typen alle. Und gerade der cholerische Chef ist ein Beispiel dafür, dass das Selbstbild nicht immer mit dem Bild bei den anderen Mitarbeitern zusammenpasst. Denn dieser Chef ist sicher überzeugt, eine gute, positiv besetzte *Marke ICH®* zu sein. Er hat keine Ahnung davon, dass seine Marke von den anderen ganz anders erlebt wird. Mit Ignoranz gepaarte Arroganz ist ein Kardinalfehler bei der Pflege einer Marke.

Das ist nicht ungewöhnlich: Viele Menschen haben keine Ahnung davon, wie sie von anderen wirklich wahrgenommen werden – weil sie auf die Pflege ihrer *Marke ICH®*, zu der auch die Marktforschung gehört, viel zu wenig Aufmerksamkeit verwenden.

So erleben wir oft **widersprüchliche Markenbilder**:

- den engagierten Christen, von dem Frauengeschichten bekannt werden;

- den erfolgreichen Unternehmer, der im persönlichen Gespräch unsicher wirkt;

- den Moralprediger, der in Wirklichkeit schwul ist;

- den Bierbrauer, der im Privatleben lieber Wein trinkt;

- den bekannten Grünenpolitiker, der beim Rasen mit einem Sportwagen erwischt wird.

Wie gesagt: Diese mehr oder weniger gelungenen Markenausprägungen erleben wir jeden Tag. Und wir erleben Dutzende Menschen, die überhaupt keine Marke haben.

Die für nichts stehen. Zu denen uns nichts einfällt. Außer vielleicht: „Graue Maus". Diese Menschen werden für austauschbar gehalten, ob das nun gerecht ist oder nicht. Niemand ist einer Grauen Maus treu, will unbedingt wieder mit ihr zusammenkommen, wieder mit ihr ins Geschäft kommen – sowenig wir zu austauschbaren Produkten von Aldi irgendeine Beziehung aufbauen.

Wir haben schon einmal darauf hingewiesen: Eine wirklich starke Marke genießt den Vorteil, dass ihr andere treu sein wollen. Das ist eine wundervolle, schmeichelhafte Aussicht. Eine kleine Einschränkung muss aber angebracht werden: Treue bekommt nur, wer selbst treu ist. Dabei ist es nicht nur wichtig, seinen Geschäfts- oder Sexualpartnern treu zu sein – von einer starken Marke wird vor allem erwartet, dass sie sich selbst treu ist.

Wer sich selber untreu wird, wird gnadenlos abgestraft.

Denn das wird streng beobachtet und Untreue wird gnadenlos geahndet. Auch im Privatleben. Wer seine *Marke ICH®* als „Casanova" aufgebaut hat, wird Enttäuschung auslösen, wenn er ab einem gewissen Zeitpunkt nur mehr mit einer einzigen Partnerin auftritt – und diese Enttäuschung wird ebenso groß sein, wie die über jemanden, dessen *Marke ICH®* eine heile Familie beinhaltet, die dann in Wirklichkeit gar nicht so heil ist.

Was wollen Sie wirklich?

Ein wichtiger Schritt bei der Entwicklung einer eigenen Marken-strategie muss also darin liegen, die eigenen Ziele klar zu erarbeiten. Jeder von uns wird natürlich rasch sagen können, sein Lebensziel liege darin,

- erfolgreich,
- jugendlich und glücklich
- und womöglich gesund zu sein.

Der Punkt Gesundheit lässt sich relativ rasch abhaken: Wir sagen leichthin, dass wir alles für unsere Gesundheit zu tun bereit wären – und leben im nächsten Augenblick schon wieder gegen dieses erklärte Prinzip. Wenn der Motor unseres Autos ein ungewohntes Geräusch macht, fahren wir umgehend in die Werkstatt. Wenn wir von einer Hustenattacke geplagt werden, nehmen wir bestenfalls ein Husten-zuckerl. Für Ihr Auto ist Ihnen jederzeit das beste Motoröl und der beste Sprit gerade gut genug – und wie halten Sie es mit dem Essen und Trinken? Na also! Vielleicht sollte der letzte Punkt unserer Le-bensziel-Definition besser lauten: „und womöglich ein funktionieren-des Auto zu fahren"…

Mit dem Glück und der Jugendlichkeit ist das auch so eine Sache: Wer sich mit Alter und den Krankheiten des Alters auseinandersetzt, stellt nämlich rasch fest, dass entgegen der landläufigen Meinung die alleinige Abwesenheit von Krankheit nicht glücklich macht.

Auch sonst ist der Glücksbegriff bekanntlich relativ. Und manipulierbar, so wie man die Haarfarbe verändern kann. Bei einer unserer sozialwissenschaftlichen Studien haben wir der Arbeitshypothese: **Wer selbstbewusst auftritt, kann damit sein Glücksgefühl steigern.** „Blondes have more fun" nachgespürt. Stimmt die nun? Offenbar. Auf die Frage: „Wenn jemand von Ihnen sagen würde: ‚Dieser Mensch ist sehr glücklich' – hätte er dann recht?" sagen 44 Prozent der Blondinen und 50 Prozent der Rothaarigen ja. Bei den Brünetten sind es aber nur 26 Prozent. Offensichtlich ist auch der Zusammen-hang zwischen gutem Aussehen und Glück: 43 Prozent der hübschen, aber nur 25 Prozent der weniger hübschen Frauen bezeichnen sich in dieser Fragestellung als glücklich. Ähnlich verhält es sich bei selbstbewusst wirkenden Frauen – unter ihnen gibt es nach eigenem Bekunden beinahe doppelt so viele Glückliche wie unter den von den Interviewern als weniger selbstbewusst eingestuften Frauen. Denselben Befund bringt die Frage nach dem Glück in der Partnerschaft. Ergebnisse, die man bei der Gestaltung von *Die Marke ICH*® im Hinterkopf haben sollte: Wenn es bei Frauen einen statistisch signifikanten Zusammenhang zwischen der Haarfarbe und dem persönlichen Glücksgefühl gibt, dann liegt es nahe, den Markenauftritt entsprechend zu gestalten. Männer haben es da ohnehin schwieriger – hier ist nämlich der statistische Zusammenhang von Glück und der (viel schwerer „gestaltbaren") Körpergröße viel signifikanter. Allerdings scheint selbstbewusstes Auftreten noch viel stärker mit persönlichem Glücksgefühl zusammenzuhängen als alle anderen Äußerlichkeiten. Das heißt: Wenn Sie selbstbewusst auftreten, kann das eine positive Rückkoppelung mit Ihrem ganz persönlichen Glücksempfinden haben.

Bleibt als letzter zu diskutierender Punkt der Erfolg. Er ist interessanterweise die am wenigsten hinterfragte Größe. „Nichts ist überzeugender als Erfolg", sagte Leopold von Ranke (1795–1886). Denn die meisten Menschen erleben sich erst dann als erfolgreich, wenn sie von anderen als erfolgreich bezeichnet werden. Aber auch, wenn sie etwas erreicht haben, mit dem sie eigentlich nicht gerechnet hatten.

Dies jedoch ist ein verzerrter Erfolgsbegriff. Ziemlich genau das Gegenteil von dem, was wir unter Erfolg verstehen: Wirklich erfolgreich ist derjenige, der sich Ziele gesetzt und diese auch mehr oder weniger planmäßig erreicht hat. „Glück, Reichtum und Erfolg sind Nebenprodukte des Goal-Setting, der strategischen Zielsetzung – sie können nicht selbst das Ziel sein", schreiben Denis Waitley und Remi Witt in „The Joy of Working".

Beim Goal-Setting ist es nicht entscheidend, dass man keine Rückschläge erleidet. Auch bekanntere Marken als *Die Marke ICH*® haben schwere Niederlagen erlitten – und schließlich sehr erfolgreich überlebt. Wir werden darüber in den nächsten Kapiteln ausführlich diskutieren.

Wirklich erfolgreich ist derjenige, der sich Ziele gesetzt und diese auch mehr oder weniger planmäßig erreicht hat.

Entscheidend für den Erfolg ist, dass am Schluss jene Ziele erreicht werden, die man sich ursprünglich vorgenommen hat. Selbst dann, wenn diese Ziele im Lauf der Zeit das eine oder andere Mal umformuliert werden mussten – das ist immer noch besser, als die Ziele und den Anspruch auf Erfolg aufzugeben. Noch besser ist aber, wenn die grundsätzlichen Ziele so formuliert sind, dass sie das ganze Leben lang gültig bleiben. Und wir sprechen hier vom Lebenszyklus von Marken – dieser Lebenszyklus kann, wenn die Marke richtig gemanagt wird, durchaus ein Vielfaches der Lebensdauer eines Menschen lang sein.

Ziele setzen und verfolgen

Es kommt also darauf an, dass Sie herausfinden, was *Die Marke ICH®* langfristig erreichen soll und erreichen kann.

Das hängt in hohem Maß von den Geschäftsfeldern ab, in denen Ihre *Marke ICH®* positioniert werden soll. Für einen Pfarrer wird die Zieldefinition wohl etwas anders lauten als für eine Prostituierte, obwohl beide auf dem selben Markt (Menschen glücklich machen) tätig sind: „Ich verkörpere die beglückendste Verführung" wird der Pfarrer nicht so gerne unterschreiben – für eine Prostituierte ist das aber kein schlechtes Markenleitbild. „Ich bin der vertrauenswürdigste Prediger" mag für den Pfarrer angehen – wohingegen ein Politiker (ebenfalls auf dem Beglückungsmarkt tätig) wohl noch etwas an seinem Markenbild feilen sollte, wenn er nicht mehr als diesen Satz zusammenbringt.

Sie sehen schon: Bei der Definition der Ziele geht es darum, ein fassbares und möglichst am Markt überprüfbares Leitmotiv zu formulieren. Ob die Prostituierte tatsächlich verführerisch ist (also Erstkunden gewinnt) und beglückend (und damit Freier an sich bindet), das ist bei einem gewissen Überblick über den „Strich" überprüfbar. Ob der Pfarrer das Vertrauen der ihm anbefohlenen Gemeinde genießt, ist ebenfalls quantifizierbar – etwa an den Besucherzahlen der Sonntagsmessen.

> **Bei der Definition der Ziele geht es darum, ein fassbares und möglichst am Markt überprüfbares Leitmotiv zu formulieren.**

In ähnlicher Weise lassen sich in jedem anderen Beruf und jedem anderen Lebensfeld Ziele definieren. Sie sollten versuchen, auch im Privatbereich Ihre Position und Ziele zu definieren. Manche können, manche müssen sogar Lebensziele sein. Ein paar Beispiele:

- „Ich bin eine gute Mutter, die ihre Kinder zur Selbständigkeit erzieht."

- „Ich werde Marathon-Läufer."

- „Ich bin der freundlichste Polizist der Stadt."

- „Ich werde der bekannteste Dudelsackpfeifer Deutschlands."

- „Ich bin ein viel gelesener Autor, der einen immer größeren Leserkreis erreicht."

- „Ich baue die größte Schellack-Sammlung auf."

- „Ich werde Schlossherr eines Schlosses am Waldrand."

- „Ich bin eine sachkundige Apothekerin, zu der die Leute mit allen Wehwehchen kommen können und gesünder wieder gehen."

- „Ich lerne Italienisch." (wahlweise: ein Musikinstrument, häkeln, klöppeln, Teppich knüpfen…)

Sie sehen: Wir kommen mit diesen Überlegungen schon sehr nahe an das heran, was den Markenkern unserer *Marke ICH®* ausmachen kann.

Kurz- und langfristige Ziele

Es macht Sinn, auf dem Weg zu großen Zielen der *Marke ICH®* Zwischenziele zu definieren. Man darf nur nicht vergessen, sich die Latte dann höher zu legen. Denn in den kurzfristigen Zielen steckt eine Gefahr: Wer kurzfristige, taktische Ziele mit langfristigen strategischen Zielen verwechselt, wird leicht bequem und genügsam. Wir wissen: Stillstand ist Rückschritt – und das gilt nirgendwo so stark wie in der Welt der Marken. Auch in der Welt der *Marke ICH®*.

Die Arbeit am kurzfristigen Ziel ist aber stets nur ein Beitrag zur Erreichung eines größeren, weiter gesteckten (Lebens-)Zieles. Das haben leider noch weniger Zeitgenossen. Aber wer *Die Marke ICH®* entwickelt, wird nicht weiterkommen, wenn er kein verbindliches Langfrist-Modell für seine *Marke ICH®* entwickelt hat.

Das kurzfristige Ziel ist Basis, eine Zwischenetappe auf dem Weg zur Verbesserung der *Marke ICH®*. Wer ein Zwischenziel erreicht, kann daraus Kraft ziehen, um sich dem langfristigen Ziel zu nähern. Auch wenn es noch weit scheint – ein Stückchen näher ist es mit jedem erreichten Zwischenziel gekommen. Damit ist die Gefahr gebannt, am großen, fernen Langfristziel zu scheitern. Und, noch wichtiger: Wer *Die Marke ICH®* an Zwischenzielen gebildet, vertieft und verbessert hat, der hat mit seiner *Marke ICH®* ein Vehikel, das schon auf den richtigen Schienen steht.

Für einen Markenartikler, der *Die Marke ICH®* pflegt, sind aber solche **überprüfbaren Ziele** unabdingbar:

- „Ich werde die gefragteste Tanzpartnerin dieser Ballsaison."

- „Ich absolviere einen Kurs in Objektorientierter Programmierung."

- „Ich gründe eine Bürgerinitiative für eine Wohnstraße" – besser noch: „Ich sorge dafür, dass unsere Straße zur Wohnstraße erklärt wird."

- „Ich werde bis Ende nächsten Jahres Abteilungsleiter" – besser noch mit dem Zusatz: „oder ich wechsle das Unternehmen."

- „Ich schaffe mir einen Kapitalpolster von 100.000 Euro" – oder welcher Betrag sonst realistisch erscheinen mag. Bedenken Sie, dass das, was Sie bezahlt bekommen, üblicherweise dem entspricht, was „Leute wie Sie" üblicherweise bezahlt bekommen. Wenn Sie eine *Marke ICH®* entwickeln, sind Sie aber nicht mehr wie die anderen – das sollte sich auch in dem reflektieren, was Sie verdienen.

- „Ich erreiche mein Idealgewicht von x Kilo und halte es" – nicht: „Ich werde abnehmen!"

Erfolgsmarken proftitieren vom Ruf, erfolgreich zu sein

Natürlich ist der Erfolgsbegriff für *Die Marke ICH®* davon abhängig, wie die Marke positioniert werden soll: Ein Manager wird andere Ziele und andere Erfolgskriterien an seine *Marke ICH®* anlegen als ein Künstler – oder vielleicht nur ein wenig anders gewichten; denn beide wollen ihren Teil der Welt nach eigenen Vorstellungen gestalten, wollen dafür Anerkennung und Geld. Wer sich leisten kann, seine *Marke ICH®* als die eines Playboys auszugestalten, der wird mehr Wert auf die Anerkennung legen, wer Börsenmakler ist, mehr auf die Entlohnung, aus der sich das gute Leben dann ableitet.

Jeder wird zur Bewertung seiner *Marke ICH®* eine komplexe Mischung aus pekuniären und nicht-pekuniären Erfolgen heranziehen: Mehr Sexualpartner gehabt zu haben als alle anderen in der Umgebung kann befriedigender sein, als die größte Villa in der Umgebung zu besitzen. Als Kenner von guten Weinen und gutem Essen geachtet zu werden ist vielleicht besser, als als härtester Boss gefürchtet zu sein.

Die Ziele, die wir für *Die Marke ICH®* definieren, sind eine sehr persönliche Sache. Denn Marke ist immer auch Persönlichkeit. Wie man nun Erfolg in den Markenauftritt der *Marke ICH®* integriert, ist mindestens seit 1665 bekannt, als François, Herzog von La Rochefoucault, in seinen „Maximes" die These 56 formulierte. Sie lautet: „Um auf der Welt erfolgreich zu sein, machen wir alles, um erfolgreich zu erscheinen." Und sie gilt unverändert in der heutigen, auf Sieger ausgerichteten Markenwelt.

Aufgaben für *Die Marke ICH®*:

Wir wollen Sie noch einmal daran erinnern, dass Sie sich darüber klar sein müssen, dass Sie einzigartig sind. Einzigartig als Mensch, das sowieso. Aber Sie müssen auch von Ihrer Zielgruppe so gesehen werden. In einer Welt, die Marken als emotionale Klammer zwischen Herstellern und Konsumenten versteht, ist so eine Klammer auch in Beziehungen zwischen Arbeitgebern und Arbeitnehmern, zwischen Lieferanten und Kunden, ja sogar zwischen Männern und Frauen zu einem wichtigen Code geworden. Wenn Sie wollen, dass Ihr Arbeitgeber Sie als seinen erstrangigen Problemlöser im Gedächtnis hat, Ihr Kunde Sie als erstrangigen Lieferanten sieht, die Frau Ihres Herzens Sie als den Mann ihres Lebens – dann erreichen Sie das am besten auf demselben Weg, den auch Markenartikler verwenden, um „on top of mind" zu sein. Wer *Die Marke ICH®* an sich selber entwickelt, wird einige lieb gewordene Gewohnheiten aufgeben müssen. Wahrscheinlicher noch: Er oder sie wird diese Gewohnheiten aufgeben wollen. Sie werden einen Teil Ihrer Garderobe ausmustern wollen, weil er nicht mehr zur *Marke ICH®* passt. Oder Sie werden andere Umgangsformen annehmen – die *Die Marke ICH®* erkennbar machen.

Bevor wir mit alle dem konkreter werden, laden wir Sie ein, zu träumen – und ein Spiel zu spielen, mit dem Markenpsychologen herausfinden, wie es einer Marke geht und welche Assoziationen die Kunden mit der Marke haben. Das Spiel heißt „Planetenspiel" und die Aufgabe lautet so: Sie reisen zu einem Planeten der Ihrer *Marke ICH®* gewidmet ist. Denken Sie sich in diesen Ausflug hinein. Träumen Sie davon. Was können Sie auf diesem Planeten entdecken? Wie ist dort die Landschaft? Wie riecht es dort? Was ist zu hören? Wie schmeckt es dort? Wie greift sich dieser Planet an? Welche Menschen leben dort? Welche schönen Erfahrungen kann man dort machen? Welche schlechten Erfahrungen kann man dort machen? Welche Souvenirs würden Sie von diesem Planeten *Marke ICH®* mitnehmen? Und welche Fotos würden Sie dort machen?

Lassen Sie Ihrer Phantasie freien Lauf, träumen Sie. Und machen Sie sich dann daran, Ihren Marken-Planeten zu erobern. Das ist harte Arbeit an sich selber. Hier sind Ihre ersten Aufgaben dazu.

Schreiben Sie die Antworten auf die folgenden Fragen auf – und lassen Sie Platz für die Antworten, die Sie in ein paar Tagen geben werden, wenn Sie sich die Fragen und Antworten noch einmal ansehen.

- Die Analyse sollte mit einer nüchternen Bestandsaufnahme beginnen. Wo stehe ich? Was ist die Arbeit, die ich mache? Mit wem lebe ich zusammen? Welche meiner Fähigkeiten liegen vielleicht brach? Schließlich: Bin ich wirklich am richtigen Platz? Was würde ich zurücklassen, was mitnehmen, wenn ich an einen anderen Platz wechsle?

- Wer ist die Zielgruppe für *Die Marke ICH®*? Was sind das für Menschen, wie geht es denen, was machen die so den ganzen Tag, wenn ich nicht bei ihnen bin? Was denken diese Menschen? Was sollten sie denken? Auf wen muss ich Eindruck machen? Und welcher Eindruck soll das sein? Was ist das eine entscheidende Argument, das die Einstellung der Zielgruppe verändern kann? Genauer: Was ist das eine entscheidende Argument, das die Einstellung der Zielgruppe zu mir, zu meiner *Marke ICH®* verändern kann?

- Wir haben schon davon gesprochen, dass persönliche Bescheidenheit eher hinderlich ist – noch schlimmer ist es aber, wenn *Die Marke ICH®* nicht erklären kann, welchen Nutzen sie stiften kann. Fragen Sie sich: Was ist der Nutzen, der meiner Zielgruppe abgeht? Wie kann ich der Zielgruppe helfen? Warum ist gerade meine *Marke ICH®* die richtige Hilfe für diese Zielgruppe? Welchen Unterschied kann *Die Marke ICH®* für die Zielgruppe machen?

- Welche Werte und Überzeugungen sind für mich – und damit für meine *Marke ICH®* – unveränderlich und unverrückbar? Was sind die Wahrheiten, die für *Die Marke ICH®* gelten?

- Gehen Sie das anhand einer Liste durch. Schreiben Sie von den folgenden sechs Dutzend Eigenschaften alle auf, die Sie für besonders treffend für sich empfinden (und fügen Sie ruhig ein paar Begriffe dazu, wenn Sie meinen, dass sie auf Sie besser passen):

78

abenteuerlustig
anpassungswillig
authentisch
beherrscht
belastbar
couragiert
diszipliniert
dominant
ehrlich
eigensinnig
erfolgreich
ernsthaft
erotisch
familienorientiert
flatterhaft
fortschrittlich
friedfertig
fröhlich
geduldig
gekünstelt
gelassen
gemeinschafts-
   orientiert
genusssüchtig
gerecht
gescheitert
gesund
gläubig
großzügig

gut aussehend
heimatverbunden
herzlich
hilfsbereit
humorvoll
inspirierend
intellektuell
jugendlich beweglich
kämpferisch
keusch
kompromissbereit
konfliktfähig
konservativ
kreativ
kumpelhaft
kunstsinnig
leger
loyal
materialistisch
mitfühlend
modisch
mutig
optimistisch
pessimistisch
politisch
pragmatisch
reaktionär
reich
selbstsicher

sensibel
serviceorientiert
sexy
Sicherheit
   vermittelnd
sozial
sparsam
sportlich
steif
strebsam
teamorientiert
tolerant
traurig
treu
umweltbewusst
unabhängig
unbeweglich
unnachgiebig
unnahbar
verantwortlich
verschwenderisch
verträumt
visionär
vorsichtig
weltgewandt
wohltätig
zielstrebig
zurückhaltend
zuverlässig

■ Machen Sie noch eine zweite Liste mit Eigenschaften, was Sie sicher nicht sein wollen.

■ Kürzen Sie die erste Liste auf sechs Einträge, streichen Sie bei ähnlichen Begriffen jene, die Ihnen weniger treffend erscheinen, bis die am besten passenden Wörter übrig bleiben. Reihen Sie die ersten drei – für die Sie bereit wären, unter Einsatz Ihres Lebens zu kämpfen. Sie haben damit einige der Kernwerte identifiziert.

■ Fragen Sie sich: Wie kann man diese Einsicht, die ja nicht allen möglichen Partnern und Kunden bekannt ist, glaubwürdig vermitteln? Für welche bin ich schon wenigstens halbwegs bekannt? Und: Welchen Vorteil bietet es den Adressaten, diese Kenntnis über *Die Marke ICH*® zu haben und zu gebrauchen?

- Was ist der Zweck des Unternehmens, was will *Die Marke ICH®* insgesamt erreichen? Schreiben Sie die Ziele auf, die Ihnen helfen, *Die Marke ICH®* zu definieren. Schielen Sie dabei ruhig auf die Liste, die Sie vorher erstellt haben.

- Sortieren Sie nun diese Ziele – welche sind langfristig und welche eignen sich eher für eine kurzfristig erreichbare Zwischenetappe? Solche Etappen sind wichtig, weil sie Anlass zur Überprüfung der langfristigen Ziele und der Marschrichtung geben. (Bewegt sich *Die Marke ICH®* eigentlich auf das gewählte Ziel zu oder bin ich längst auf einem anderen Weg?) Es ist erstaunlich, wie viele Menschen ohne solche kurz- und mittelfristigen Ziele leben – und dann klagen, dass sie keinen Erfolg hätten.

Schreiben Sie daher spezifische Ziele auf, zum Beispiel:

- „X Euro innerhalb von drei Jahren zu verdienen."

- „Die Position Y im Unternehmen Z innerhalb von zwei Jahren erreichen."

- „Innerhalb von zwölf Monaten in fünf Tageszeitungen, zwei Wirtschaftsmagazinen und einer Radiosendung erwähnt werden."

- „Noch in diesem Monat ein Gespräch mit ... (einem erfahrenen Kollegen, einem prospektiven Kunden, einem einflussreichen Politiker) zustande bringen."

- Dazu kommt: Kurzfristige, vielleicht auf das nächste Wochenende oder das Monatsende ausgerichtete Ziele setzen, sie anstreben und erreichen schafft Selbstvertrauen. Es macht Appetit auf höhere Ziele.

- Bedenken Sie: Selbstbewusste Menschen haben selbstbewusste Freunde. Ihre *Marke ICH®* – also Ihre Person – wird so gesehen und daran gemessen, was sie in ihrer Arbeits- und Freizeit macht, mit welchen Leuten sie zusammen ist. Und was sie damit bewirkt. Man nimmt wahr, ob Sie sich mit starken oder schwachen, mit sensiblen oder brutalen, mit ernsthaften oder leichtsinnigen, mit glücklichen oder unglücklichen, mit fröhlichen oder sauertöpfischen Menschen umgeben. „Die Glücklichen bilden einen Kreis, die Unglücklichen einen anderen", schreibt Susan Marshall in der „Kunst, Profil zu zeigen" und warnt: „Schwächlinge hängen mit ihresgleichen herum." Nichts gegen einzelne Ihrer Freunde, nichts gegen den oder die Sexualpartner, Zechkumpanen oder Sportskameraden Ihrer Wahl – aber machen Sie sich bewusst, was Sie mit dieser Wahl ausdrücken. Machen Sie eine Liste mit drei Spalten: Wen haben Sie in den letzten 30 Tagen privat getroffen, wen im halbberuflichen Zusammenhang, wen im beruflichen? Wer davon ist selber eine starke Persönlichkeit? Wofür stehen diese Persönlichkeiten? Ist das eine Gesellschaft, in der Sie gerne gesehen werden wollen? Wir werden uns im nächsten Kapitel über starke Menschen unterhalten, wir werden in der Folge über Herolde reden – wenn es Schwächlinge in Ihrem Freundeskreis gibt, dann begeben Sie sich nicht auf deren Niveau hinunter. Sondern helfen Sie diesen Freunden, ein höheres Niveau zu erreichen; Sie stärken damit nicht nur *Die Marke ICH®* Ihrer Freunde, Sie gewinnen selber dadurch mehr Profil.

- Wenn Sie nun die Gruppen beschrieben haben, die Ihren täglichen Umgang ausmachen, fragen Sie sich auch: Was hebt Sie, was hebt Ihre *Marke ICH®* aus diesen jeweiligen Gruppen heraus? Notieren Sie zum Beispiel: „Im Tennisclub bin ich die Einzige, die …"; „Bei den Grillfesten in unserer Nachbarschaft bin ich der Einzige, der …"; „Auf den Geburtstagsfeiern in unserem Büro fällt an mir immer auf, dass ich …" (hoffen wir, dass der Satz mit etwas Sinnvollerem enden kann als mit „… als erster betrunken bin"!).

- Die katholische Zeitschrift DIALOG fragt in jeder Ausgabe eine bekannte Persönlichkeit: „Kann man in Ihrer Wohnung irgendwie erkennen, dass Sie Christ sind?" Viele Christen haben darauf wenig zu sagen. Aber einen zweiten Gedanken ist das wohl wert: Worin sind die Werte, die Ihnen wichtig sind, symbolisiert? Findet man entsprechende Symbole dafür in Ihrer Wohnung, an Ihrer Kleidung, Ihrem Auto, Ihrem Arbeitsplatz?

Heben Sie die Antworten auf diese Fragen auf – und stellen Sie sich dieselben Fragen am übernächsten Wochenende noch einmal. Hat sich etwas geändert? Sie sehen nun auf einen Blick, wo Sie nachjustieren müssen.

Starke Menschen, starke Marken

Was ist eigentlich ein Prominenter? Die beste Definition dafür ist eigentlich ein Zirkelschluss: Prominent ist jemand, über den in den Medien und in persönlichen Gesprächen berichtet wird, er wäre prominent, also allgemein bekannt. Üblicherweise aber nicht nur einfach bekannt, sondern für etwas Bestimmtes bekannt. Prominente stehen für etwas. Die Bekanntesten pflegen ihre Prominenz genauso, wie es Markenartikler tun würden: Indem sie auf das fokussieren, was sie sind, was einzigartig ist an ihnen, wem sie damit etwas zu bieten haben und wie die Menschen über sie denken sollen – das alles richtig verpackt und gut vermarktet und wir haben einen Prominenten. Eine *Marke ICH®*.

Was eine Marke wirklich ausmacht, ist Ruhm. Ruhm gibt der Marke einen Mehrwert. Und das gilt für alle Marken, auch die von Menschen: Prominente können aus allen Bereichen kommen – seien es schrille Künstler oder ultra-seriöse Anwälte, Herzchirurgen oder Unternehmer. Politiker sowieso. Alle

Ruhm gibt der Marke einen Mehrwert.

diese Personen haben fast nichts gemeinsam – aber sie sind nicht gewöhnlich. Man kennt sie vor allem wegen einer Spezialität, die sie besonders gut können. Der praktische Arzt von nebenan hat keine Chance, dass ihm solche Markenidentität zugebilligt wird – es sei denn, er hat sich auf eine neuartige alternative Heilmethode, auf ein ganzheitliches Beratungskonzept oder einfach auf die Behandlung anderer Prominenter spezialisiert.

Spezialisiert sein, ist die erste Voraussetzung für die Entwicklung einer *Marke ICH®*. So wie Ärzte als Chirurgen oder Gynäkologen, als Dermatologen oder Urologen spezialisiert sind. So wie Politiker für Außen- oder Sozialpolitik, Kommunalfragen oder Agrarprobleme zuständig sind. So wie Gastronomen entweder eine Pizzeria oder ein Gourmetrestaurant, ein Irish Pub oder ein Kaffeehaus, einen Weinkeller oder eine Fastfood-Bude betreiben. So wie Journalisten entweder über Lifestyle oder Politik, Fußball oder Bürgerkriege, Opernpremieren oder Mordfälle, Börsenkurse oder das Wetter berichten. Es mag sein, dass Sie im Fernsehen sowohl den Wetterprognosen als auch den Börsenanalysen ein gesundes Misstrauen entgegenbringen – aber wenn die vertrauten Moderatoren dieser Programme einfach ausgetauscht werden, ist alle Glaubwürdigkeit dahin.

Wer auf seiner Visitenkarte „Strafverteidiger" statt „Anwalt" oder gar „Jurist" stehen hat, vermittelt seinem Gegenüber deutlich mehr Vorstellung von sich.

Großunternehmer tun sich da natürlich leichter: Wer Eigentümer oder Spitzenmanager eines Markenartikelunternehmens ist, wird eben mit dieser Marke identifiziert. So hat ja alles angefangen, vor nicht einmal 200 Jahren: Da haben Unternehmer ihren guten Namen und ihr Bild – gelegentlich auch ein heraldisches Symbol – auf ihre Produkte gedruckt. Haben sie markiert.

Am Anfang der meisten erfolgreichen Marken stand eine **Vision**. Visionen sind etwas sehr wertvolles, wenn sie von Realisten stammen und von diesen gepflegt werden. Visionäre Realisten wie Walt Disney, Henry Ford oder George Eastman hatten einen festen Glauben an ihre Vision. Und sie haben diesen Glauben nicht nur in Produkte umgesetzt, sondern vor allem weitervermittelt – an Mitarbeiter, Kapitalgeber, Vertriebspartner, Medien und nicht zuletzt an die Konsumenten, die zu Fans geworden sind. Überraschenderweise sind es meist ganz einfache Ideen, die die Distanz zum Mitbewerber vergrößern, hat die Wirtschaftsjournalistin Johanna Zugmann herausgefunden. Zumeist standen und stehen an der Spitze solcher sich positiv entwickelnder Unternehmen charismatische Führungskräfte: Persönlichkeiten, die Begeisterung empfinden, diese auch in anderen entfachen, mit Belegschaften Informationen und Erfolge teilen und sich den Kopf darüber zerbrechen, wie nicht nur sie selbst ihre Ziele erfüllen können; Leader, die zur vorhandenen Leistungsmotivation auch die Weichen für die Leistungsmöglichkeit stellen. Chefs, denen bewusst ist, dass nicht jeder Mitarbeiter ein Top-Performer ist, die aber ihre vordringlichste Aufgabe darin sehen, die richtigen Personen in die richtigen Positionen

Visionen sind für Marken wertvoll – wenn sie von Realisten stammen.

zu setzen. Führungskräfte, die ein Wir-Gefühl fördern. Etwa indem sie die gesamte Belegschaft vor den Vorhang bitten, statt die Menschen, die zum Erfolg beigetragen haben, schamhaft zu verstecken. Markenbildung ist – nicht nur, aber eben auch – Teamwork. Wir werden das noch sehen, wenn wir uns mit den Herolden für unsere Marke befassen.

Unternehmerpersönlichkeiten mit Markenbedeutung

Sich mit seiner eigenen Marke zu identifizieren, ist ein kulturgeschichtlich relativ neues Phänomen: Unter dem eigenen Namen eine *Marke ICH®* aufzubauen, war jahrzehnte-, wenn nicht jahrhundertelang Fabrikanten und Händlern vorbehalten – wobei auch hier persönliche Demut zur Etikette gehörte. Nur die Großkaufleute pflegten sich großspurig darzustellen und die Firma (also zu Deutsch: ihren Namen!) herauszustellen. Wenn heute Handelshäuser den Wert des Alters ihrer Marken entdecken („gegr. anno soundso"), dann knüpfen sie an diese alten Unterschiede an. Hier ging es nicht nur um Bezeichnungen, sondern um soziale Unterschiede – auch um das Vorrecht zu stolzem Auftreten, lange bevor registrierte Handelsmarken eingeführt worden sind. Wer mit anderer Leute Ware handelte, konnte das stolz in eigenem Namen tun. Wer dagegen seine eigene Leistung, seine eigene Produktion anbot, musste den bis vor gar nicht so langer Zeit geltenden Normen entsprechend bescheidener auftreten. „Ein Bremer Großkaufmann und Werbung waren bis dato Verschiedenheiten", heißt es in einer Beschreibung der Wettbewerbssituation von Ludwig Roselius, der 1906 seinen koffeeinfreien Kaffee nicht unter eigenem Namen, sondern unter dem schlichten Kürzel der „Kaffee Handels Aktien Gesellschaft" auf den Markt brachte. Kaffee HAG wurde dennoch eine Weltmarke, nicht zuletzt aufgrund des zunächst einzigartigen Markenverspreches „Kaffee HAG schont ihr Herz". Das war für jene Zeit schon weit aus dem Fenster gelehnt!

Die Stärke einer Person, die für eine Marke spricht, hat einen klaren Vorteil: Die Marke bekommt ein Gesicht, das Vertrauen schafft. Etwa jenes des Software-Experten Peter Norton auf den Packungen von Norton-Disc-Doctor und anderen Produkten, obwohl Nortons

Unternehmen längst von Symantec übernommen worden ist. Starke Markenpersönlichkeiten rufen starke Assoziationen hervor. Wir können nicht an Walt Disney denken, ohne dass uns diese freundliche kleine Maus oder wenigstens der liebenswert-tollpatschige Erpel in den Sinn kommt.

Betrachten wir ein paar solcher **Gründer-Marken und Familienunternehmen, die starke Marken hervorbringen:**

- Beate Uhse steht in Deutschland (und inzwischen in zwölf weiteren Ländern) für Kompetenz in Sachen Erotik. Eine Kompetenz, die sich die junge Fliegerin in der Nachkriegszeit als Handelsreisende erworben hatte: Frau Uhse hatte Plastikspielzeug in Privathaushalten feilgeboten und so nebenbei entdeckt, dass die jungen Mütter alle Sorgen wegen ungewollter Schwangerschaften hatten. Ihre erste Informationsschrift – eine Tabelle zur Berechnung der fruchtbaren Tage nach der Knaus-Ogino-Methode – verschenkte die junge Unternehmerin noch in der Ortschaft Braderup; doch dann ließ sie ihre erste sexualaufklärerische „Schrift X" in Flensburg drucken und begann mit dem Versand. Das „Versandhaus Beate Uhse" wurde 1950 ins Handelsregister eingetragen. Als Beate Uhse am 16. Juli 2001 starb, hinterließ sie den größten Erotik-Konzern Europas mit einem Jahresumsatz von 222 Millionen Euro – DIE ZEIT nannte Uhse respektvoll „die Lust-Macherin". Und ganz in der Tradition der Gründerin wird der Sex-Konzern heute wieder stärker auf weibliche Kundschaft ausgerichtet: Seit 2002 wird ein neues Sex-Shop-Konzept für Frauen in Norwegen getestet. Denn die Kundenanalyse zeigt, dass fast jede zweite Bestellung aus dem Versandkatalog von einem weiblichen Kunden kommt, während die Frauen in den Läden noch immer eine kleine Minderheit bilden.

- Es gibt natürlich auch „anständigere" Beispiele – etwa jenes der Familie Verpoorten, die seit 1876 für Eierlikör steht: „Ei, Ei, Ei … Verpoorten, ob hier und allerorten." So wie sich Frau Uhse und ihr Konzern auf Sex konzentriert haben, hat sich Familie Verpoorten auf Eierlikör eingeschworen – und denkt gar nicht daran, sich aus dieser Nische herauslocken zu lassen. Dafür gibt es den Likör gleich in sechs verschiedenen Flaschenformen, dazu als Praline, Eis und Torte.

- Die deutsche Automarke Audi wurde von August Horch begründet, der sich 1909 als technischer Direktor der Automobilfabrik Horch mit der kaufmännischen Leitung des Unternehmens überworfen hatte. Lateinisch heißt „höre" oder „horch" einfach „Audi" und das wurde der Markenname von Horchs neuem Unternehmen.

- Was sagt uns Adidas? Viel über Sport und Sportlichkeit – aber wenig über den Unternehmensgründer und Namensgeber Adolf Dassler. Ebenso wie BiC für preisgünstige Einwegprodukte steht (Kugelschreiber, Rasierer, Feuerzeuge und Strumpfhosen) und nicht für den Namensgeber Marcel Bich. Bich musste lernen, dass man unter der BiC-Marke keine Parfums verkaufen kann – und für Mode hat er ohnehin eine andere Marke – Guy Laroche – gefunden, aus der er allerdings inzwischen ausgestiegen ist.

- Unter den Unternehmerpersönlichkeiten, die schon im 19. Jahrhundert Markenbedeutung erreicht haben, sticht Lydia E. Pinkham hervor. Sie ist mit einem Hausmittel, dem in ganz Amerika erhältlichen „Lydia E. Pinkham's Vegetable Compound", zu enormer Berühmtheit und (ihrem bescheidenen Auftreten zum Trotz) enormem Reichtum gekommen: Allein in ihrem Todesjahr 1883 soll sie 300.000 Dollar umgesetzt haben. Lydia E. Pinkhams Frauen-Medizin wurde so populär, dass sogar ein seinerzeit populäres Trinklied auf die Dame geschrieben wurde. Im Refrain heißt es: „Let us sing of Lydia Pinkham, the benefactress of the human race. She invented a vegetable compound, and now all papers print her face." Natürlich war „Vegetable Compound" ein beliebtes Produkt (nicht zuletzt, weil es stark alkoholisch war und von vielen sonst abstinent lebenden Frauen als „Medizin" getrunken werden durfte), aber ähnliche Produkte gab es auch von anderen Herstellern. Den eigentlichen Erfolg von „Lydia E. Pinkham's Vegetable Compound" machte die perfekte Vermarktung durch ihren Sohn Dan aus: Er bettete das Gefühl, dass seine Mutter schon wisse, was den Menschen (vor allem den Frauen) gut tut, tief in die amerikanische Kultur ein. Die Marke lief bis zur Prohibition in den 20er Jahren prächtig.

- Und natürlich gibt es auch Marken, die ganz einfach nach dem Unternehmensgründer heißen – zum Beispiel Schwarzkopf. Hinter dem schwarzen Kopf für die Haarpflege steht ein Mann, der tatsächlich so geheißen hat. Im Jahre 1903 machte der Berliner Chemiker und Drogist Hans Schwarzkopf eine Erfindung, die die Körperpflege der Menschen wesentlich erleichtern sollte: Da brachte seine „Drogen- und Parfümeriehandlung" das erste Shampoo in Pulverform auf den Markt, das Tütchen zu 20 Pfennig. Das einstige Familienunternehmen gehört seit 1996 voll zum Düsseldorfer Henkel-Konzern. Die Schwarzkopf-Marke stand stets für Innovationen: 1927 kam das erste flüssige Haarwaschmittel, 1947 die Kaltwelle und 1955 mit der Submarke „Taft" das erste Haarspray.

- Georges Edouard Piaget gründete seine Uhrenwerkstatt 1874 auf dem elterlichen Bauernhof in einem abgeschiedenen Dorf im Schweizer Jura – das ist als „Tal der Tüftler" bekannt. Yves G. Piaget, der das Unternehmen in vierter Generation führt, hat heute 26 Läden an den besten Adressen der Welt, in Berlin am Kurfürstendamm 56. Der charmante weißhaarige Herr jettet als „Botschafter der Marke Piaget" von Event zu Event. Fürst Rainier von Monaco zählte zu seinen Freunden und machte ihn zum Officer de l'Ordre de St. Charles. Auch eine Rose heißt heute Piaget, und in den „luxuriösen Achtzigern" erwarb Piaget sogar einen Titel: „Juwelier der Uhrmacher" – für die mit 3,5 Millionen Schweizer Franken damals teuerste Herrenuhr der Welt aus 154 Gramm Platin und 296 Diamanten.

- Eine ganz prominente Marke hat sich bereits in der Zwischenkriegszeit der Journalist, Ökonom und Managementberater Peter Drucker aufgebaut. Sein guter journalistischer Markenname hat ihm ermöglicht, von Wien nach Frankfurt zu wechseln; dann unter den Nazis von Frankfurt nach London und schließlich 1937, als ihm auch London zu klein wurde, in die USA. Der spätere Präsidentenberater veröffentlichte sein erstes Buch („The End of Econonomic Man") 1939 und Churchill war so beeindruckt, dass er es jedem jungen Offizier zur Ausmusterung schenkte. Drucker war der erste, der die Begriffe Privatisierung und Postmoderne prägte – und er schuf das Berufsbild des Managementberaters.

- Oscar Bronner war ein junger Wiener Journalist, der Ende der 60er Jahre gemeint hat, dass Österreich Medien wie den deutschen SPIEGEL oder den englischen ECONOMIST brauche: Bronner gründete TREND und PROFIL, zwei Magazine, die sich allerdings optisch und grafisch von den ausländischen Vorbildern abhoben. Bronner schuf sich eine Marke als innovativer Medienmacher, allerdings hatte er ein Handicap: Er sah so jung aus, dass er sich nicht getraute, auch öffentlich als der Medienzar aufzutreten, der er war: Bronner fürchtete, nicht glaubwürdig genug zu wirken. Als er fast zwanzig Jahre später (nach einer langen Zeit als Kunstmaler in New York) nach Wien zurückkehrte, um eine Tageszeitung zu gründen, war er auch äußerlich gereift: Er war so sehr zum Star geworden, dass ihm Freunde und Mitarbeiter sogar rieten, sein Blatt einfach „Der Bronner" zu nennen. Bronner entschied sich für DER STANDARD, vor allem aber begann er nun, mit seiner markanten Stimme in Radio- und Kinospots aufzutreten – dadurch wurde seine eigene *Marke ICH®* ebenso gefördert wie die seiner Zeitung.

- Zu den wichtigsten Inhabern von „persönlichen Marken" im 20. Jahrhundert haben Ärzte gehört. Einer der ersten „Starchirurgen" war etwa Ernst Ferdinand Sauerbruch (1875–1951), dessen Marke zeitweise für die deutsche Medizin schlechthin gestanden ist. Christian Barnard entwickelte sich zur Marke, die lange Zeit für Herzverpflanzungen stand. Und Lorenz Böhlers Name ist untrennbar mit der modernen Unfallchirurgie verbunden – in Wien gibt es noch heute ein „Lorenz Böhler Unfallkrankenhaus". Dies ist wohl ein Idealbeispiel für die Wirkung eines Lebenswerks: *Die Marke ICH®* überlebt die Person, deren Produkt (in Böhlers Fall: die Unfallchirurgie) diese Marke geschaffen hat. Ein klarer Beleg dafür, dass Marken länger leben können als Menschen, wenn die Menschen, die dahinterstehen, diese Marken auch entsprechend gepflegt haben.

- Das gilt auch für Earl Silas Tupper (1907–1983). Er war ein Chemiearbeiter bei Du Pont, der meinte, Plastik für Haushaltsgefäße verwenden zu können. Er gründete 1938 die Tupperware Plastics Company und brachte ab 1946 seine Plastikschüsseln und Plastikdeckel in den Handel. Die Idee war gut, aber die Kunden haben dem nicht gleich getraut: Auf dem Regal hat die Tupperware nicht viel hergemacht – aber wenn man sie vorgeführt hat, dann haben Hausfrauen rasch die Vorteile kapiert. So entstand das Vertriebssystem der Tupperware-Partys. Brownie Wise war eine charismatische Hausfrau, eine der ersten Demonstratorinnen für Tuppers Plastikgeschirr und die geistige Urheberin des Vertriebssystems. Sie wurde zum Herold für Herrn Tupper und sein Plastikgeschirr. Eine frühe und sehr gut organisierte Form von dem, was wir im nächsten Kapitel als das Herold-Prinzip kennen lernen werden.

Wo es die starke Person in der Unternehmung (oder in der Unternehmensgeschichte) nicht gibt, kann immerhin eine **künstliche Autorität** geschaffen werden – wie bei der Wäschemarke „Victoria's Secret", die Amerikanerinnen etwas gewagtere Unterwäsche verkauft – da gerade in einer puritanischen Gesellschaft dazu viel Umsicht nötig ist, hat man bei Victoria's Secret die Kunstfigur „Vickie" geschaffen – und im Unternehmen gilt bei strategischen Entscheidungen die Richtschnur: „Would Vickie do that?"

Dieses Maßnehmen an der Person, die die Marke repräsentiert – sei es nun Vickie oder der tatsächliche Gründer – kann teure Fehler vermeiden helfen. Das gilt schon bei anonymen Aktiengesellschaften. Noch viel bedeutsamer ist es aber für eine Person, die sich selber zur *Marke ICH®* ausbildet, die die eigenen, persönlichen Werte, den eigenen Typus, den eigenen Maßstab festlegt.

Die fünf Persönlichkeitstypen des Erfolgs

Wir haben schon gesehen, dass Marken sehr unterschiedliche Persönlichkeiten repräsentieren können – wenn wir an Kodak denken, stellen wir uns einen anderen Menschen dahinter vor als wenn wir an Apple denken. Derek Lee Armstrong und Kam Wai Yu von der kanadischen Werbeagentur Two Dimensions haben mit dem „Persona Principle" ein Modell entwickelt, nach dem sich erfolgreiche Marken in fünf Persönlichkeitstypen einteilen lassen:

1. Die **Kaiser-Persönlichkeit.** Das sind Marken wie Coca-Cola, Gilette, Kodak und Sony; Marken, die zwar Dutzende Konkurrenten

haben mögen, aber unangefochtene Beherrscher ihrer Kategorie sind. Die Kaiser-Marken sind arrogante Führer und werden für diese Arroganz auch noch bewundert! Üblicherweise haben sie die Produkte, für die sie stehen, selbst erfunden – und die Mitbewerber werden vom Publikum als Nachahmer erkannt. Die Kaiser sind so stark, dass sie zwangsläufig ihr Marketing am Mainstream ausrichten, eine eigene Kultur aufbauen und jede Schwäche verbergen. Personen, die als *Marke ICH®* die Markenstrategie der Kaiser-Persönlichkeit pflegen oder gepflegt haben, sind etwa Herbert von Karajan, Elvis Presley und Saddam Hussein.

2. Die **Helden-Persönlichkeit.** Das sind Marken, die üblicherweise mit einer Gründerpersönlichkeit identifiziert werden; Marken, die als Sieger identifiziert werden, weil sie sich in dieser Rolle immer wieder beweisen. Enzo Ferraris Sportwagen sind ein Beispiel für so eine Marke, Steven Spielbergs Filmproduktion Dreamworks SKG ein zweites, Niki Laudas Lauda Air ein drittes. Der Erfolg dieser Marken wird daran gemessen, wie sehr sie den Visionen ihrer Helden gerecht werden. Der Ruf des Helden trägt wesentlich zum Wert der Marke bei – der Automobil-weltmeister Niki Lauda hat glanzvoll vorgeführt, wie er seinen guten Namen mit dem Versprechen „Service is our Success" verbinden konnte. Sein Ruf als Held hat

> Niki Lauda hat vorgeführt, wie aus einem Helden eine Marke wird.

ihm auch über geschäftliche Rückschläge hinweggeholfen: Er stand persönlich für seine Marke ein. Und auch wenn Lauda längst bei seiner Airline ausgeschieden ist, Enzo Ferrari 1988 verstorben ist und Spielberg sich anderen Projekten zuwendet, bleibt die Orientierung am Helden bestehen. Das kann eine *Marke ICH®* natürlich auch in bescheidenerem Namen erreichen – wie es etwa der Heimbrauer Pete Slosberg mit seiner Marke Pete's Wicked Ale gezeigt hat, die nach und nach zu einer gefragten Bierspezialität in den USA geworden ist. Die Helden-Persönlichkeit ist also nicht unbedingt auf *Die Marke ICH®* von Sportlern (Hermann Meier), Schauspielern (Arnold Schwarzenegger) oder Generälen (Colin Powell) beschränkt – aber ganz ohne Siege wird man kein Held. Wer mehr werden will als ein 10-Minuten-Held, muss öfter treffen als einmal in einem Fußballspiel. Er muss Konstanz beweisen. Nur so hat ein Held die Chance, ein Star zu werden.

3. Die **Experten-Persönlichkeit**. Auch hier können echte Menschen dahinterstecken, die die Experten-Legende glaubhaft machen, wie etwa Anita Roddick beim Body Shop oder Gilles Hennessy bei seinem Cognac. Es kann aber auch die anerkannte Expertise eines Unternehmens dahinterstecken wie beim Buchversand Amazon Books. Marken mit Experten-Persönlichkeit bewähren sich vor allem im Dienstleistungsbereich, sind also für *Die Marke ICH®* von Staranwälten (wie der Amerikaner Ed Fagan oder der Deutsche Rolf Bossi), von Ärzten (wie der Kalifornier Charles Freedman oder der Österreicher Wolfgang Graninger) oder Personen an der Schnittstelle von Wirtschaft und Politik (wie der Amerikaner Henry Kissinger oder der Deutsche Lothar Späth).

4. Die **Kumpel-Persönlichkeit**. Das sind Marken, die ihre Unkompliziertheit in den Vordergrund stellen – so wie McDonald's, der Billig-Plattenladen und Verlag Zweitausendeins, der Mischkonzern Virgin oder die amerikanische Kette Home Depot. Sich als Kumpel anzubieten, hilft hervorragend beim Verkaufen, weil es soziale Tugenden mit Preiswürdigkeit paart. Als *Marke ICH®* ist die Kumpel-Marke vor allem bei Politikern der neuen Generation (wie etwa Tony Blair) und natürlich bei Radiomoderatoren (Oliver Beier) oder Talkmastern im Fernsehen (Jay Leno) zu beobachten.

5. Die **Simpatico-Persönlichkeit**. Das sind Marken, die sich flexibel an ihre jeweilige Zielgruppe anpassen und damit punkten, dass sie den Kunden ein neues Verständnis von ihrem Produkt und ihrem Produktnutzen vermitteln. So hat Apple 1983 mit seinem Macintosh die Beziehung zwischen Computernutzern und ihren Geräten radikal verändert, Red Bull hat den Erfrischungsgetränkemarkt um das Segment der Energydrinks erweitert und Saturn das Verständnis von Autofahrern mit der Aussage „A different kind of company, a different kind of car" verändert. *Die Marke ICH®* drückt sich dann als Simpatico-Persönlichkeit aus, wenn sie einen eigenen Kult um sich aufbaut (wie es fast alle Stars des Showgeschäftes tun) oder mit missionarischem Eifer ihre Geschäftsidee oder politische Ansicht verbreitet.

Natürlich kommen diese Markenpersönlichkeiten selten in Rein-kultur vor – so wenig, wie sich Menschen ganz klar in Raster kategorisieren lassen. Aber es macht Sinn, kurz nachzudenken, in welche Kategorie die eigene *Marke ICH®* fallen könnte.

Was Qualität eigentlich ist

Wir haben bereits angesprochen, dass die Kernfrage für jeden, der *Die Marke ICH®* entwickeln will, lautet: Wodurch unterscheide ich mich von anderen – was kann ich meinen Kunden viel besser anbieten als alle anderen? Denn Marke heißt eben Unterschied. Dieser Unterschied beruht sehr wesentlich auf subjektiver Wahrnehmung.

Sehr häufig hört man, dass der Unterschied wohl in der Qualität liegen müsse. Aber das ist keineswegs so. Man braucht nur einmal nachzufragen, was denn Qualität eigentlich sein soll. Wir meinen ja im Alltagsleben ganz genau zu wissen, was Qualität ist. Und wir halten Qualität für objektivierbar. Ist sie das wirklich?

■ Von einem Liebhaber oder einer Geliebten behaupten wir „Qualitäten im Bett" – aber das heißt nichts anderes, als dass wir mit diesem Partner oder dieser Partnerin harmonieren. Jemand anderer kann das durchaus anders empfinden (und weil wir immer ein wenig eifersüchtig sind, sind wir eigentlich auch recht froh darüber).

■ An der Küche eines Restaurants loben wir die Qualität – aber wenn wir uns in der Tischgesellschaft umhören, wird der eine Tischnachbar darunter die teuren („hochwertigen") Zutaten verstehen, der zweite die Zubereitung nach seinen individuellen Vorstellungen und der dritte wird sagen, dass sich die Qualität eigentlich in der aus seiner Sicht perfekten Präsentation manifestiert.

■ Wenn wir von Qualitätskleidung sprechen, können wir eine ähnliche babylonische Sprachverwirrung bemerken (falls wir wirklich zuhören): Der eine versteht unter der Qualität den modischen Schnitt, der andere die Haltbarkeit der Stoffe, der Dritte die Art der Verarbeitung, der Vierte die Zugkraft des Marken- oder Designernamens.

- Die Qualität eines Gebäudes kann einmal in seinen technischen Ausstattungen (wie Brandschutz, Ver- und Entsorgungsleitungen, Liftsteuerungen etc.) liegen; ein anderes Mal in den niedrigen Betriebskosten; ein drittes Mal im bis ins Detail durchdachten Design; ein viertes Mal in der erwarteten Lebensdauer („für die Ewigkeit gebaut") und ein fünftes Mal in der Flexibilität, mit der man das Bestehende teilweise oder ganz abreißen kann, um neue Nutzungsmöglichkeiten zu schaffen.

- Techniker neigen dazu, Qualität zu normieren. Das führt dazu, dass alles, was an einem Produkt als „schädlich" eingeschätzt wird, mit missionarischem Eifer verfolgt wird. Das mag bei Umweltnormen nützlich sein – da gilt den Konstrukteuren ebenso wie den großen Umweltschutzorganisationen, dass in den Emissionen jeder Schadstoff womöglich unter der Nachweisgrenze liegen sollte. Bei Lebensmitteln aber hat man in ähnlicher Weise Jagd auf markante Geschmacksstoffe gemacht, an denen sich die Geister scheiden. Jeglicher oxidative Ton wird als „unfrisch" und daher fehlerhaft bezeichnet (und mit großem Aufwand ausgemerzt).

Qualität wird also von verschiedenen Standpunkten aus sehr verschieden eingeschätzt. Tatsächlich können auch große Markenartikler mit dem Begriff Qualität nur schwer umgehen – und sie ziehen sich sicherheitshalber auf die produktionsorientierte Definition zurück, dass ihre Qualität in der Wiederholbarkeit allgemein als gut empfundener Ergebnisse liege.

Das mag eine Richtschnur sein – für *Die Marke ICH®* ist es aber wahrscheinlich eine unmaßgebliche Messgröße. Konstante Qualität aus Sicht der Kunden der *Marke ICH®* bedeutet zwar auch, dass Sie berechenbar sind (etwa bei Preisen und Konditionen Ihrer Verträge, bei Lieferterminen oder bei der Form von schriftlichen Dokumentationen). Aber das allein macht nicht Qualität aus.

Die Qualität von Marken wird ganz anders bemessen, auch wenn das vielen Markenartiklern nicht bewusst ist. Der schon zitierte amerikanische Marken-Guru David Aaker vom Haas-Institute in Berkely hat das Konzept von „Perceived Quality" eingeführt – demnach liegt das wirklich Bedeutsame an der Qualität einer Marke darin, was als ihre Qualität wahrgenommen wird. Wer die Markenwelt mit Aakers

Augen betrachtet, der stellt rasch fest, dass vor allem jene Marken erfolgreich sind, die ihren Verwendern das Gefühl geben, Qualität gekauft zu haben. Eine Katzenfuttermarke kann natürlich erklären, dass sie eine ausgewogene Komposition von Nährstoffen bietet, die vom Katzenkörper gut angenommen werden und die Katze gesundhalten. Wir rational denkenden Menschen würden nun meinen, dass das ein guter Weg wäre, eine solche Marke zu etablieren. Bis Aaker den Video-Recorder startet und einen ganz anderen Werbespot vorführt: Eine Mahlzeit, die angerichtet wird, wie in einem Gourmet-Restaurant – auf edlem Porzellan, in einer auf nobel gestylten Umgebung. Wir sehen die Katze kommen, das edle Tier schätzt offenbar die edle Präsentation. Nur wir Zuschauer erfahren, dass das Futter eigentlich aus der Dose eines renommierten amerikanischen Tierfutterherstellers kommt. Wir haben nicht eine einzige Information über das Produkt bekommen, aber wir haben wahrgenommen, dass es sich hier um Qualitätsfutter handelt.

> **Erfolgreich sind vor allem jene Marken, die ihren Verwendern das Gefühl geben, Qualität gekauft zu haben.**

Die wahre Qualität liegt also darin, dass Qualität als solche wahrgenommen wird.

Das ist scheinbar eine Zirkeldefinition wie jene, die wir zu Beginn dieses Kapitels vom Begriff der Prominenz gegeben haben. Aber das stimmt eben nicht ganz: Die Wahrnehmung, die bewusst gesteuerte Wahrnehmung, macht eben die Stärke von Prominenz und Qualität von Marken aus.

Objektive Qualitätskriterien haben natürlich ihre Berechtigung: Eine Marke sollte möglichst fehlerfreie Produkte haben. Aber das erwarten wir, ehrlich gesagt, auch von Nicht-Markenprodukten; die dürfen ja auch nicht völliger Ramsch sein. Worauf wir hinauswollen: Ein Markenartikler, der bei seiner Werbung zu sehr an konkreten Produktspezifika klebenbleibt, bringt meistens die übergeordneten Werte der Marke nicht über die Rampe. Noch schlimmer: Er kommt in einen gnadenlosen Wettbewerb, bei dem alle anderen sagen können, wie gut ihre eigenen Zutaten, ihr eigenes Sicherheitskonzept, ihre eigenen Designs sind. Und das alles womöglich billiger.

Stellen Sie sich das für Ihre *Marke ICH*® vor: Wenn Sie beispielsweise als Angestellter stets darauf pochen, dass Sie diesen oder jenen

Universitätsabschluss haben und so und so viele unbezahlte Über-
stunden für das Unternehmen leisten, dann wird über kurz oder lang
jemand auftauchen, der eine mindestens so gute Ausbildung hat und
für weniger Geld mehr zu arbeiten bereit ist.

Wenn Sie aber in der Kommunikation Ihrer *Marke ICH®* alles
darauf anlegen, dass nicht nur diese oder jene Einzelleistung von
Ihnen wahrgenommen wird, sondern dass Sie selber als von hoher
Qualität eingeschätzt werden – dann brauchen Sie Konkurrenz nicht
zu scheuen.

Von den großen Marken lernen

Damit wären wir wieder bei den Gründer-Marken und Marken-
Gründern, ob sie nun Disney, Ferrari oder Uhse heißen.

Wir haben bei unseren Studien immer wieder festgestellt: Hier
agieren Leute, die ihre *Marke ICH®* aufgebaut haben und sie mit allen
Kennzeichen eines Markenartiklers weiterentwickeln. Dazu gehört:

- Der **absolute Wille, bekannt zu sein.**

- Der **Aufbau von Sympathie**, die zunächst nicht dem Produkt,
  nicht der Person, sondern der Marke gehört.

- Die **Definition von Qualitätsstandards**, die zu erfüllen das Markenversprechen ist.

- Ein **Markenruf**, wie ihn nur die ganz Großen haben. Große Mar-
  ken erkennt man unter anderem daran, dass sie für eine Produkt-
  klasse stehen – und mit hoher Wahrscheinlichkeit genannt werden,
  wenn man fragt: „Angenommen, ein Freund fragt Sie, welche
  Filme er für seine Kamera kaufen soll – was würden Sie raten?" Die
  Antwort würde mit hoher Wahrscheinlichkeit Kodak lauten.
  Ebenso wie die Empfehlung für eine gute Computersoftware auf
  Microsoft, für alkoholfreies Bier Clausthaler, für Unterwäsche
  Palmers, für ein Reisebüro Neckermann oder für eine gute amerikanische Universität Havard lauten würde. Selbst wenn Sie Nicht-
  raucher sind, wird Ihnen eine Zigarettenmarke bekannt sein. Selbst
  wenn Sie ein Mann sind, wird Ihnen sicher eine Marke für Monats-

hygiene einfallen, selbst wenn Sie eine Frau sind, wird Ihnen die Marke eines Herrenmagazins präsent sein – und die Wahrscheinlichkeit ist hoch, dass es die Marken Marlboro, o.b. und Playboy sind. Auch die *Marken ICH®*, die wir hier angeführt haben, würden alle, die von ihnen gehört haben, wahrscheinlich guten Gewissens weiterempfehlen – auch wenn sie selbst vorher noch nicht Kunden dieser Marken waren.

■ **Stabilität und Konsistenz:** An einem Markenprodukt und seiner Umwelt kann sich alles Mögliche ändern (sogar Verpackung und Inhalt – im Coca-Cola ist das namensgebende Cocain längst nicht mehr enthalten, im Pepsi das Pepsin auch nicht mehr), die Marke aber stellt eine Konstante dar, an der man sich orientieren kann. Große Marken sind robuste Naturen, sie überleben Trends und Moden, sie leben länger als Menschen (die Marke Jesus Christus hat noch nach 2000 Jahren beachtliche Anziehungskraft). Wenn Marken sterben, dann meistens an der Dummheit derer, die sie nach Beliebigkeit der Trends umdefinieren.

Die Veränderungen in der globalen Ökonomie mögen für die großen Marken große Veränderungen bedeuten. Aber sie bedeuten auch für jeden Einzelnen von uns, für jede *Marke ICH®*, ein sich ständig und immer schneller veränderndes Umfeld. Eine starke *Marke ICH®* stellt sich auf diese Veränderungen ein. Nicht nur, indem sie auf jede einzelne Umstellung reagiert. Sondern indem sie lernt, mit dem Wandel an sich besser umzugehen, ihn vorauszusehen und zu begrüßen. Auch wenn das ein ständiges Wachsein, ein ständiges sich selber Verändern bedingt.

Wer es richtig angeht, der bemerkt, dass integere Markenidentitäten viel konstanter sind als vieles andere, was sich in ihrer Umwelt bewegt hat. Aus dieser Konstanz schöpfen sie Kraft – eine Kraft, die auch *Die Marke ICH®* für sich nutzen kann.

Aufgaben für *Die Marke ICH®*:

Wenn unsere *Marke ICH®* eine Konstante in einem sonst bewegten und verunsicherten Umfeld darstellen kann, erfüllt sie genau ihren Zweck: Bessere Kontakte und höhere Vertrauenswürdigkeit, wenn Sie ein Selbständiger sind. Höhere Arbeitsplatzsicherheit, wenn Sie in einem Anstellungsverhältnis stehen. Wenn Ihre *Marke ICH®* stark ist, dann wollen andere Ihnen treu sein. Ein Aspekt, der nicht nur im Geschäftsleben seinen unbestreitbaren Charme hat.

■ Stellen Sie sich – und Kollegen, Vorgesetzten, Freunden – regelmäßig ein paar grundsätzliche Fragen: „Wird sich in zwei Jahren noch irgendjemand an das erinnern, was wir hier gerade tun?", „Kann ich, können wir stolz sein auf unser momentanes Projekt?", „Beneidet uns jemand für das, was wir sind, was wir tun – und warum nicht?", „Ist das, was ich, meine *Marke ICH®* anbietet, so herausragend, dass man es wirklich teuer verkaufen kann?"

■ Fragen Sie sich: Was macht eine Unternehmerpersönlichkeit aus, die zur Markenpersönlichkeit werden kann? Wovon lösen sich diese Menschen, um zur *Marke ICH®* zu werden? Worauf konzentrieren sie sich? Auch wenn Ihre *Marke ICH®* nicht einfach jemand anderen kopieren kann, beherzigen Sie den Ratschlag von Thomas Edison: „Man sollte es sich zur Gewohnheit machen, nach neuen und interessanten Ideen Ausschau zu halten, die andere erfolgreich verwendet haben." Aber kopieren sie nicht den Marktführer, schon gar nicht, wenn dieser Marktführer in Ihrer unmittelbaren Umgebung agiert. Das kann bedeuten: Statt sich daran zu halten, was erfolgreiche Leute in Ihrem Unternehmen machen, orientieren Sie sich daran, was erfolgreiche Leute in einem vergleichbaren Unternehmen in den USA, Korea oder Japan machen.

■ Versuchen Sie, sich in die Kategorien der Marken-Persönlichkeiten einzuordnen: Sind Sie eher ein Kaiser-Typ? Ein Held? Ein Experte? Ein Kumpel? Eine Simpatico-Persönlichkeit?

■ Die amerikanische Branding-Queen Robin Fisher Roffer nennt Konsistenz, Klarheit und Authentizität die „Heilige Dreifaltigkeit der Markenbildung" – können Sie das bei anderen Markenpersönlichkeiten finden? Gut. Und bei sich selbst?

Konsistenz, Klarheit und Authentizität als die „Heilige Dreifaltigkeit der Markenbildung"

Fragen Sie sich, ob das, was Sie selber derzeit tun, dafür geeignet ist, als Marke dargestellt zu werden. Warum nicht? Was fehlt? Die meisten Berufstätigen gehen fälschlicherweise davon aus, dass der Beruf, in dem sie arbeiten, auch in anderen Unternehmen nur in dieser Form und Funktionsbezeichnung existiert. Dabei gibt es allein in Deutschland rund 800 Ausbildungs- und Studienberufe und mehr als 63.000 Ausübungsformen. An den Anfang gehört daher die Frage: Bietet mein augenblicklicher Job genug Entwicklungspotenzial? Welche alternativen Definitionen gäbe es dafür?

Steht Ihre *Marke ICH®* für Qualität? Was wird im Zusammenhang mit meiner Tätigkeit überhaupt unter Qualität verstanden? Sie wissen: *Die Marke ICH®* muss vermitteln, dass alles, was von ihr kommt, Qualität hat. Das heißt: ordentlich gemacht und als qualitätsvoll erlebt. Das erschöpft sich eben nicht darin, dass man seine Arbeit gut macht, das ist die Grundvoraussetzung. Für einen gut gemachten Job bekommt man das Lob: „Gut gemacht!" Wichtiger ist aber, dass man das Lob „Du bist gut!" bekommt. Darin steckt nämlich mehr – die Identifizierung als Qualitätsmarke. Auf dieses Lob müssen wir abzielen. Zum Beispiel durch Teilnahme an Wettbewerben. Sich um Preise und Auszeichnungen zu bewerben (oder noch besser: von wohlmeinenden Freunden vorschlagen zu lassen) ist ein ausgezeichnetes Mittel, im Gespräch zu bleiben und für seine Qualität ausgezeichnet zu werden. Und besonders angenehm: Bekannt gegeben werden ja nur die Ausgezeichneten – wer keinen Preis erhält, wird deswegen nicht scheel angeschaut. Schließlich weiß ja nur die Jury, wer sich um die jeweilige Auszeichnung beworben hat.

Denken Sie – ohne Not, ohne konkrete Absicht – immer wieder darüber nach, wie Sie sich um einen Job bewerben würden. Und wo: Der junge Hochschulabsolvent wird besser 400 Firmen anschreiben, einem erfahrenen Spezialisten genügen 50. Aber immer müsste man es auf den Punkt bringen: Statt „Bewerbung als ...“ sollte über dem Lebenslauf einer starken *Marke ICH®* etwa stehen: „32-jährige Internistin mit EDV-Fachkenntnissen bietet Mitarbeit in Pharma-Unternehmen.“ Was würden Sie da schreiben, wem würden Sie sich anbieten können? Blättern Sie die Gelben Seiten durch, wem Sie Ihre Bewerbung schicken würden! Wie gesagt, nur so, als mentales Training für Flexibilität.

■ Und wenn Sie schon die Gelben Seiten zur Hand haben, probieren Sie es umgekehrt: Stellen Sie sich vor, Sie bieten das, was Sie persönlich in Ihrem Büro, Ihrer Werkstätte oder Ihrem Geschäft arbeiten, also Ihre Arbeitskraft, in den Gelben Seiten an. Unter welchem Stichwort würde man diese Tätigkeit finden? Mit welchen Begriffen könnten Sie von anderen Anbietern unter demselben Stichwort unterschieden werden? Der Arbeitsmarktberater Hans Walter Bens, der entschieden zur Selbstvermarktung der eigenen Arbeitskraft rät, hat einmal formuliert: „Der übliche Weg der Stellensuche besteht in einer Reaktion auf Arbeitgeberaktivitäten: Eine Stelle ist ausgeschrieben und man bewirbt sich. Aber gerade das eigene Aktivwerden ist entscheidend: Man muss selbst am Markt agieren, die Möglichkeiten ausloten und die potenziellen Arbeitgeber auf seine individuellen Fähigkeiten und Erfahrungen hinweisen, den eigenen Wettbewerbsvorteil herausstellen.“ Wenn Sie statt einer Bewerbung eine Werbung für sich machen sollten – wofür würde da Werbung gemacht?

Wenn Sie Werbung für sich selbst machen sollten – wofür genau würde da geworben?

Könnten Sie mit diesen Aussagen hinausgehen und es aller Welt erzählen? Wahrscheinlich nicht! Wir haben ja alle gelernt, dass Eigenlob stinkt. Das stimmt zwar nur bedingt, nämlich wenn das Eigenlob zu dick aufgetragen ist – aber weil es selber viel schwieriger ist, die richtige Dosierung Eigenlob zu finden, schicken Sie einen Herold voran, der Ihren Ruhm verbreitet. Wie Sie das effektiv machen, beschreiben wir im nächsten Kapitel.

Herolde –
und wie man mit ihnen arbeitet

Wenn der Kaiser im Mittelalter von Pfalz zu Pfalz zog, ritt ihm ein Hofbeamter voran: Der Herold, der kündete, dass nun der Kaiser käme. Denn der Kaiser ist auch nicht alle Tage mit Krone und Zepter, Krönungsmantel und Reichsapfel, den für Zeremonien vorgesehenen Reichsinsignien, spazieren gegangen. Aber ohne all den Prunk war der Kaiser eben kaum als solcher zu erkennen. Wenn kein Herold voranreitet, der den Leuten sagt, wer da warum kommt, ist der Kaiser auch nur ein Mensch wie du und ich.

Mit der *Marke ICH®* geht es uns wohl ähnlich: Sie ist vornehm und gebildet, hat Macht, wenn sie an der richtigen Stelle ist. Aber inkognito ist ihre Strahlkraft beschränkt. Wir können natürlich versuchen, bei jeder Gelegenheit zu erwähnen, dass wir jemand ganz Besonderer sind. Aber das wirkt in den meisten Fällen peinlich.

Anders, wenn uns ein Herold vorangeht, der von vorneherein einen guten Empfang sicherstellt: indem er – wie sein Vorbild aus höfischer Zeit – kundmacht, dass nun eine wichtige Person kommen wird.

> Wenn kein Herold voranreitet, der den Leuten sagt, wer da warum kommt, ist auch der Kaiser nur ein Mensch wie du und ich.

Nun brauchen wir nicht unbedingt einen in zeremonielle Hofuniform gekleideten Sendboten, der von Trommeln und Fanfaren begleitet unsere Ankunft meldet (das wollen wir vielleicht für ein besonders spektakuläres Event vormerken) – aber jemanden, der uns vorstellt, das wäre schon recht.

Die meisten können sich erinnern, dass es in ihrem Leben eine Zeit gegeben hat, wo sie sich darum nicht kümmern mussten – denn in der Kindheit und Jugend wächst man typischerweise in der Umgebung von Herolden auf: Unsere Eltern haben diese Rolle stolz gespielt und überall verkündet, was wir schon alles können: die ersten Zähne, die ersten Worte, die erste Zeichnung – all das ist jedem, der es hören wollte, erzählt worden. Unsere ersten Herolde haben immer ein paar Fotos von uns mitgehabt und stolz hergezeigt: Das ist mein Sohn, ist er nicht süß! Und meine Tochter, so gescheit!

Dann die Lehrer: Hatten wir nur halbwegs Talent, haben sie es gelobt und weitererzählt! Aber danach? Wie abgerissen. In der wirklichen Welt, in der, wo man sich einen Job suchen und Geld verdienen muss, ist das für Kinder so selbstverständliche Prinzip, dass man gelobt und weiterempfohlen wird, plötzlich außer Kraft gesetzt. Für viele junge Leute ist das ein Schock – man stellt fest, wie schwer es ist, cool zu wirken, wenn man einer wichtigen Person gegenüber eine wichtige Aussage über sich selber treffen muss. Aber weil es offenbar irgendwie auch ohne Herold geht, wird das Herold-Prinzip mitsamt seinen Annehmlichkeiten von den meisten einfach vergessen.

Für *Die Marke ICH*® sollten wir es wieder beleben, so rasch und so systematisch wie möglich. Denn wir brauchen diese Menschen, die unser Loblied singen.

Herolde sind Partner – keine Lakaien

Einem Missverständnis darf man dabei nicht aufsitzen: Herolde sind weder Lakaien noch Speichellecker. Herolde sind Partner und wir müssen ihnen auch etwas abgeben, sonst gehen wir ihrer Unterstützung verlustig. Stellen Sie sich vor, Sie wären seit Jugendtagen ein Fan der Rolling Stones – und dann bekommen Sie eines Tages eine Einladung zu einer Party, wo auch Mick Jagger hinkommt. Undenkbar, dass Sie an diesem Abend etwas anderes vorhätten; sie erwarten von der möglichen Begegnung mit dem Star einen immateriellen Nutzen. Gleichzeitig hat Ihnen der Gastgeber signalisiert, dass er Ihnen Nutzen vermitteln kann. Und Sie werden ihn dafür hoch in Ehren halten und wo es geht gut über ihn reden – weil's ja doch eine irre Sache war: „Denkt euch, ich war von dem X eingeladen und auf der Party steht dann plötzlich der Mick Jagger vor mir!" Aus genau diesem Grund sponsern große Markenunternehmen Sportveranstaltungen und Konzerte – wer im VIP-Zelt mit den wirklichen Stars zusammengetroffen ist, entwickelt eine hohe Loyalität zur jeweiligen Marke.

Umgekehrt: Sie sind bei vielen Ihrer Freunde wohl gerne gesehen, weil Sie eine unterhaltsame Persönlichkeit sind und sich leidlich zu benehmen wissen. Denken Sie aber einmal kurz nach, ob eine Party irgendwie anders (und wir meinen: besser) wird, wenn Sie dort als Gast sind. Nun sind Sie nicht Mick Jagger – aber der Schritt von der Persönlichkeit zur *Marke ICH®* beinhaltet eine ähnliche Aufwertung. Selbst wenn Sie nicht der Star des Abends sein können oder wollen, sollte Ihre Anwesenheit dem Gastgeber und den anderen Gästen einen Nutzen bringen, der so ähnlich ist wie der, den die Verwendung von Markenprodukten bringt. Ein besseres Lebensgefühl; die Sicherheit, nichts falsch gemacht zu haben; Prestige.

Wenn das nicht der Fall ist, dann heißt das nicht, dass Sie deshalb als Mensch weniger wert wären. Nur, dass Ihre *Marke ICH®* (noch) nicht den Wert hat, der ihr zukommt. Und hier kann ein Herold Wunder wirken. Er braucht nicht wirklich die Fanfare zu blasen, wenn Sie eintreten, muss nicht Ihre Titel herunterbeten wie die des byzantinischen oder des deutschen Kaisers – aber wenn es auf der Party einen Menschen gibt, der den anderen schon vor Ihrer Ankunft sagt, dass Sie jemand Besonderer sind, dann wird das für Sie ein erfolgreicherer und angenehmerer Abend. Dieser Mensch, der Sie bei dem einen oder anderen Gast vorstellt, ist das, was wir hier unter einem Herold verstehen. Und besonders wertvoll ist so ein Herold, wenn er selber der Gastgeber ist, also quasi eine institutionalisierte Glaubwürdigkeit besitzt!

Der Herold informiert, wer wichtig ist. Und warum. Noch bedeutsamer ist, dass der Herold Stimmung macht: „Der Generaldirektor, ihr werdet ihn ja gleich sehen, ist ein ganz patenter Kerl. Trifft täglich Millionenentscheidungen – und kommt dann so einfach zu uns auf ein Bier. Da ist er ja! Herbert, komm mal rüber, wenn du Zeit hast – meine Freunde hier wollen gar nicht glauben, dass du gerne Currywurst isst."

Herolde machen die richtige Stimmung

Wir wollen an dieser Stelle mit einem populären Missverständnis aufräumen – nämlich dem, dass es beim Bekanntmachen einer Marke darum ginge, zu informieren. Das ist ebenso ein Mythos des so genannten Informationszeitalters wie jener, dass das knappste Gut die Zeit wäre. Tatsächlich sind die Dinge viel komplizierter: Knapp ist in Wirklichkeit nicht die Zeit – die kann sich jeder nach seinen Vorlieben nehmen, wie er will (und wer bis zum Umfallen arbeitet, hat sich eben so entschieden). Knapp ist tatsächlich die Aufmerksamkeit – wenn alle ihre Aufmerksamkeit auf etwas anderes gelenkt haben als unser Angebot, dann können sie theoretisch alle Zeit der Welt haben; wenn unser Gegenüber keine Aufmerksamkeit für uns übrig hat, schenkt es uns keinesfalls Zeit.

Ähnlich ist das mit dem Bedürfnis nach Information. Es ist ein von allen (ja, natürlich auch von uns selber!) hochgehaltenes Prinzip, dass wir rational begründbare Entscheidungen aufgrund eines hohen Informationsstands treffen. Bloß verstoßen wir tagtäglich dagegen, ohne es uns einzugestehen – sowohl am Arbeitsplatz, beim Einkaufen, aber natürlich auch im Privatleben: Weder unser Sexualleben noch unsere Ernährung folgt informierten, vernünftigen Entscheidungen, sonst wären Übergewicht, Fehlernährung und gewisse ansteckende Krankheiten kein Thema; und wir wissen das auch ganz genau, Bücher zum Thema gibt es haufenweise und wir haben ja auch schon diverse Diäten und sogar Keuschheit ausprobiert. Hat aber wenig Spaß gemacht.

Da also liegt es: Wenn die Gefühle wichtiger sind als die rationale Verarbeitung der Information, dass dies oder jenes unvernünftig wäre – dann folgen wir den Gefühlen. Dabei geht es nicht nur um (Fress-) Lust. Im Zusammenhang mit Marken geht es vor allem um das Gefühl des Vertrauens: Wir vertrauen, dass eine gewisse Marke, eine gewisse Person (was wir als *Marke ICH®* bezeichnen) für uns relevant ist – und wir folgen diesem Vertrauen. Was psychologisch interessant ist: In den meisten Fällen sind wir geneigt, diese rein auf dem Vertrauensgefühl basierende Entscheidung als rational begründet zu rechtfertigen, sogar vor uns selbst.

Hier erst kommt die Information ins Spiel. Wir kaufen etwa ein Notebook der Marke Compaq, weil wir vertrauen, dass unter der Marke Compaq verlässliche Qualität angeboten wird. Zugeben würden wir das allerdings nicht – vielmehr werden wir darauf pochen, dass wir uns kundig gemacht hätten, was das Ding alles kann. Wir werden sogar insistieren, dass uns Compaq besser informiert hätte – obwohl wir die

Fülle der Angaben nur teilweise verstanden haben und das angebotene Informationsmaterial, wenn überhaupt, dann nur teilweise gelesen haben. Und wir werden verschweigen, dass wir unser Notebook ja vor allem für Textverarbeitung und E-Mails brauchen – dass wir einen Großteil der tollen Funktionen also kaum je nutzen werden.

Das heißt nicht, dass wir nicht informiert werden wollen, im Gegenteil: Das große Informationsangebot dieser oder jener Marke gibt uns ja die Sicherheit, dass wir ihr umso bedenkenloser vertrauen können. Interaktive Informationsangebote sind da ganz besonders vertrauenserweckend – wenn wir also den Eindruck haben, dass jemand unseren Informationswunsch ernst nimmt und ihn zu erfüllen versucht. Entschieden wird dann aber oft nicht aufgrund der erhaltenen Information, sondern aufgrund der Art, wie die Information gegeben wurde. Sitzt an der telefonischen Hotline ein unfreundlicher oder inkompetenter Mensch, werden E-Mails nicht oder unzureichend beantwortet, ist die jeweilige Marke für uns „gestorben". Daher müssen über die Marke – auch über *Die Marke ICH®* – umfassende Informationen bereitgehalten und ansprechend präsentiert werden. Und ein Herold kann unter anderem die Aufgabe haben, „hard facts" zur Marke zu vermitteln. Es ist dennoch das Gefühl, das entscheidet.

Was müssen Herolde für unsere *Marke ICH®* tun?

- **Stimmung machen** – das muss nicht Vorab-Jubel sein, aber eine gewisse Aufbereitung des Terrains für einen Auftritt der *Marke ICH®* sollte er schaffen. Das kann und soll auch die Rückkoppelung beinhalten: „Pass auf, wenn du zu dieser Gruppe kommst, da ist jeder Zweite Vegetarier – binde denen nicht auf die Nase, dass du am liebsten blutige Steaks isst!"

- **Uns vorstellen** – das heißt, die klare Botschaft vermitteln, um wen es sich bei der *Marke ICH®* handelt.

- **Nachhaken und nachfragen.** Wenn wir nicht mehr persönlich anwesend sind, sollte der Herold die gute Stimmung erhalten, eventuelle Missverständnisse aufklären und schließlich an uns zurückmelden, wie *Die Marke ICH®* angekommen ist.

Diese Funktionen kennen zahlreiche Variationen – zum Beispiel, ob es sich auf unseren Auftritt bei einer zwanglosen Party oder um die Suche eines neuen Arbeitsplatzes handelt: Selbst Personalverantwortliche, die an sich gehalten sind, sich ausschließlich auf erbrachte und somit dokumentierte Leistungen zu beziehen, müssen über diese Leistungen ja erst einmal von jemandem erfahren. Und wir selber ebenso, wenn wir auf Jobsuche sind: Da ist es hilfreich, Herolde zu haben, die nicht nur bereit sind, für uns Stimmung zu machen, sondern vor allem die Ohren offenzuhalten. In immer mehr Unternehmen erfährt man zuerst über den „Buschfunk" von attraktiven offenen Stellen, da sind sie noch lange nicht ausgeschrieben. In großen Firmen werden 15 bis 20 Prozent der Top-Stellen über die Vermittlung von Mitarbeitern, Förderern oder gewogenen Vorgesetzten aus dem eigenen Pool besetzt. Da weiß man wenigstens, was man hat.

Und wenn wir eine Leistung erbracht haben, einen Job bekommen haben oder sonst Bemerkenswertes getan haben, gilt es, dass das anderen auch auffällt. Gerade weil Eigenlob bei vielen nicht gut ankommt, ist es gut, jemand anderen vorzuschicken – unseren Herold.

Eigenlob kommt bei vielen nicht gut an, darum ist es gut, jemand anderen vorzuschicken – unseren Herold.

Geschichten und Anekdoten befördern *Die Marke ICH®*

Die meisten Geschichten, die in diesem Buch stehen, würden wir nicht kennen, wenn sie nicht immer wieder erzähltes, zur Legende der Marketingbranche herangewachsenes Wissen wären. Jemand hat diese oder jene Story erzählt, weitergegeben, aufgeschrieben. Und bei vielen dieser Erzählvorgänge hat der Markeninhaber seine Hand mit im Spiel gehabt – weil er Interesse daran hat, dass die Storys erzählt werden. In seinem Sinne, mit seiner Färbung erzählt werden.

Historische Bezüge und Mythen, aktuelle Geschichten und Anekdoten gehören zu den stärksten Kommunikationsinhalten überhaupt – sei es in der politischen Führung, bei der Darstellung von Marken oder bei der Darstellung von Einzelpersonen. Sie sind leichter zu erzählen als trockene Fakten über diesen oder jenen konkreten Nutzen.

Wer einer Organisation eine neue Ausrichtung geben will, muss die Storys ändern, die in dieser Organisation erzählt werden – und die über diese Organisation erzählt werden: Das stimmt für Nationen und Kommunen ebenso wie für Großkonzerne und Kleinunternehmen.

Und es stimmt für Einzelpersonen: Die Geschichte, dass Gerhard Schröder als Juso am Zaun des Kanzleramts gerüttelt habe und „Ich will da rein!" gerufen habe, hat seinen Kanzleranspruch deutlicher gemacht als es irgend eine Parteitagsrede gekonnt hätte. Storys müssen die Ziele und Werte unserer Marke verdeutlichen – sie bestimmen gleichzeitig, welche Zielgruppe uns Sympathien entgegenbringt. Was über einen Popstar erzählt wird, ist entscheidend dafür, ob seine Konzerte ausverkauft sind und seine Musik Käufer findet – und natürlich dafür, welche Käufergruppe das sein wird; also ob Männer oder Frauen, Punks oder Yuppies die Fangemeinde bilden.

Der Wert einer guten Geschichte liegt in drei Dingen:

- Menschen hören sie gerne,

- Menschen erzählen sie gern weiter und

- Menschen wollen irgendwie Teil dieser Geschichte sein

– ob es sich nun um Pepsi handelt (Zugehörigkeit zur „Pepsi-Generation"), um Porsche (Zugehörigkeit zur Gruppe der Porsche-Fahrer) oder um Ihre *Marke ICH®*, über die Sie und dann Ihr Herold erzählen (und der Herold froh ist, zur Gruppe Ihrer Herolde zu gehören und Ihr Loblied zu singen).

Wenn alle Welt weiß, dass hier **Die Marke ICH®** des berühmten Chirurgen, Modeschöpfers, Kochs, Musikers, Jungunternehmers oder was immer auftritt, dann ist ein Teil der Kommunikation schon gelaufen, bevor wir sie im konkreten Fall beeinflussen konnten. Andere Ansprüche – dass etwa unser wichtigstes persönliches Anliegen der Schutz des Regenwaldes ist; dass wir für eine autofreie Stadt stehen; dass wir die besten Kenntnisse moderner spanischer Literatur haben etc. – diese Ansprüche wird unsere *Marke ICH®* wahrscheinlich erst vermitteln müssen. Aber da können Herolde hilfreich einspringen.

Unser Anspruch, überhaupt eine starke Marke zu sein, hängt eng mit der Erfüllung dieses sozialen Anspruchs zusammen. Für *Die Marke ICH®* kann das heißen, dass sie soziales Engagement entwickelt und bei Sozialprojekten mitmacht oder zumindest auffällig dafür spendet – Michael Bloomberg hat es so zum Bürgermeister von New York gebracht.

Am Anfang großer Marken steht oft das Herold-Prinzip

Auch ganz große Marken haben klein angefangen – an der Wiege der Weltmarke Budweiser stand das Herold-Prinzip: Als Herr Anheuser in St. Louis bemerkte, dass sein Bierabsatz zu wünschen übrig ließ, ging er nicht selber seine Ware anpreisen (das tut schließlich jeder), sondern er schickte einen gewissen Adolphus Busch in die Saloons der Stadt am Mississippi: Die Gäste, denen Herr Busch das Bier anpries, konnten nicht wissen, dass er eigentlich Agent von Anheuser war. Und noch weniger konnten sie wissen, dass Herr Busch eines Tages Partner von Herrn Anheuser werden würde und mit ihm den größten Bierkonzern der Welt, Anheuser-Busch, Eigentümer der Budweiser-Marke auf den meisten Märkten der Welt, begründen würde.

Am eindrucksvollsten hat der Entertainer und Schausteller P. T. Barnum das Herold-Prinzip genutzt. Zu seiner Zeit – im letzten Viertel des 19. Jahrhunderts – wurden Kundmachungen „Heralds" genannt und wenn so ein „Herald" (ob als Ausrufer, als Anzeige oder Plakat) die Ankunft von Barnums Zirkus meldete, dann ging es in erster Linie gar nicht darum, die eine oder andere Attraktion bekanntzumachen. Der Herold hatte vielmehr die Aufgabe, zu vermelden, dass P. T. Barnums „Greatest Show on Earth" angekommen war – „Look for it!" – „I am coming". Zwei Wochen vor dem Zirkus ließ Barnum jeweils lebende Herolde in eine Stadt reisen – und zwar in einem luxuriös ausgestatteten Eisenbahnwagen. Während die Herolde sich um das kümmerten, was man heute Public Relations nennen würde, strömte das Publikum schon einmal zu dem Eisenbahnwagen, um dessen Luxus (und natürlich Barnums Ankündigungen) zu bewundern. Barnums Herold-Prinzip basierte auf der – richtigen – Erwartung, dass das Publikum umso lieber Showtickets kaufen würde, je mehr es schon von Barnums Boten in die Zirkuswelt eingesponnen würde.

Federico Fellini hat dieses Prinzip 1954, 63 Jahre nach Barnums Tod, in einem Film verarbeitet: Wir wissen aus dem Fellini-Film „La Strada", dass „der große Zampano" eben deshalb „der große Zampano" ist, weil er eine Ausruferin – die von Giulietta Masina gespielte Gelsomina – vorausschickt, die den großen Zampano als solchen ankündigt. Mit einer genau vorgegebenen Formel. Da haben die Leute gleich ein richtiges Bild von dem, der da kommt.

In diesem Film ist das wie bei den mittelalterlichen Herolden, die vom Kommen des Fürsten kündeten. Markenexperten wissen, wie wichtig solche Herolde sind: Sie vermitteln allen ihren Kunden ein klares Bild von ihrer Marke.

Und sie stellen auch bei den Mitarbeitern sicher, dass alle dieselbe Sicht der Marke haben und denselben Stolz, für diese Marke zu arbeiten. Und vor allem: Sie tragen das Wissen um die Werte der Marke authentisch weiter. Es geht laut dem amerikanischen Marken-Guru David Aaker um zwei Fragen, die jeder Mitarbeiter guten Gewissens mit Ja beantworten können sollte: Weißt du, wofür unsere Marke steht? Und ist das für dich überhaupt wichtig?

Leider bleiben solche Anläufe oft in der Marketingabteilung stecken: „Den Unternehmen fehlt bis heute die Erkenntnis, welche starke (politische) Stimme ihre Mitarbeiter, Kunden, Anrainer oder Pensionisten für das Interesse des Unternehmens artikulieren können", warnt der Public Affairs-Experte Peter Köppl. Wirklich erfolgreiche, starke Marken aber vermitteln die Werte ihrer Marke auch nach innen. Allen, bis zum letzten Laufburschen. Denn auch der Laufbursche wird gefragt, wo er eigentlich arbeitet – und er sollte mit Stolz sagen, welche Marke das ist und warum er darauf stolz ist.

> **Wirklich erfolgreiche, starke Marken machen ihre Mitarbeiter zu ihren Herolden.**

Die Full Sail Brewery in Hood River, Oregon hat dieses Ziel erreicht, indem sie auf alle Geschäftskarten die Funktionsbezeichnung „Quality Manager" gedruckt hat – jeder, vom Braumeister bis zum Schankkellner ist für die Qualität verantwortlich. Und redet gerne darüber.

Der Freizeitbekleidungs-Hersteller Timberland gibt jedem Mitarbeiter jährlich 40 Stunden bezahlte Freizeit für Freiwilligen-Arbeit in seiner Heimatgemeinde: „Put on your boots and make a difference." Und plötzlich ist jeder Mitarbeiter ein stolzer Herold der Marke. Was für Mitarbeiter gilt, gilt natürlich auch für andere Herolde. Nein, das ist nicht unbedingt eine Aufforderung, alle Ihre Freunde, Kollegen, Kunden mit Kappen auszustatten, die Ihren Namen tragen. (Wenn Sie allerdings Gastronom, Einzelhändler oder Künstler sind, mag auch das einen zweiten Gedanken wert sein.)

Aber es macht Sinn, sich zu überlegen, wie man diese Leute dazu bringen kann, als Lobby für *Die Marke ICH®* aufzutreten. Der Kommunikationsprofi Wolfgang Hars rät, jeden Tag drei über tagesaktuelle Anliegen und Geschäfte hinausgehende Kontakte zu pflegen (ob durch Brief, E-Mail, Telefonate oder, was natürlich am stärksten wirkt, persönliche Treffen) und so ein Netzwerk aufzubauen. Hars weiter: „Sie brauchen eine Lobby, brauchen Fans, die ihren Lobgesang singen. Die Formel ‚fördern und befördert werden' ist die Grundlage eines jeden Lobbyisten. Schauen Sie sich in Ihrem Kollegen- und Freundeskreis um. Wer kann Ihnen mit Einfluss, Fürsprache oder Informationen helfen? Wessen Stimme ist für Sie wichtig? Wer kann gute Stimmung für Sie machen? Denken Sie besonders an Personen, die in der Hierarchie unter Ihnen stehen und die Sie mit nach oben ziehen können ... Zeigen Sie die Vorteile einer Zusammenarbeit auf, die für beide Seiten entstehen werden – aber mit Zurückhaltung, damit Sie keine Schlange an Ihrem Busen nähren ... Netzwerke sind Verbindungen, die über Firmengrenzen hinausgehen. Was die Beteiligten eint, sind die gemeinsamen Interessen und Ziele und die Erkenntnis, dass man gemeinsam mehr erreichen kann als allein."

Die verschiedenen Rollen von Marken-Herolden

■ Die simpelste Form eines Herolds ist die, die jeder kluge Gastwirt auf seiner Speisekarte zu rekrutieren versucht, indem er schreibt: „Wenn Sie zufrieden waren, sagen Sie es bitte weiter. Wenn Sie nicht zufrieden waren, sagen Sie es bitte mir." Es ist gut und richtig, auf diese Weise Mundpropaganda durch Kunden zu initiieren – Sie haben dabei aber sehr wenig Kontrolle darüber, was dieses Fußvolk der Herolde über Sie weitersagt. (Wie Sie zumindest gewisse Grundinhalte in diesen Kommunikationskanal bringen können, werden wir in einem späteren Kapitel über „Public Relations für Ihre *Marke ICH®*" diskutieren.)

- Eine zweite Kategorie sind Herolde, die zeitweise die Trommel für Sie rühren – sie sind besonders wichtig, weil diese Herolde kurzfristig die richtige Botschaft vermitteln müssen und dazu vielleicht nur eine einzige Gelegenheit haben. Zum Beispiel, weil diese Herolde eine Veranstaltung moderieren, bei der Sie einen Vortrag halten. Hier ist es besonders wichtig, dass Sie als genau derjenige vorgestellt werden, als der Sie auftreten: Sie glauben gar nicht, wie viele Moderatoren vergessen, Ihren Namen bei der Vorstellung – richtig ausgesprochen – zu nennen, geschweige denn Titel und Funktion.

- In ähnlich klar definierter professioneller Funktion sind Herolde, die einem etwa als Dolmetsch oder Begleiter auf einer Messe zugeteilt sind. Das ist für alle Seiten extrem nützlich – der Messeveranstalter kann auf diese Weise dem Gast und den Ausstellern zeigen, wie wichtig er sie nimmt; der Aussteller bekommt nicht irgendwen, sondern einen besonderen Gast, direkt von der Messeleitung an seinen Stand geleitet; und *Die Marke ICH®* des Gastes wird – mit bester Empfehlung der Messeleitung – an den Ständen richtig vorgestellt. Vorausgesetzt wiederum, dass der Herold für seinen Job richtig eingewiesen ist.

- Dasselbe gilt für Gastgeber, wo wir als Ehrengäste eingeladen sind – sei es nun professionell oder privat. Wer den Schritt von der Persönlichkeit zur *Marke ICH®* macht, muss seiner Umgebung, seinen potenziellen Kunden, klarmachen, welchen Nutzen er oder sie zu bieten hat. Dieser Nutzen muss keineswegs ein materieller sein: Die Anwesenheit einer *Marke ICH®* wertet jedes Fest auf. Besonders dann, wenn der Gastgeber Sie voller Stolz seinen Gästen vorstellen kann.

- Eine besonders wertvolle Kategorie von Herolden sind Freunde, die gesellschaftlich etwa gleichgestellt sind. Stellen Sie sich vor, Sie sehen bei einem privaten Fest eine Dame (bzw. einen Herren), der Ihnen attraktiv erscheint – Sie kennen die Schwierigkeiten, die damit verbunden sind, selber hinzugehen und einen Flirt zu beginnen. Ein Freund oder eine Freundin können das leichter einfädeln – und diese müssen dazu die Zielperson nicht einmal besonders gut kennen. Es reicht, dass unser Herold keine eigenen Interessen damit verbindet, sondern einfach hingeht und sagt: „Darf ich Ihnen Herrn X (Frau Y) vorstellen – der (die) ist besonders interessant, weil ..."

■ Dasselbe Prinzip liegt generell dem geschäftlichen Networking zugrunde: Da ist es sehr nützlich, wenn man einen Freund mit einem anderen (aber auch mit einem Fremden) zusammenbringen kann, weil einem als Herold quasi eine „unparteiische" Rolle zugeschrieben wird, obwohl man in Wirklichkeit ein gerade bei einer solchen Vorstellung besonders voreingenommener Freund ist. Wichtig ist beim Networking der lange Atem – nicht jede Begegnung von Networkern kann oder soll zu neuen Geschäften führen. Denn Kontakte, die in einem Netzwerk aufgebaut werden, erweisen sich oft erst nach Jahren als nützlich, wenn die Protagonisten längst in anderen Positionen sind. Aber da weiß jeweils einer vom anderen, was dessen *Marke ICH®* ist und wie sich diese in den letzten Jahren entwickelt hat: Man kann einander also jederzeit überall gegenseitig präsentieren, selbst vor völlig Fremden.

■ Ins Netzwerk der Herolde sollten auch ehemalige Arbeitgeber, ehemalige Kollegen, ehemalige Kunden einbezogen werden. Das ist formell nützlich – etwa wenn man bei einer Bewerbung Referenzen angeben muss: Natürlich sollte, wenn ein Personalchef anruft, halbwegs sicher sein, dass diese Herolde auch die richtige Botschaft über unser *Marke ICH®* vermitteln. Noch besser ist es natürlich, wenn diese Ex-Kollegen das von selbst tun – und allgemein die Stimmung verbreiten, dass es schade ist, dass die Zusammenarbeit nicht mehr besteht. Das lässt sich oft ganz einfach dadurch erreichen, dass man die Ex-Kollegen oder Ex-Chefs bei Gelegenheit auf ein Bier einlädt.

■ Die wertvollste Kategorie von Herolden sind jene, die schon seit Jahren im selben oder in einem ganz ähnlichen Geschäftsfeld tätig sind – und bereit sind, uns an ihrem Wissen, an ihren Erfahrungen, an ihren Netzwerken und eventuell sogar an ihrem Kundenstock teilhaben zu lassen. Über so jemanden zu verfügen, ist als ob man einen Schutzengel hätte – und tatsächlich gibt es eine institutionalisierte Ausprägung dieses Prinzips, wo die älteren Berater als Business-Angels oder Career-Angels bezeichnet werden. In Europa ist die Vermittlung von Business-Angels noch nicht üblich, Sie müssen wahrscheinlich auf eigene Faust suchen; dabei kommt Ihnen zugute, dass Menschen mit gewisser Erfahrung sich meist geschmeichelt fühlen, wenn sie ihr Wissen weitergeben können. Ein solcher Engel, der etwas von unserem Geschäft – oder auch nur von Markenführung generell – versteht,

ist nicht unbedingt leicht zu finden. Aber wenn Sie das Glück haben, so jemanden zu Ihrem Bekannten-, vielleicht sogar Freundeskreis zählen zu können,

Der Mentor – die wohl wertvollste Kategorie eines Herolds.

haben Sie nicht nur einen Mentor und Berater gefunden, sondern auch jemanden, dem es typischerweise leichtfällt, über Sie gut zu reden. Und der eine hohe Glaubwürdigkeit hat, weil er ja schon lange im Geschäft ist. Treffen Sie einen solchen Herold regelmäßig und holen Sie Rat ein, sowohl was die Positionierung Ihrer *Marke ICH®* als auch was Ihre Tätigkeit selbst betrifft. Bedenken Sie aber: Der Mentor-Herold muss nicht unbedingt Recht haben, manche seiner Erfahrungen mögen nicht (mehr) für Sie und Ihre eigene *Marke ICH®* gültig sein – stellen Sie daher klar, dass Sie Rat suchen und nicht Anweisungen. Was Sie tun, ist immer Ihre Entscheidung. Dabei sachlich fundiertes Feedback zu bekommen, ist aber jedenfalls die Mühe der Suche nach einem Mentor-Herold wert.

■ Wir haben schon davon gesprochen und wollen es der Vollständigkeit halber auch hier noch einmal erwähnen, dass in der eigenen Familie besonders loyale Herolde rekrutiert werden können. Zwar werden wir uns nicht überall von Mama und Papa vorstellen lassen können (und wollen), zwar werden Ehefrau oder Ehemann nicht unbedingt neue Geschäftskanäle für uns eröffnen können. Aber ab und zu kann auch das für uns sinnvoll sein. Und wir können darauf zählen, dass sie unsere Marke genau beobachten – wobei uns zugute kommt, dass wir Erfahrungen damit haben, durch welche Brille diese uns vertrauten Personen uns sehen. Damit wissen wir auch besser, wie wir Feedback einzuschätzen haben.

Auch Herolde erwarten sich einen Vorteil

Zum Herold-Prinzip gehört allerdings auch, dass Herolde ihren eigenen Vorteil sehen müssen. Das kann auf einer ganz sachlich-geschäftlichen Basis passieren, wie bei jenen Testimonials, die sie aus dem Fernsehen kennen. Ein schönes Beispiel für diesen Imagetransfer ist der Prestigegewinn, den das Branchentelefonbuch der Post durch die Werbung mit dem Literaturkritiker Marcel Reich-Ranicki erzielte. Der Grundgedanke bei einem Testimonial: Wir alle neigen dazu, jemandem, den wir kennen, mehr zu glauben als irgendwelchen Fremden. Und weil wir manchen Schauspieler auf Leinwand und Bildschirm öfter sehen als unsere eigenen Geschwister in der realen Welt, erscheint er uns auch besonders vertraut und glaubwürdig, wenn er in der Fernsehwerbung auftritt.

Wenn dort Ottfried Fischer oder neuerdings Gerhard Berger für die Master Card, Michail Gorbatschow für die Bundesbahn, Thomas Gottschalk für Gummibärchen und Hermann Maier für Raiffeisen-Lebensversicherungen wirbt oder Boris Becker für AOL „schon drin" ist, dann ist das einfach eine Frage des Geldes, das diese Prominenten für die Empfehlung verlangen.

Welchen Wert ein „guter Name" haben kann, zeigt etwa Muhammad Ali: Der Boxer verkaufte im April 2006 80 Prozent der Namensrechte an seinem Namen an den Milliardär Robert Sillermann – für schlappe 50 Millionen US-Dollar. Sillerman versteht etwas davon, mit den Namen Prominenter Geschäfte zu machen, ihm gehören auch 85 Prozent an der Marke Elvis Presley, für die er 100 Millionen hingeblättert hat. Allein die Rechte an einer CBS-Dokumentation spielten dann 5,5 Millionen Dollar wieder ein, insgesamt wird der Elvis-Umsatz auf 45 Millionen Dollar pro Jahr geschätzt. Eine ganz beachtliche Verzinsung. Presley gilt als die umsatzstärkste Marke unter der verstorbenen Prominenz – vor Charles M. Schulz (dem Erfinder der Peanuts), dem Beatle John Lennon, dem Künstler Andy Warhol und Theodor „Dr. Seuss" Geisel.

Eine Diplomarbeit an der FH für Technik u. Wirtschaft Berlin kommt zu folgendem Ergebnis: Werbung mit Prominenten hat am Gesamtvolumen der deutschen Werbewirtschaft einen Anteil von etwa zehn Prozent und gewinnt zunehmend an Bedeutung. Dem Beispiel der USA folgend, in denen fast ein Viertel aller Werbespots mit Prominenten wirbt, setzt auch die deutsche Industrie in verstärktem Maße auf Prominente in der Markenkommunikation.

Mit allen damit verbundenen Risiken: AOL hat sich kurzfristig von Becker getrennt, weil „die negativen Schlagzeilen in den vergangenen Monaten im Scheidungskrieg um Becker es schwierig machen, offensiv mit Becker zur werben", wie BILD AM SONNTAG im Juli 2001 berichtete. Ein Dreivierteljahr später lebte die Partnerschaft für alle Fernsehzuschauer sichtbar wieder auf – und AOL konnte sich gleichzeitig darüber freuen, dass Boris Becker gerade zu jener Zeit wieder Schlagzeilen machte, weil er eine neue Freundin hatte: „Ich habe etwas Neues zu Hause", sagt Becker in den beiden am 4. März 2002 gestarteten Fernsehspots für den Online-Dienst. Ausschnitte aus den AOL-Spots wurden anlässlich der ersten Gerüchte über die neue Liebe Beckers von den Medien auch außerhalb der Werbezeiten gezeigt. Denn der Satz, der sich eigentlich auf die neuen AOL-Breitbandangebote bezogen hat, wurde als Anspielung auf Beckers damalige Freundin Patrice Farameh interpretiert.

Nun werden Sie wahrscheinlich keine Gelegenheit (und nicht genügend Kleingeld) haben, Boris Becker für Ihre *Marke ICH®* werben zu lassen. Aber wenn Sie die Chance haben, einen Prominenten für ein Testimonial zu gewinnen, dann lassen Sie sich die Chance nicht entgehen. In der Gastronomie ist das längst üblich. Jeder Gastwirt, der alle fünf Sinne beisammen hat, fragt halbwegs prominente Gäste, ob sie vielleicht bereit wären, sich in das goldene Gästebuch einzutragen. Und davon gibt's dann ein schönes Foto, das man im Lokal aufhängen kann. Und wenn Sie kein Gastwirt sind; falls in Ihrem Haus keine Sport-, Hollywood- oder Politikstars aus- und eingehen? Dann ehren Sie jene, die eben relativ prominent sind – bitten Sie diese Leute, sie fotografieren zu dürfen (aufstrebende Prominente sind ohnehin eitler als die, die schon

Die Chance, einen Prominenten für ein Testimonial zu gewinnen, sollten Sie sich nicht entgehen lassen.

etabliert sind). Oder lassen Sie sich mit Ihnen fotografieren. Und machen Sie etwas daraus. Die Gästebuch-Eintragungen, die kluge Wirte sammeln, können natürlich auch in anderen Bereichen gesammelt werden – selbst ein Postbote oder Gaskassier kann sich mit dem Prominenten aus „seinem" Rayon fotografieren lassen, auch die Putzerei kann (wenn der Chef freundlich darum bittet) ein Dankschreiben eines großen Künstlers bekommen, wenn ihm der Frack rasch gereinigt und perfekt geliefert worden ist. Und solche Testimonials kosten üblicherweise auch nicht mehr als Freundlichkeit und eine höfliche Anfrage.

Solche Testimonials können dann auch in Broschüren und auf der Website genutzt werden – speziell Werbeagenturen nutzen das Kundenfeedback professionell. Ein Beispiel dafür ist die Agentur L&W MarCom AG in Zürich, die auf ihrer Website (http://www.lw-marcom.ch/de/referenzen/testimonials_kunden/) die Testimonials von Kunden, Partnern und – besonders wichtig – Journalisten wiedergibt. Wenn das erfolgreiche Unternehmen Sun Microsystems verkündet, was seinen Erfolg ausmacht, wird das auch andere potenzielle Kunden anlocken: „Die ausgezeichneten Kontakte und das hervorragende IT- und Business-Know-how von L&W Marcom AG haben Sun zu einem festen Platz in den Schweizer Medien verholfen." Und dazu das Urteil der anderen Seite: „Die einzigartige Kombination von PR-Kompetenz mit IT-Spezialwissen und journalistischer Erfahrung zeichnet L&W als kompetenten Partner gegenüber Journalisten aus", abgegeben vom Chefredakteur der COMPUTERWORLD. Die Top-Empfehlung kommt von Michael Maier vom TAGESANZEIGER: „Ich habe immer sehr gerne mit der Agentur L&W MarCom AG, respektive Evelyn von Wieser zusammengearbeitet. Insbesondere schätze ich ihre Kompetenz und Diskretion. Ich fühlte mich nie aggressiv zu etwas gedrängt."

Was kann man sich mehr wünschen als eine solche Empfehlung? Eine langfristige Beziehung zu einem Herold! Es wäre doch schön, wenn solche Urteile nicht nur einmal auf einer Website oder in einem Zeitungsartikel erschienen, sondern immer wieder und unaufgefordert weiterverbreitet würden. Ja, das ist möglich, auch und gerade bei Journalisten. Journalisten sind nämlich bestechlich – allerdings nicht in dem Sinne, wie es naive Gemüter vermuten: Wer einem Journalisten Geld anbietet, hat ihn sich nachhaltig zum Gegner gemacht. Wer ihn aber mit vertrauenswürdigen Informationen füttert, wer es schafft, ihn von seiner Marke, von seiner Arbeit, seinem Wert als Gesprächspartner zu überzeugen, kann ihn oder sie langfristig zu einem Partner und Herold machen.

Medienmacher als Herolde zu gewinnen, ist quasi die hohe Schule des Herold-Prinzips – sie funktioniert langfristig nur, wenn es gelingt, die eigene *Marke ICH®* als vertrauenswürdige Quelle für exklusive Informationen (die einzige Währung, die im Journalismus wirklich zählt) zu etablieren. Dazu kann es sinnvoll sein, erst einmal andere Herolde zum jeweiligen Medienmitarbeiter auszusenden und den Ruf der *Marke ICH®* als vertrauenswürdiger Gesprächspartner aufzubauen. Gute PR-Agenturen machen genau das, aber das hat auch seinen Preis.

Ganz umsonst gibt es die Dienste von Herolden allerdings niemals. Das Herold-Prinzip kann nur funktionieren, wenn der Herold den Eindruck hat, dass er selber etwas von seiner Rolle hat. Was ein Herold für seine Dienste als angemessen ansieht, kommt immer auf seine Beziehung zur *Marke ICH®* an: Einem Vater wird es reichen, stolz die Tochter oder den Sohn herumzuzeigen, weil ja etwas vom Glanz des Sprösslings auch auf den Rest der Familie entfällt. Ähnlich wird es Fans gehen, die sich glücklich schätzen, als Herolde für einen verehrten Künstler oder Sportler agieren zu dürfen, wenn sie ihrem Idol nur nahe sein können. Anders ist es in den Fällen, wo *Die Marke ICH®* einen mehr oder weniger fremden Herold anzuwerben hat.

Dabei geht es darum, dass *Die Marke ICH®* so attraktiv ist, dass sich der Herold zumindest nicht schämt, für sie zu werben – sonst wirkt jedes Auftreten des Herolds unglaubwürdig. Dazu kommt, dass der Herold einen klaren Vorteil für sich selber sehen sollte. Dieser Vorteil kann (aber muss nicht) einen Geldwert haben – etwa eine Einladung zum Essen oder ein anderes Geschenk. Noch wichtiger wird einem professionell agierenden Herold aber sein, dass er durch seine Tätigkeit selber einen Herold gewinnt: Im kommerziellen Anzeigengeschäft kann das darin bestehen, dass ein Markenartikler den anderen in einem verwandten Bereich empfiehlt – also etwa ein Waschmaschinenhersteller einen Waschmittelzusatz oder ein Autohersteller eine Bank zur Finanzierung der Fahrzeuge.

Ähnliches ist natürlich auch für *Die Marke ICH®* möglich: Wenn in einem Beziehungsnetzwerk mehrere Partner daran arbeiten, den jeweils anderen weiterzuempfehlen (also bei Gelegenheit des jeweils anderen Herold zu sein), dann haben alle etwas davon.

Aufgaben für *Die Marke ICH*®:

Für den Aufbau jeder Marke – und jedes Vorwärtskommen – gilt: Die Marke braucht von Anfang an Menschen, die von ihr begeistert sind und diese Begeisterung weitergeben. Als *Marke ICH*® brauchen Sie eine Lobby; also einen Zusammenschluss von Personen, die gemeinsame Interessen und Ziele haben und diese gemeinsam verfolgen, um so mehr Wirkung zu erzielen. Wir sprechen in diesem Zusammenhang von Herolden, die die Markenbotschaft weitertragen, die das Lob der *Marke ICH*® singen. Die gerne für die *Marke ICH*® tätig werden und die auf diese Weise selber Vorteile erwarten. Das kann im Grunde jeder Gesangsverein oder jede Studentenverbindung leisten – diffuses Lob, eine vage Weiterempfehlung wird jeder Freund für Sie übrig haben. Beim Herold-Prinzip geht es aber darum, dass eine gut definierte *Marke ICH*® auch von ihren Freunden, ihren Herolden besser weiter empfohlen werden kann.

- Wenn Sie nur eine einzige Formel hätten, mit der Sie jemandem anderen vorgestellt werden wollen – als was würden Sie gerne vorgestellt werden? Diese Vorstellung sollte einerseits zutreffend, andererseits aber auch so viel versprechend sein, dass Ihr Gegenüber so neugierig wird, dass als Reaktion ein „Erzählen Sie mir mehr!" kommt.

- Stellen Sie sich vor, wie das wäre, wenn Sie der Bundeskanzler jemandem anderen vorstellen würde: Was würde er da über Sie sagen? Was hätten Sie gerne, dass er über Sie sagen würde? Träumen Sie ruhig! Und seien Sie vorbereitet darauf, falls Ihnen der Bundeskanzler wirklich mal über den Weg läuft und fragt, ob er Ihnen einen Gefallen tun kann.

- Frischen Sie jeden Tag drei über tagesaktuelle Anliegen und Geschäfte hinausgehende Kontakte auf (ob durch Brief, E-Mail, Telefonate oder, was natürlich am stärksten wirkt, persönliche Treffen) und schaffen Sie sich so ein Netzwerk von Kontakten. Wer kann Ihnen mit Einfluss, Fürsprache oder Informationen helfen?

Frischen Sie jeden Tag drei über tagesaktuelle Anliegen und Geschäfte hinausgehende Kontakte auf.

118

- Wer kommt für Sie als Herold in Frage? Gehen Sie die wichtigsten vier Personen in Ihrer Familie durch: Wer könnte über Sie glaubwürdig Gutes sagen? Wie sieht das mit Ihren Freunden aus, mit Ihren Kollegen, Ihren Geschäftspartnern – wer von denen könnte Ihre *Marke ICH®* glaubwürdig nach außen vertreten? Wessen Stimme ist für Sie wichtig?

- Marken brauchen allerdings sorgfältig ausgewählte Herolde, nicht jeder eignet sich zum Herold. Bedenken Sie, dass Sie auf durchaus wohlmeinende Freunde, Mitarbeiter und Partner stoßen werden, die Ihre Entwicklung zu einer Marken-Persönlichkeit gar nicht gut finden. In den momentan schwierigen wirtschaftlichen Zeiten werden Sie hören, dass gerade jetzt nicht die richtige Zeit ist, aufzufallen. Verhältnisse und Ressourcen seien gerade jetzt zu knapp, um Innovationen zu wagen. Es sei gerade jetzt zu wenig Geld da, weshalb Ihnen diese wohlmeinenden Menschen raten werden, lieber einen sicheren, konventionellen, unauffälligen Weg zu gehen. Dieser Rat wird wahrscheinlich wirklich einer ehrlichen Sorge entspringen – bedenken Sie aber, dass Ihnen dieselben Menschen wahrscheinlich sagen würden: Gerade jetzt, wo es gut läuft, brauchst du doch nichts zu riskieren, jetzt kannst du es dir leisten, einen sicheren, konservativen Weg zu gehen. Akzeptieren Sie diese Meinung – aber folgen Sie ihr nicht. Und verzichten Sie auf diese Zögerer; sie eignen sich nicht als Herolde.

- Kennen Sie Prominente, die Ihre *Marke ICH®* weiterempfehlen würden? Nein, wahrscheinlich kennen Sie niemanden vom Kaliber eines Bill Clinton, Michael Jackson oder Donald Trump. Aber Sie kennen wahrscheinlich einen örtlichen Politiker, einen Sänger aus Ihrem Bezirk oder den einen oder anderen Wirtschaftreibenden aus Ihrer Umgebung – Personen, die sich für die Kommunikation Ihrer *Marke ICH®* eignen könnten und die Sie bei Gelegenheit als Herolde rekrutieren könnten.

- Notieren Sie sich die Namen von fünf Prominenten aus verschiedenen Feldern und überlegen Sie, was diese Personen im Idealfall über Sie sagen würden. Und dann suchen Sie zu jeder dieser Personen jemanden aus derselben Kategorie, der für Sie in Reichweite ist – könnte diese Person dasselbe über Sie sagen, hätte so ein Testimonial (wenn auch bei einem kleineren Kreis von Adressaten) eine ähnliche Wirkung?

- Schreiben Sie auf, was Ihnen zunächst als die wichtigsten Botschaft Ihrer *Marke ICH®* erscheint. Sie werden diese Botschaft wahrscheinlich mit der Zeit – vielleicht schon, wenn Sie zwei, drei weitere Kapitel dieses Buches gelesen haben – modifizieren. Wichtig ist aber, dass Sie sich selber darüber klarwerden, was Ihre Herolde über Sie erzählen könnten – und was sie erzählen sollten.

- Geben Sie Ihren Herolden klare Botschaften mit. Sagen Sie nicht: „Könntest du mich bitte dem Herrn Generaldirektor XY vorstellen?" Sagen Sie: „Stell mich bitte Herrn Generaldirektor XY als das Netzwerk-Genie (oder: den Marketing-Guru, oder: …) vor." Wir werden in weiteren Kapiteln diskutieren, welche Bezeichnungen Ihre *Marke ICH®* haben kann – wichtig ist, dass Sie disziplinierte Herolde haben, die diese Bezeichnungen korrekt verwenden.

- Sehen Sie sich um, ob es jemanden gibt, der für Sie als Mentor in Frage kommt. Wer ist gut und erfolgreich und hat wenigstens drei Mal so viel Erfahrung wie Sie? Gibt es so eine Figur in dem Unternehmen, für das Sie arbeiten – oder in ähnlichen Unternehmen, die nicht in unmittelbarer Konkurrenz stehen? Über wen berichten die Zeitungen, wer hält inspirierende Vorträge? Dann haben Sie ja auch schon einen konkreten Anknüpfungspunkt: Schreiben Sie eine E-Mail oder rufen Sie an und fragen Sie nach – und fragen Sie in einer späteren Mail oder in einem späteren Telefonat, ob Sie die betreffende Person nicht einmal zum Essen einladen dürfen. Wenn sich das als machbar erweist, dann sind Sie auf gutem Weg, einen Herold der besten Kategorie zu gewinnen. Jetzt muss Ihre *Marke ICH®* auf diesen möglichen Mentor-Herold wirken. Selbstverständlich haben Sie nicht nur Ihre eigene Markenpräsentation vorbereitet, sondern haben sich über das Umfeld dieses Menschen informiert – und können ihn daher zum Reden bringen; über sich selbst und seine Erfahrungen. Sagen Sie ruhig, dass Sie von diesen Erfahrungen gerne profitieren würden, das macht Ihren Mentor stolz. Oder Sie merken rasch, dass er nicht will oder kann; dann müssen Sie sich eben jemand anderen suchen. Jedenfalls bedanken Sie sich – am besten mit einem schönen, altmodischen Brief – für die Zeit, die Ihnen geschenkt wurde. Und reden Sie gut über den Mentor: Sie sind sein Herold und er Ihrer!

- Vergessen Sie nie, dass Herolde auch entlohnt werden müssen. Das heißt nicht, dass Sie künftig ein halbes Dutzend Herolde auf Ihrer Gehaltsliste stehen haben werden. Aber Sie müssen dem Herold jederzeit das Gefühl geben, dass es auch für ihn (oder sie) sehr lohnend ist, als Ihr Herold aufzutreten. Denken Sie rechtzeitig daran, welche Vorteile Sie einem potenziellen Herold anbieten können – womöglich schon bevor Sie ihn rekrutieren!

Aufgaben für Ihren Herold:

Ein Herold Ihrer *Marke ICH®* muss genau wissen, wofür die Marke steht. Muss jederzeit sagen können, warum Sie so und nicht anders sind. Muss ein, zwei Argumente kennen, die klarmachen, welchen Vorteil es hat, wenn Dritte mit Ihnen ins Gespräch und, besser noch, ins Geschäft kommen.

- Für Ihren Herold muss es gute Geschichten zu Ihrer *Marke ICH®* geben – wir wiederholen es hier noch einmal. Der Wert einer guten Geschichte liegt in drei Dingen: Menschen hören sie gerne, Menschen erzählen sie gern weiter und Menschen wollen irgendwie Teil dieser Geschichte sein. Haben Sie keine gute Geschichte für Ihren Herold – was sollte er sonst von Ihnen erzählen?

- Diese Geschichte muss sich nicht um die harten Fakten – Ihr Geburtsdatum, Ihren Arbeitgeber oder Ihre Lebenssituation – drehen. Die Story hat vielmehr die Funktion, verständlich zu machen, wofür Ihre *Marke ICH®* steht. Sie sollte Ihre Begeisterung für die Kernwerte Ihrer *Marke ICH®* ausdrücken. Und muss besser als die harten Fakten und guten Argumente vermitteln, dass Sie ein interessanter Mensch sind, der natürlich besonders für Ihre Zielgruppe interessant ist.

Was Ihre *Marke ICH®* wertvoll macht

Stellen Sie sich vor, dass Sie in einem Spezialgeschäft für Whisky stehen. Auch wenn Sie kein Kenner von Whiskys sind, so werden Sie rasch feststellen, dass die Ihnen bekannten Whiskymarken (anders als im Supermarkt) nur relativ wenig Platz einnehmen: Ja, natürlich gibt es da auch den Johnny Walker in verschiedenen Preisklassen; einen Whisky, der es vor allem aufgrund seiner Markenstärke geschafft hat, in jedem einschlägigen Regal und jeder einschlägigen Bar zu stehen. Aber dann gibt es da Single-Malts in verschiedenen Stärken, von verschiedenen Destillerien und natürlich in verschiedenen Preisklassen. Von den meisten Marken (die offenbar in den Ohren von Kennern einen sehr guten Klang haben), werden Sie nie gehört haben. Wenn Sie nun ein Geschenk für jemanden auswählen sollten, der möglicherweise etwas mehr von Whisky versteht als Sie selber – woran würden Sie sich halten?

Etiketten und Fachberater werden Ihnen sicher weiterhelfen können: Da erfahren Sie von dem einen Whisky, dass er von der Insel Islay kommt, während der andere aus den Lowlands ist. Das mag Ihnen ad hoc nicht viel sagen – aber wenn der Abfüller darüber etwas sagt, dann wird das eine Bedeutung haben. Dasselbe gilt natürlich für das Alter: Wenn da steht „oak aged for 26 years", dann ist das eine Qualitätsaussage, die Ihnen zumindest plausibel erscheinen lässt, dass dieser Whisky deutlich teurer ist als andere. Wenn auch für Sie selber ein Whisky dem anderen gleichen mag – für Kenner tut er das nicht.

Sie können einen solchen Whisky also ruhig verschenken. Jeder wird verstehen, dass Sie viel dafür gezahlt haben. Und Kenner werden wissen, dass die Marken Springbank, MacAllan, Talisker und Caol Ila in einer anderen Klasse spielen als Johnny Walker.

Diese Einsicht über Marken – speziell das Wissen über kleine, feine Marken – ist essenziell für das Wissen über *Die Marke ICH®*. Im Prinzip mag ein Whisky wie der andere als Spirituose gelten; wenn Sie eine halbe Flasche davon saufen, werden Sie von einem Johnny Walker kaum anders betrunken sein als von einem Billig-Schnaps von Aldi oder von einem um ein Vielfaches teureren Caol Ila. Aber die Verbindung von Markenstärke und spezifischen Produkteigenschaften macht eben den Caol Ila besonders wertvoll: Auch ohne dass Sie noch die Torf- und Medizinaltöne dieses Whiskys geschmeckt haben, sagen Ihnen (und jedem, den Sie den Caol Ila servieren) die Marke und die Herkunft von der Insel Islay, dass dies nicht einfach irgendein Schnaps ist.

Einzigartigkeit als Erfolgsrezept

Das Prinzip *Marke ICH®* geht davon aus, dass Sie sich – ähnlich wie diese besondere Spirituose – von der Masse absetzen können; und für die Menschen, mit denen Sie persönlich ins Geschäft kommen, wesentlich wertvoller sein können als die allgemein bekannte Weltmarke.

Denn Sie haben ja wesentliche Eigenschaften, die Sie – ähnlich wie der von der Insel Islay stammende Whisky – ins rechte Licht rücken können, um Ihre *Marke ICH®* stärker strahlen zu lassen als alle anderen.

Ausgeprägte Spezialisten ebenso wie breit bekannte Generalisten schaffen etwas, was jeder für seine *Marke ICH®* anstreben sollte: Sie beherrschen das Denken und Fühlen ihres Gegenübers – natürlich können die Generalisten wie Coca-Cola, Johnny Walker und Volkswagen Unsummen von Geld ausgeben, um die richtigen Gedanken und Gefühle bei ihren Zielgruppen einzupflanzen.

Wir können das für unsere *Marke ICH®* ebenso wenig wie das die angeführten kleinen Whiskydestillerien können. Aber das müssen wir glücklicherweise auch gar nicht. Markenbildung ist, wie der amerikanische Marketing-Guru Al Ries sagt, nicht der Wettbewerb von Produkten, sondern der Wettbewerb von Wahrnehmungen. Wenn wir bei unserer spezifischen Zielgruppe als wichtige, kompetente und daher für die Zielgruppe relevante Marke wahrgenommen werden, weil wir als Experte (oder als Exote oder als Kumpel) gelten, werden wir als

Markenbildung ist nicht der Wettbewerb von Produkten, sondern der Wettbewerb von Wahrnehmungen.

bedeutsamer gesehen. So wie der Caol Ila manchen Whiskytrinkern mehr bedeutet als der Johnny Walker.

Von der Selbstbeschau zum Selbstaufbau

Wer den Aufbau seiner *Marke ICH®* als junger Mensch von ganz vorne beginnen kann – oder wer nach einer Übersiedlung, Ehescheidung eventuell auch nach dem Verlust eines bisher sicheren Arbeitsplatzes irgendwo neu anfängt, der muss zuerst analysieren,

- in welchem Feld er sich eigentlich positionieren will;
- wer da vielleicht schon der Platzhirsch ist;
- was der wesentliche Unterschied der *Marke ICH®* zu diesem Platzhirsch sein könnte;
- und wie man das potenziellen Kunden vermitteln kann.

Das ist ein Stück harter Analysearbeit, wenn man es ernst nimmt – und Sie sollten es ernst nehmen und nicht der Versuchung erliegen, sich mit trivialen Antworten zu begnügen. (Sagen Sie also nicht: „Ich arbeite in der Firma XY, dort gilt das, was der Boss sagt; auf mich hört eh keiner und das ist auch okay, weil ich dann nichts zu riskieren brauche.")

William Bridges, der amerikanische Managementexperte, der bereits 1996 das Verschwinden der herkömmlichen Arbeitsverhältnisse vorausgesagt hat und durch aktuelle Beschäftigungsstatistiken immer mehr bestätigt wird, empfiehlt, dass jeder Mensch sich seiner „D.A.T.A." bewusst wird. Hinter dem Kürzel stehen:

- **„Desires"** (Wünsche) – betreffen alles, was Sie sich an Erfolg wünschen, und zwar nicht nur an beruflichem Erfolg. Auch Hobby und Freizeit gehören dazu. Wenn Sie unbedingt noch ein Studium machen wollen oder mit 40 ein Jahr Auszeit nehmen, so ist das ein mindestens gleichberechtigter Wunsch. Sie wünschen ja womöglich auch, eine Wallfahrt nach Santiago zu unternehmen, eine Weltumsegelung oder einmal Bungee-Jumping zu probieren. Vielleicht wollten Sie sich schon immer mal in dieses oder jenes sexuelle

Abenteuer stürzen – oder wollten auch nur eine Woche Outdoor-Urlaub mit den Kindern machen.

Fragen Sie sich in diesem Zusammenhang aber auch, wo Sie wirklich leben wollen – vielleicht lieber in Chicago als in Gera? Lieber im Speckgürtel von Berlin oder in der revitalisierten Lower Downtown von Denver? Lieber an der spanischen Küste als in Stockholm? Muss es eine Großstadt sein? Eine Kleinstadt? Ein Dorf? In der Einsamkeit oder mit vielen Menschen?

Bei der Bewertung Ihrer Wünsche ist es vernünftig, Maßstab an dem zu nehmen, wie Ihr Leben in zehn Jahren realistischerweise aussehen könnte. Das gibt Ihnen auch Ideen, wie ein Tagesablauf dann aussehen kann, wenn Ihre *Marke ICH®* einmal floriert. Wollen Sie dann gerne täglich früh aufstehen, gerne täglich lange aufbleiben? Werden Sie Zeit haben (Zeit haben wollen) zum täglichen Sport, für gelegentliche Flirts, für Theaterbesuche, zum Bücherlesen? Und natürlich die Gewissensfrage: Können Sie das, was Sie sich wirklich wünschen, mit einem Lebenspartner verwirklichen – können Sie es mit Ihrem derzeitigen Lebenspartner verwirklichen?

- **„Abilities"** (Fähigkeiten) – Was können Sie wirklich gut? Wer das Glück hat, am Anfang seines Berufsweges zu stehen, der kann sich von Anfang an in die richtige Richtung orientieren – das heißt, seine Pläne anhand seiner erkannten Stärken entwickeln. Aber auch wer sich neu orientiert, muss wissen, mit welchen Pfunden er wuchern kann. Und diese Stärken zum Markenzeichen der *Marke ICH®* machen. Der Management-Guru Fredmund Malik hat es einmal so beschrieben: „Kindern wird meistens die Frage gestellt: ,Was würdest du denn gerne tun?' Ich sage nicht, dass diese Frage vollständig unwichtig wäre. Gelegentlich sollte man sie auch stellen. Aber im Kern ist es die falsche Frage. Die richtige Frage muss lauten: ,Was fällt dir leicht?' Es gibt fast gar keinen Zusammenhang zwischen dem, was man gerne tut, und dem, was man gut kann.

  Sie sollten tun, was Ihnen leicht fällt.

  Es gibt aber einen fast hundertprozentigen Zusammenhang zwischen dem, was einem leicht fällt, und dem, was man gut kann."

126

Natürlich kommt es unter den Gesichtspunkten eines Marken-artiklers auch darauf an, dass andere (Kunden, Arbeitgeber, Part-ner) glauben, dass Sie das können, was Sie zu können behaupten. Und: dass diese Fähigkeiten auch gefragt sind. Nur Mut! Es ist noch bei niemandem auf der Liste allein die Tatsache übrig geblie-ben, dass er gut nasenbohren kann. Rufen Sie sich vielleicht einmal den Text des „kleinen Liedchens", das im Willi-Forst-Film „Bel Ami" von Mund zu Mund geht, in Erinnerung:

„Ich kenne einen netten jungen Mann,
der gar nichts ist, und nichts Besond'res kann,
und den die Damen dennoch heiß verehren,
weil er das hat, was alle Frau'n begehren.
Er macht die andern Männer ganz nervös,
mit seiner tollen chronique scandaleuse,
er nimmt die Frauen, wie er will,
bei ihm hält jede still ... "

Auch wer „gar nichts ist und nichts Besond'res kann", kann durchaus etwas zustande bringen – wobei Bridges darauf hinweist, „dass eine Fähigkeit in jedem Fall eher durch eine Vorgehensweise charakterisiert wird als durch bewusstes Handeln." Und das nicht nur in zwischenmenschlichen Beziehungen, sondern auch im Ge-schäftsleben. Bedenken Sie, dass Sie vielleicht etliches können, was Sie nie „gelernt" haben: Das kann zum Beispiel das Spezialwissen beim Einsatz bestimmter Software, die Sicherheitsbestimmungen in einer Branche mit hochexplosiven Produkten, die Vertriebswege im Unternehmen, die Umgangsformen in einer Branche, die Er-fahrungen in der betrieblichen Aus- und Weiterbildung oder die Organisation von Konferenzen sein. Sie haben vielleicht nie Publi-zistik studiert – und schreiben dennoch gute Storys und Kommen-tare. Sie haben vielleicht nie Psychologie studiert, aber Sie können sich in Menschen so gut einfühlen, dass Sie andere Menschen (oder auch Unternehmen) in Fragen persönlicher Beziehungen beraten können. Mit Kunstgeschichte haben Sie nie etwas am Hut gehabt, aber Sie malen Bilder, die von anderen bewundert (und womöglich gekauft) werden. Sie haben Hobbys, die Ihnen mehr Überblick über fremde Berufsfelder geben als ihn sogar Profis haben: Viele

Hobby- und Modelleisenbahner wissen über die Bahn, ihre Geschichte und ihre Organisation mehr als die meisten Eisenbahnbediensteten. Mit zunehmendem Alter und Berufserfahrung wird das in Studium und Berufsausbildung erlernte Wissen vielleicht in den Hintergrund treten – dafür haben Sie ein Wissenspotenzial, das sich durch berufliche Erfahrungen, Know-how über Brancheninterna, Absatzmärkte, Konkurrenzsituationen, den Umgangston in der Branche und Ähnliches manifestiert. Dieses Insiderwissen befähigt Sie zu neuen Aufgaben.

■ **„Temperament"** – Gehören Sie zu denen, die bei einer Party früh kommen und sofort mit wildfremden Gästen ein Gespräch beginnen – oder kommen Sie spät, wundern sich, dass Sie mit niemandem Kontakt finden, und sind am Ende heilfroh, wieder wegzukommen? Können Sie wichtige Arbeiten bei bestem Willen nicht delegieren – das ist nicht schlimm, nur sollten Sie dann nicht unbedingt Management-Aufgaben anstreben. Fällt es Ihnen leicht, andere zu motivieren? Verstehen Sie einen Sachverhalt besser, wenn Sie sich Schritt für Schritt daran heranarbeiten – oder sitzen Sie längere Zeit vor dem „großen Bild" und finden dann mit einem Mal intuitiv die richtige Lösung? Verstehen Sie leichter eine mündliche oder eine schriftliche Erklärung? Oder gehören Sie zu jenen Leuten, die ein Gerät erst einmal auspacken und in Betrieb zu nehmen versuchen – und erst nachher in der Betriebsanleitung nachsehen, was Sie vielleicht noch nicht ganz verstanden haben? Haben Sie den Eindruck, dass Ihnen die besten Ideen nachts kommen, wenn alle anderen schlafen? Ist es Ihnen angenehmer „auf Befehl" nach detaillierten Anweisungen vorzugehen – oder lieber „nach Auftrag" mit weitgehender Entscheidungsfreiheit? Wie sieht die Arbeitssituation aus, die Ihnen am besten gefällt? Sie verstehen nun, dass Ihr persönlicher Zugang zu Aufgaben und Lebenssituationen einen wesentlichen Charakterzug ausmacht, der, ob es Ihnen gefällt oder nicht, Teil Ihrer *Marke ICH®* ist.

■ Schließlich die **„Assets"** (persönliche Aktiva): Wir haben schon angesprochen, dass eine Analyse der immateriellen Assets – etwa der Herkunft – wichtige Anregungen für den Markenaufbau geben kann. Hier sollten Sie aber noch einmal alles zusammenfassen, welche Voraussetzungen Ihnen in die Wiege gelegt wurden und welche Sie sich in den Jahren seither erworben haben. Dazu zählt der gute Name, den Sie vielleicht von Ihrem Vater geerbt haben (weil dieser selber schon eine *Marke ICH®* ist). Dazu zählen ererbtes oder bereits selbst erworbenes Vermögen, dazu zählt die Erziehung („Kinderstube" hat man früher dazu gesagt) und Ausbildung. Als Asset kann nun aktiviert werden, was Sie bei den Abilities nur so nebenbei erwähnt haben: Sie spielen ein Musikinstrument? Fein, einige große persönliche Erfolgsstorys wurden begründet, indem sich Musiker in irgendwelchen Klubs das Geld für ihren eigentlichen Job verdient haben (Thomas Klestil wurde so österreichischer Bundespräsident, Karl Wlaschek Eigentümer der größten Supermarktkette und ihr Kollege Joe Zawinul tatsächlich ein Weltstar als Jazz-Musiker). Sie haben mal einen Ferienjob als Verkäufer gemacht? Sehr gut, dann können Sie ja verkaufen! Sie haben mal kurz bei IBM hineingeschnuppert? Wunderbar, dann wissen Sie also ein bisschen etwas über die Unternehmenskultur dieses Konzerns?

Nützlich ist vielleicht auch, dass Sie mit Ihrer alten Tante immer wieder über deren Neigungen zum Okkulten geplaudert haben, mit dem Onkel aus Bayreuth über Richard Wagner, mit Ihrer Mutter über Entwicklungstendenzen in der Malerei des 20. Jahrhunderts – eines der Themen ist womöglich jetzt wieder angesagt.

Eine weitere Gruppe von Assets sind Äußerlichkeiten: Sehen Sie so gut aus, dass Sie als Fotomodell arbeiten könnten? Wären Sie als Double eines Stars geeignet? Ist es Ihnen wichtig, einen Bart zu tragen? Sind Sie groß oder klein, dick oder dünn, haben Sie eine tiefe oder eine piepsende Stimme? Fühlen Sie sich nur in Jeans und Westernboots wohl? Nur im Dreiteiler? Nur in Gesundheitsschlapfen? Nur in Seide, in Baumwolle, in Leder? Zu den Assets kann aber auch die schiere Körpermasse gehören. Selbstbewusst eingesetzt – wie bei den Schauspielern Ottfried Fischer („Der Bulle von Tölz") oder Karl Pfeiffer – kann sie ebenso ein Charakteristikum der *Marke ICH®* sein wie die regionale oder nationale Herkunft.

Eine Marke ist mehr als ein Produkt

Wir wollen an dieser Stelle noch einmal die Bedeutung der kulturellen Einbettung von Marken betonen. Persönliche Assets haben nämlich immer auch mit dem kulturellen Umfeld zu tun – und eignen sich daher ganz besonders dazu, in eine Definition einer *Marke ICH®* eingebaut zu werden. Auch größere Marken haben entdeckt, dass das Religionsbekenntnis („Levys Jewish Rye Bread", das keineswegs nur Juden als Zielgruppe hat), die sexuelle Orientierung (Absolut Wodka hat als Erstes den Markt der Schwulen und Lesben entdeckt und homosexuelle Künstler die Inserate gestalten lassen) oder die politische Ausrichtung bedeutend für das Marketing werden können: So wirbt das stockkonservative Hillsdale-College in Michigan damit, dass es als einziges kein Steuergeld nimmt und daher „nicht unter dem Einfluss der Regierung steht".

Die Werte einer Marke sind eben nicht nur in Geldwert auszudrücken. Und auch nicht in der hohen, womöglich überlegenen Qualität von Produkt und Service. Eine Marke steht für mehr als das Produkt, das man unter diesem Markennamen kaufen kann. Zum Beispiel Benetton: Diese Marke stand zunächst nur für bunte Oberbekleidung. „United Colours of Benetton" besetzte aber ab 1989 rasch ein Werteset rund um Völkerverständigung und Antirassismus. „Das erste Plakat, das eine weltweite polemische Debatte auslöste, zeigte ein weißes Baby in den Armen einer schwarzen Frau, die das Kind wiegt und stillt. Ein zartes Bild. Warum dieses Foto? Sie werden zunächst das Fehlen eines Zusammenhanges zwischen dem Produkt – Benetton-Kleidung – und dem Motiv feststellen. Mit diesem Plakat mache ich keine Werbung im klassischen Sinn. Ich verkaufe keine Pullover. Diese sind von guter Qualität, werden in allen Farben in siebentausend Boutiquen auf der ganzen Welt verkauft und sprechen somit für sich. Ich versuche nicht, das Publikum zum Kauf zu überreden – es zu hypnotisieren –, sondern mit ihm über ein philosophisches Konzept, in diesem Fall die Rassenmischung, in Dialog zu treten. Die Kampagne basiert auf dem Markenmotto ... und entwickelt ein philosophisches Markenmotto

Eine Marke steht für mehr als das Produkt, das man unter diesem Markennamen kaufen kann.

jenseits des Konsums", erläuterte Benettons früherer Werbechef Oliviero Toscani.

In Toscanis Aussage begegnen wir wieder dem Kulturbegriff: Antirassismus ist ein kultureller Wert, der ganz eng mit den persönlichen Werten einer politisch korrekten Generation verbunden ist. Toscani ist es mit diesem Plakatmotiv gelungen, ein verbreitetes (aber keineswegs von allen geteiltes) Kulturverständnis zu besetzen. Es ist nicht einfach schick, Kleidung von Benetton zu tragen. Es ist Ausdruck einer tiefen Übereinstimmung der eigenen antirassistischen Überzeugung mit einem Kernwert der Marke Benetton. Benetton hat mit dem Plakat weltweit Erfolg gehabt, sogar im damaligen Apartheit-Staat Südafrika – und die folgenden Kampagnen, die schwarze und weiße Hände (1989), schwarze und weiße Babys (1990) und verschiedenfarbige Pinocchio-Figuren (1991) zeigten, untermauerten den kulturellen Anspruch der Marke.

Wer so klar positioniert ist, spricht für Antirassismus und Völkerverständigung. So klar, dass der damalige sowjetische Staats- und Parteichef Michail Gorbatschow beim Anblick eines Plakates mit einem Amerikaner mit sowjetischer und einer Russin mit amerikanischer Flagge auf den Champs Elysées den französischen Präsidenten François Mitterand gefragt haben soll: „Wer ist dieser Mr. Benetton?"

Diese Marke hat damit eine Glaubwürdigkeit erlangt, die weit darüber hinausgeht, dass sie anständige und tragbare Oberbekleidung anbietet. Eine *Marke ICH®*, die in ähnlicher Klarheit für ein Thema steht, kann ebensolche Glaubwürdigkeit erlangen. Im Bereich des Antirassismus ist es nur zwei Personen gelungen, eine ähnliche weltweite Markengeltung zu erlangen: Dem Pastor und Bürgerrechtskämpfer Martin Luther King (1929–1968) und dem südafrikanischen Präsidenten Nelson Mandela. In anderen Bereichen ist das aber durchaus möglich – so hat etwa Hugh Johnson seit 1972 eine weltweite Geltung als Rotweinpapst aufgebaut; was er zu sagen hat, wiegt schwerer als die Aussagen, die aus Spitzenweingütern kommen. Und wenn der Heilige Vater in Rom über Krieg und Frieden spricht, dann hören ihm auch jene zu, die der Kirche fern stehen oder einer anderen Religion angehören: Selbst der irakische Diktator Saddam Hussein schickte vor dem Irakkrieg 2003 seinen Vizepremier zum Papst, um diesem einen Friedensappell zu entlocken.

Man kann am Beispiel von Benetton aber auch die Gefahren studieren, die sich um den Aufbau einer Kultur im genetischen Kern der Marke auftun können. Das 1991/92 plakatierte Foto, auf dem ein Priester eine Nonne küsst, ist unvergesslich. Und dann war da noch das Fotos eines neugeborenen Mädchens (1991), eines sterbenden Aids-Kranken (1992), die Tätowierung „H.I.V. Positive" (1993) und die Kleidung eines erschossenen Bürgerkriegskämpfers in Bosnien (1994). Benetton hat damit zwar kurzfristige Aufmerksamkeit erlangt, der moralische Kern der Marke wurde aber aufgeweicht: Statt einer Marke, die für Antirassismus steht, ist Benetton zu einer Marke geworden, die einfach provoziert. Bestenfalls lassen sich alle diese Sujets zu einem sehr weit gefassten Aufruf zur Toleranz zusammenfassen.

Das aber ist etwas ganz anderes als der eng fokussierte Markenkern. Es ist so, als würde ein Rotweinpapst zum Saufpapst: Über Rotwein sind wenige berufen zu sprechen – über das Saufen kann jeder reden. Über Toleranz, Pazifismus und Provokation ebenso. Selbst wenn es kurzfristig Aufmerksamkeit und Geschäft bringt, muss man der Versuchung widerstehen, den kulturellen Kern der Marke zu verwässern.

Widerstehen Sie der Versuchung, für kurze Aufmerksamkeit den Kern der Marke zu verwässern.

Erfrischend anders

Sie haben ja schon – im Kapitel „Von Ihrem Ich zur *Marke ICH®*" – versucht, Kernwerte zu definieren, die für Sie selber stehen. Nun geht es darum, diese Werte mit Ihrer beruflichen und privaten Zukunft zu verbinden.

Eigentlich müsste sich bei Betrachtung dieser Werte-Liste und Ihrer D.A.T.A. langsam herauskristallisieren, wo der Kern der *Marke ICH®* liegt – und wo Ihr Entwicklungspotenzial. Sie sollten Ihre Analyse so weit verfeinern, bis sich für Sie selbst klar darstellt, was Sie können und wie Sie es umsetzen könnten. Wenn Sie sich in Ihrer Umgebung, in Ihrer Branche, in Ihrem Berufsfeld umsehen, sollten Sie auf die Dinge achten, die nicht getan werden. Meist gibt es eine stillschweigend von allen Marktteilnehmern geteilte Meinung, dass dies oder das eben „nicht geht" – und wenn es dann jemand erprobt, wird es zum Renner: Ob es sich nun um rohen Fisch im Restaurant handelt (galt als undenkbar, bevor Sushi auch in Europa zum Kult wurde), um einen Dress-Code für die Kunden (wird in Discos und der Nobelgastronomie selbstverständlich akzeptiert, warum nicht auch im Handel oder in Banken?). Denken Sie das, was undenkbar erscheint.

Das kann (ja sollte!) recht unkonventionelle Ergebnisse erbringen: Warum nicht den „Singenden Wirt", den „Gourmet-Psychologen", den „Verkehrsreporter aus dem Flugzeug" oder die „Tier-Bibliothekarin" zur *Marke ICH®* machen? Es gibt Journalisten, die „Adabei", „Umweltreporter" oder „Waldviertel-Journalist" auf ihre Business-Card schreiben.

Das Entstehen neuer Berufe und Arbeitsplätze wird nicht nur von Praktikern aus der Kommunikations- und Transportbranche erwartet, sondern vor allem in dem mit zweistelligen Zuwachsraten boomenden Bereich häuslicher Krankenpflege und des Home-Service. Dort fehlen derzeit Angebote, besonders Angebote mit Markenqualität. Und dasselbe gilt überall im öffentlichen Dienst – und weit darüber hinaus:

■ Lali Chatterjee, eine Physik-Dozentin an der University of Cumberland, hat sich einen Namen dafür gemacht, hochkomplexe Beziehungen anschaulich zu machen: Seit sie ihr Spezialgebiet (die Elementarteilchen) „menschlich" präsentiert, sind ihre Vorlesungen gerammelt voll: Sie erzählt von erotischen Beziehungen zwischen Protonen, Myonen und Elektronen – und plötzlich verstehen alle Studenten, worum es geht. Ihr Unterrichtsstil ist so besonders, dass er sogar in Deutschland Schlagzeilen machte.

■ Der Soziologe Roland Girtler hat sich sowohl mit unkonventionellen Methoden der Sozialforschung als auch mit seiner Spezialisierung auf Randgruppen eine *Marke ICH®* aufgebaut: Als „Randgruppensoziologe" hat er mit Zuhältern und Prostituierten gearbeitet, hat die Lebensverhältnisse von Wilderern erforscht und auch das Leben seiner Eltern als Beispiel für die Veränderungen in der ländlichen Sozialstruktur herangezogen.

■ Wer genügend profiliert ist wie Dr. Elisabeth Kranz, die 1928 zur ersten Schulleiterin Württembergs aufgestiegen ist, konnte es sich sogar in viel schwereren Zeiten als den heutigen leisten, im öffentlichen Dienst wider den Stachel zu löken. Kranz übernahm 1928 die Leitung der Realschule für Mädchen in Ludwigsburg. Sie lehnte das bald folgende nationalsozialistische Regime ab, hielt an ihrer Schule keine politischen Reden und wurde 1937 im Alter von 50 Jahren auf eigenen Wunsch vorzeitig pensioniert. Zivilcourage bewies sie weiterhin, indem sie zu ihrer jüdischen Kollegin Jenny Heymann und deren Mutter stand, die sie sogar auf offener Straße umarmte und dafür eine „strenge Maßregelung" sowie die Sperrung eines Teils ihres Vermögens hinnehmen musste. Nach 1945 wurde Kranz prägend für die Schule im Ludwigsburger Mathildenstift, ehe sie 1951 in den Ruhestand ging.

- Das in den letzten Jahren meist diskutierte Beispiel für eine Markenpersönlichkeit ist Lady Diana (1961–1997). Schon zu Lebzeiten, schon während ihrer Ehe mit dem britischen Thronfolger, verkörperte sie eine bedeutende Marke. Sie stand für den Traum vom Aufstieg zur Märchenprinzessin, sie war die positivst besetzte Figur im britischen Königshaus – und sie hatte es verstanden, sich als Inbegriff von Mildtätigkeit und Versöhnung zu profilieren. Unvergessen die Bilder ihrer Begegnung mit Aids-Kranken, mit Mutter Theresa, mit Waisenkindern – und ihre vorsichtigen Schritte in einem Minenfeld, mit dem sie sich zur Gallionsfigur des Kampfes gegen Landminen machte. Sie wolle doch nur helfen, menschlich sein, ohne politische Hintergedanken, betonte sie beinahe verzweifelt noch in ihren letzten Wochen. So verteidigte sie ihr Engagement zur Abschaffung von Antipersonenminen. Dass eine unpopulär gewordene konservative Regierung ihr diesen Einsatz übelnahm, machte sie in Großbritannien nur noch beliebter.

- Jürg Steiner, der „Sheriff von Erlenbach", gilt wegen seiner unkonventionellen Aktionen als bekanntester Polizist der Schweiz. Er besuchte eine Bodyguard-Schule in England, machte eine Ausbildung zum PR-Assistenten und ist nun seit 1995 Polizist in Erlenbach. Sicherheit vermitteln ist eines seiner Fachgebiete. Steiner ist nämlich nicht nur Polizist, er ist auch Referent und Kursleiter. Er hält Vorträge am Institut für angewandte Psychologie und gibt Kurse für Führungskräfte – und für Schüler, denen er den „Kokosnuss-Stunt" immer wieder vorführt: Er packt eine Kokosnuss in einen Sturzhelm und führt vor, dass sie einen Sturz aus 3,5 Metern heil übersteht – wenn die jungen Leute sehen, wie die Nuss zerspringt, wenn sie ohne Helm herunterfällt, verstehen alle die Helmpflicht.

■ Aber natürlich gibt es auch Angebote, die eigentlich aus dem öffentlichen Bereich kommen sollten, die es dort aber nicht gibt. So haben die Gymnasien längst verlernt, dass Rhetorik zu den Grundlagen der Bildung gehört – was der Wienerin Tatjana Lackner aufgefallen ist, die die „Schule des Sprechens" (www.sprechen.com) ins Leben gerufen hat.

■ Gute Vorbilder für den öffentlichen Bereich wie auch für das private Unternehmertum finden sich natürlich in der Gastronomie, der traditionellen Domäne eines markanten und damit markenbildenden Service. Sarah Wiener (www.sarahwieners.de) , die praktischerweise aus Wien kommt, hat ihre Marke damit aufgebaut, dass sie „Filmcatering", also ein Verpflegungsservice für Schauspieler und Mitarbeiter auf dem Set, aufbaute. Sie betreibt das weiterhin, hat aber mit ihrer Personen-Marke bereits drei Lokale in Berlin aufgebaut – wobei das Wienerische eigentlich nur die Desserts sind.

Hauptsache, der Fokus der *Marke ICH*® wird klar: Heidi Lascelles hat in London Buchladen und Restaurant als „Books for Cooks" kombiniert. Andreas Flaggl im steirischen Stubenberg seine Kochkünste und die regionalen Obstkulturen zum „Apfelwirt", sein Kollege Sepp Mewald in Olgersdorf hat sich als „Kürbisspezialist" etabliert und bei seinem Gasthof einen Kürbislehrpfad eingerichtet. Ein faszinierendes Beispiel liefert auch die Familie Leodolter, seit Generationen Bergbauern auf einem abgelegenen Hof in Lurg, in der Nähe von St. Sebastian und etwas weiter von Mariazell. Hier hat man erkannt, dass traditionelle Landwirtschaft allein keine Zukunft hat. So haben sich die Leodolters auf die Aufzucht von Angus-

Markennamen hat es im ländlichen Raum seit Jahrhunderten gegeben – die Namen von Gemarkungen, Höfen, Fluren und denen, die sie bewirtschaften.

Rindern verlegt und rund um das Rind einen kleinen, aber feinen Gastronomiebetrieb aufgezogen. Um einen Markennamen brauchten sie sich nicht zu sorgen – denn so etwas hat es in den ländlichen Gegenden schon lange gegeben, auch wenn es vielfach vergessen wurde: „Lurgbauer" hatte man den Leodolterschen Hof nach der Gegend, wo er liegt, schon immer genannt. Und Lurgbauer heißt auch das im Bergland versteckte Hauben-Restaurant.

Es gibt Gestalter von Weblogs im Internet, die sich „Digital Storyteller" nennen. Und bei CNN soll es eine Archivarin geben, die sich „Information Goddess of popular culture" nennt. Robin Fisher Roffer, die diese Entdeckung gemacht hat, lässt sich selber bei Konferenzen als „Markenstrategin für das digitale Zeitalter" vorstellen – und kassiert aufgrund dieser Fokussierung zwischen 10.000 und 15.000 Dollar pro Vortrag.

Eine reiche Quelle für Inspiration bei der Findung neuer Berufstitel (hinter denen dann oft tatsächlich neue Berufsbilder stecken) ist die Kolumne „Job Titles of the Future" in der Zeitschrift Fast Company – neunzig davon kann man im Internet nachlesen (http://www.fastcompany.com/articles_by_topic/careerjt). Das beginnt mit dem „Animation Sceptic" Jeff Pidgeon, der bei den Pixar-Studios in Hollywood (bekannt durch „Toy Story") darauf achtet, dass die Phantasien der Künstler bei Animationen nicht so weit durchgehen, dass das Ganze filmisch nicht mehr umsetzbar wird. Ähnlich streng ist die Funktion des „Crayon Evangelist", der auf die grafische Umsetzung aller Ideen in einem großen Unternehmen achtet. Dann gibt es da einen „Chief Linguistics Officer", der auf korrekte Sprache in Presseaussendungen und anderem Werbematerial achtet. Am Ende der Liste steht „Web Archaeologist" für eine Frau, die die Entwicklung von Websiten (und die Auswirkungen von Veränderungen auf die Besucherzahlen) zurückverfolgt.

Aber es gibt auch im deutschen Sprachraum ein paar schöne Beispiele für Geschäftsideen, die mit einem guten Markennamen zum Erfolg geführt wurden: Was der „Chief Linguistics Officer" in den USA macht, macht in Deutschland Hans-Peter Förster aus Herrischried mit seinem „Corporate Wording" (www.wording.de). Wirtschaftskabarett war etwas, was es vorher überhaupt nicht gegeben hat – dann haben Othmar Kastner und Peter Buda – unter dem Markennamen

„KaBud" (was so schön nach „kaputt" klingt) – eine Unterhaltungs-form mit sehr ernstem Hintergrund gefunden. Sie haben ein Kabarett gegründet, das in Unternehmen kommt und dort die interne Kommu-nikation in Schwung bringt.

Persönlichkeit statt Durchschnittlichkeit

Hat der Markt auf diese Berufsbilder und die Marken, die sie hervor-bringen, nicht schon längst gewartet?

Nein, hat er natürlich nicht. Bei der bedeutenden Management-Schmiede Arthur D. Little hat man es längst als Mythos identifiziert, dass Senkrechtstarts aus einem unbefriedigenden Bedarf, aus einem „Marktsog" resultierten: „Zu einem kommerziellen Senkrechtstart kann etwas nur werden, wenn die Entwickler sel-ber einen Markt für dieses Neue sehen ...
Natürlich kam bei den meisten Vorhaben der Gedanke an einen Markt bald hinzu. Wir haben jedoch keinen einzigen Fall ge-funden, in dem der Markt einen Senkrecht-starter forderte, noch ehe der Erfinder den Durchbruch in den Tiefen seines Halbbewusstseins konzipiert hatte." Mutige Innovationen sind eben deshalb mutig, weil sie von jemandem erdacht werden, der dann den Mut hat, ein Produkt und eine Marke daraus zu machen. Marke-ting-Guru Seth Godin bringt es auf den Punkt: „Ein Führer ist genau deswegen ein Führer, weil er etwas Bemerkenswertes getan hat." Die Gemeinsamkeit der beiden völlig unterschiedlichen Beherbergungs-ketten Motel 6 und Four Seasons, der Retailer von Neiman Marcus und Wal-Mart, der Elektronik-Hersteller Nokia mit seinen neuen Produkten im Monatsrhythmus und Nintendo, das den Game-Boy seit 14 Jahren vermarktet, sei einfach, dass sie nichts gemeinsames haben – außer, dass sie recht bemerkenswert sind.

Klarerweise kann eine *Marke ICH*® nicht in jedem Fall den Inno-vationsgehalt haben, den der Walkman von Sony, der VCR-Recorder von JVC oder die Post-It-Haftnotizen von 3M hatten. Aber allein das Bewusstsein, dass solche Innovationen letztlich von Einzelpersonen oder sehr kleinen Entwicklungsteams hervorgebracht wurden, sollte

> Senkrechtstarter ist nur, wer den Markt für seine Marke selber schaffen kann.

Mut machen, ein eigenes Markenbewusstsein abseits der vorgefertigten Denk- und Handlungsmuster zu entwickeln.

Immerhin müssen wir unsere *Marke ICH®* ja nicht nur am Arbeitsplatz, sondern auch im Privatleben pflegen – wie immer wir auch unser Sexualleben gestalten wollen. Es wird extrem aufwendig, wenn wir da verschiedene Rollen zu spielen versuchen. Dass jemand tagsüber den seriösen Anwalt und abends den sexbesessenen Nachtschwärmer spielt, dass jemand bei Tag die züchtige Designerin und nachts die Nobelhure darstellt – das geht schon in einschlägigen Filmen nicht gut. Es ist vergebliche Liebensmüh', das im wirklichen Leben zu versuchen – und es ist für *Die Marke ICH®* möglicherweise desaströs.

Ein bisschen Feinabstimmung ist ohnehin nötig: Es wird kaum Fälle geben, in denen aufdringliches Sex-Geprotze, Anzüglichkeiten und sexuelle Belästigung am Arbeitsplatz zu einem positiven Markenbild beitragen können. Erfolgreich ist das ohnehin meist nicht – also lassen wir es besser. Die Grenze zwischen Business-Flirt (o.k.) und sexueller Belästigung (strafbar) hat die amerikanische Management-Trainerin Betsy Plevan folgendermaßen definiert: „Is this something you would want to read about yourself in the WALL STREET JOURNAL? Would you want your mother to hear about it? In other words: Are you proud of this?" Kurz gesagt: „Benimm dich wie ein vernünftiger Mensch!"

Das heißt nicht: Benimm dich wie ein durchschnittlicher Mensch! Denn der Durchschnitt ist grau, farblos, uninteressant. *Die Marke ICH®* ist nicht durchschnittlich, nicht grau – aber sie schafft sich keine unnötigen Konflikte.

Dafür kann sie in den Konflikten bestehen, die notwendig sind.

Bedenken Sie: Das Schlimmste, was man über einen Menschen sagen kann, ist, dass er keine Persönlichkeit wäre. Fadesse führt immer zu Misserfolg. Ein Fiesling, ein Trottel oder auch ein Hasenfuß zu sein ist immer noch besser als ganz ohne Eigenschaften dazustehen. Sie sind aber weder ein Fiesling noch ein Trottel oder ein Hasenfuß. Sie haben eine Reihe hervorragender Eigenschaften. Sie sind sich dieser Eigenschaften bewusst. Nun machen Sie sie anderen bewusst.

Aufgaben für *Die Marke ICH*®:

Wir haben im letzten Kapitel versucht, Eigenschaften zu suchen, die Ihnen als Person wichtig sind. Wenn Ihnen persönlich Sprunghaftigkeit wichtig ist – bitte schön, das ist wahrscheinlich altersbedingt.

Erfolgreiche Menschen (und erfolgreiche Marken) haben meistens folgende Eigenschaften:

- Gelassenheit (dazu gehört: Vermeidung von Aktionismus sowie Geduld mit sich selbst und anderen);

- Aufmerksamkeit (darauf achten, wie es einem selbst und den anderen geht);

- Vertrauen (Vertrauen in sich selbst schafft Vertrauen, das einem andere entgegenbringen);

- Toleranz (das bedeutet, Menschen und Meinungen zu ertragen, die Wert- und Tugendvorstellungen haben, die man unsympathisch findet);

- Großzügigkeit (auch anderen Erfolge gönnen);

- aber auch Humor (das bedeutet auch, dass man sich selbst gegenüber nicht todernst ist) und Ausgeglichenheit.

Das sind nicht zufällig jene Eigenschaften, die oft mit Weisheit assoziiert werden – und es ist klar, dass niemand von uns mit allen diesen Eigenschaften gesegnet ist. Auch Produktmarken können diese Erfolgseigenschaften nicht einfach alle auf einmal eingehaucht werden. Das muss auch gar nicht sein; aber es gibt eine gewisse Orientierung, welche Stärken es besonders zu fördern gilt.

Die strikte Auseinandersetzung mit eigenen Schwächen und Fähigkeiten ist die sicherste Eigenpotenzial-Analyse. Sie müssen wissen, wo Sie gut sind – und es muss Ihnen auch bewusst sein, was Sie nicht können. Die folgenden Aufgaben sollen es Ihnen zeigen. Und dann gehen Sie **von der Selbst-Beschau zum Selbst-Aufbau** über.

- Die meisten Menschen haben Hemmungen, sich selber ins beste Licht zu rücken – wir alle haben ja von klein auf gelernt, schön bescheiden zu sein. Eigenlob stinkt. Dagegen gilt die gesellschaftliche Konvention, dass man über Tote nichts außer Gutem sagt. Schreiben Sie daher noch heute Abend einen **Nachruf auf sich selber**: Schildern Sie darin alles, was Sie erreicht haben. Nachrufe beginnen üblicherweise mit Formeln wie: „Wenn man an … denkt, fällt einem sofort … (Projekt, Spitzenleistung, Familie …) … ein." Oder: „Als … nach … gekommen ist, stand er ohne einen Cent in der Tasche da. Das änderte sich, als …" Oder: „… hat einen großen Mitbürger verloren – er wird uns besonders fehlen, weil …"
Schreiben Sie hemmungslos darauf los. Vergessen Sie nicht, in diesem Nachruf zu erwähnen, was Sie außerhalb Ihres Berufs geleistet haben, was Ihre Familie an Ihnen verliert, welche Lücke Sie hinterlassen.
Freuen Sie sich, dass Sie eben noch nicht sterben müssen – und fragen Sie sich, was Sie noch an Ergänzungen in Ihren Nachruf schreiben könnten, wenn Sie noch ein Jahr Ihre *Marke ICH®* weiterentwickeln könnten. Was, wenn Sie zehn Jahre Zeit haben? Eines sollte Ihnen das Experiment mit dem Nachruf jedenfalls gezeigt haben: Die Relevanz einer Person – und ebenso einer Marke – hängt essentiell damit zusammen, was der Welt verloren ginge, wenn es diese nicht mehr gäbe. Es hilft sehr beim Finden seiner einzigartigen Eigenschaften – der so genannten „unique selling proposition" oder USP – wenn man klarmachen kann, was auf der Welt anders wäre, wenn es einen nicht gäbe. Natürlich ist nichts und niemand unersetzlich – aber ohne Microsoft Windows würden unsere PCs nicht (oder nicht wie gewohnt) funktionieren; ohne Wladimir Putin würde Russland möglicherweise im Chaos versinken; dasselbe gilt vielleicht für Ihr Unternehmen, wenn die Chefsekretärin ausfällt. Und was, wenn es Sie nicht gäbe?

- Schreiben Sie **Ihre D.A.T.A.** auf – also die in diesem Kapitel breits diskutierten „Desires", „Abilities", „Temperaments" und „Assets": Fragen nach den **Desires** betreffen alles, was mit Ihren Wünschen und Träumen zusammenhängt: Schreiben Sie davon einige auf, reihen Sie, streichen Sie, ordnen Sie neu, bis Sie wissen, was für Sie (und damit für Ihre *Marke ICH®*) wünschenswert erscheint. Auf Ihrer Liste können, sollten, müssten sich die Dinge finden, die Sie als Ihren Erfolg anstreben. Womöglich kommen aber noch andere Faktoren dazu, die mit den engeren Vorstellung vom Beruf, vom Hobby, von der *Marke ICH®* zunächst nichts zu tun haben. Sie sind dennoch wichtig. Seien Sie ruhig unrealistisch.

Und werden Sie dann realistisch: Bei der Bewertung Ihrer Wünsche ist es vernünftig, Maßstab an dem zu nehmen, wie Ihr Leben in zehn Jahren realistischerweise aussehen könnte. Damit scheidet nicht nur der unbedingte Wunsch, im Buckingham Palace zu residieren, mit hoher Sicherheit aus. Sie können recht gut Ziele abwägen – und bekommen eine erste Vorstellung zu den Wegen, die dorthin führen.

Fragen nach Ihren **Abilities**, also Ihren bereits bestehenden Fähigkeiten: Was können Sie wirklich gut? Wofür sind Sie schon von Ihren Eltern, Ihren Lehrern gelobt worden? Haben Sie ein Talent, auf das Sie von einem Freund, einer Freundin, einem Kollegen, einem Sexualpartner hingewiesen worden sind – ohne dass es Ihnen vorher bewusst war? Listen Sie es auf – dann ergibt sich rasch eine Rangordnung der Dinge, von denen Sie ehrlichen Herzens sagen können, dass Sie sich darauf verstehen. Schreiben Sie wieder auf, reihen Sie, streichen Sie.

Bedenken Sie auch dabei, dass die Analyse Ihrer Fähigkeiten nicht an der Oberfläche hängenbleiben darf. Wenn Sie etwa Französischlehrer sind, schreiben Sie nicht: „Ich bin ein wirklich guter Französischlehrer." Sondern fragen Sie erst: Was kann ich wirklich gut: Die neuesten Entwicklungen der franzöischen Geschäftssprache? Französische Texte ins Englische übertragen? Einen Überblick über die bedeutendsten Autoren geben? Selber französische Dichtung (oder Gebrauchsanleitungen, das ist vielleicht mehr gefragt) schreiben? Die französiche Aussprache anderen beibringen? Mit Kindern umgehen? All das liegt im Beruf eines Französischlehrers – aber die genaue Analyse erleichtert, den Beruf und die *Marke ICH®* vielleicht anders zu sehen und weiterzuentwickeln. Wie sieht das bei Ihrem derzeitigen Beruf aus? Und was können Sie noch?

Analysieren Sie Ihr **Temperament**: Sind Sie ein Einzelgänger oder brauchen Sie Menschen um sich? Verstehen Sie einen Sachverhalt besser, wenn Sie sich Schritt für Schritt daran heranarbeiten – oder sitzen Sie längere Zeit vor dem „großen Bild" und finden dann mit einem Mal intuitiv die richtige Lösung? Sind Sie ein Morgen- oder Abendmensch? Versuchen Sie, daraus ein Bild von sich zu zeichnen – und überlegen Sie sich dann nach ein paar Tagen, ob es Nachbesserungen braucht.

Als **Asset** können Sie nun auflisten, was Ihre echten Stärken sind – maches davon haben Sie bei den Abilities und Temperamenten nur so nebenbei angedacht. Dazu kommt, was Sie bereits als guten Ruf haben, das Vermögen, das Sie besitzen, die Netzwerke, in denen Sie sich bewegen und sicherfühlen können. Zu den Assets gehören auch persönliche Beziehungen: Schön, wenn sich der Minister X noch erinnert, dass Sie als Kinder mal gemeinsam auf einem Ferienlager waren! Hervorragend, wenn Sie mit Generaldirektor Y schon ein paar Mal Golf gespielt haben! Gut, wenn sich die Schauspielerin Z an den netten Abend mit ihrem charmanten Verehrer erinnert!

■ Wer seine *Marke ICH®* als junger Mensch von Grund auf entwickeln kann, der kann auch von Anfang an vermeiden, Energien auf das zu verschwenden, was er nicht kann. Es ist im Zweifelsfall besser, die Finger von den Dingen zu lassen, die man nicht kann, als seine Fehler und Defizite ängstlich verbergen zu müssen. Also auf die inneren Stimmen hören. Wirkliche Erfolgskarrieren gibt es nur dort, wo Leidenschaften ausgelebt werden. Einer, der tatsächlich zum Arzt geboren ist, wird trotz Ärzteschwemme erfolgreich sein. Wer im Innersten absolut kein Programmierer ist, wird trotz guter Ausbildung auch verhungern, wenn alles nach Programmierern schreit. Ob man die Voraussetzungen für diesen oder jenen Entwicklungsweg hat, sagt einem kein Berufsberater, keine ängstlichen Eltern und keine wohlmeinenden Freunde. Entscheidend ist, ob man weiß, dass man dies oder jenes eigentlich

> Im Zweifelsfall ist es besser, die Finger von den Dingen zu lassen, die man nicht kann, als seine Fehler und Defizite ängstlich verbergen zu müssen.

schon kann – und sich „nur" mehr das Fachwissen anzueignen braucht, die jeweils gewählte Rolle auch auszufüllen.

- Und nebenbei: Wenn Sie das Konzept der *Marke ICH®* auf Ihr Privatleben anwenden wollen, dann werden Sie ein ganz ähnliches Entscheidungsumfeld finden. Auch im Privatleben gibt es ja nicht mehr die Sicherheiten von konstanten Entwicklungen. Noch in den 60er Jahren wurde der Schlager „Verliebt, verlobt, verheiratet" geträllert – aber heute laufen Beziehungen nicht mehr linear, nicht mehr in der gewohnten Konsequenz. Verlobungen sind mega-out. Man verliebt sich auch, wenn man längst verheiratet ist – in einen anderen Partner oder eine andere Partnerin. Man heiratet gar nicht. Oder mehrfach. Und immer seltener mit dem ernst gemeinten Anspruch „bis dass der Tod euch scheidet". Das hat natürlich auch Konsequenzen für die Marktteilnehmer auf dem Heirats- und Kontaktmarkt. Auch sie müssen sich wie Markenartikel verhalten. Der Ehepartner kann, nein: muss ganz profan als Stammkunde betrachtet werden. Wir müssen alles tun, um diesen Stammkunden, unseren wichtigsten Partner, bei der Stange zu halten.

- Allerdings kann es sein, dass auch nach mehreren Anläufen mit Zettel, Bleistift und D.A.T.A.-Sammlung herauskommt, dass Ihre Talente in so völlig verschiedene Richtungen weisen, dass es keine sinnvolle Kombination gibt. Ein singender Wirt mag ja als *Marke ICH®* angehen. Ein singender Anwalt wohl nicht, bei aller Freizügigkeit der modernen Justiz. Da ist es wohl besser, eine solide **Zweitmarke** aufzubauen: Mag ja sein, dass die Marke Staranwalt persönlich unbefriedigend ist – einmal die Woche einen Gesangsauftritt zu absolvieren ist nur mehr eine Zeit-, genauer wohl: eine Willensfrage. Dass der Sänger ein Anwalt ist, die Zeichnerin eine Programmiererin, der Dichter ein Steuerbeamter, der Versicherungsvertreter ein Soldat, der Kellner ein Medizinstudent – das braucht man ja niemandem auf die Nase zu binden, wenn sich die Marken parallel gut entwickeln. Letztlich ist das aber nicht anders, als dass der Anwalt daheim die Marke als guter Familienvater darstellt; solange die eine Marke die andere nicht schädigt (weil etwa der Anwalt keine Zeit mehr für die Familie oder der Familienvater keine Zeit für die Kanzlei hat), geht das meistens ganz gut. Entscheiden müssen Sie sich nur dann, wenn die Aufmerksamkeit für die eine Marke der anderen zu wenig zum Leben und zu viel zum Sterben lässt. Schließlich hat man dann statt einer guten zwei kränkelnde Marken im Portfolio – was leider auch bei den Brand-Managern der großen Konzerne allzu oft vorkommt.

Aufgaben für Ihren Herold:

Identifizieren Sie jene unter Ihren Herolden, die Ihnen besonders vertraut sind. Diese sind dann auch geeignet, nicht nur über Sie, sondern auch mit Ihnen zu reden. Betrachten Sie diese Personen als enge Mitarbeiter Ihrer Markenbildung, als Marketingberater für Ihre *Marke ICH®*. Wirkliche Motivation dieser Marketing-Truppe beginnt mit der Waffe der Differenzierung.

- Das Entdecken der eigenen Talente kann sehr stark durch die Umgebung unterstützt werden – Eltern und Lehrer haben uns in unserer Jugend dabei geholfen, doch viele Talente entwickeln sich erst später; wenn man sie entdeckt und fördert. Gezieltes Feedback von ihren engsten Freunden, ihren besten Herolden, kann aber auch Erwachsenen helfen, verborgene Talente zu entdecken. Peers – Gleichgestellte – wissen meist recht gut, wer wofür Begabungen hat und wer für dies oder jenes nicht geeignet ist. Und wenn sie einem wohl gesonnen sind, sagen sie das auch.

- Je komplexer die Definition der *Marke ICH®* geworden ist, desto wichtiger ist, dass die Herolde Sie einfach und eindeutig darstellen können.

- Finden Sie einfache Buzz-Words, also auffallende Worte, die das Thema und die Bedeutung der *Marke ICH®* treffend beschreiben – und bitten Sie die Herolde, diese Worte häufig zu verwenden, wenn sie über Sie sprechen.

- Geben Sie Ihren Herolden Storys mit, die aus dem Bereich Ihrer Assets stammen. Herolde sollten beiläufig erzählen können: „Die war einmal Landesmeisterin", „er war einmal Jetpilot", „sie war die beste Mathematikerin ihrer Klasse", „sein Onkel sitzt im Vorstand der Deutschen Bank" – oder was es sonst Erwähnenswertes gibt.

Konzentrieren Sie sich auf die Stärken der *Marke ICH®*

Entgegen gängigem Gejammer über „Sozialdarwinismus" kann man getrost behaupten, dass sich die Wirtschaft eher zu wenig als zu viel an den Erkenntnissen Charles Darwins orientiere. Der englische Naturwissenschafter hat nämlich schlüssig wie kein anderer erklärt, wie sich die Arten differenziert haben: Da gibt es verschiedene Reptilien, verschiedene Insekten und verschiedene Affen und wir sind vielleicht auch nur besser entwickelte Affen – aber es gibt keinerlei Rekombinationen. Krokodil und Schlange finden nicht zusammen, um Nachkommen zu zeugen, die möglicherweise die besten Eigenschaften beider Elterntiere in sich vereinigen. Mensch und Schimpanse tun das erst recht nicht.

Nur ein paar High-Tech-Unternehmen, ihre Forscher und Marketingfachleute tun so, als wäre das das Natürlichste der Welt: Mobiltelefone, die fotografieren können, gleichzeitig Fernbedienung für den Fernseher sind, als Taschenrechner, Taschenkalender und E-Mail-Empfänger dienen, und zur Not auch telefonieren können, gelten als quasi natürliche Entwicklung. Zu Unrecht, wie wir vom Marketing-Guru Al Ries und seiner Tochter Laura lernen können. Sie beide haben sich mit ihrem Buch „Die Entstehung der Marken" deutlich bei Charles Darwins „The Origin of Species" angelehnt.

„Die Natur begünstigt die Extreme", wusste schon Darwin – und das wird jeder disziplinierte Markenmanager berücksichtigen. Als modern gilt allerdings das Gegenteil von Spezialisierung: Statt Divergenz, die Platz für (Produkt-)Innovation und neue Marken schafft, wird allerorten Konvergenz als erstrebenswert angepriesen. Eine Falle, in die wir mit unserer *Marke ICH®* nicht tappen dürfen.

Während die eierlegende Wollmilchsau in der Natur keine Chance hätte, werden von Technikern und Marketingleuten solche bizarren Lösungen angestrebt und in den einschlägigen Medien mit absurden

Vorschusslorbeeren bedacht. Ries & Ries spotten dann auch ausgiebig über die gehypten „interaktiven Alleskönner", die viel Platz in den Medien bekommen, aber auf dem Markt keine Akzeptanz finden: Sie erinnern an das Autoboot „Amphicar" von 1961 und an das 1945 entwickelte „fliegende Auto" – Konvergenzprodukte im Transportbereich, die ebenso gescheitert sind, wie nach ihrer darwinistischen Einschätzung das Zusammenwachsen von PC und Fernsehen, Handy und Laptop scheitern muss. Und wir Menschen sollten mit unserer *Marke ICH®* erfolgreich sein, wenn wir uns als zuständig für alles erklären? Wir sollen imstande sein, unsere Schwächen so weit in den Griff zu bekommen, dass wir nur mehr Stärken und keine Schwächen mehr haben, so dass wir füglich als „Mädchen für alles" einsetzbar werden?

Das kann doch niemand ernsthaft anstreben.

Sie werden bei der Lektüre des vorigen Kapitels festgestellt haben, dass Sie viele Vorzüge haben, die für die Entwicklung der *Marke ICH®* wichtig sind. Und Sie werden etliche Defizite bemerkt haben. Es entspricht den üblichen Erziehungs- und Selbstdisziplinierungsmustern, dass wir uns auf die Dinge konzentrieren, die wir nicht so gut können. Und den Großteil unserer Energie darauf verwenden, die Schwächen – so gut es geben geht – auszumerzen. Halb so schlimm, wenn die Stärken dabei nicht verkümmern.

Markenartikler, die nach dieser Maxime handelten, würden zurecht vom Markt bestraft. Niemand nimmt vom Milchkonzern Danone an, dass er gutes Bier brauen kann – daher wurde ein einige Jahre bestehendes Investment in die elsässische Kronenbourg-Brauerei auch nie mit der Danone-Marke in Verbindung gebracht und Kronenbourg in durchaus richtiger strategischer Konsequenz verkauft. Dagegen hat Daewoo ein Tochterunternehmen nach dem anderen gesammelt, bald wusste keiner mehr, wofür Daewoo eigentlich wirklich steht – schließlich ging der bekannteste Unternehmensteil, die Autoproduktion, an General Motors. Ähnlich erging es allerdings einer anderen General Motors Marke. Chevrolet, eine allen Amerikanern als Familienauto-Marke bekannte Institution, hat sich mit der Produktpalette übernommen: In der Hoffnung, mehr Geschäft machen zu können, wurden die preiswerten Familienautos mit einer sportlichen, einer pseudo-luxuriösen und schließlich sogar mit einer auf Lkw ausgerichteten Produktlinie ergänzt. Der Chevy hatte damit seine Einzigartigkeit verloren; und gleichzeitig seine führende Marktposition. Daraus sollten wir einen wichtigen Schluss für unsere *Marke ICH®* ziehen: Man kann und soll nicht alles können wollen – oder vorgeben, es zu können.

Umso mehr muss man das, was man kann, wirklich pflegen. Man muss seine Stärken lieben wie sich selbst. Liebesfähigkeit fängt bei einem selbst an – und Liebesfähigkeit ist auch für die Pflege einer Marke notwendig: Eine gute Marke muss von denen, die sie führen, geliebt werden. Manche Markenmanager, nämlich die guten, haben zu „ihrer Marke" ein geradezu erotisches Verhältnis. Das hilft ihnen, sich auf die Stärken der Marke zu konzentrieren.

> Wirklich gute Markenmanager haben zu „ihrer Marke" ein geradezu erotisches Verhältnis.

Ebenso bewusst sollten Sie die Liebe zu Ihrer *Marke ICH®* pflegen – und sich nicht Ihrer Selbstliebe schämen. Das heißt nicht, dass Sie Ihre Schwächen völlig verdrängen, Ihre Fehler für unwichtig halten sollten. Menschen, die sich selbst lieben, feiern sich an guten Tagen, verwöhnen sich in schlechten und trösten sich in traurigen Zeiten; ganz so, wie man mit einem lieben, wichtigen Menschen umginge. Oder wie ein Manager eine ihm anvertraute Marke pflegen würde. Also pflegen Sie Ihre *Marke ICH®*, indem Sie zur Liebe zu sich selbst stehen.

Und damit zu Ihren Stärken.

Keine starke Marke ohne Disziplin

Eine Stärke ist etwas, was Sie erfolgreich und mit Freude tun können – und zwar immer wieder. Wir haben schon darauf hingewiesen, dass Sie selber herausfinden müssen, worin Ihre persönlichen Stärken liegen – in diesem Kapitel geht es darum, dass Sie auch wirklich dazu stehen. Wir wissen nicht, ob Charles M. Schulz ein guter Landschaftsmaler gewesen ist – uns sind keine Landschaftsbilder, keine Portraits, nichts in Öl, Tempera oder Aquarell von ihm bekannt. Und auch keine anderen Zeichnungen als die von Snoopy, Charlie Brown und einer Hand voll anderer Kinder, die Schulz 56 Jahre lang tagtäglich gezeichnet hat. Und zwar einem streng definierten Muster folgend. Er hat sich auf seine Stärke konzentriert und sie unter dem Markennamen „Peanuts" vermarktet. Seine Stärke lag nicht nur darin, eine klar definierte Gruppe von Kindern plus einem Hund ausgedacht zu haben – sondern es war seine Disziplin, mit diesen Charakteren auszukommen. Ohne abzuschweifen, ohne der Markenpflege der Peanuts überdrüssig zu werden. Sie brachten dem Unternehmen Charles M. Schulz Creative Associates, das unter anderem seiner Witwe Jean Schulz gehört, im Jahr 2005 rund 35 Millionen Dollar an Lizenzgebühren ein.

Disziplin ist eine wichtige Voraussetzung, eine starke Marke zu entwickeln. Und man braucht auch Disziplin, sich auf die eigenen Stärken zu konzentrieren. Sich nicht vor der Angst vor den Schwächen hemmen zu lassen. Diese Ängste neigen dummerweise dazu, sich auf die Stärken auszubreiten – so nach dem Muster: Wenn ich nicht einmal das kann, wer soll mir dann glauben, dass ich in jenem gut bin? Na, zunächst einmal Sie selbst. Und dann alle, die sehen, wie Sie aus Ihrem Talent eine richtige Stärke, aus Ihrer Stärke ein Charakteristikum Ihrer *Marke ICH®* gemacht haben! Nehmen Sie daher die Aufgabe als Herausforderung an, statt sich innerlich davor zu drücken – dann werden Sie mit Freude tun, was Sie aus Angst bisher unterlassen haben.

Es gibt ja auch Künstlerseelen, die lieber ihr Image als „Verkanntes Genie" pflegen, als sich als erkanntes Genie feiern zu lassen. Es mag ja auch durchaus sein, dass die Marke „Verkanntes Genie" einen Schutz für eine Persönlichkeit bietet, hinter der sich in Wirklichkeit gar kein Genie verbirgt – und die das schmerzlich erkannt hat.

Dann also lieber bescheiden sein. Aber doch wenigstens so, dass die Bescheidenheit an sich auffällt (und nicht etwa das bescheidene Talent) – manch einer kann mit dieser Masche einen erstaunlichen Erfolg bei Frauen erzielen: Wer nur auffällig genug seine (angebliche) Bescheidenheit, Ungeschicklichkeit und Zurückhaltung zu seinem Markenzeichen macht, wird bei einem bestimmten Frauentyp landen können – man kennt das aus Woody Allens Filmen. Woody Allen ist wohl auch das einzige Beispiel dafür, dass diese Vermarktungsstrategie auch in beruflichen Erfolg umgesetzt werden kann – er war am College ausgerechnet in Filmproduktion durchgefallen und kultivierte das Versager-Image dann auch in seinen Filmen. Sonst ist das Hervorkehren der (angeblichen) Erfolglosigkeit bestenfalls im Privatleben sinnvoll. Dann, wenn man eine „mütterliche" Geliebte sucht. Oder eine Domina. Aber im Beruf, da halten wir uns doch lieber an unsere Stärken.

Aus „Schwächen" werden Stärken

Was nun „Stärken" sind, hängt natürlich davon ab, was im Zusammenhang mit einer Markenentwicklung als „stark" und was als
„schwach" empfunden wird. Nehmen wir Verona Feldbusch als Beispiel: Die Schulabbrecherin ist eine perfekt inszenierte Marke mit
einem viel besuchten Webauftritt (www.verona.de), ihr Name hat eine
Bekanntheit von 88 Prozent – peinlichster Moderations- und Singver-
suche zum Trotz. Ihr Manager Alain Midzic jammert, er könne keinem die Vermutung ausreden, dass Verona eine Strategie verfolge,
aber das gehört vielleicht auch zum Markenaufbau. Veronas Dum-
merchen-Image hilft verkaufen. Und wie gescheit Frau Feldbusch ist,
geht uns eigentlich nichts an – wichtig ist, dass sie in ihrer zur Schau
getragenen Beschränktheit „menschelt". So wirbt sie mal für Marme-
lade, Telefonauskunft („Hier werden Sie geholfen!"), dann für Spinat
(„Wann macht er denn endlich Blubb?"). Meinungsmacher, etwa in
der BILD-Zeitung, beschworen deshalb schon öfter das nahe Ende. Ihr
Manager Midzic sagte beim Berliner Werbekongress 2002: „Der wichtigste Faktor ist, dass man die Schwächen des Menschen hinter der
Marke als Stärken herausarbeitet."

Eine der am häufigsten als „Schwäche" gesehenen Eigenschaften
ist die Zugehörigkeit zum „schwachen Geschlecht". Frauen mögen
noch so tüchtig sein – sie stoßen immer noch an eine „gläserne
Decke"; in Top-Positionen werden ihnen Männer vorgezogen. Auch
da spielt ein kulturelles Phänomen mit – in unserer Kultur wird
Frauen immer noch relativ wenig zugetraut, in Skandinavien und im
englischen Sprachraum ist das ganz anders.

Umgekehrt wird eine starke Frau, eine, die es dennoch schafft,
besonders geschätzt. Sie bekommt für ihre *Marke ICH®* besondere
Aufmerksamkeit und häufig unbezahlte Werbung.

Das trifft nicht nur für Frauen zu, die sich in die männliche
Domäne der Politik vorwagen und dort außergewöhnliches Medien-
interesse finden. Einen ähnlichen kulturellen Vorsprung haben auch
Frauen, die sich in der traditionell männlichen Kultur des Militärs bewähren: Jeder will wissen, wie sich eine Frau „unter solchen Bedingungen" durchsetzen kann – und allein diese von der Umgebung generell als hoch eingestufte Durchsetzungsfähigkeit macht einen potenten

Markenkern der jeweiligen *Marke ICH®* aus. Dasselbe gilt für viele andere Beispiele von Frauen in Männerberufen. Wie Hewlett-Packard-Chefin Carly Fiorina beweist: bis hinauf ins Top-Management.

Oder im Handwerk – der Malerbetrieb Bernadette Biesenbach in Wiehl stellt nur Frauen ein. Was nicht nur Netzwerk-Denken beweist, sondern auch einen Sinn fürs Marketing. Die Arbeit mit dem Frauenteam ist mittlerweile ein Markenzeichen, das ihr Aufträge verschafft: „Ich habe keine Nachwuchsprobleme und bilde jedes Jahr im Schnitt zwei Lehrlinge aus. Es gibt Frauen, die es schätzen, dass ich nur Frauen beschäftige und dies auch unterstützen wollen", wird Frau Biesenbach in der KÖLNISCHEN RUNDSCHAU zitiert. Da ihre Aufträge fast zu 90 Prozent aus dem privaten Bereich kommen, sei diese Werbung nicht zu unterschätzen – es ist das differenzierende Merkmal ihrer Werkstatt.

Objektive Produktvorteile sind selten die wahre Stärke einer Marke

Gerade bei den Malerarbeiten gilt, was wir schon gesagt haben: Das Produkt hinter einer Marke unterscheidet sich oft nur unwesentlich von dem Produkt, das hinter einer anderen Marke steht. Wir kennen das – und nicht nur in unserer Rolle als Konsumenten. Und wir wissen auch: Der Unterschied kann in der Verpackung liegen – oder in einem Lächeln. Das Bier, das Sie in einem Bierlokal bekommen ist exakt das gleiche, das Sie von derselben Marke daheim im eigenen Kühlschrank stehen haben. Und doch schmeckt es besser – nicht, weil es vom Fass kommt, sondern weil es uns von einem freundlichen Kellner mit einem Lächeln und einem „Zum Wohle!" hingestellt worden ist.

Auch im Arbeitsleben müssen wir uns vielfach eingestehen, dass wir etwa gleich qualifiziert sind wie unsere Arbeitskollegen. Objektiv ist keiner deutlich besser oder deutlich schlechter als der andere. Aber: Es ist *Die Marke ICH®*, die uns von anderen unterscheidet, wenn wir uns richtig präsentieren und das „Produkt" dementsprechend entwickeln. Dazu gehört, speziell wenn Sie in einem Unternehmen arbeiten, dass Sie sich neben Ihren Kollegen profilieren – entwickeln Sie eine Rolle als Experte für einen gewissen Bereich, nehmen Sie nicht alles an, denn alles anzunehmen heißt sich zu de-profilieren!

Sich bei der Entwicklung der Marke ausschließlich auf die objektiven Produktvorteile einzulassen, geht selten gut. Nur wer mit seiner Produktinnovation einen Markt geschaffen hat und diesen auch in den Köpfen völlig besetzt hat, kann sich das leisten – etwa M&M mit dem Anspruch „schmilzt im Mund, nicht in der Hand". Aber selbst da gilt, dass so eine Positionierung die Mitbewerber geradezu dazu einlädt, die Marke in diesem besonders herausgestellten Produktvorzug zu schlagen. Dasselbe trifft für *Die Marke ICH®* zu: Wenn wir uns bloß darauf konzentrieren, unsere eigene Arbeit ein bisschen besser zu machen und darauf auch immer hinzuweisen, dann führt das zu einem Wettbewerb, bei dem jeder andere Mitarbeiter oder Konkurrent sich bemühen wird, dasselbe mindestens gleich gut, aber schneller oder billiger zu tun. Das mag für Arbeit- oder Auftraggeber angenehm sein, der *Marke ICH®* nützt es aber nichts.

Wer auf einen objektiven Vorsprung hinweist, lädt Mitbewerber geradezu ein, in diesem Punkt entweder billiger oder besser zu werden.

Noch schlimmer: Der Arbeit- oder Auftraggeber wird nicht zufrieden sein, weil er stets zweifeln wird, ob es nicht doch noch besser, schneller oder billiger ginge. Ihm ergeht es wie dem Konsumenten, der beim Discounter einkauft: Er ersteht dort Produkte, die ihn nicht recht glücklich machen – und an deren Qualität er zweifelt. Kauft er dagegen Markenware, ist er bereit, mehr Geld hinzulegen – quasi als Versicherungsprämie dafür, dass er Markenqualität erhält. Das gilt auf allen Märkten und natürlich auch auf dem Arbeitsmarkt – die objektiven Produkteigenschaften machen eben nur einen Teil dessen aus, was wir einkaufen.

Es lohnt an dieser Stelle, noch einmal klar auseinander zu halten, was die Marke ausmacht und was das Produkt:

- Das Produkt können beispielsweise Alpenmilchtafeln, Tender, Lila Pause Riegel, Naps und Milketten sein – wenn wir zum Beispiel an Produkte aus der Milka-Familie von Suchard denken. Übertragen auf *Die Marke ICH®* an unserem Arbeitsplatz könnte das heißen, dass die Produkte der *Marke ICH®* beispielsweise unsere Wortmeldung in einer Sitzung, ein Status-Report, die Geschäftskorrespondenz und ein Entwurf für eine Kundeninformation sind.

■ Die Marke unseres Beispiels ist Milka – eine Marke, mit der jeder Mitteleuropäer die lila Farbe, die Befriedigung durch zarten Schokoladengeschmack, die unberührte Alpenwelt, eine generell hohe Qualität, Innovationsfreude bei Süßwaren, einen etwas höheren, aber gerechtfertigten Preis als Kernwerte assoziiert. Übertragen auf *Die Marke ICH®* könnte das bedeuten, dass in unserer Berufsumgebung Ideenreichtum, präzise Formulierungsgabe, Gewandtheit im Umgang mit Kunden und das Sich-in-andere-hineindenken-können als Kernwerte der *Marke ICH®* wahrgenommen werden.

Das alles gilt selbst dann, wenn einmal ein neues Produkt nicht ganz den Vorstellungen der Kunden entspricht. Wenn Fehler oder Flops in der Produktpalette passieren, kann eine starke Marke dennoch insgesamt erfolgreich bleiben. Man verzeiht Milka, wenn einem der eine oder andere Schokoriegel nicht geschmeckt hat. Man verzeiht einer Operndiva, wenn sie ausnahmsweise nicht so gut bei Stimme ist. Und man verzeiht auch einem profilierten Mitarbeiter, wenn seine Wortmeldung ausnahmsweise nicht ganz so schlau ist, sein Status-Report ausnahmsweise verspätet oder mit fehlerhaften Daten einlangt, die Geschäftskorrespondenz nicht den erwarteten Effekt hat oder die Kundeninformation in der entworfenen Form unbrauchbar ist.

Woran liegt das? Einer gut eingeführten Marke trauen wir aus Erfahrung, noch mehr aber gefühlsmäßig zu, dass sie es insgesamt richtig macht: Milka macht gefühlsmäßig qualitativ überlegene Schokoladen. Die Operndiva hat gefühlsmäßig eine göttliche Stimme. Der profilierte Mitarbeiter ist ja insgesamt ein Star des Unternehmens. Das alles im Gegensatz zur No-Name-Schokolade vom Diskonter, zur unbekannten Sängerin eines weniger renommierten Ensembles und zum Mitarbeiter XY aus der Abteilung Z – für sie alle kann schon ein einziger Fehler zu einem Ende der emotionalen und geschäftlichen Beziehung führen. Eine starke Marke kann sich einige wenige Fehler leisten – natürlich auch nicht auf Dauer, wir werden später Beispiele dafür betrachten, wie beharrliches Ignorieren von offensichtlichen Fehlern starke Marken nachhaltig beschädigen kann.

Unverwechselbarkeit macht stark

Halten wir an diesem Punkt fest, dass wir uns freuen, dass unsere *Marke ICH®* im Wettbewerb steht – das ist erstens eine Herausforderung, stets wirklich gut zu sein. Es hilft aber vor allem auch, uns von anderen abzuheben. Auf einem Markt, wo es keine Auswahl gibt, sind die Kunden ganz selbstverständlich misstrauisch – weil sie stets den Verdacht haben, dass es möglicherweise ein besseres, billigeres oder eleganteres Angebot gibt, das ihnen vorenthalten wird. (Dies kann den enormen Erfolg von Westmarken nach dem Fall des Eisernen Vorhangs erklären: Die Menschen in den Planwirtschaften gingen schon allein deshalb, weil es in Westeuropa Auswahl gab, von der Überlegenheit der Markenprodukte aus dem Westen aus.) Wer kann schon eine Marke schätzen, wenn es in der Umgebung keine andere gibt! Deshalb ist Wettbewerb gut – er hilft zu unterscheiden. Und das stärkt die starken, überzeugenden Marken.

> **Wettbewerb hilft zu unterscheiden. Und das stärkt die starken, überzeugenden Marken.**

Das zweite japanische Restaurant, das in einer kleinen Stadt aufmacht, wird den Trend zum Japanischen verstärken – aber wenn der erste Japaner sich bereits eine gute Marke aufgebaut hat, dann wird alles Japanische seine Marke weiter stärken und dem Zweiten nur den zweiten Platz lassen.

Für *Die Marke ICH®* gilt dies in allen Dienstleistungsbereichen. Was also tun? Die Antwort ist: unverwechselbar sein – und den potenziellen Kunden diesen einen, unverwechselbaren Vorteil augenfällig vorführen. So würden wahrscheinlich mehr Leute Sushi essen, wenn sie nur wüssten, wie man mit den Stäbchen und den Saucen richtig umgeht. Wenn der zweite Japaner sich damit positioniert, dass man bei ihm lernen kann, Sushi richtig zu essen, dass es vielleicht gar eine hübsche Japanerin gibt, die einem den ersten Happen mit Stäbchen in den Mund befördert – dann kann er einen einmaligen Vorteil anbieten. Das Beispiel ist zwar erfunden, lehnt sich aber an die Kaffeemarke Starbucks Coffee aus Seattle an – deren über 600 Läden sind nicht einfach wie Eduscho Kaffeegeschäfte mit Ausschank, sondern Plätze, die den Käufern Kaffeekultur lehren wollen.

Was immer Ihre *Marke ICH®* anbietet – vermitteln Sie in ähnlicher Weise Kompetenz! Und stellen Sie nicht das Was Ihres Angebots, sondern das Wie in den Vordergrund. Beherzigen Sie vor allem den schönen amerikanischen Satz: „Sell the Sizzle, not the Steak" – verkaufen Sie also das Brutzeln, nicht das Fleisch. Ein Steak kann Ihnen jeder Wirt braten, aber nur einer, der auch eine Marke rundherum zu inszenieren versteht, wird Ihnen damit wirkliche Freude machen. Das Brutzeln ist der Zusatznutzen, der das Steak erst schmecken lässt. Verkaufen Sie nicht Mountain-Bikes, verkaufen Sie den Zugang zum Erlebnis des Radfahrens in freier Natur. Verkaufen Sie nicht die Arbeit, die Sie machen, verkaufen Sie die Befriedigung, die Arbeit von der *Marke ICH®* erledigt bekommen zu haben.

> „Sell the Sizzle, not the Steak" – verkaufen Sie also das Brutzeln, nicht das Fleisch.

In den USA weiß man das längst – aber in Europa tut man sich damit immer noch schwer, obwohl der Werbe-Guru der 30er Jahre, Hermann Ullstein, schon 1935 geschrieben hat: „Man suche den besten Ausdruck für alltägliche Dinge ganz woanders! Niemand kauft Gegenstände um ihrer selbst willen, sondern man kauft den Nutzen, die Freude, die Annehmlichkeit, die sie vermitteln. Deshalb, Kaufmann, stelle den Nutzen, die Freude, die Annehmlichkeit heraus, die deine Ware bringt! Verkauf die Wirkung statt der Ware! Preise nicht Bücher an, sondern Bildung. Preise nicht Möbel an, sondern Behaglichkeit. Preise nicht Anzüge an, sondern Eleganz. Preise nicht Pillen an, sondern Gesundheit. Preise nicht Brillen an, sondern gute Augen. Preise nicht Öfen an, sondern Wärme. Preise nicht Mieder an, sondern Schlankheit. Preise nicht Sekt an, sondern Lebensfreude." Und so weiter und so fort.

Wissen, wovon man besser die Finger lässt

Wenn wir *Die Marke ICH®* im Beruf entwickeln wollen, stellt sich natürlich die Frage: „Was kann ich so gut, dass ich damit die Qualitätsansprüche an ein Markenprodukt erfüllen kann?" Während wir uns mit den Anforderungen an Markenprodukte noch mehrfach in diesem Buch befassen werden, wollen wir uns nun einmal intensiv mit dem ersten Halbsatz auseinandersetzen. Fragen Sie sich, was Sie können. Fragen Sie sich, was Sie derzeit daraus machen. In welchem Umfeld Ihre Marke wirkt. Und ob Sie das Beste aus Ihrem Können und aus Ihrer *Marke ICH®* machen.

Umgekehrt ist es wichtig, sich darüber klarzuwerden, was man nicht kann.

Es entspräche „guter alter" preußischer Tradition, sich dann auf diese Schwächen zu konzentrieren und zu versuchen, jeden Mangel auszuwetzen. Sich durchzubeißen. Mit einiger Selbstdisziplin lässt sich ja einiges erreichen:

Fleiß kann mangelndes Talent nicht aufwiegen – suchen Sie sich daher im Zweifelsfall ein anderes Betätigungsfeld für Ihre *Marke ICH®*!

- Wenn Sie nicht tanzen können, dann werden Sie es mit einiger Übung zu einem mittelmäßigen Tänzer bringen.

- Wenn Sie schon immer schlecht im Rechnen waren, dann können Sie es durch Nachbüffeln des Schulstoffes und viel Üben durchaus mittelmäßig erlernen.

- Wenn Sie einen Chateau Mouton-Rothschild nicht von einem Billigwein aus dem Supermarkt unterscheiden können, können sie Ihren Geschmackssinn durchaus so trainieren, dass Sie über Wein ein wenig mitreden können. Das mag sogar eine recht vergnügliche Übung sein – perfekt werden Sie darin aber wahrscheinlich nie.

- Wenn Sie sich beim Musizieren überfordert fühlen, kann intensives Üben durchaus dazu führen, dass Sie schließlich kleine Musikstücke ganz nett darbringen können.

- Wenn Sie merken, dass Sie im Umgang mit Kollegen und schon gar mit Untergebenen keine glückliche Hand haben, dann ehrt es Sie natürlich, wenn Sie Ihre Führungsschwäche zu verbessern suchen – aus Ihnen kann dann immer noch ein mittelmäßiger Manager werden.

Die Liste ließe sich beliebig fortsetzen – und die Lehre daraus wäre immer dieselbe: Wenn jemandem die Voraussetzungen fehlen, dann können Fleiß und harte Arbeit durchaus zu Verbesserungen führen.

Aber eben nicht zu mehr.

Wer seine Schwächen ehrlich analysiert, wird entsprechende Defizite in diesem oder jenem Bereich finden. Das kann zu provozierenden, vielleicht sogar schockierenden Ergebnissen führen – vor allem dann, wenn man sich eingestehen muss, dass man es gerade in einem Feld, an dem einem besonders gelegen ist, nicht zu einer hervorragenden Position bringen wird:

- Es mag sein, dass ein Mann den sehnlichsten Wunsch hat, ein großer Geiger zu werden – aber sein Talent dafür nicht ausreicht. Wie bei Albert Einstein, der allerdings als Naturwissenschaftler brillierte.

- Ein anderer Mann hat vielleicht den Ehrgeiz, als Wissenschaftler ernst genommen zu werden. Johann Wolfgang von Goethe hatte durchaus dahingehende Neigungen – aber hätte er sich ausschließlich darauf konzentriert, wäre sein dichterisches Werk verkümmert und besonderen wissenschaftlichen Ruhm hätte er sich doch nicht geschaffen.

- Zahllos sind die Geschichten von Schauspielern, die gerne in Charakterrollen aufgetreten sind, aber vom Publikum viel lieber in komischen Rollen gesehen wurden – so wie der Wiener Max Böhm (1916–1982), der im ganzen deutschen Sprachraum als der Komiker und Quizmaster „Maxi Böhm" bekannt und beliebt war.

- Allenfalls kann man die Wahrnehmung radikal umdrehen – und eine vermeintliche Schwäche zu einem Markenzeichen machen, um das quasi ein Kult getrieben wird. Es gibt Rockgruppen, die ihren Fans versprechen, die „worst band on earth" zu sein. Oder Rollstuhlfahrer, die entdeckt haben, dass körperliche Behinderung einen Aufwertungsfaktor darstellt, wenn man auf einer Grünen oder Alternativen Liste kandidiert. Oder Edmund Stoiber, der von vielen als zu kantig empfunden wurde – im Wahlkampf 2002 schrieb er das einfach auf die Wahlplakate: Indem Stoiber von sich sagte, er sei kantig, konnte ihm das keiner mehr vorwerfen. Wenn er dann ab und zu verbindlich und freundlich daherkam, umso besser.

- Die meisten Frauen (und auch die meisten Männer) haben den Wunsch, gut auszusehen, schön zu sein. Aber es ist nicht jedem vergönnt, wie eine Märchenprinzessin oder ein Märchenprinz auszusehen – und es ist in den meisten Fällen auch vergebliche Liebesmühe, unerreichbaren Schönheitsidealen nachzueifern und darüber andere Stärken verkümmern zu lassen.

Ein Markenartikler tut so etwas nicht. Ein Markenartikler fokussiert auf seine Stärken. Wenn die Coca-Cola-Company analysiert, was sie im Getränkebereich nicht kann – etwa Spirituosen brennen – wird sie daraus nicht den Schluss ziehen, dass sie nun auch mit einem Schnaps auf den Markt kommen sollte.

Im Gegenteil: Der Versuch, das Markenportfolio um eine Schnapsmarke zu „bereichern", könnte das Profil des Softdrink-Marktführers schwer in Mitleidenschaft ziehen. Bahlsen etwa haben wir als Unternehmen im Süßwarenmarkt kennen gelernt, das fast von Anbeginn an seine Leibniz-Keksmarke als potente Submarke eingeführt hat. Aber kennen Sie Bahlsen Suppenwürze? Kennen Sie den Schokostreusel von Maggi? Kennen Sie die Geigen von Bösendorfer? Kennen Sie die Schuhe von Wolford? Kennen Sie die Straßenbahnzüge von Ford?

Nein, das alles kennen Sie natürlich nicht. Bahlsen macht keine Suppenwürze, Maggi keinen Schokostreusel – obwohl beide Marken offensichtlich im Lebensmittelbereich hervorragend positioniert sind und eine enorme Produktvielfalt anbieten (bei Maggi sind es 300 Produkte, davon werden jährlich 40 bis 50 ausgetauscht). Bösendorfer baut Klaviere und keine Geigen – obwohl Bösendorfer im weiteren Sinne ein Musikinstrumentenbauer ist, wird die Marke streng auf das Instrument fokussiert, das Bösendorfer eben wirklich am besten bauen und vermarkten kann. Wolford ist eine hervorragende Strumpfmarke – man versteht sich darauf, Beine mit schönen Socken, Strümpfen und Strumpfhosen zu bekleiden. Wolford ist Spezialist für die Beine, nicht für die Füße; die Schuhe zu machen und zu verkaufen, überlässt Wolford jenen, die dies besser können. Und Ford ist ein Unternehmen mit hoher Kompetenz im Fahrzeugbau – aber man beschränkt sich wohlweislich auf Straßenfahrzeuge und überlässt den Bau von Schienenfahrzeugen anderen.

Wir lernen daraus:

Ein Markenartikler sollte seine Stärken und Entwicklungsmöglichkeiten nicht nur genau kennen; er sollte sie auch genau benennen können.

Ein Markenartikler sollte wissen, wovon er die Finger lässt.

Ein Markenartikler sollte wissen, was er nicht kann.

Ein Markenartikler sollte die jüdische Weisheit kennen, die in folgendem Witz steckt, den Ignaz Bubis gerne erzählt hat: „Ein junger Jude will Synagogendiener werden, wird aber abgelehnt, weil er Analphabet ist. Er wandert aus und wird in Amerika dann Millionär. ‚Was wäre erst aus Ihnen geworden, wenn Sie auch lesen und schreiben gekonnt hätten?‘ fragten ihn später die Leute. ‚Synagogendiener‘, sagt der Mann leise.“

Eine klare Entscheidung darüber, was Sie nicht tun, wofür *Die Marke ICH®* sicher nicht steht, kann die wichtigste Entscheidung im Branding-Prozess sein.

Aufgaben für *Die Marke ICH®*:

Sie wissen bereits: Das Konzept der *Marke ICH®* ist keine Aufforderung zum Bluff – im Gegenteil: So wie ein Anbieter von Mineralwasser nicht einfach irgendein Wasser abfüllen und als Mineralwasser anbieten darf, muss auch *Die Marke ICH®* im Ernstfall der Überprüfung standhalten können. Aber die Wahrscheinlichkeit, dass man überhaupt eine unangenehme Überprüfung ertragen muss, nimmt mit der Stärke der Marke ab. Wenn in der teuren Mineralwasserflasche nur einfaches Leitungswasser ist, dann droht dem Abfüller nicht nur eine saftige Strafe der Lebensmittelbehörde – es wird ihn vor allem der Bannstrahl des Marktes treffen. Niemand will mit einer Marke zu tun haben, die offensichtlich gelogen hat. Dasselbe droht jedem von uns, wenn sich herumspricht, dass *Die Marke ICH®* nicht die versprochene Qualität hat.

■ Bedenken Sie: Wenn Sie sich nicht selbst zur Marke machen, dann tut das jemand anderer; beinahe jeder andere – vielleicht nicht jeder in gleicher Weise, aber in keinem Fall so, wie Sie es gerne hätten. Jemand, der mit Fleiß und Verbissenheit an seinen Schwächen arbeitet, mag als sozial erwünscht gelten – aber man wird ihm nicht vertrauen, weil man ja seine Stärken gar nicht wahrnimmt. Vermeiden Sie also durch Ihren Markenaufbau, dass Ihre Zielgruppe verwirrende Botschaften bekommt und auf Ihre Schwächen auch noch hingewiesen wird. Die Zielgruppe sollte vor allem das wahrnehmen, was Sie wirklich gut können – lenken Sie also den Blick der Zielgruppe darauf.

■ Sie haben schon in einer früheren Übung analysiert, wer Ihre Zielgruppe ist und wie sie ist. Das können durchaus unterschiedliche Personengruppen mit völlig verschiedenen Zugängen zu Ihnen sein:

- die vertrauten Kollegen, mit denen Sie Tag für Tag im Büro sitzen;
- die meist fremden Kunden, denen Sie die im Büro geleistete Arbeit präsentieren;
- die verständnisvolle Familie, der Sie Ihre Wochenenden widmen;
- die undisziplinierte Volkshochschulgruppe, der Sie einmal pro Woche einen Vortrag halten.

Alle diese Zielgruppen sollen Sie als starke *Marke ICH®* erleben, sollen dieselben Eigenschaften authentisch erleben – auch wenn wahrscheinlich jeder Zielgruppe eine andere Stärke an Ihnen besonders wichtig ist. Versuchen Sie also, möglichst viel Feedback zu bekommen, hören Sie sich an, was andere Ihnen direkt oder indirekt über Sie sagen. Auch ein ausgebliebener Kommentar (sei es Kritik oder Lob) sagt Ihnen etwas über das Gegenüber Ihrer *Marke ICH®*.

■ Wenn Sie Ihre Marke auf Ihren Stärken aufbauen – und Ihre Schwächen ganz bewusst zurückdrängen – tun Sie einen ganz wichtigen Schritt im Markenaufbau: Sie machen die Marke konsistenter, kompakter, begreifbarer. Seien Sie beim Weglassen eher zu großzügig. Nehmen Sie noch einmal die Liste Ihrer „Abilities", Ihres Könnens, zur Hand und entscheiden Sie: Was von dem ist wirklich gut geeignet, die Identität der Marke mitzuprägen – und welchen Gedankenstrang wollen Sie vorläufig nicht weiterverfolgen? Es ist keine gute Positionierung, als exzellenter Programmierer „mit ein wenig Russischkenntnissen" zu gelten. Entweder Sie bauen Ihre Russlandkompetenz rasch (und freudig) aus – oder Sie lassen das Russische zumindest bis auf Weiteres weg.

- Bauen Sie Ihre Kompetenz in den wichtigsten Bereichen, für die Ihre *Marke ICH*® steht, aus: Lesen Sie immer wieder Fachliteratur – und greifen Sie das, was Sie in Fachzeitschriften gelesen haben, gelegentlich in Gesprächen mit Kollegen und Kunden auf. Am höflichsten geht das in Frageform: „Was meinen denn Sie zu dieser oder jener Entwicklung?" Damit bekunden Sie nicht nur Ihr Interesse an der Meinung Ihres Gegenübers – Sie signalisieren auch, dass Sie einen Expertenstatus haben. Wenn Ihr Gegenüber nicht recht Bescheid weiß, können Sie ja ein bisschen von Ihrem Expertenwissen weitergeben. Das ist eine gute Gelegenheit darzustellen, dass Sie auf dem Laufenden sind – aktuell, wie es eine starke Marke eben sein sollte.

- Es mag sein, dass es Eigenschaften gibt, die Sie nicht ändern können oder wollen – und die gemeinhin als Schwächen gelten. Bedenken Sie, dass nicht alles eine Schwäche ist, was dafür gehalten wird. Wenn Sie schüchterner sind als Sie eigentlich sein wollen, sagen Sie sich: „Ich bin ruhig, aber dafür fahre ich auch nicht so schnell aus der Haut."

- Fragen Sie sich jetzt und dann jedes Jahr zwischen Weihnachten und Neujahr: Worin unterscheidet sich das, was *Die Marke ICH*® anbietet, von dem, was sie vor einem Jahr zu bieten hatte? Was waren die wichtigsten Verbesserungen am Markenauftritt, was die wichtigsten Produktverbesserungen? Was habe ich in diesem Jahr gelernt? Wo bin ich besonders viel stärker geworden?

- Und was tun mit den Schwächen? Auch wenn Sie es versuchen, es wird Ihnen nicht gelingen, sie ganz zu vergessen. Sie müssen wahrscheinlich einigen Schwächen gewisse Aufmerksamkeit schenken, jedenfalls wenn es um (geschäftlich) Überlebensnotwendiges geht. Wenn Sie nicht der geborene Redner sind, dann müssen Sie zumindest genug Rhetorik lernen, um einfache Präsentationen machen zu können. Wenn Sie keine Vorstellung von Budgetierung und Buchhaltung haben, müssen Sie jemanden finden, der Ihnen dabei hilft oder es ganz für Sie übernimmt. Wenn Sie stottern, dann ersetzen Sie persönliche Auftritte durch schriftliche. Wenn Sie nicht sportlich sind, halten Sie sich von Sportbewerben fern. Diese vier Verhaltensmuster lassen sich in vier Regeln fassen, wie Sie die

Schwächen (und damit die Ängste vor ihnen) unter Kontrolle halten können:

- Wo es nötig ist, müssen Sie sich eben das Überlebensnotwendige aneignen. (Es muss ja keiner wissen, welche Abendkurse Sie zu diesem Zweck besuchen.)
- Wo es möglich ist, lagern Sie die Verantwortung und Arbeit an Partner oder Profis aus.
- Bei einigen Schwächen ist es am wirkungsvollsten, wenn Sie sie durch Ihre Stärken überstrahlen lassen.
- Und für den großen Rest der Schwächen gilt einfach: Ignorieren Sie sie.

Aufgaben für Ihren Herold:

- Es fällt schwer, ein Bild zu sehen, wenn man selber innerhalb des Rahmens ist. Ein Herold Ihrer *Marke ICH*® weiß üblicherweise über Sie Bescheid, er kann Ihnen berichten, was andere über Sie reden, Ihnen aber nicht ins Gesicht sagen würden. Nutzen Sie Ihre Herolde, um zu erfahren, was andere für Ihre Stärken halten, wo andere Ihre Schwächen sehen. Und: Ihre Herolde sind besser als jeder Business-Consultant beim Finden von neuen Ideen, wo Ihre Stärken besonders gut zur Geltung kommen könnten.

- Vor allem kann der Herold auch helfen, bekannte Schwächen zu relativieren. Etwa: „Er hat eine leise Stimme, aber er sagt damit gescheite Sachen." Oder: „Sie hat zwar nicht viel Erfahrung in unserer Branche, aber sie hat mehr Geschick im Umgang mit unseren Kunden als jeder andere Bewerber."

Ein Name und ein Slogan für Ihre *Marke ICH®*

Wer den Namen Milka hört, entwickelt sofort eine bestimmte Vorstellung. Dasselbe gilt für Microsoft und Porsche, für Sony und Absolut, für Marlboro und Victoria's Secret.

Und was fällt wohl Menschen ein, die Ihren Namen hören?

Die Frage ist nicht so trivial wie sie scheint. Heißen wir nicht Hinz oder Kunz und das unser Leben lang? Das scheint auf den ersten Blick zu stimmen, es hält einer Überprüfung aber keineswegs stand: Erfinden wir das Beispiel einer Frau namens Irmtraud Z. Als kleines Kind haben sie alle „Irmi" genannt – und das war recht herzig für eine Fünfjährige und auch noch ganz passend für eine Fünfzehnjährige (auch wenn sie sich da heimlich wünschte, mit einem weniger „gewöhnlichen" Namen gerufen zu werden). Dann, als es ans Studieren ging, war die durch das „-i" angedeutete Verkleinerungsform jedenfalls überholt. Die Studentin nannte dann doch lieber ihren vollen Namen. Bis ihr der recht sympathische Herr Y über den Weg lief, der sie immer „mein Mausi" nannte und sie schließlich ehelichte. Nun hieß die Dame Irmtraud Y, aber ihre Kinder nannten sie natürlich einfach „Mutti". Der Ehemann seltsamerweise auch – aber den hatte sie ohnehin bald satt. Zeit für einen Wechsel des Lebensabschnittspartners. Der tauchte auch bald in ihrem Leben auf, er nannte sie „Traudl". Sie hat diesen Herrn X dann auch geheiratet und sich fortan „Traudl X-Z" genannt. Der achte Name tauchte auf, als unsere Irmtraud die freudige Nachricht erhielt, dass ihre Tochter eines gesunden Mädchens entbunden wurde – und das Enkelkind hat sie dann natürlich „Oma" genannt.

Mit jedem dieser Namen unserer Beispielsfrau war jeweils eine bestimmte Vorstellung vom Leben und von der Bedeutung, die sie in ihrem sozialen Umfeld spielen wollte, verbunden. Es ist nicht ungewöhnlich, dass wir uns im Laufe unseres Lebens „häuten", dass wir

Veränderungen erleben und diese auch dokumentieren wollen. Die Änderung des Namens zur Bezeichnung eines neuen Lebensabschnitts ist bei Eheschließungen üblich (nach den immer öfter angewendeten Bestimmungen des Namensrechts übrigens auch für Männer) – es macht durchaus Sinn, den Namen der *Marke ICH®* an gewissen Schlüsselstellen der persönlichen Entwicklung zu überprüfen. Gute Gelegenheiten gibt es immer dann, wenn sich das Umfeld insgesamt ändert: Ein Schüler, der sich zu alt fühlt, um „Seppi" genannt zu werden, wird sich schwertun, das zwei Jahre vor dem Abitur bei seinen Klassenkollegen durchzusetzen. Am ehesten wird das noch nach den großen Ferien gelingen. Beim Militär oder am Beginn eines Studiums, bei der Übersiedlung in eine fremde Stadt oder bei der Aufnahme einer gänzlich anderen Beschäftigung ist das dagegen relativ leicht möglich. Nur wenige müssen „umlernen", die meisten lernen einen ja mit dem gegenwärtigen Namen kennen – ob aus dem „Seppi" nun ein „Josef", ein „Joschi", ein „Beppo", ein „Joe" oder ein „Pepi" geworden ist.

Es macht durchaus Sinn, den Namen der *Marke ICH®* an gewissen Schlüsselstellen der persönlichen Entwicklung zu überprüfen.

Wer diese Umstellungen bewusst durchzusetzen versucht, weiß, wie mühsam das sein kann – aber das ist noch nichts dagegen, was große Marken erleben, wenn Unternehmen fusioniert werden, wobei das Aufgehen in der stärkeren Marke, Namenskombinationen (wie Ciba-Geigy) oder neue Namen (wie Novartis) möglich sind. Jedes Mal ist damit für alle Betroffenen eine Identitätskrise verbunden. Das mag für jeden ein Trost sein, der seine *Marke ICH®* weiterentwickelt und umbenennt. Und es sollte Mut machen, es doch zu versuchen.

Es lohnt, an dieser Stelle kurz innezuhalten und nachzufragen, wie unser eigener Markenname lautet. Peter X und Daniela Y – so sind wir getauft worden. Aber wir haben schon diskutiert, dass uns zudem andere Namen anhaften. Nicht nur im arabischen, wo man Vaters- und Großvatersnamen dem eigenen dazufügt, sondern auch in unserem westlichen Kulturkreis, wo jemand rasch „der Mann aus Montana", „die Frau aus Chico" oder einfach gut-deutsch „der Schattbauer" ist.

Markennamen sind geschützt

Gewisse Grenzen für die Findung eines Markennamens gibt es ohnehin – weil die Namen schon vergeben und besetzt sind. Wenn Sie als Angestellter nur innerhalb eines Unternehmens einen Rufnamen verwenden, der von einer großen Marke abgekupfert ist, dann ist das zwar mehr oder weniger lustig (meistens mehr), mehr oder weniger originell (meistens weniger), aber typischerweise nicht schädlich, so lange Sie nicht als Otto-Versand, Meister Proper oder Hustinettenbär auf den freien Markt hinaus wollen. Dort nämlich agieren bereits starke Marken – und da müssen Sie neu und anders sein. Wenn Sie das wirklich sind, dann versuchen Sie, für dieses Anders-sein Markenschutz zu erlangen – dann kann das, was Sie sind, können, anbieten, nicht so leicht von jemand anderem geklaut werden.

Es wird, wie gesagt, nicht jede *Marke ICH®* betreffen – wohl aber jene, die freiberuflich oder als Einzelunternehmen auftreten wollen. Wenn Sie nun Ihre *Marke ICH®* schützen lassen wollen, dann beauftragen Sie damit am besten einen versierten Anwalt. Er wird sich um die Anmeldung beim Patentamt bemühen – falls die von Ihnen gewählte Marke nicht schon von jemand anderem benutzt und geschützt wird. Selbst wenn Sie das Glück haben, den Familiennamen Aldi zu führen, dürfen Sie nicht einen Supermarkt unter dem Namen „Aldis" eröffnen, ja nicht einmal ein Reisebüro, wie die beiden türkischen Geschäftsleute Cengiz und Muhammed Aldi aus Recklinghausen im Frühjahr 2003 lernen mussten: Die gleichnamige Discountmarkt-Kette hatte geklagt, weil die beiden türkischen Reiseprofis unter der Bezeichnung „Gebrüder-Aldi-Reisen GmbH" für ihr Unternehmen geworben hatten. Der Wettbewerbssenat des Oberlandesgerichts Hamm (Aktenzahl 4 U 157/02) sah diese Werbung als unlauter an. Nach der ständigen Rechtsprechung des Bundesgerichtshofes dürfen nämlich Namensvetter großer Firmen eigene Werbemaßnahmen nicht ohne einen Zusatz, der Verwechslungen ausschließt, verwenden. Es sei nämlich unlauter, etwa die dem Discounter von seinen Kunden entgegen gebrachte Wertschätzung für sich auszunutzen. Vergessen Sie es also, Ihre Autowerkstätte Kia zu nennen, Ihre Suppenküche Campbells, Ihren Schnaps Dimple, Ihren Schokoriegel Mars, Ihre Brauerei Holsten, Ihre Strumpffabrik

Wolford – alle diese Marken gibt es schon. Und sie sind sehr gut geschützt.

Viel-sagende Markennamen

Die Suche nach Markennamen wird von manchen Unternehmen sehr professionell betrieben. Ikea ist ein gutes Beispiel: Gründer Ingvar Kamprad nahm für den Markennamen seine eigenen Initialen und fügte die seines Geburtsorts Elmtaryd Agunnaryd hinzu. Bei Ikea sind zwei Mitarbeiterinnen damit beschäftigt, nach klaren Regeln Namen für bestimmte Produkte (von denen manche fast Gattungsbegriffe geworden sind) zu finden: So tragen Sofas, Sessel oder Couchtische meistens schwedische Ortsnamen (Klippan, Bar-Kaby oder Krokshult), bei Teppichen sind es dänische Ortsnamen, bei Esstischen finnische, bei Betten norwegische. Für Leuchten werden schwedische Bezeichnungen aus der Musik, Chemie oder Meteorologie verwendet (Orgel oder Hagel oder Beryll), Badezimmerartikel sind nach Gewässern benannt (Åsnen oder Vänern), Gartenmöbel heißen nach skandinavischen Inseln, Stoffe und Gardinen haben nordische Frauenvornamen (Gudrun, Lenda etc.), Stühle und Schreibtische Männernamen (wie Ingo oder Anton oder Tore). Nur bei Küchenartikeln deutet der Name oft die Funktion des Gerätes an. Der Flaschenkühler Kyla und die Dose Försluta lassen auch uns Deutschsprachige die Funktion erraten, eine Gewürzmühle heißt Krossa, was im Schwedischen „mahlen" oder „zerdrücken" bedeutet. Dass ausgerechnet ein Kinderbett den in deutscher Aussprache anstößigen Namen „Gutvik" trägt, hat die BILD-Zeitung nachfragen lassen – den Schweden war das Problem gar nicht bewusst, da das im Schwedischen „Gütwik" ausgesprochen wird und gar nicht anstößig wirkt. Aber da gab es schon andere Marken, die das kulturelle Umfeld missachtet hatten: So war der Fiat Uno in Finnland kaum verkäuflich, denn im Finnischen bedeutet Uno so viel wie Trottel.

Und nun sind Sie dran: Was bedeutet Ihr Name? Conrad oder Konrad kommt beispielsweise aus dem Althochdeutschen und steht für „kühnen Rat". Seidl etwa hat sich aus dem mittelalterlichen Sifrit, Seifried und damit Siegfried entwickelt – aber wenn jemand meint, der

166

Name Seidl verbinde sich geradezu ideal mit dem Bierglas, dann lässt sich daraus vielleicht etwas machen. Und vielleicht lässt sich mit dem Namen ja auch ein bisschen spielen, bis er besser passt.

So kommt *Die Marke ICH®* zum richtigen Namen

Möglichkeiten gibt es genügend – auch ohne dass wir den Standesämtern mit einem Wunsch nach Namensänderung zur Last fallen:

- Im einfachsten Fall geht es um Änderungen, wo aus Susi Susanne und aus Hansi Johann wird. Beziehungsweise umgekehrt Sue und Johnny. Wer vor 1945 auf Adolf getauft wurde, hat sich dagegen nach dem Krieg aus verständlichen Gründen lieber weiterhin Adi nennen lassen. Das Beispiel Adolf (oder Hermann, Reinhilde etc.) zeigt, wie sehr auch Eltern mit der Namenswahl für Kinder „Markenpolitik" machen – in Brasilien etwa, indem sie Kinder „Brasilino" taufen lassen.

- Untersuchungen in den USA haben gezeigt, dass gut ausgebildete junge Menschen mit schönen, aber „schwarz" klingenden Namen wie Carita, Ebony und Orpheus weniger erfolgreiche Bewerbungen hatten als Jugendliche mit demselben Lebenslauf, aber den „weißen" Namen Kathleen, Melissa und Peter. In der Schweiz haben in den letzten Jahren jüdische Vornamen eine besondere Häufung gezeigt – als politisches Statement ebenso wie aus dem Grund, dass sie auch in anderen Sprachen leicht auszusprechen sind: David, Simon sind unter den Top-Ten, der häufigste Mädchenname ist inzwischen überhaupt Sarah, in Österreich ist es der zweithäufigste. In Deutschland fiel Sarah 2003 aus den ersten zehn Plätzen, seitdem führt hier Marie vor Sophia und Maria.

- Die deutschen Standesämter sind zudem in den letzten Jahren deutlich liberaler geworden, was die Zulassung von Vornamen betrifft: Es gibt Kinder, die ganz legal Leonardo da Vinci Franz, Pepsi-Carola, Pumuckl, Rapunzel, Rasputin, Winnetou, Gneisenauette, Blücherine, Katzbachine, Napoleon, Waterloo und sogar Winzbraut heißen. Aber einige der Vornamen, die Eltern ihren

Kindern antun wollten, wurden trotz aller Innovationsbereitschaft abgelehnt. Darunter Agfa, Lenin, McDonald, Ogino, Pillula, Störenfried, Sputnik, Omo, Schnucki, Grammophon, Atomfried, Schroeder und Bierstübl. Judas ist bis heute in der Regel tabu; schließlich hatte die biblische Figur den Sohn Gottes verraten.

■ Schon schwieriger, aber durchaus erwägenswert ist es, den Vornamen zu wechseln: Vorausschauende Eltern haben in die Geburtsurkunde gleich eine ganze Latte davon eintragen lassen. Bei Angehörigen von Herrscherhäusern sind es manchmal auch ein Dutzend und mehr, das Oberlandesgericht Düsseldorf limitierte die Zahl mit fünf. Wählen Sie einen passenden aus – es muss ja nicht unbedingt der erste sein.

■ Am Anfang einer der erfolgreichsten Marken der Welt stand eine kleine, aber wirkungsvolle Namensänderung: Der 1814 in Frankfurt geborene Kaufmann Heinrich Nestle hat sich 1843 in Vevey am Genfer See niedergelassen – und seinen Namen auf Henri Nestlé geändert. Unter dieser Marke brachte er 1866 seine Trockenmilch als „Kindermehl" heraus, der Grundstein für eine der bedeutendsten Lebensmittelmarken überhaupt. Und das, obwohl anfangs niemand an seine Produktidee oder gar das als seltsam empfundene Markenzeichen mit den Vogelkindern im Nest glauben wollte.

■ Joseph Hodges stammte aus einer britischen Zirkusfamilie – und so klang auch der Name. Joe Hodgini klang da schon interessanter, exotischer! Unter diesem Namen wurde er der berühmteste Zirkusreiter der USA.

■ In Thüringen kämpfte eine Kosmetikerin ein Jahr lang darum, dass sie den Namen „Hermelin, das alleine läuft" auch amtlich tragen darf – diesen Namen hat sie sogar im Pass stehen, seit sie im September 2001 den indianischstämmigen Mann Ed Walkinstik-Man-Alone geheiratet hat. Das Standesamt meint, der Name klinge allzu erfunden – und das darf ein deutscher Name nicht sein. Mit ihrem Protest gegen die Bürokraten hat Frau Kerstin Walkinstik-Man-Alone aus Mühlhausen immerhin einiges für die Bekanntheit ihrer *Marke ICH®* getan.

- Ein Leser der ersten Ausgabe von *Die Marke ICH®*, Volkher Kaltenböck, hat uns geschrieben, dass er eine neue E-Mail-Adresse hat: Weil er nun einmal den Vornamen Volkher hat (der noch dazu von vielen falsch geschrieben wird), hat er seine Adresse auf Volkher.mit.H@gmx.at geändert. Sehr gute Idee, weil das niemand mehr vergisst!

- Ein paar mehr oder minder wirkungsvolle Marotten kann man sich aus den USA abschauen, wo es üblich ist, den „mittleren" Namen (also den zweiten Vornamen) abgekürzt im Schriftverkehr zu verwenden. Wer „Heinrich X. Huber" auf seiner Visitkarte stehen hat, wird von einem Gutteil seiner Gesprächspartner gefragt werden, wofür das „X." steht. Kann ja für „Xaver" stehen. Oder für „Xenophon" (macht nichts, wenn das nicht in Ihrem Taufschein steht – erzählen Sie lieber, dass Xenophon im antiken Griechenland ein Autor erotischer Geschichten war). Oder erzählen Sie die nette Geschichte, dass schon neun Generationen der Familie Huber einen Erstgeborenen namens Heinrich hatten und Sie eben „Heinrich X." sind, so wie Ihr Großvater „Henry VIII." war. Wie auch immer: Man wird sich für den geheimnisvollen Namensteil interessieren. Vermeiden Sie aber, sich mit diesem vorzustellen: „Heinrich E. Huber" klingt gesprochen wie „Heinrich – ähh – Huber", als ob Sie zu dumm wären, sich Ihren Familiennamen zu merken.

- Ebenfalls nur für den Gebrauch auf Visitenkarten, Briefpapier aber auch E-Mails: das Rufzeichen. „Heinrich (!) Huber" – dieser Heinrich ist etwas Besonderes. Aber das muss er dann auch unter Beweis stellen. So wie alles, was er zur Unterstreichung seiner *Marke ICH®* tut, auch die Wahrscheinlichkeit erhöht, dass er überprüft wird.

- Und noch etwas zum Thema Visitenkarten: Was halten Sie von Leuten, die auf ihrer Visitenkarte vorne Name und Adresse in klassischer Form stehen haben, während auf der Rückseite Name und Adresse in diesen wundervoll blumigen japanischen Zeichen gesetzt sind, die auch „Franz Müller" recht bedeutsam wirken lassen? Sie denken zunächst einmal: Das ist keine Visitenkarte, sondern eine Business-Card. Und dann bekommen Sie den Eindruck, dass *Die Marke ICH®* des Inhabers weltläufig ist und über den Rand unseres Kulturkreises hinausweist. Auch hier ist der Grat zwischen Angeberei und Glaubwürdigkeit schmal – aber selbst Angeberei wirkt in diesem Zusammenhang zumindest liebenswürdig.

■ Oder lassen Sie es zu, dass Ihr Rufname aus Kinderzeiten zum Teil Ihres Markennamens wird – so wie das der Historiker, Sozialwissenschaftler und langjährige Wiener Kommunalpolitiker Johannes „Ulli" Hawlik getan hat, der als Kind aus nicht mehr nachvollziehbaren Gründen „Ulli" gerufen wurde und diesen Namen für alle, die ihn näher kennen, beibehalten hat.

Namen als Handicap oder Aufwertung

Natürlich gibt es Fälle, in denen der Familienname eine unüberwindliche Belastung wird. Die Kölnische Rundschau zitiert den amerikanischen Psychologieprofessor und Namensexperten Albert Mehrabian: „Wer einen unschönen Namen besitzt, der hat bei seiner beruflichen Karriere ein nicht zu unterschätzendes Handicap. Menschen mit angenehmen Namen werden von anderen Menschen in der Regel positiver behandelt als solche mit unattraktiven Namen." Einer anderen Reportage in der Rhein-Zeitung ist zu entnehmen, dass es in Würzburg einen Arzt namens Dr. Fasel – er ist Psychotherapeut – gibt, der aber nur selten auf seinen Zunamen angesprochen werde; oft humorvoll, manchmal aber auch mit zynischem Unterton. Auch die Praxis von Birgit Pein – einer auf Naturheilverfahren spezialisierten Allgemeinmedizinerin – berichtet von gelegentlichen Scherzen über den Namen ihrer Chefin. Bei Dr. Gabriele Lieb, einer Kinderärztin ebenfalls in Würzburg, dagegen kommen erst gar keine Bemerkungen, wie die Würzburger Praxis verrät. Die Patienten scheinen vollauf zufrieden zu sein mit dem Namen.

In den USA haben die Bürger das Recht, ihren Namen zu ändern – in Utah wurde einem Antragsteller (nach einigem rechtlichen Hin und Her) sogar erlaubt, seinen Namen auf Santa Claus zu ändern: Das war für den wohlbeleibten Mann, der ursprünglich David Porter hieß, insofern wichtig, als er nun noch authentischer seinem Nebenberuf als Weihnachtsmann nachgehen und seine *Marke ICH®* ausleben kann. Und ein gewisser Carl Anderson im australischen Sydney hat nicht nur eine Webdesign-Firma namens Microhard (www.microhard.com.au) gegründet, sondern auch seinen Namen auf Bill Gates ändern lassen. Einen umgekehrten Weg gingen vier Kanadier: Traci, Jason, Bill und Peter Dunlop gingen im Winter 2002 auf das Angebot der Reifenfirma Dunlop ein, ihren Namen auf Dunlop-Tire zu ändern – was die Marke Dunlop mit insgesamt 25.000 Kanadischen Dollars belohnte.

In Deutschland kann man den Familiennamen nicht nach Belieben ändern, das Gesetz verlangt einen wichtigen Grund: „Ein wichtiger Grund liegt vor, wenn das schutzwürdige Interesse des Antragstellers an der Namensänderung überwiegt gegenüber den etwa entgegenstehenden schutzwürdigen Interessen anderer Beteiligter und den in den gesetzlichen Bestimmungen zum Ausdruck kommenden Grundsätzen der Namensführung, zu denen auch die soziale Ordnungsfunktion des Namens und das öffentliche Interesse an der Beibehaltung des überkommenen Namens gehören." Allein in Köln wollen jährlich 250 Bürger ihren Nachnamen und weitere 120 ihren Vornamen ändern – was bei berechtigt erscheinenden Wünschen gegen eine Summe von 1.022 Euro möglich ist. Allerdings geht es da meistens um Routinefälle, wo geschiedene Frauen ihren Mädchennamen zurückhaben wollen, was um deutlich weniger Geld möglich ist.

Allein in Köln ändern jährlich 250 Bürger ihren Nachnamen.

Diese Frauen haben während der Ehe gelernt, dass der eigene Name ein Kapital darstellt. Das aber sollte man schon bei der Eheschließung bedenken: Ist der Name, den wir bisher geführt haben, ein wertvoller Bestandteil der *Marke ICH®*, den wir auch nicht aus Liebe aufgeben wollen? Wenn wir schon eine *Marke ICH®* entwickelt haben, ist das sehr wahrscheinlich der Fall. Umgekehrt kann eine Frau noch jahrzehntelang vom Namen ihres Ex-Mannes profitieren – wie etwa die seit 1979 geschiedene Bianca Jagger, die in Würdigung ihres Engagements für Flüchtlinge 2004 den Alternativen Nobelpreis erhielt. Auf die Frage der Illustrierten STERN, warum sie noch immer den Namen von Mick Jagger trägt, sagte sie: „Warum sollte ich ihn ablegen. Ich heiße seit 1971 so und identifiziere mich seither mit dem Namen, wie es auch die Öffentlichkeit tut."

Eine andere Überlegung zum Familiennamen, die man vor einer Hochzeit anstellen sollte: Kann *Die Marke ICH®* durch einen Doppelnamen aufgewertet werden? Das kann für kleine Unternehmer oder Freiberufler (etwa eine bekannte Ärztin und einen bekannten Arzt) nämlich genauso sinnvoll sein wie für große Konzerne wie Daimler-Chrysler.

Was aber, wenn man zufällig denselben Nachnamen hat wie der ehrenwerte Professor Alois Alzheimer (1864–1915) – und einen jeder mit der von Alzheimer entdeckten Krankheit assoziiert? Dann muss man entweder ein hoch entwickeltes Selbstbewusstsein haben oder beim Standesamt eine Namensänderung beantragen.

Pseudonyme und Künstlernamen für eine neue Identität

Die kostengünstigere Variante ist, sich ein Pseudonym zuzulegen – einen Markennamen für einen bestimmten Aktivitätsbereich Ihrer *Marke ICH®*. Oder einen Künstlernamen, der irgendwann von der zweiten zur einzigen Identität wird. Auch wenn er vorläufig nicht im Pass steht.

Hier ein paar Beispiele für Pseudonyme und Künstlernamen, die eine *Marke ICH®* begründet haben:

■ Der Musiker Thomas Anders (Ex-Modern-Talking) galt in den 80er Jahren als eine der stärksten Marken im deutschen Showbusiness – und er ist sich bis heute mehr als andere dieses Markencharakters bewusst: „Markenzeichen: langes, lockiges Haar, rosa Lipgloss und Nora-Kette. Dank engagierter Berichterstattung in den Medien, allen voran die BILD ZEITUNG, kannte mich bald ganz Deutschland. Die Marke Thomas Anders begann ihre Wirkung zu zeigen. Mein Image – im Guten wie im Schlechten – verfolgte mich bis ins neue Jahrtausend. Wenn Stefan Raab heute Thomas Anders auf die Schippe nimmt, hängt er sich eine Nora-Kette um. An dieser Stelle möchte ich noch einmal ausdrücklich betonen – ich trage sie seit über 15 Jahren nicht mehr!" Anders nutzt seine Markenbekanntheit unter anderem dafür, für die Koblenzer Sparkasse als regional verbundene Marke zu werben – andererseits muss er sich gelegentlich Betrugsvorwürfe anhören, wenn er mit einer Kreditkarte zahlt, weil sein Name nicht mit dem auf der Karte übereinstimmt. Seinen bürgerlichen Namen, Bernd Weidung, kennen die meisten nicht.

- Im Filmbusiness hat sich die Künstlerin Kitty Gschöpf mit dem wunderbaren Pseudonym und Markennamen „Kitty Kino" etabliert, den Illusionskünstler (früher hätte man den Beruf einfach „Zauberer" genannt) Christian Stelzel kennt man nur unter „Magic Christian".

- Besonders aussagekräftige Namen hat uns die Punk-Bewegung der 70er Jahre beschert: „Johnny Rotten" und „Sid Vicious" – da wusste man gleich, dass das kaputte, böse Burschen waren, die da als „Sex Pistols" ihre Musikinstrumente marterten.

- Viel früher war Franz Fischerkoesen dran, der ab 1919 mit dem Medium Trickfilm experimentierte. Dabei war sein eigener Name auch ein Trick: Um sich unter den vielen Fischers der damals jungen Medienbranche abzuheben, setzte er den Namen seines Geburtsortes, Bad Koesen an der Saale, hinter seinen eigentlichen Namen Franz Fischer.

- In der HipHop-Musik hat sich James Todd Smith einen Namen gemacht, indem er sich „LL Cool J" nannte, was für „Ladies Love Cool James" steht. Dämlich? Vielleicht. Aber sehr erfolgreich, wie bisher 21 Millionen verkaufte CDs beweisen.

- Ein Pseudonym, weiß David Blieswood, ist wie ein Freund. Es beschützt und befreit, macht unsichtbar und mutig. Blieswood, der eigentlich Norbert Körzdörfer heißt, hat sich unter dem englisch klingenden Pseudonym als Gentleman-Schreiber etabliert. Doch an die Gebote, die er aufstellt, muss sich niemand halten: „Ein Gentleman", sagt Blieswood, „folgt keinen Regeln".

- Ein Motiv für die Wahl eines Pseudonyms kann sein, dass man sich den „guten" bürgerlichen Namen für eine spätere seriösere Verwendung aufheben will. Wie es der Herr Vicco von Bülow getan hat: Sein Künstlername „Loriot" ist im ganzen deutschen Sprachraum ein Markenbegriff. Wichtig war – für Loriot und alle anderen, die ihre **Marke ICH®** unter einem fremden oder verfremdeten Namen aufgebaut haben – die kompromisslose Identifikation des Markeninhabers mit dem Produkt. Loriots Figuren haben einen hohen Wiedererkennungseffekt geschaffen, sein Strich wurde zum Markenzeichen. Und wahrscheinlich trauert Herr von Bülow seinem alten Namen nicht nach. Er ist Loriot – und er hat sich längst über das Zeichnen hinaus zu einem bekannten Erzähler und Komiker entwickelt; im Juni 2003 wurde ihm dafür sogar der Honorarprofessoren-Titel der Berliner Universität der Künste verliehen.

- Gustav Peichl ist ein hochberühmter Architekt, bekannt für seine Entwürfe der ORF-Landesstudios, die Bundeskunsthalle in Bonn und die Phosphatkläranlage in Berlin, bei der er technische Anlagen in die symbolische Form eines Containerschiffs mit Brücke, Bug und Bullaugen übersetzte. Dieser witzige Architekt ist auch Karikaturist – aber dies unter einem anderen Namen, weil er als eine Person quasi zwei Marken führt: Als „Ironimus" zeichnet er für DIE PRESSE in Wien und seit 1960 auch für die SÜDDEUTSCHE ZEITUNG in München.

- Den Namen Rötger Feldmann kennt kaum jemand – seinen Künstlernamen „Brösel" schon mehrere und seine Comic-Figur „Werner" fast jeder. Er begründete einen Kult der deutschen Subkultur. Feldmann hat seinen Werner kaum schlechter vermarktet als der Amerikaner Scott Adams seinen „Dilbert": Aus dem Comic wurden Bücher, Figuren, Verfilmungen. Und weil „Werner" zum Bier „Bölkstoff" sagt, konnte Feldmann bald eine Biermarke dieses Namens lizensieren.

- Im Rahmen einer Gewinnspiel-Aktion von Radio Hamburg im Jahre 1994 erhielt der Musikjournalist Morris Teschke den Beinamen „Mr. Happy". Der passte so gut, dass er ihn einfach beibehielt und ihn zu seinem fixen Pseudonym machte – konsequenterweise gründete der fröhliche Magister der Publizistik dann auch eine Eventagentur mit dem Namen „Funny Face".

- Am vielleicht konsequentesten ist der Schriftsteller Franzobel, der nur unter diesem Namen auftritt und dessen wirklichen

Namen nur Eingeweihte wissen. Als normaler Staatsbürger heißt Franzobel Stefan Griebl, begann mit dem Studium des Maschinenbaus in Linz, schrieb sich dann in Wien für Germanistik und Geschichte ein und schloss mit einer Diplomarbeit zum Thema „Visuelle Poesie" ab, dann versuchte er sich als Maler, ehe er manisch zu schreiben begann (sieben Bücher in zwei Jahren sind sein Rekord). Seine Biographie, gibt er selbst zu Papier, habe sich so weit einer kontinuierlichen Entwicklung versagt, dass man von „diversen Lebensläufen" sprechen sollte. „Für einen, der 1967 im oberösterreichischen Vöcklabruck geboren wurde, mag das etwas kokett klingen, mag einem Wunsch Ausdruck verleihen, sich zu tarnen", schrieb DER STANDARD anlässlich der Verleihung des Bachmann-Preises 1995 über Franzobel. Und er anerkannte, dass hier jemand einen Markennamen geschaffen hatte – Franzobels Bezeichnung für seine *Marke ICH®* ist aus dem Mädchennamen der Mutter (sie hieß Zobel) entwickelt worden.

Mit den Pseudonymen und Künstlernamen kommen wir schon nahe an das, was Markennamen von (Klein-)Unternehmen aussagen können. Wieder ein paar Beispiele, die zeigen, dass kreative Namensgebung hilft, einen Markennamen im Gehirn der Konsumenten festzusetzen – weil der Name auch bei uns hängengeblieben ist:

Kreative Namensgebung hilft, einen Markennamen im Gehirn der Konsumenten festzusetzen.

- „Fortschnitt" sagt klar, dass dieser Friseur nichts für ältere Damen ist.

- „Rariteeten" ist ein kreativer Name für ein Tee-Spezialgeschäft. Ein anderes, Demmer's Teehaus, erfreut seine Kunden mit einer Zeitschrift namens „Teeblatt".

- „Zweigstelle" nennt sich ein Blumenladen in Wien-Alsergrund – und auf dem Geschäftsschild steht auch noch: „Folge deinem Trieb".

- Der auf Wein spezialisierte Journalist Helmut O. Knall führt den Namen (und die Mailadresse) „Weinspitz".

- Kommerziell leider nicht erfolgreich, aber dennoch ein sehr inspirierter Name war die „Pegasus Pferdezucht Ges.m.b.H."

- Unter www.zauberzahn.de findet sich der Internetauftritt eines auf alternative Behandlungsmethoden spezialisierten Zahnarztes, der offenbar mit seinem bürgerlichen Namen Dr. Michael Weh auch keine Probleme hat, wahrscheinlich weil viele seiner Patienten bei Zahn-Weh an diesen Doktor denken.

Taglines transportieren die Markenbotschaft

In vielen dieser Fälle ist der Markenname, unter denen die einzelnen Anbieter auftreten, schon ein handfestes Versprechen. Wo der Name selber nicht viel sagt, sollte er wenigstens mit einer starken Aussage unterlegt werden.

Rufen wir uns ins Bewusstsein, mit welchen Statements große Marken klarstellen, was sie sind – oder was sie tun. In manchen Fällen haben wir das eher intern verwendete Markenbekenntnis herausgegriffen, bei Walt Disney lautet dieses einfach „To make people happy", bei 3M „To solve unsolved problems innovatively". Ein solches Bekenntnis hilft auch, das Ziel der *Marke ICH®* zu formulieren. Nach außen hin werden dazu so genannte Taglines verwendet, also kurze (Halb-)Sätze, die wie ein kleiner Anhänger (englisch: „tag") an der Marke hängen. Diese Taglines sind sehr wichtig, weil sie kurz und bündig den Nutzen, den Charakter der Marke herausarbeiten – oder den Unterschied zu anderen Marken:

- Die Dresdner Bank sagt in ihrer Tagline klar, was man sich von ihr erwarten sollte, sie ist „Die Beraterbank".

- „The ultimate driving machine" – das ist BMW. VW sagt von sich, dass „er läuft und läuft und läuft" und betont in den USA, warum das so ist: „German engineering". Denken Sie an Jeep, denken Sie an „Abenteuer". Denken Sie an Volvo, denken Sie an „Sicherheit". Das sind die Assoziationen, die diese Unternehmen ihren Marken mitgeben, und die natürlich auch umgekehrt funktionieren – denken Sie an ein sicheres Auto und Ihnen fällt mit hoher Wahrscheinlichkeit Volvo ein.

- Hertz sagt klar, dass sie die Nummer 1 sind – während Herausforderer Avis sich selber motiviert (und den Kunden verspricht), durch mehr Anstrengung zu glänzen: „We try harder".

- Ikea steht für junges, frisches, unkonventionelles Wohnen – der englische Slogan bringt es auf den Punkt: „affordable solutions for better living".

- Pepsi identifiziert sich mit der „Pepsi-Generation".

- München bringt seine Funktion auf den Punkt: „Weltstadt mit Herz".

- Nike hat ein Mission-Statement, das verspricht: „To bring inspiration and innovation to every athlete* in the world." Und um keine Zweifel zu lassen, steht beim Sternchen: „If you have a body, you are an athlete." Und der Nike-Slogan „Just do it" ist fest in den Hirnen der Konsumenten verankert, obwohl er seit Jahren nicht mehr in Verwendung ist.

- Dasselbe gilt für das „Mach mal Pause", das in den 50er und 60er Jahren fest mit Coca-Cola verbunden war.

- Apple schlägt vor „Think different" – und gibt damit zu erkennen, dass Apple eben auch selber anders denkt als der Rest der Branche.

- Die Marke Microsoft nimmt sich dagegen vor „Help people realize their potential" – in der Werbung fragt sie „Where do you want to go today?"

- Das Reisebüro Travelocity.com spielt mit der Idee, die Reise erst einmal im virtuellen Raum des Internet zu planen und sagt: „Go virtually anywhere" – was natürlich auch als „Reise praktisch überall hin" übersetzt werden kann.

- Beate Uhse schlägt vor: „Sex up your life".

- Und De Beers hat die allenfalls in industriellen Anwendungen bedeutsamen Diamanten zu Luxusgütern stilisiert, indem uns mitgeteilt wurde: „Diamonds are forever".

Spitznamen als Markenzeichen

Dass Beinamen und „Spitznamen" zu Markenzeichen werden, war historisch vor allem gekrönten Häuptern vorbehalten. Man denke an August den Starken (1670–1733), an Ferdinand den Gütigen (1793–1875) und Friedrich den Großen (1712–1786). Nicht immer war die Zuordnung von Beinamen eine Verleihung eines Ehrentitels oder einer Marke durch Zeitgenossen – sehr viel öfter wurden die Beinamen einfach zur leichteren Orientierung der Historiker hinzugefügt. Und dann womöglich noch falsch übersetzt, wie bei Pippin III., der als „Pippinus Minor" („Pippin der Jüngere") eingeordnet wurde, aber als „Pippin der Kurze" in manche Lehrbücher einging. Sehen wir uns ein paar Beispiele dafür an, wie „Spitznamen" zu Markennamen werden:

- Der Schiläufer Hermann Maier hat nach einem spektakulären Sturz bei den olympischen Spielen in Nagano weitergemacht, als ob nichts gewesen wäre. Dieser Sturz trug ihm (noch vor seinem Motorradunfall) den Nimbus der Unsterblichkeit und die Bezeichnung „Herminator" ein. Der „Herminator" ist ein gefragter Werbeträger.

- Ganz früh dran war „Marschall Vorwärts". Diesen Titel gaben die russischen Verbündeten einem preußischen Offizier in der Völkerschlacht bei Leipzig am 18. Oktober 1813 – der Ehrentitel hat Gebhard Leberecht Blücher (1742–1819) erst richtig im deutschen Bewusstsein verankert.

- Spitznamen und Decknamen haben vor allem kommunistische Politiker zu Markenzeichen stilisiert: Dass Tito (1892–1980) eigentlich Josip Broz hieß, wissen nur mehr Historiker. Josef Wissariniowitsch Dschugaschwili gab sich den Kampfnamen „der Stählerne", unter dem er die halbe Welt tyrannisierte: Josef Stalin (1879–1953). Sein Weggefährte Wjatscheslaw Michailowitsch Skrjabin nannte sich „der Hammer", russisch: Molotow (1890–1986).

- Wäre der amerikanische Oberst William Frederick Cody (1846–1917) heute noch ein Begriff, hätte er seinen Spitznamen „Buffalo

Bill" nicht so sorgsam gepflegt? Unter der Marke „Buffalo Bill" organisierte er spektakuläre Shows und wurde zur hoch bezahlten Herzeigefigur des (damals gar nicht mehr so „Wilden") Westens.

■ Jedem Fußballfan ist der „Alpen-Bomber" Uwe Wegmann, der bei seinem ersten Spiel für den VfL Bochum sofort ein Tor schoss, oder „Schneckerl" Herbert Prohaska ein Begriff. Matthias Sammer wird „Motzki" genannt, Tomás Rosick „Schnitzel" und Vinnie Jones, der hatte den Spitznamen „The Axe" – wegen seiner harten Spielweise. Was die Fans nicht wissen: Solche Spitznamen sind Markennamen – sie bringen einen besseren Vertrag! „Ronaldinho" zum Beispiel, dessen bürgerlichen Namen Ronaldo de Assis Moreira kaum einer kennt, galt 2006 mit einer festen Ablösesumme von 155 Millionen Euro als teuerster Fußballer der Welt – die Werbeprofis von BBDO Germany schätzten seinen Markenwert mit 47 Millionen Euro als noch höher ein als den von David Beckham (44,9 Millionen). Allerdings: Den meisten Fußballhelden geht es so wie den Container-Bewohnern in „Big Brother". Sie bringen es zur „15-Minuten-Berühmtheit" in den Medien. Dann verschwinden sie in der Versenkung.

■ In Berlin gibt es jemanden, der sich als „Xander, der Narr" positioniert hat. Und wie bei jedem richtigen Narren steckt hinter dieser Maske natürlich nicht ein Idiot, sondern ein hoch talentierter Komödiant, der mit seinen Auftritten als Dudelsackpfeifer, als Bänkelsänger, Magier und – stilgerecht mit Fanfare – Herold einen Markennamen geschaffen hat. Die Rede ist vom Diplom-Pädagogen Ralf-Alexander Forkel, der seine Marke auch im Internet (www.xander-der-narr.de) vermarktet und so auf etwa 130 Auftritte im Jahr kommt.

■ „DocLX", sprich: „Doc Alex", Doktor Alex Knechtsberger, hat als Jusstudent begonnen, Partys zu organisieren – heute gilt er als „Doktor der Partywissenschaften" und stampft mit einem Team aus 15 ständigen Mitarbeitern jährlich 160 verschiedene Events (www.doclx.com) mit einer halben Million Besuchern aus dem Boden.

- Kitty Kelley war eine mäßig erfolgreiche Sachbuchautorin – der Themenwechsel zu unautorisierten Biographien brachte ihr ein dankbares Millionenpublikum. Mit respektlosen Büchern über die Royals, Liz Taylor, Frank Sinatra und Jacqueline Kennedy-Onassis erschrieb sie sich den Spitznamen „poison pen" („Giftfeder").

- Für Millionen Deutsche wurde der Fernsehjournalist Günter Siefarth zum „Mr. Apollo", als er 1969 die Mondlandung kommentierte. Die italienische Fernsehjournalistin Dietlinde Gruber, die als Lilly Gruber auftritt, wird von ihren Freunden „Mamma Courage" und von ihren Kritikern wegen ihrer linken Einstellung „Lilly, la Rossa" (was ja auch als Ehrentitel durchgehen kann) genannt.

- Nicht selber gewählt, sondern hart erarbeitet und vom HANDELS-BLATT quasi als Ehrentitel verpasst ist die Markenbezeichnung „Bierdeckelkönig" für Elmar Hohmann, der erst Geschäftsführer des Bierdeckelherstellers Katz Coasters (www.katzcoasters.com) war und es nach einem Management-Buyout zum Branchenprimus machte. Zwei große Konkurrenten hat Katz Coasters schon geschluckt, zehn Millionen Bierdeckel können pro Tag an sechs Produktionsstätten in vier Ländern produziert werden, 2,5 Milliarden Stück werden pro Jahr in 45 Länder verkauft, der Marktanteil in Europa liegt bei 54 Prozent, weltweit bei über 40 Prozent.

- Erich-Norbert Detroy, aufgewachsen auf einem schwäbischen Bauernhof, dann Manager bei verschiedenen Markenartikelkonzernen, ist heute einer der gefragtesten Verkaufstrainer im deutschen Sprachraum (www.detroy-consultants.de). Er selber präsentiert sich gerne mit dem Kürzel END (was vielleicht nicht ganz glücklich gewählt ist) – das Magazin TREND adelte ihn mit dem Titel „Der Preistreiber".

- Die SPD-Abgeordnete mit dem unaussprechlichen Namen Renate Gradistanac hat auf der Bundestags-Homepage die einprägsame Berufsbezeichnung „Familienfrau" prangen – wirkt wahrscheinlich besser und außergewöhnlicher als die Bezeichnung „die Feministin", den die Zeitung DAS PARLAMENT als Headline ihres Portraits wählte.

- Im Idealfall kann die Bezeichnung gleich das Markenversprechen enthalten, etwa bei der New Yorker Trendforscherin Faith Popcorn – auf www.faithpopcorn.com finden wir die klare Eigendefinition: „America's foremost Trend Resource".

- Egbert Prior hat es vorgemacht, was es bedeutet, sich als „Börsen-Papst" titulieren zu lassen. Der wie ein braver Musterschüler dreinblickende junge Mann hat sich konsequent seinen Ruf aufgebaut – mit dem Börsespiel der 3-sat-Börse und später mit seinem eigenen Börsebrief. Was für einen Börsen-Papst gilt, gilt natürlich auch für allerhand andere Experten. Je mehr ein Kunst-Experte seine Marke als „Papst" in irgendeiner Sparte pflegt, desto mehr wird auch das von ihm bearbeitete Spezialgebiet beachtet.

Alle diese Personen haben es geschafft, mit ihrer Person eine Botschaft zu verbinden, die ihre *Marke ICH®* ausmacht. Sie haben ein Thema für sich reklamiert und dies im Bewusstsein ihres Publikums verankert. Am besten funktioniert das durch ein Schlagwort, das man ständig im Munde führt. Die ständige Wiederholung ihrer Markenbotschaft schafft eine Realität, der sich andere nicht mehr entziehen können.

Aufgaben für *Die Marke ICH®*:

Unser Name – und die Art, wie wir mit unserem Namen auftreten – sagt viel über uns aus. Als *Marke ICH®* sollten wir über diese Aussage Kontrolle gewinnen. Es reicht nicht aus, dass Sie wissen, wofür Ihre Marke steht – die Botschaft muss bei jedem Gegenüber ankommen, muss öffentlich werden.

- Fragen Sie sich, was andere fühlen, wenn Sie Ihren Namen hören. Was beeinflusst diese Gefühle? Und: Hören Menschen Ihren Namen überhaupt, wenn Sie sich vorstellen, oder gehören Sie auch zu jenen, die am Telefon (vielleicht sogar auch bei der persönlichen Vorstellung) Ihren Namen nur unverständlich nuscheln?

- Haben Sie den richtigen Namen? Wollen Sie mit Ihrem bisherigen Namen *Die Marke ICH®* aufbauen – oder gibt es kleine Änderungen, die den Namen **Ihrer *Marke ICH®*** wirkungsvoller erscheinen lassen?

■ Sie kennen den Unterschied zwischen einem Friseur und einem Coiffeur? Mindestens 15 Euro! Haben Sie also die richtige Berufsbezeichnung – eine, die Ihnen auch ermöglicht, 15 Euro oder mehr zusätzlich zu verrechnen, weil Sie eben in einer höheren Liga spielen, ein höheres Qualitätsgefühl vermitteln?

■ Was wäre die richtige, auf einen Begriff gebrachte Bezeichnung für Ihre *Marke ICH®*? Sie können – und sollten! – diese Bezeichnung als Ihren Markennamen auf die Visitenkarte aufs Briefpapier und auf Ihr Türschild schreiben.

■ Reservieren Sie sich eine einprägsame E-Mail-Adresse (zum Beispiel bei einem Freemail-Service wie gmx.net), wobei Sie die Bezeichnung Ihre *Marke ICH®* gleich wirksam schützen können.

■ Machen Sie dasselbe mit einer Internet-Adresse: Irgendwann werden Sie sowieso Geschäfte im Netz machen – und eine reine Domainreservierung kostet nur ein paar Euro, die viel Ärger ersparen. Viele Unternehmer haben das unterlassen und haben erst viel später bemerkt, dass ein „name grabber" sich ihren Markennamen schützen hat lassen: „First come, first serve" – war die Devise, nach der begehrte Internet-Adressen bisher vergeben wurden. Manch einer glaubte eine schnelles Geld machen zu können, indem er sich mit den Adressen klangvoller Firmen eindeckte, um sie weiterzuverkaufen. Das hat für die eigentlichen Markeninhaber immer Ärger und oft hohe Kosten bedeutet.

■ Beobachten Sie Ihren Mitbewerb – wer macht Ähnliches wie Sie selber? Wie ist der Markenkern jener definiert, die im selben Bereich wie Sie agieren? Was können diese anderen besser als Sie? Und warum sollte dennoch Ihre *Marke ICH®* vorgezogen werden? Schreiben Sie es auf – und reduzieren Sie diese Gedanken immer wieder auf das Wesentliche. „KISS" lautet die amerikanische Formel dafür: Keep it simple and stupid. Sie werden sehen, dass das ständige Konzentrieren der Aussage viel Anstrengung kostet, aber auch viel bringt. Eine Strategie, die Sie nicht in zehn

Sätzen erklären können, dürfen Sie in keiner Generalstabsbesprechung der Welt vorlegen. Dort wissen alle, dass so eine Strategie nichts taugt. Sie müssen davon ausgehen, dass Ihre Kunden, Partner, Arbeitgeber, Freunde ebenso denken. Wahrscheinlich geben sie Ihnen nicht einmal zehn Sätze zur Erklärung Gelegenheit. Vielleicht müssen fünf reichen. Vielleicht nicht einmal fünf Sätze, vielleicht sogar nur fünf Wörter.

> Reduzieren Sie Ihre Gedanken immer wieder auf das Wesentliche. „KISS" lautet die amerikanische Formel dafür: Keep it simple and stupid.

- Versuchen Sie das, was Sie tun, in einen Halbsatz zu bringen und erklären Sie, warum das so ist. Folgen Sie dem Muster:
„Ich bin die Grasel-Wirtin", und erklären Sie, „weil in meinem Wirtshaus vor 200 Jahren der Räuberhauptman Grasel festgenommen wurde."
Oder: „Ich bin der Kümmeltürk", und erklären Sie, „weil ich stolz auf meine türkische Herkunft und die türkische Küche bin."
Oder: „Ich bin der schmerzfreie Zahnarzt", und erklären Sie, „weil ich selber immer Angst vorm Zahnarzt hatte, garantiere ich meinen Patienten schmerzfreie Behandlung."
Und nun sind Sie dran: „Ich bin ..."

- Überprüfen Sie nun, ob das, was Sie da geschrieben haben, auch ein Nutzenversprechen für Ihre Zielgruppe darstellt. Die Leute kaufen nicht Schampoo, sondern gut aussehendes oder kämmbares Haar. Die Leute kaufen nicht Autos, sondern Geschwindigkeit, Status, Stil, Wirtschaftlichkeit, Performance und Kraft. Mütter kleiner Kinder kaufen nicht Cereals, sondern Nährwert. Versuchen Sie also den wichtigsten Nutzen Ihrer Tätigkeit hinzuzufügen. Die Alleinstellung der Grasel-Wirtin ist die Story mit dem Räuberhauptmann – der Nutzen lautet: Hier wird man auf ehrliche Weise satt. Sicher gibt es da noch mehr Nutzen, gerade in einem Gastronomiebetrieb: bei der Grasel-Wirtin gibt es eine lange Weinkarte, einen schönen Kinderspielplatz, einen tollen Biergarten und so weiter und so fort. Aber man soll diese Angebote nicht wie in einem Bauchladen an die Marke hängen. Dasselbe gilt für *Die Marke ICH®* – auch wenn Sie vier oder fünf tolle

Angebote machen können: Ein klares ist besser als zwei konkurrierende. Und drei dürfen es nur sein, wenn sie inhaltlich zusammenpassen – etwa in einem Wellnesshotel: „Frühstücken wie ein Kaiser, Mittagessen wie ein Künstler, Abendessen wie ein Asket."

- Wenn Sie das halbwegs befriedigend hingebracht haben – machen Sie sich nichts draus, wenn Sie noch nicht ganz zufrieden sind – dann gehen Sie dazu über, eine Tagline, eine Kurzbeschreibung für die Marke zu finden, die quasi wie ein Anhänger (englisch: „tag") an Ihrer Marke hängt. Versuchen Sie auszudrücken, warum, wofür oder für wen Sie da sind. Vielleicht eignet sich diese Kurzbeschreibung dazu, an Ihre Tür, auf Ihre Visitenkarte, auf Ihre Speisekarte geschrieben zu werden.

  Für die Grasel-Wirtin könnte sie lauten: „Herzliche Gastlichkeit im ehemaligen Räuberquartier". Oder: „Ganoven fliegen bei mir raus – seit 200 Jahren".

  Für das Kebab-Haus Kümmeltürk in Wien: „Levantinische Küche für Türkeifans".

  Für Ihre *Marke ICH*®: ...

- Der Arbeitsmarkt-Dozent Walter Bens empfiehlt, die eigene Bewerbung als einen Serienbrief vorzubereiten, den man im Falle eines Falles an mehrere hundert Unternehmen verschicken kann. Der Nutzen, den Sie dem künftigen Arbeitgeber bringen können (also die vorher genannte Tagline), gehört gleich in die Betreffszeile. Bedenken Sie: Wenn Sie ein Bewerbungsschreiben vorbereiten, dann schicken Sie keine Bitte los, sondern ein Angebot, Ihre *Marke ICH*® zum Partner zu machen. Der Adressat kann so leicht erkennen, wofür der Bewerber eingesetzt werden kann. Das Bewerbungsschreiben sollte auf keinen Fall länger als eine Seite sein. Als Abschluss erfolgt die Aufforderung, bei Interesse Kontakt aufzunehmen. Dabei sollte eine selbstbewusste *Marke ICH*® die obligatorisch scheinende Floskel: „ich würde mich freuen ..." durch eine offensive Formel ersetzen, etwa: „wenn Sie einen starken Spieler in Ihrem Team brauchen, der (hier noch einmal die wichtigsten Eigenschaften der *Marke ICH*®) einbringt, dann erreichen Sie mich unter ..."

Aufgaben für Ihren Herold:

- Es ist eine delikate Aufgabe, guten Bekannten nahezubringen, dass man seinen Namen geändert hat: Wer jahrelang „Wolfi" oder „Susi" gerufen worden ist, tut sich oft besonders schwer, darauf zu bestehen, dass er „Wolfgang", sie „Susanne" (oder „Wolf" und „Susan") genannt werden will – aber ein eingeweihter Herold kann da helfen, indem er einen erstens in Gegenwart anderer mit dieser neuen Namensform anspricht und zweitens den anderen diskret bedeutet, dass Sie jetzt eben lieber so als mit dem früheren Namen gerufen werden wollen.

- Je komplexer die Definition der *Marke ICH®* geworden ist, desto wichtiger ist, dass die Herolde sie einfach und eindeutig darstellen können. Die von Ihnen kreierte Tagline sollte dabei helfen.

- Finden Sie einfache **Buzz-Words**, also auffallende Worte, die das Thema und die Bedeutung der *Marke ICH®* treffend beschreiben – und bitten Sie die Herolde, diese Worte häufig zu verwenden, wenn sie über Sie sprechen.

Ihre *Marke ICH®* muss bemerkens-wert sein

Bekommen Sie oft Briefe, auf denen zehn oder mehr Briefmarken kleben, darunter vielleicht ein paar besonders schöne Sondermarken? Nein? Wir auch nicht! Denn es gibt kaum jemanden, der sich die Mühe macht, so viele Marken auf einen Brief zu kleben, wenn er auf dem Postamt auch einen Freistempelabdruck oder eine einzige Marke mit dem entsprechenden Wert erhalten kann. Aber ein Brief mit einer Vielzahl bunter und vielleicht sogar seltener Marken würde uns auffallen, wir würden uns fragen, wer uns da schreibt. Wir würden das Kuvert wahrscheinlich sogar aufheben und es einem Kind schenken, das Briefmarken sammelt. Und wenn uns dieses Kind fragen würde: „Wow, wo hast du denn das her?" dann würden wir uns immer noch an den freundlichen Absender erinnern. Womöglich auch an den Inhalt des Briefes und im besten Fall daran, dass wir ja eigentlich diesen oder jenen Vorschlag aus dem Brief aufgreifen wollten.

Das war ein simples Beispiel für **Guerrilla-Marketing**, das der Erfinder dieser Taktik, Jay Conrad Levinson, Kleinunternehmen empfiehlt. Noch besser ist die Idee, auch die Kuverts aus zur eigenen *Marke ICH®* passendem Material oder wenigstens in entsprechendem Design zu gestalten:

- Wer in der Textilbranche tätig ist, kann etwa ein textiles Kuvert anfertigen, zumindest für seine wichtigsten Kontakte.

- Amerikanische Bierbrauer haben entdeckt, dass es in Bayern eine Manufaktur gibt, die Papier aus Bier-Trebern und recycelten Bieretiketten schöpft – das Papier von der Firma Gmund zu verwenden, gilt als Statussymbol (und man schafft gleich Gesprächsstoff, wenn man Drucksorten aus diesem Material verwendet).

187

■ Wenn die Kommunikations-Managerin Elisabeth Tree mit einem wirklich wichtigen, schwer erreichbaren Menschen reden will, verschickt sie einen unverpackten Telefonhörer, auf dessen eine Seite sie Anschrift und Briefmarke klebt – und auf die Rückseite die Telefonnummer und „Rufen Sie mich an": In 80 Prozent der Fälle kommt der Rückruf. Und sie hat noch einen Trick auf Lager: Wenn sie etwas wirklich an den obersten Chef eines Unternehmens bringen will, dann schickt sie ihm eingeschrieben ein Portemonnaie – die Sekretärin wird vermuten, der Chef habe seine eigene Geldtasche irgendwo vergessen und gibt sie ihm verlässlich; und damit auch die Botschaft, die drinnen steckt. Und weil der Betreffende froh ist, nicht wirklich seine Geldtasche verloren zu haben, wird die Botschaft auch mit gewisser Heiterkeit aufgenommen.

Das Image reguliert die Beziehung

All das dient der Imagepflege. Es macht Eindruck. Vor eineinhalb Jahrzehnten hat der Schweizer Werbefachmann Kurt Huber versucht, die Wirkung von Images zu erklären – und er hat dabei nicht zufällig das Beispiel einer jungen Frau gebracht, die wir auf der Straße sehen. Es entsteht sofort ein Bild in den Köpfen der (in Hubers Beispiel männlichen) Betrachter: hübsches Gesicht, gute Figur, topmodische, etwas extreme Verpackung. Ein schillerndes, imaginäres, idealisiertes Fremdbild. Wir haben über diese Frau noch sehr wenig Information, was wir sehen, ist ein Teilbild, das wir mit Erfahrungswerten und Vor-Urteilen ergänzen. Wenn uns die Frau in Ordenstracht begegnet, dann werden wir ihr – ohne irgendetwas über die Persönlichkeit der Frau zu wissen – Werte wie Keuschheit und Bescheidenheit zuordnen. Hat sie dagegen einen Minirock an, so ergänzen wir die Beobachtung um unsere Vorstellung von sexuellem Vergnügen und Leichtlebigkeit. Trägt sie Jeans, so ordnen wir ihr Unkompliziertheit und Sportlichkeit zu.

Diese Werte bestehen zunächst einmal nur in unserer Einbildung. Aber wir gehen an die nächste Begegnung mit dieser von Huber beschriebenen Frau mit dem Anspruch heran, sie erfüllt zu sehen. Die immer wieder durch die Medien geisternden Geschichten von

Ordensangehörigen, die andere sexuell verführen oder gar missbrauchen, erregen unseren Ärger deshalb besonders, weil wir an Ordensleute und Geistliche eben den besonderen Anspruch der Keuschheit stellen. Wenn dieser Anspruch enttäuscht wird, nehmen wir das daher besonders übel.

Wenn wir nun dieser jungen Frau später noch einmal begegnen, vielleicht in irgendeinem Geschäft, wo wir sie mit dem Verkäufer reden hören, erfahren wir mehr von ihr. Wie sie spricht, wie sie sich bewegt, wie sie lächelt. Huber: „Mein persönliches Bild von der Frau hat sich erweitert. Zum äußeren Erscheinungsbild ist ein inneres dazugekommen. Das zwar noch wenig gefestigte Bild hilft mir, mich in meinem Verhältnis zu ihr zu orientieren. Auch wenn es sich noch unprofiliert darbietet, benötige ich es, um mich mit ihr im Kontakt zurechtzufinden. Das Image reguliert die Beziehung ... Jeder Stein, jeder Baum, jeder Mensch, jedes Auto, jedes Markenprodukt hat eine eigene Ausstrahlungsfähigkeit: entsprechend erfolgen die Bewertung, die Beurteilung und Einstufung. Das Image gibt an, wie etwas gesehen und empfunden wird, in welcher Schärfe, in welcher affektiven Färbung. Es gibt keine bekannten Produkte, Namen oder Firmen, die sich nicht mit einer Vorstellung verbinden. Der Konsument kauft mehr als nur Waren, Nutzen, Vorteile, er kauft in erster Linie Vorstellungen, die sich auf Namen beziehen, wobei die gefühlsmäßige Produktbeziehung die Kaufentscheidung weit stärker beeinflusst als die verstandesmäßige."

> Image gibt an, wie etwas gesehen und empfunden wird, in welcher Schärfe, in welcher affektiven Färbung.

Imagepflege für *Die Marke ICH*®

So wie große Werbeagenturen mit der Pflege von Markenimages befasst sind, so wie ganze Stäbe von Spin-Doktoren an den Images von Politikern feilen, so müssen auch wir selber Imagepflege in eigener Sache betreiben. Dabei geht es zunächst um das Offensichtliche, Offenhörbare.

Ein professioneller Coach könnte Ihnen klarmachen, dass alle Bewegungen und die Mimik natürlich wirken und Souveränität ausstrahlen müssen. Aber das sollten Sie ja schon zum integrierenden Bestandteil Ihrer *Marke ICH®* gemacht haben. Wenn nicht, dann üben Sie – schon ein Volkshochschulseminar kann preiswerte Hilfe geben. Wenn Sie etwas mehr Geld auf die Entwicklung Ihres Auftretens aufwenden wollen, dann ist das sicher eine gute Idee.

Aber bedenken Sie, dass Sie auch durch Training nicht völlig anders werden können (und auch nicht sollen), als Sie wirklich sind – Sie müssen Ihr Auftreten und Ihre Markenpersönlichkeit stets gefühlvoll aufeinander abstimmen. Und das nimmt Ihnen kein Trainer ab. Sie müssen sich die für Ihre *Marke ICH®* typischen Zeichen schon selber zusammensuchen.

Es mag sein, dass Sie so unmusikalisch sind, dass Sie es nicht schaffen, eine „Auftrittsmelodie" zu pfeifen oder zu summen. Aber reden, das können Sie doch! Überlegen Sie kurz, mit welcher Begrüßungs- und Verabschiedungsformel Sie Ihren Gesprächspartnern begegnen. Sie werden schon da und dort gehört haben, dass ein „richtiger" Auftritt aus einem geradlinigen Gang auf den Gesprächspartner hin, einem festen, aber nicht zu kräftigen Händedruck und einem offenen Blick ins Gesicht des Gegenübers bestehen sollte. Stimmt.

Beginnen Sie mit der richtigen Begrüßung

Aber was sagen Sie zur Begrüßung? Das ist keine triviale Frage. Den meisten Menschen ist gar nicht bewusst, welche Worte sie bei einer Begegnung wählen – weil sie diese nämlich gar nicht wählen, sondern einfach daherplappern. Manche verstehen sich immerhin darauf, immer mit derselben Formulierung aufzutreten, aber diese ist selten bewusst gewählt. Ein Markenartikler tritt dagegen immer mit derselben, gezielt ausgewählten „Melodie" auf, begegnet uns mit demselben Slogan, mit derselben Floskel. Wenn uns „ein schöner Tag" gewünscht wird, denken wir eben sofort an Diebels. Eine bayrische Bank hat vor einigen Jahren in Sachsen ganz einfach die Botschaft „Grüß Gott" plakatiert – die Floskel mit der

Ein Markenartikler begegnet uns mit demselben Slogan, mit derselben Floskel – wie uns vertraute Menschen mit demselben vertrauten Gruß begegnen.

190

Berufung auf Gott ist eben typisch bayrisch, ein Wiedererkennungszeichen für eine Marke. Und das „grüß euch die Madeln, Servus die Buam", mit dem der Talkmaster Heinz Conrads (1913–1986) seine Sendungen zu beenden pflegte, gilt vielen Österreichern auch heute noch als vertrauenserweckender Code.

Mit welchen Floskeln wickeln wir unsere Gespräche ab? Große Organisationen und Markenartikler haben das schon lange heraußen:

- Zur Corporate Identity von Zünften gehörte es, dass die Mitglieder der jeweiligen Zunft einander nach klaren Regeln begrüßten. Über den Brauch der Bäckerzunft ist überliefert: „Wenn nun ein freier Bursche auf die Herberge wandern wollte, dann musste er sein Bündel oder Felleisen ordentlich aufgeschnallt auf beide Achseln, die Handschuh in der linken Hand, den Stock in der rechten Hand tragen. Sowie er in das Haus oder in die Herberge trat, musste er folgenden Gruß bringen: ‚Guten Tag! Gott ehre das Reich, Gott ehre das Gelag, Gott ehre den Herr Vater, die Frau Mutter, Bruder und Schwester und alle frommen Bäckerknechte, wo versammelt seien, es sei gleich hier oder anderswo!'" Nach festen Regeln musste nun nach dem Meister (dem „Herrn Vater") gefragt werden, dieser („Mit Gunst!") um die Erlaubnis zum Ablegen des Gepäcks gebeten werden. Ähnliche Regeln galten für das formalisierte Tischgespräch – in jeder Zunft war es etwas anders formuliert, was den Zusammenhalt der jeweiligen Handwerke und ihre Abgrenzung zu anderen betonte. Noch heute ist in Feimaurerlogen ein Teil dieser Rituale erhalten.

- „Freundschaft!" war lange Zeit der gängige Gruß von Sozialdemokraten untereinander. „Guten Tag!" wurde man am Telefon gegrüßt, wenn man in der SPÖ-Parteizentrale in der Wiener Löwelstraße angerufen hat.

- In christlichsozialen Parteien, deren Organisationen und nahe stehenden Unternehmen grüßte man traditionell mit „Grüß Gott" – wer dort anrief und sich mit „Grüße Sie" oder „Guten Tag" meldete, war sofort als ein Außenstehender identifiziert.

- In vielen amerikanischen Hotelketten ist es dem Personal vorgeschrieben, das Telefon mit dem Gruß „Hello! Thank you for calling the XY Hotel. How can I help you" abzuheben.

191

- Typisch wienerisch war (noch bis nach dem Zweiten Weltkrieg) der Gruß „Habe die Ehre!", mit dem man die Hochachtung vor einem männlichen Gegenüber, und „Küss die Hand!", mit dem man den Respekt vor einer Dame ausdrückte. Wer zum „Habe die Ehre!" auch noch formvollendet den Hut zieht beziehungsweise den Handkuss korrekt andeutet, der hat eine unvergessliche Begrüßung geschafft, die als Teil seiner *Marke ICH*® empfunden werden wird. Vor allem, wenn man die Spectra-Studie kennt, nach der selbst in Österreich nur fünf Prozent „Habe die Ehre" und gar nur zwei Prozent mit Handkuss grüßen.

- Der Fundus leicht antiquierter, aber doch recht eindrucksvoller Floskeln ist beachtlich, ebenso die lokalen Grußformeln, die man sich ruhig von daheim mitnehmen kann. Passt es zu Ihrer *Marke ICH*®, mit „Verehrung" zu grüßen? Oder lieber mit „Gruezi"? Oder einem schlicht-amerikanischen „Hi"? Oder „Ahoi", „Servus", „Schönen Tag!"?

- Mit einem guten Wunsch zu grüßen ist ein effektvolles Markenzeichen – der Kommunikationsprofi Fritz Fuchs grüßt stets mit persönlicher Anrede. Sie beginnt in Briefen ebenso wie bei Begegnungen und am Telefon mit einem „Herr/Frau XY, einen schönen guten Tag!" – die Herzlichkeit, die die persönliche Anrede gemeinsam mit dem fröhlichen Wunsch vermittelt, sichert ihm stets die von ihm angestrebte Aufmerksamkeit.

- Ein guter Wunsch zur Verabschiedung kann genauso effektvoll sein. „Ich wünsche Ihnen einen schönen Abend, bitte beehren Sie uns bald wieder", sagt ein guter Kaufmann oder Restaurantbesitzer, wenn ein Kunde geht. So etwas bleibt im Gedächtnis. *Die Marke ICH*® kann genauso in Erinnerung bleiben, wenn sie sich mit einem freundlichen Wunsch empfiehlt. Hierzulande ist das – im Gegensatz zu Amerika, wo das „Take care" oder „Be safe" eine übliche Abschiedsfloskel ist – noch wenig üblich, aber gerade deshalb recht effektvoll. Wer eine christlich geprägte *Marke ICH*® vertritt, kann auch wünschen: „Behüte dich Gott". Der Kulturjournalist Otto Brusatti beendet jedes seiner Gespräche mit den Worten: „Ich wünsche Ihnen noch einen ereignisreichen Tag!"

Probieren Sie es ruhig aus, Ihrem Gegenüber einen guten Wunsch mitzugeben. Sie werden sehen, wie stark Ihre Freundlichkeit wirkt und wie sehr *Die Marke ICH®* damit in guter Erinnerung bleibt.

So vermitteln Sie Ihre Botschaft

Was Sie zu Beginn und am Ende eines Gespräches sagen, wird Ihrem Gegenüber stärker im Gedächtnis haften als vieles von dem, worüber Sie geplaudert haben. Für *Die Marke ICH®* aber ist es – wie für jeden Markenartikler – essentiell, dass die Botschaft in der Begegnung mit dem (möglichen) Kunden auch wirklich hinüberkommt. Viele Marken verknappen ihre Kommunikation auf wenige kurze Sätze, manche gar auf einen einzigen Satz. Das müssen Sie nicht nachmachen – obwohl manche Politiker gerade dadurch einen beachtlichen Erfolg haben, dass sie gewisse Aussagen schablonenhaft wiederholen. Ihre *Marke ICH®* soll natürlich nicht zur Schablone verkommen, aber ein paar Grundsätze sollten Sie in Ihrer Kommunikation beachten:

1. **Drücken Sie sich klar und verständlich aus.** Wäre es möglich, dass Sie sich gelegentlich verplaudern, am Punkt vorbeireden und schließlich nicht sicher sind, ob Ihre Zuhörer auch wirklich das gehört haben, was Sie ihnen sagen wollten? Lassen Ihre blumigen Formulierungen wirklich Bilder in den Köpfen und Sehnsüchte in den Bäuchen Ihres Publikums entstehen? Die großen Marken beschäftigen ganze Kompanien von Kreativdirektoren, Designern und nicht zuletzt Textern, um die Bilder ihrer Wertewelt beim Publikum zu erzeugen. Können Sie das selbst auch? Fein! Falls Sie sich in diesem Punkt aber nicht ganz sicher sind, sollten Sie sich eher für die Eindeutigkeit des Ausdrucks als für besonders geistreiche Formulierungen entscheiden.

2. **Seien Sie direkt.** Sagen Sie wirklich, was Sie denken, was Sie wollen und welches Ihre Ziele sind? Markenartikler tun das, denn sie wollen mit wenigen Worten ein klares Bild von sich und ihren Werten geben. Das wollen Sie doch auch – deshalb empfehlen wir Ihrer *Marke ICH®*, sich am Kommunikationsstil großer Marken zumindest zu orientieren.

3. **Passen Sie sich der jeweiligen Situation an.** Der Kontext und vor allem auch der jeweilige Empfänger Ihrer Botschaft sollten die Art und Weise bestimmen, wie Sie Ihre Botschaft übermitteln. Wie wichtig das ist, haben selbst Marken wie Coca-Cola erkannt: Diese durchaus amerikanische Marke hat für Russland eigene Werbespots entwickelt, weil die amerikanischen Werte allein nicht mehr verkaufen können. Die US-Biermarke Miller muss für England andere Spots drehen als die in den USA ausgestrahlten, um den englischen Humor zu treffen. Molson muss sogar für das französischsprachige Kanada andere Werbung machen, weil eine simple Synchronisation dem Geschmack in Quebec nicht gerecht würde. Das zeigt, dass selbst globale Marken in verschiedenen Märkten nicht immer dasselbe tun können. *Die Marke ICH®* wird sich für verschiedene Situationen ebenfalls unterschiedliche Gewichtungen in der Selbstdarstellung vornehmen müssen. Von den großen Marken können wir alle aber lernen, dass es einige Kernpunkte der Kommunikation gibt, die auf allen Märkten gleichbleiben müssen: Wir dürfen nie, niemals unsere Kernwerte verraten – nicht einmal, wenn wir uns auf einem Faschingsfest als Clown, Transvestit oder Obdachloser verkleiden.

   Der Empfänger bestimmt die Art und Weise, wie Sie Ihre Botschaft übermitteln. Aber Sie dürfen dabei Ihre Kernwerte nicht verraten.

4. **Beschränken Sie sich auf das Wichtigste.** Wenn Sie viel reden, reden Sie leicht am Punkt vorbei und machen es anderen leicht, geistig abzuschalten.

5. **Reden Sie nicht über „Probleme"** – es sei denn, Sie legen es ausschließlich darauf an, Ihre Zuhörer zu verunsichern, ihr Problembewusstsein zu schärfen. Eine starke *Marke ICH®* will aber üblicherweise nicht Probleme vermitteln, sondern Lösungen. Spezialisten ermuntern dazu, selbst am Telefon zu lächeln, erst recht, wenn Sie sich um das annehmen, was anderen offenbar schwer erscheint. Nie sagen: „Ich weiß nicht, ob das geht", sondern: „Ich werde versuchen, es möglich zu machen." Das bleibt hängen, nicht das, was am Ende wirklich herauskommt. Reden Sie also über Lösungen oder neutral: über Themen.

6. **Hören Sie aufmerksam zu.** Achten Sie auf Reaktionen. Haben Ihre Zuhörer Sie verstanden? Wenn man Sie mehrmals bittet, Ihre Erklärungen zu wiederholen, haben Sie sich vermutlich unverständlich ausgedrückt. Dieses Feedback suchen die großen Marken ständig – einmal über Marktforschung, ein anderes Mal über direkte Befragung des Kunden. „Sind wir genügend auf Ihre Wünsche eingegangen? Könnten wir noch etwas für Sie tun?" sind die Standard-Fragen auf allen einschlägigen Fragebögen der großen Hotelketten. Scheuen Sie sich nicht, Ihre Kunden dasselbe zu fragen.

7. **Fragen Sie aber ja nicht: „War ich gut?"** Sie wissen, wie peinlich diese Frage im Bett sein kann. Sie ist es überall anders auch. Und sie bringt kein sinnvolles Feedback für *Die Marke ICH®*. Setzen Sie Suggestivfragen überhaupt sparsam ein – wenn Sie dabei erwischt werden (und von intelligenten Gesprächspartnern werden Sie erwischt), fühlt sich Ihr Gegenüber eingeschüchtert. Er oder sie will davonlaufen – und wird nicht mehr gerne zu Ihrer *Marke ICH®* zurückkommen.

Die Dreischritt-Botschaft

Um mit Ihrer Botschaft auch wirklich in Erinnerung zu bleiben, können Sie sie gestalten wie es Nachrichtensprecher tun – in der so genannten Dreischritt-Moderation. Sie gibt zunächst eine Grundinformation zur Einstimmung, eine Zusatzinformation, die den Zuhörer betroffen machen soll, und leitet dann auf das Wesentlichste über:

1. „Vor 20 Minuten ist die Filiale der Deutschen Bank in Goldstadt überfallen worden.

2. Drei Täter haben Geiseln genommen und sich im Gebäude verschanzt.

3. Ich habe Folgendes beobachtet: …"

Seien Sie sicher: So hört man Ihnen zu. Der Dreischritt hilft auch dann, wenn Sie nicht von einem Banküberfall erzählen können. Sondern beispielsweise die Ergebnisse eines Meetings beeinflussen wollen:

1. **Einstieg,** der bei den Zuhörern Aufmerksamkeit und Betroffenheit schafft und sie auf das Thema einstimmt: „In der letzten Sitzung sind wir übereingekommen, dass wir nur Standorte in Erwägung ziehen, wo 100.000 Einwohner im Einzugsbereich sind."

2. **Herleitung,** warum Ihr Standpunkt auch für Ihr Gegenüber interessant ist – Schlussfolgerungen anbieten: „Der Vorschlag, sich in Gotha anzusiedeln, klingt auf den ersten Blick gut, weil der Kreis Gotha 148.527 Einwohner hat. Andererseits hat der Kreis eine negative Bevölkerungsentwicklung – und die Städte Erfurt und Eisenach ziehen viel Kaufkraft ab. "

3. **Zwecksatz** – also knapp gesagt das, was Sie selber erreichen wollen: „Ich bin daher dafür, dass wir erst einmal prüfen, ob wir an einem Standort in Eisenach oder Erfurt nicht besser verdienen!"

Und noch einen Dreischritt können wir Ihnen empfehlen, wenn Sie als Redner nicht so routiniert sind, wie Sie es vielleicht gerne wären:

1. Beginnen Sie damit, Ihren Zuhörern zu sagen, was Sie ihnen sagen werden. Zum Beispiel: „Ich will Ihnen heute erzählen, was das Thema ist, über das die meisten Menschen am liebsten sprechen."

2. Sagen Sie ihnen, was Sie ihnen sagen wollen. Also zum Beispiel: „Die meisten Menschen sprechen am liebsten über sich selbst."

3. Sagen Sie ihnen, was Sie ihnen gesagt haben. In unserem Beispiel: „Wie wir in dieser Präsentation gesehen haben, wollen die meisten Leute am liebsten nicht über Politik oder Fußball, sondern über sich selbst sprechen."

Warum gehen wir auf diese kommunikationstechnischen Details in einem Buch über Marken und Menschen ein? Weil viele große Marken genau diesen Dreischritt verwenden: Die Dreiteilung erscheint uns nicht nur bei Bildern (sei es der Dilbert-Comic oder ein gotisches Tryptichon) harmonisch, sondern eben auch bei Aussagen:

- „Quadratisch, praktisch, gut" – Sie wissen, wer das sagt, auch wenn Sie Ritter Sport gerade nicht in der Nähe haben.

- „Frisch, saftig, steirisch" steht für steirische Äpfel. So sehr, dass es zu einem Begriff für steirische Lebensart an sich wurde.

- „Standfest, leise, stark" preist Caterpillar seine Bagger an.

- „Menschlichkeit, Gerechtigkeit, Frieden" versprach die SPD im Bundestagswahlkampf 1972. „Sicher, Sozial und Frei" gab sich die CDU vier Jahre später. Und 2002 plakatierte sie Edmund Stoiber mit „Kantig, Echt, Erfolgreich".

- „Gut, besser, Paulaner" prägt sich hervorragend ein – die österreichische Version desselben Gedankens „Gut, besser, Gösser" ist nahezu unschlagbar.

- „The few, the proud, the Marines" betont den elitären Anspruch der Ledernacken.

- „Siemens. Things work. For you." dreht den Dreischritt um – aber mit dem mächtigen Effekt, den Nutzen für den Kunden als letzte, hängenbleibende Botschaft zu vermitteln.

Jedenfalls aber macht es Sinn, sich bei Gesprächen die dreistufige Argumentation (und auch die dreistufige Fragestellung Einleitung – Herleitung – Fragesatz) anzugewöhnen – man wird sich Ihre *Marke ICH®* daraufhin besser einprägen.

Wir sollten in diesem Zusammenhang auch den Schauspieler Götz Otto erwähnen, der sein Bösewicht-Image mit dem Dreischritt: „I'm big, I'm bad, I'm bold" unterstrichen hat – unvergesslich. Und eine Anregung, die Aussagen über *Die Marke ICH®* nach Möglichkeit auf einen solchen Dreischritt zu verknappen – auch wenn das im ersten, zweiten und dritten Versuch misslingt, ist es eine gute Übung.

Zeigen Sie „Flagge"

So entsteht ein Markenzeichen. Wobei das sehr ungenau hingesagt ist: Wir haben in diesem Buch das Wort Marke immer wieder in jenem Verständnis benutzt, das deutsche Leser davon haben. Demnach ist die Marke ein geistiger Oberbegriff zu einem Unternehmen, seinen Waren und seinen Leistungen. Und ein Markenzeichen ist alles, was die Marke wiedererkennbar macht. Oder – inzwischen auch im allgemeinen Sprachgebrauch: Was eine Person wiedererkennbar macht.

Technisch gesehen ist der Begriff viel enger. Grimms Wörterbuch von 1885 erläutert, dass „Marke" ursprünglich eine Nebenform zur „Mark" (= Grenze, Grenzland) war, die in die romanischen Sprachen eingedrungen ist und im 17. Jahrhundert in der heutigen Bedeutung wieder zurückgekommen ist. Allerdings zunächst in französischer Schreibung „marque". Das Grimm-Wörterbuch verweist auf Hübners Handelslexikon von 1722, in dem es heißt, es würden „emballierte güter mit gewissen numeris und der kaufleute ihren gewöhnlichen handels-marquen ... gekennzeichnet".

Schon damals – rund 150 Jahre, bevor markenrechtlicher Schutz und Markenregister eingerichtet wurden – setzte man Markenzeichen, „bei eigenen manufacturen, da man ein gewisses sinnbild, marque oder numer auf seinen waaren führet, entweder auf dem papier, nebst dem namen in Kupfer gestochen, oder gedruckt, oder auch in das holz mit einem stempel eingebrennet, oder gar mit dem Hammer eingeschlagen".

Das Herkunfts- und Zugehörigkeitszeichen wurde also „mit einem Stempel eingebrennet" – ganz so wie ein Brandzeichen für Viehherden. Tatsächlich sagt der amerikanische Ausdruck für Marke („Brand") noch besser aus, worum es ursprünglich ging, als der englische („Trade Mark").

Wenn wir also von der persönlichen *Marke ICH®* sprechen, sprechen wir vom „personal branding", davon, uns und dem, was uns ausmacht, ein Brandzeichen zu verpassen. Es ist kein Zufall, dass das (Sich-selbst-)Zufügen von „tribal marks" in den modernen Jugendkulturen der Großstädte eine Renaissance erlebt: Neben Tattoos, Piercings und Schnittnarben sind es eben auch Brandzeichen, die sich junge Leute anbringen, um ihre Persönlichkeit auszudrücken.

Nun: Sie müssen nicht gleich ein Eisen weißglühend machen, um sich Ihre *Marke ICH®* in die Haut zu brennen. Aber Sie sollten sich überlegen, was dieses Markenzeichen denn sein könnte.

Alter Adel hat es ja vergleichsweise leicht: Dort hat man sich schon vor Jahrhunderten mit Markenzeichen abgegeben – in Form von Wappen. Was man „im Schilde führte" war tatsächlich das, was man hinter dem oft mit dem eigenen Wappen gezierten Schild für einen allfälligen Gegner bereithielt. Wenn man „Flagge zeigte", zeigte man, zu wem und zu wessen Zielen und Werten man stand. So wurde etwa das Kreuz, das dem römischen Kaiser Constantin dem Großen (280–337) vor der Schlacht gegen Maxentius an der Milvischen Brücke 312 erschienen sein soll, zum legendenumrankten Markenzeichen der Bekehrung zum Christentum: „In hoc signum vinces" ("unter diesem Zeichen wirst du siegen"). Adler, Fasces, Stern, Krone, Rauten- und Lilienmuster, Türme, Fabeltiere und genau zugeordnete heraldische Farben sind weitere Versatzstücke aus dem Repertoire der Wappengestalter – ebenso die moderneren Symbole von Sichel, Hammer, Haken- und Krukenkreuz.

Wer „Flagge" zeigt, zeigt zu wem und zu wessen Zielen und Werten er steht.

Einige Marken führen die heraldischen Symbole und auch ganze Wappen in ihrem Markenzeichen. Vor allem, wenn diese Marken mit dem Herkunftsland (Air France), einer Herkunftsstadt (Spalter Siegelhopfen) oder einem adeligen Besitzer (Fürstenberg Bier) eng verbunden sind.

Andere Unternehmer versuchten, sich möglichst einfache Markenzeichen zu sichern. Bass & Co. in Burton on Trent hatte etwa jahrelang mit mehr oder weniger großem Erfolg ein rotes Dreieck als Kennzeichen für sein Pale Ale verwendet. Der Markenschutz basierte damals auf der allgemeinen Verkehrsauffassung. 1865 konnte Bass in Paris ein Urteil gegen einen Lebensmittelgroßhändler namens Benjamin Harris erwirken, der Imitationen von Bass-Etiketten für fremdes Flaschenbier verwendet hatte. Es dauerte aber bis 1875, bis in England ein Trade Mark Register eingerichtet wurde. Die Registrierungen begannen am 1. Jänner 1876. „Man nimmt an, dass sich ein Mitarbeiter des Londoner Büros die ganze Nacht angestellt hat, um die ersten drei Eintragungen zu sichern: No. 1 das rote Dreieck für das Pale Ale, No. 2 die rote Raute für Burton Ale und No. 3 die schokoladefarbige Raute für Extra Stout. Ab da hat Bass & Co. Einspruch gegen alle Eintragungswünsche von Dreiecken oder Rauten welcher Farbe auch immer eingelegt", heißt es in einer Firmenchronik.

Als ältestes Markenzeichen in Deutschland gilt die Schwertermarke von Meissner Porzellan. Die Idee für das Markenzeichen, das bis heute für Luxus und Reichtum steht, hatte Manufaktur-Inspektor

Johann Melchior Steinbrück 1722, um die Produkte der 1710 gegründeten Manufaktur einheitlich zu kennzeichnen.

Die McDonald's-Story

Schauen wir uns in diesem Zusammenhang noch die Marke McDonald's an: Viele Kunden, vor allem die jüngeren, dürften meinen, dass hinter der Marke ein gewisser Ronald McDonald stünde. Man sieht ihn ja auch immer wieder in der Werbung; als einladende Figur an den Playplaces; als Animator bei Kinderpartys. Aber dieser Ronald McDonald ist eine Kunstfigur – ein Markenzeichen, das ebenso aus der Retorte stammt wie die „Golden Arches", jenes leuchtende „M", das weltweit Kennzeichen der McDonald's Läden ist.

Hinter dem „M" steht jemand mit dem Namen Ray Kroc, der 1952 die sieben Schnellimbiss-Lokale der Brüder Maurice und Richard McDonald kennen lernte. Kroc erkannte das Markenpotenzial, stieg bei den Brüdern ein und schloss landesweite Franchiseverträge. Krocs Erfolgsgeheimnis ist die Standardisierung (der „BigMac" schmeckt weltweit gleich, die Restaurants sehen weltweit gleich aus) und das kompromisslose Setzen auf die Marke und ihre Stärke. Auch wenn ihn der fremde Name viel Geld gekostet hat, nach Krocs eigenen Angaben 14 Millionen Dollar. Der Wirtschaftspublizist York von Heimburg zitiert Kroc mit der Aussage: „Es gab einfach keinen Weg daran vorbei. Ich brauchte den Namen und diese goldenen Bögen. Was hätte ich mit einem Namen wie Kroc anfangen sollen?" Und von Heimburg ergänzt: „Da hatte er wohl recht."

McDonald's exerziert vor, wie eine Marke mit optischen Signalen unverwechselbar wird.

Natürlich sind der Name, der für schottische Sparsamkeit steht, und die weltweit wiedererkennbaren „M"s wichtig für das Wachstum von McDonald's. Mit Ende 1996 gab es rund 20.000 McDonald's Restaurants – Anfang 2003 waren es schon 30.000. Jeder Deutsche, so die Statistik, speiste im Jahr 2001 für 30 Euro in den Filialen mit dem gelben M: Diese Markenzeichen machen aber nur einen Teil dessen aus, was als Markenzeichen für McDonald's steht und weltweit Familien mit Kindern und junge Leute mit geringem Einkommen (was ja keine Schande ist) anzieht: Der „BigMac" ist eben mehr als ein Produkt, er ist auch Träger der Marke. Die Ladeneinrichtung und die Spielecken sind eben nicht nur irgendwelches Inventar, sie sind wichtige optische Signale. Und sie sind ebenso standardisiert wie die Uniformen der Servierkräfte, die Hygieneanforderungen und die Preistafeln.

Für *Die Marke ICH®* können wir daraus lernen, dass Markenname und Markenzeichen aus mehr bestehen als auf den ersten Blick auffällt. Man kann beides notfalls sogar zukaufen (wie es Herr Kroc vorexerziert hat); wichtiger ist aber, dass man bereit ist, vieles wegzulassen. Seit 1952 wurden die Kennzeichen von McDonald's nur in Nuancen verändert – und kein Franchisenehmer hat das Recht, McDonald's etwa anders zu schreiben, den goldenen Doppelbogen anders zu bemalen oder damastene Tischdecken auf die Tische zu tun. Neue Produkte dürfen nur in Abstimmung mit der jeweiligen Landeszentrale eingeführt werden, auch die Werbegeschenke bei „Happy Meals" (in Deutschland: „Kindertüten") sind für jeden regionalen Markt standardisiert. Für *Die Marke ICH®* eines Franchisenehmers von McDonald's heißt das, dass der Marketing-Spielraum eingeschränkt ist.

Das klingt zunächst negativ: Große Marken wie McDonald's beschränken die Kreativität! Das ist aber auch für jede andere *Marke ICH®* einen weiteren Gedanken wert. Auch unser kreativer Spielraum ist in Wahrheit eingeschränkt, wenn es um den Kern der Marke und ihre wesentlichen Symbole geht: Markennamen und Markenzeichen, die wiedererkannt werden wollen, muss man beibehalten – auch wenn sie einem selbst,

> Wer allzu oft an seinem Markennamen und Markenzeichen herumbastelt, wird nicht wiedererkannt.

den engsten Freunden und Verwandten vielleicht schon langweilig werden. Wenn wir daran allzu oft und allzu freizügig herumbasteln, wird unsere *Marke ICH®* verwaschen und immer weniger wert.

Auffallen – nicht um jeden Preis, aber ein bisschen etwas wird es schon kosten

Beschränkung der Kreativität heißt natürlich nicht, dass man nicht kreativ sein sollte – im Gegenteil! Aber man muss bei jeder neuen Idee prüfen, ob sie mit den eigenen Werten, mit dem, was *Die Marke ICH®* ausmacht, übereinstimmt. Wenn wir als Rebellen positioniert sind, dann bitte: Rebellieren wir darauf los! Wenn wir als Konservative positioniert sind – bitte konservativ bleiben. Daraus leiten sich dann auch die Kommunikationsstrategien ab, erklärt der Kreativ-Direktor Joachim Glawion: „Hätten die französischen Lkw-Fahrer jemals Erfolg gehabt, wenn sie Protestzettel an ihre Fahrerhäuschen geklebt hätten anstatt die Autobahnen zu blockieren? ... Wer heute als David gegen Goliath bestehen will, braucht für seine Forderungen maximale Medienpräsenz. Um die zu erreichen sind (fast) alle Mittel recht. Entscheidend ist der Nachrichtenwert, den die Protestaktionen für die Medien haben... Ob diese Sichtweise moralisch zu vertreten ist, sei dahingestellt. Für eine erfolgreiche Kampagne im Public-Relations-Bereich ist sie obligatorisch."

Denn für ein Kleinunternehmen gilt genauso wie für ein Weltunternehmen: Um als Marke erfolgreich zu sein, muss man bereit sein, aufzufallen.

Auffallen – nicht um jeden Preis, aber ein bisschen etwas wird es schon kosten. Vor allem Mut.

Seth Godin hat im Februar 2003 in der Zeitschrift Fast Company dargelegt, was es bedeutet, bemerkenswert zu sein: „Da geht es nicht immer darum, dass man die größte Maschine austauscht – bemerkenswert kann man werden durch die Art, wie man ein Telefongespräch annimmt, ein neues Produkt ankündigt oder eine Preisänderung kommuniziert." Meist funktioniert es, wenn man es riskiert, die Dinge unkonventionell zu tun – wenn alles gut geht, bleibt es besser in Erinnerung als wenn man den konventionellen Weg gegangen wäre. Und wenn es schief geht, ist der Schaden begrenzbar, wenn man vorher ein unsichtbares Auffangnetz eingezogen hat.

Aber an die Grenzen zu gehen, lohnt meist: zu sehen, ob *Die Marke ICH®* in irgendeinem Bereich die größte, schnellste, teuerste (zur Not auch: billigste), lauteste, effizienteste, älteste, neueste, beliebteste (oder, wenn sie eine stark belastbare Persönlichkeit sind: verhassteste), härteste, sanfteste, verständnisvollste oder auch nur präsenteste sein kann.

Interessant wirken vor allem Marken, die die bekannten Dinge ganz anders tun als andere, also Konventionen brechen.

Unter Umständen auch jene Konventionen, die wir als nützlichen Hintergrund, als „Asset" identifiziert haben. Wenn es sozusagen allgemein akzeptierter Standard ist, einen bestimmten Asset zu verwenden, ist es vielleich klüger, der Einzige zu sein, der diesen Asset nicht betont. Beispiele dafür finden sich unter anderem in der Getränkebranche: So gilt es als Selbstverständlichkeit, dass man bei Weinen vor allem ihre Herkunft vermarktet – die Marke Viala zeigt seit 1990, dass man auch anders kann: Sie sagt zwar, dass es sich um italienischen Wein handelt, der in den Flaschen ist – aber viel wichtiger ist das soziale Umfeld, das mit der Weinmarke verkauft wird. Da wird Partystimmung vermittelt, ein frischer, frecher, jugendlicher Zugang, der jede andere Art von Weinkonsum alt und versnobt aussehen lässt. Oder 7 Up: Diese Marke war richtig gut, als sie in den 70er Jahren klarmachte, wofür sie steht und wofür nicht. Während alle Welt versuchte, Colagetränke zu vermarkten (was schließlich in der Schlacht zwischen Coke und Pepsi kaum Platz für Dritte ließ) positionierte sich 7 Up als eine erfrischende Alternative: als Un-Cola.

Wer arm ist, muss wenigstens mutig sein

Für *Die Marke ICH®* können wir daraus lernen: Wer mit den anderen nicht mithalten kann, weil ihm das Geld oder gar das Talent dazu fehlt, der muss erfrischend anders sein und kompromisslos dazu stehen. Nicht ein bisschen Cola – sondern etwas ganz anderes mit mindestens so viel Nutzen. Eine Marke, die neben anderen bestehen will, muss deren Konventionen brechen – im Falle 7 Up versus Colagetränke: „Erfrischung gibt es nur mit braunem Cola" – und eine neue entgegensetzen. Dasselbe gilt natürlich für alle Märkte, auf denen ein Platzhirsch sein Revier verteidigt. Man kann nicht unbedingt etwas dafür, wenn man später kommt – wir alle waren noch nicht geboren, als Coca-Cola bereits zur Marke aufgestiegen ist. Aber wenn wir es mit größeren, reicheren und stärkeren Mitbewerbern aufnehmen wollen, dann müssen wir wenigstens klar unterscheidbar sein. Und in wenigstens einem Punkt so

> Eine Marke, die neben anderen bestehen will, muss deren Konventionen brechen.

gut, dass ausreichend viele unserer Kunden *Die Marke ICH®* für besser halten.

Das erfordert Mut, gerade wenn man der kleinere, neuere, ärmere ist, meinte der mehrfach ausgezeichnete Hamburger Werbefachmann Holger Jung in der ZEIT: „Es gibt nur zwei Möglichkeiten, schnell Erfolg zu haben. Entweder man ist saureich und haut die Leute tot. Oder man folgt dem Motto: Wer arm ist, muss wenigstens mutig sein." Und sein Partner Jean-Remy von Matt erklärt, warum viele diesen Mut nicht aufbringen: „In Zeiten wirtschaftlichen Drucks sollte zwar der Mut zum kalkulierten Risiko steigen. Offensichtlich klammert man sich aber an dem fest, was man hat. Bloß keinen Fehler machen, die Zeiten sind schwer genug. Wir erleben also eher ein ängstliches Klima. Daher – das muss man von uns aus offen sagen – war es auch noch nie so leicht, Deutschlands kreativste Agentur zu sein."

Das Anders-Sein, das Mutig-Sein – das darf sich aber nicht nur in irgendeinem witzigen (Werbe-)Auftritt erschöpfen. Der türkischstämmige Akif Pirincci, der 1989 den als besten deutschsprachigen Kriminalroman ausgezeichneten Katzen-Krimi „Felidae" schrieb, hat mutig alle denkbaren Konventionen gebrochen: Statt des üblichen Gelabers über die Probleme von Minderheiten lieferte er eine spannende Story, statt Schlapphut und Polizeikommissar tummelten sich in seinem Buch verschiedene Hauskatzen. Pirincci bewies: Eine starke Marke muss im Idealfall das Verständnis des Marktes von dem Feld, auf dem sie tätig ist, verändern.

So wie Apple die Wahrnehmung des Publikums geändert hat: Bis 1984 galt, dass Computer komplizierte Geräte für Fachleute wären – Apple brachte nicht nur das neue, einfache Produkt Macintosh auf den Markt, sondern erklärte dem Markt auch, dass Computer simple Maschinen sind, die jedermann bedienen kann. Sofern er sich eben auf die Marke Apple verlässt. Auf ähnliche Weise hat Nike 1968 das Verständnis von Sport verändert, indem es Schuhe entwickelt hat, die nicht gedrückt haben. Es ist kein Zufall, dass diese Marken, die ihre Märkte und Produktklassen völlig neu definiert haben, nicht in irgendwelchen Konzernzentralen, sondern in Garagen und Hinterzimmern von Gaststätten entwickelt worden sind.

Bei all dem muss uns bewusst sein, dass Marken nicht von heute auf morgen groß werden – und dass noch keine Marke damit groß geworden ist, dass sie sich alle paar Wochen neu präsentiert. Im Gegenteil. Lego ist erfolgreich, weil jedes Kind Legosteine jederzeit als Legosteine wiedererkennen kann, auch wenn jährlich Dutzende neue Lego-Produkte auf den Markt kommen. Ebenso wie Coca-Cola mit seiner unverwechselbaren, 1915 von Alexander Samuelson geschaffenen Flaschenform, mit der charakteristischen roten Verpackungsfarbe und den klar typographierten Schriftzügen (sowohl für die „Coca-Cola" als auch für die „Coke"-Marke) wiedererkennbar bleibt.

Erinnern wir uns noch einmal daran, dass unsere Marke nicht unser Produkt ist. Und dass unser Produkt – also unsere Arbeit, unsere Anwesenheit, unsere Meinung – nicht um ihrer selbst willen gekauft werden soll. Der wesentliche Grund, eine Marke zu kaufen, ist nicht das Produkt selber, sondern sein spezieller, vom Konsumenten wahrgenommener Wert: Bei Schlitz Bier, einer der meistverkauften amerikanischen Biermarke der ersten Hälfte des 20. Jahrhunderts, hat der geniale Werber Claude Hopkins (1866–1932) nie das Bier in den Mittelpunkt gestellt (das taten die Kampagnen der anderen Brauer), sondern das Faktum, dass die Flaschen mit Dampf gereinigt wurden. Hopkins machte aus der Palmolive-Seife den „Beauty Bar" und er war der Erste, der (für Pepsodent) den Anspruch erhob, mit der Zahncreme könne man Zahnbelag entfernen und dadurch attraktiver werden. Das bedeutete unterschwellig: Wer Pepsodent verwendet, hat mehr Sex – was nun mit dem Produkt gar nichts mehr zu tun hat, wohl aber Sex-Appeal für die Marke schafft.

Frauen bitte nach vorne!

Sich abheben, dazu stehen und insistieren, dass die eigenen Standpunkte und Ziele auch wahrgenommen werden – das gilt für Frauen und Männer zwar gleichermaßen. Nur ist es für Frauen nicht so selbstverständlich, im Berufsleben Aufsehen zu erregen (im Privatleben dagegen gilt es beinahe als Teil weiblichen Selbstverständnisses). Besonders krass ist das in technischen Berufsfeldern: „Dabei bestimmt die Technik mehr denn je die Alltagssprache. Hier vollzieht sich die Geschlechtermetaphysik in bester Tradition. Während Männer das andere Geschlecht ,anbaggern', werden eben diese von den

Frauen ‚eingekocht'", stellt die Technikerin Traude Kogoj fest, die bei den Bundesbahnen bemüht ist, für Gender-Mainstreaming, also für Karrierechancen für Frauen zu sorgen. Sie erinnert daran, welche Leistungen Frauen in der Technik erbracht haben: Dass die antike Mathematikerin Hypatia die Senkwaage entwickelt hat; dass Maria Gaetana Agnesi die Formel für die Differentialrechnung entwickelt hat; dass Carrie J. Everson das Ölschlemmverfahren für die Trennung von Edelmetall und Schlacke patentieren ließ; dass Lise Meitner als Erste die Kernspaltung durchführte und sie auch so nannte – all das findet in der Technikgeschichte kaum Platz. Auch deshalb, weil die großen Technikerinnen es nicht durchsetzen konnten, dass ihr Name mit ihren Erfindungen verbunden blieb: Der Geigerzähler heißt nach dem deutschen Physiker Hans Geiger und eben nicht nach seiner Erfinderin Marie Curie, die zwar wissenschaftlich, aber nicht bei der Schaffung der einprägsamen Bezeichnung für ihr Gerät erfolgreich war.

Frauen fällt es generell schwerer, auf sich aufmerksam zu machen. Sie verharren eher als Männer in der trotzigen „Ich bin doch sowieso die kompetenteste Kandidatin"-Haltung. Und sie verzichten darauf, jene Kontaktnetze zu nutzen, die Männer quasi selbstverständlich für sich in Anspruch nehmen – ob sie nun miteinander in die Kneipe gehen, in eine Studentenverbindung oder auf den Golfplatz: „Ich kann doch nicht ... nur damit ich ..." ist eine typisch weibliche Haltung gegenüber den informellen Karrierenetzwerken – während die Karriereberaterin Sabine Asgodom ganz hart fragt: „Aber warum denn nicht, wenn es der Sache dient. Das ist kein Plädoyer fürs ‚Hochschlafen', aber doch eines für weibliche Klugheit. Schufterei ist der falsche Weg." Denn über den Einsatz persönlicher Kontakte und Beziehungen für das berufliche Vorankommen regen sich eigentlich nur diejenigen auf, die keine haben. Alle anderen nutzen diese Möglichkeit zum gegenseitigen Vorteil, denn sie wissen, dass hinter jedem erfolgreichen Menschen viele andere stehen, die diesen Erfolg erst ermöglicht haben.

Auf sich aufmerksam zu machen, innerhalb oder auch außerhalb eines Unternehmens, sich abzuheben von der Masse der Mitarbeiter wird aber von vielen Managementberatern (und von den von ihnen beratenen Managern) als Auswahlkriterium gesehen. Der 2002 viel zu früh verstorbene Headhunting-Papst Jean-François Jenewein meinte einmal dazu: „Die meisten Unternehmen haben keine Ahnung, was welcher Mitarbeiter wirklich leistet – weil sie das nicht objektiv dokumentieren. Das macht es umso wichtiger, dass man selber dokumentiert, wer man ist, was man kann und was das dem Unternehmen bringt." Solch eine Eigenbilanz schützt *Die Marke ICH®* davor, unterschätzt zu werden – und auch davor, sich selber zu unterschätzen.

> Die meisten Frauen tragen ein unsichtbares Korsett: Es ist aus Selbstzweifeln, Bescheidenheit, Fleiß und Anpassungswillen gewebt und sitzt verdammt eng.

Vor allem Frauen (aber auch viele als Softies aufgewachsene Männer) legen sich unabsichtlich ein Bescheidenheits-Korsett an – aus dem sie oft kaum herauskommen. Die vor allem auf Frauen spezialisierte Personalberaterin Ingrid Kösten hat beobachtet, dass „Frauen viel zu Output-orientiert sind und sagen, ach, die Machtspielchen und Statussymbole interessieren mich nicht. Frauen können zwar taktisch unheimlich klug vorgehen, wenn es darum geht, sich einen Mann zu angeln, aber wenn es um Top-Positionen geht, machen sie regelmäßig Fehler wie zum Beispiel die Unterschätzung von Statussymbolen. Eine Product-Managerin, die lieber mit einem Fiat Punto fährt als mit einem statusträchtigen Firmenwagen, sorgt einfach für Irritationen, auch wenn die Automarke in Wirklichkeit für den Job völlig bedeutungslos ist", erklärte sie in der Zeitschrift PROFIL.

Bloß keine vornehme Zurückhaltung

Eine wichtige Lehre aus der Werbebranche lautet: Wenn man für ein Produkt hohen Wert signalisieren will, dann muss man es in der Nähe von Produkten platzieren, die schon allgemein als wertvoll empfunden werden. Das funktioniert für Seifen (Pears Soap hat damit begonnen) ebenso wie für Katzenfutter (Sheba). Ins richtige Licht gesetzt sind diese Marken erst, wenn die Produkte in der richtigen Umgebung fotografiert werden. Nähe suggeriert Ähnlichkeit – und die wertvolle Anmutung färbt ab. Das macht ja den Erfolg von Prestigemarken aus: Sie vermitteln demjenigen Prestige, der sie verwendet. Und wer eine starke *Marke ICH®* aufbaut, weiß, welche Marken er ostentativ verwendet, um zu dokumentieren, wie wertvoll seine Umgebung ist.

Umgekehrt kann man Distanz schaffen, wenn man scharfe Gegen-bilder zeichnet. Andreas Buchholz und Wolfram Wördemann berich-ten etwa von einem Stockholmer Kino, in dem es verboten ist, den Hut aufzubehalten. So ein Verbot mag schwer durchzusetzen sein – aber mit folgendem Schild soll es gelungen sein: „Uralten, gebrech-lichen Damen ist es erlaubt, ihre Hüte in unserem Theater aufzu-behalten." Klar doch – niemand will in die Kategorie „uralte, gebrech-liche Dame" fallen, also nehmen alle brav die Kopfbedeckung ab.

Wir haben in diesem Kapitel deutlich gesagt, dass man Zeichen setzen muss – und wir werden im nächsten Kapitel noch einmal näher darauf eingehen, was das für die Verpackung der *Marke ICH®* bedeu-tet. Wir raten generell jedem dazu, Mut zu zeigen. Ein bisschen Über-treibung ist gut und sinnvoll.

Übertreibung kann ein Befreiungsschlag sein, der uns aus den Konventionen der anderen heraushaut. Wir sollten uns aber auch das Beispiel der FDP zur Warnung gereichen lassen: Die FDP hat sich von der sie seit Jahrzehnten verfolgenden Sorge um die Fünf-Prozent-Hürde befreit, indem sie sich 2002 mit dem „Projekt 18" ein viel ehrgeizigeres Ziel gesetzt hat – auf diese Weise wurden schon viele Marken, viele Sportler, viele Menschen auf Erfolgskurs gebracht. Aber bei den Freien Demokraten gab es mehrere gravierende Fehler – sie haben es mit den Themen (plötzliche anti-israelische und als anti-semitisch empfundene Provokation), aber auch mit den Auftritten übertrieben: Man wählt keinen Clown, mag er noch so liberal sein. Wenn die Form den Inhalt vollkommen überlagert, kann die Glaub-würdigkeit leiden.

Aufgaben für *Die Marke ICH®*:

Stellen Sie sich vor, Sie zünden eine Kerze an. Dafür kann es verschie-dene Gründe geben – zum Beispiel, dass Sie in einem dunklen Keller sind und keine Taschenlampe dabei haben. Oder dass Sie daheim im Wohnzimmer sitzen und einen Stromausfall haben. In den aller-meisten Fällen zünden Sie eine Kerze aber nicht an, weil Sie Licht brauchen – sondern weil Sie mit dem Kerzenlicht eine ganz bestimm-te Stimmung erzeugen wollen. Ein Zimmer mit Kerzenlicht vermittelt eben besondere emotionale Werte. **Die Kerze schafft nicht Licht, um zu sehen, sondern um anders wahrzunehmen.** Wenn Sie eine Kerze kaufen, kaufen Sie den Anspruch auf Romantik mit. Wenn Sie in einem Restaurant Platz genommen haben, dann erwarten Sie, dass der Kellner kommt, um die Kerze anzuzünden. Kein Kerzenlicht – keine Romantik. Was das Kerzenlicht bewirkt, das steht in Ihrem „Brainskript". So nennt man die Erwartungshaltungen, die Abläufe und Signale, die für Emotionen stehen. Täglich empfangen wir hunderte solche Signale – wie etwa das vertraute Schaukeln des Busses. Bleibt es aus, sind wir verunsichert, fürchten, dass wir im falschen Bus sitzen. Auch Marken und Personen senden solche Signale aus. **Werden Sie sich bewusst, welche Signale Sie selber aussenden:**

■ Fragen Sie sich, womit Sie bisher Ihrer Umgebung aufgefallen sind. Haben Sie einen Tick, eine besondere Vorliebe? Sind Sie stolz darauf? Wenn ja: Fein! – Wer weiß von dieser Vorliebe – und wer sollte davon wissen? Wenn nein: Wollen Sie diese Vorliebe lieber verdrängen, lieber verheimlichen oder wollen Sie lernen, dazu zu stehen?

■ Wie weit hat diese Auffälligkeit mit dem zu tun, was Ihre *Marke ICH®* ausmacht? Entspricht eine Ihrer Gewohnheiten in ganz besonderem Maße den Werten, die Sie vertreten? Wie könnte eine solche inhaltliche Verbindung hergestellt werden?

■ Schreiben Sie auf, was Ihnen zu dieser Auffälligkeit einfällt und was das mit Ihrer *Marke ICH®* zu tun haben könnte. Sehen Sie sich diese Notiz nach 24 Stunden noch einmal an. Stimmt der Gedanke immer noch? Fein! Dann besprechen Sie ihn mit einem ausgewählten Herold.

■ Passt die Verbindung aber nicht, dann prüfen Sie den Vorrat an Besonderheiten neu. Stellen Sie sich dabei immer wieder die Frage, wie das, was Sie besonders oder auf eine besondere Weise tun (oder bewusst unterlassen), mit den Werten Ihrer *Marke ICH®* übereinstimmt. Sie werden möglicherweise entdecken, dass es einige Vorlieben und Gewohnheiten gibt, die nicht mit den Werten Ihrer *Marke ICH®* übereinstimmen – Sie sollten sich von diesen Dingen trennen. Und sich dann umso mehr auf die Dinge konzentrieren, die Ihre Werte symbolisieren.

- Eines aber müssen wir vermeiden: Dass wir uns übernehmen und verzetteln. Das kostet schon große Marken enorme Kraft. Für *Die Marke ICH®* ist „Hans Dampf in allen Gassen" ein Etikett, das noch viel stärker entwertend wirkt.

- Versuchen Sie, die Dreischritt-Regel in der Kommunikation Ihrer *Marke ICH®* einzuführen. Ein Dreischritt ist auch für die Vorstellung sinnvoll – die Kommunikationsberaterin Doris Märtin nennt das die „GNA-Formel", nämlich „Gruß, Name, Aufhänger." Diese Aufhänger sollten womöglich individuell sein, also auf das Gegenüber oder die Umgebung Bezug nehmen: „Grüß Gott, ich bin der Schattbauer Franz Moser. Ich habe das Buffet geliefert, das heute hier serviert wird." Oder: „Ich sehe, dass Sie sich den Schafkäse schmecken lassen – den habe ich geliefert."

- Schreiben Sie auf, welche Wiedererkennbarkeiten für Ihre *Marke ICH®* stilprägend sein sollen: beim Grüßen, in Anschreiben, zur Verabschiedung und so weiter. Legen Sie sich auch eine auffällige, positive Floskel zurecht, mit der Sie die Frage: „Wie geht's?" einprägsam beantworten können.

Aufgaben für Ihren Herold:

Ein Herold Ihrer *Marke ICH®* sollte damit vertraut sein, was an Ihnen auffällig ist. Ist dieser Herold ein guter Freund oder eine gute Freundin, so kann er auch helfen, die Auffälligkeiten zu identifizieren, die die Werte Ihrer *Marke ICH®* ausmachen.

- Sobald Sie sich klar darüber sind, womit Sie sich aufzufallen trauen, machen Sie das auch Ihren Herolden klar. Die Herolde sollten jederzeit wissen, worin Sie sich von anderen unterscheiden – und Dritten erklären können, warum das gut ist.

- Wir haben in diesem Zusammenhang vom Dreischritt gesprochen. Davon, dass Formeln am einprägsamsten sind, wenn sie wie „quadratisch, praktisch, gut" daherkommen. Auch Ihre Herolde sollten womöglich mit drei Wörtern Ihre *Marke ICH®* charakterisieren können.

Die Markenzeichen Ihrer *Marke ICH®*

Wir beginnen, uns ein Urteil über Menschen zu bilden, kaum dass wir sie zum ersten Mal sehen. Von diesem Oberflächen-Urteil schließen wir auf Charakter und Persönlichkeit. Dieses oberflächliche Urteil betrifft vor allem Aussehen und Kleidung. Wir beurteilen einen Menschen nicht nur als attraktiv, gepflegt oder modisch, sondern auch als freundlich, intelligent oder vertrauenswürdig. Diese Einschätzung beruht im Wesentlichen darauf, wie jemand sich gibt – wie er oder sie steht, sich bewegt, spricht, lächelt und andere ansieht.

Und in welcher Umgebung er das tut: Auch ein Offizier, der in Unterhosen im Waschraum steht, ist noch ein Offizier. Aber er macht nicht so viel her wie eine halbe Stunde später in voller Montur auf dem Kasernenhof.

Bei der Entwicklung der *Marke ICH®* ist es daher wichtig, sich der eigenen Wirkung bewusst zu werden. In Shakespeares Julius Cäsar heißt es: „Yond Cassius has a lean and hungry look; he thinks too much" – die oft zitierte deutsche Übersetzung der Passage sagt uns klar, wie Cäsar mit gestaltpsychologischer Treffsicherheit an den Äußerlichkeiten die Charaktere der Menschen einschätzt: „Lasst wohlbeleibte Männer um mich sein, mit glatten Köpfen, und die nachts gut schlafen. Der Cassius dort hat einen hohlen Blick; er denkt zu viel, die Leute sind gefährlich." Wir kennen ja unsere eigenen Vorurteile: Ein wohlbeleibter Mann ist gemütlich und neigt nicht zur Revolution. Einer rundlicheren Frau attestieren wir gerne, „ein süßes Mädel" zu sein, während wir bei schlanken Frauen viel eher Eigenschaften wie herb und schnippisch (aber auch: elegant, nobel, sportlich) zuordnen würden. Bierglashersteller haben das längst erkannt – das „schlanke", trockene, herbe Pils passt besser in schlanke, hohe, zarte Stangen- oder Flöten-Gläser, vollmundigere Biere dagegen in eher bauchige Gläser. Charaktereigenschaften des Produktes müssen mit denen der Form ihrer Verpackung übereinstimmen, nicht nur mit den dabei verwendeten Farben und Aufdrucken. Wir lernen daraus: *Die Marke ICH®* muss in ihrer Gesamtheit stimmig wirken – und wenn Wohlbeleibtheit einen gemütlichen Eindruck von uns erzeugt, dann sollten wir entweder die positiven Seiten der Gemütlichkeit in unsere *Marke ICH®* integrieren. Oder abnehmen.

Legen Sie sich ein Logo zu

Die Bedeutung solcher optischen Signale kennen Sie von großen Marken – wenn Duracell den „Energizer-Bunny" für die Marke auftreten lässt, McDonald's den Ronald McDonald oder Michelin das Reifenmännchen („Monsieur Bibendus"), dann werden kunstvoll ausgedachte Symbole ziemlich fest in den Hirnen derer verankert, die mit der Marke zu tun haben. Wir können nicht an Disney denken, ohne dass uns Mickey Mouse in den Sinn kommt, nicht an Milka, ohne dass eine Kuh durch unsere Erinnerung grast. Das geht so weit, dass Ikea für viele untrennbar mit einem Elch in Verbindung gebracht wird, obwohl dieser schon seit 1985 nicht mehr in der Ikea-Kommunikation auftritt. Die Elch-Zeit von Ikea währte überhaupt nur elf Jahre. – In die Werbung kam das nordische Tier, weil 1974 der erste deutsche Ikea-Laden in Eching bei München errichtet wurde – und die Werber von Herrwerth & Partner mit dem Ortsnamen nur ein wenig herumspielen mussten, um aus dem bayerischen Dorf ein schwedisches „Elching" zu machen.

Wir lernen daraus, dass Marken einen eigenen Code ausbilden, eine eigene Sprache, die ihre Zeichen aus verschiedenen Repertoires wählt: Bild, Text, Musik, Farben, Materialien, Personentypen, Räume etc.

Marken haben einen eigenen Code – auch bei der *Marke ICH®* müssen alle Zeichen stimmig wirken.

Kohärenz bedeutet nun, dass jedes verwendete Zeichen, aus welchem Zeichenrepertoire es auch stammt, dieselbe Bedeutung kommunizieren, dieselbe Botschaft transportieren muss. Es muss sich ein roter Faden finden, der durch die Marke leitet.

Heute sagt man zu solchen Markenzeichen „Logo" – und wenn Sie noch keines haben, dann überlegen Sie, ob Sie nicht eines brauchen. Das lässt sich nicht so einfach aus dem Bauch heraus beantworten. Sie sollten vorher Ihre Visitkarten zu Rate ziehen. Legen Sie mindestens fünf Stück davon auf eine prominente Stelle auf Ihrem Schreibtisch – daneben fünf Bogen Ihres Briefpapiers. Gefällt Ihnen das? Fein. Lassen Sie die Sachen liegen, fragen Sie sich in vier, fünf Tagen noch einmal. Schauen Sie zwischendurch einmal auf Ihre Hausfassade, Ihr Türschild, Ihr Auto, den Stammplatz in Ihrem Lieblingslokal. Ist dort ein Zeichen, das klar über Sie Auskunft gibt? Ja? Gefällt es Ihnen? Nein? Fehlt es Ihnen?

Es macht Sinn, diese Fragen immer wieder zu stellen und die Sache mit dem Logo gründlich zu überdenken. Ein „falsches", also schlecht entworfenes Logo kann auch von den Kernwerten der Marke und von Ihrem Betätigungsfeld ablenken – eine „Logo Value Study" der Schecter Group in den USA hat 1994 ergeben, dass das bei 17 von 27 bekannten Marken der Fall ist. Das Logo schafft in diesem Fall eine Markenidentität, die die Marke eigentlich nicht haben will. Denn die Identität von Marken wird – wie die von Menschen – viel mehr dadurch bestimmt, wie sie von anderen wahrgenommen wird, als dadurch, wie sie eigentlich gerne sein möchte.

Was soll das Logo aussagen? Gibt es überhaupt noch einfache Zeichen und Symbole, die für *Die Marke ICH*® frei sind (das einfache rote Dreieck hat Bass ja schon für sich reklamiert)? Vielleicht. Ein zweiter und dritter Gedanke an so ein optisches Signal ist jedenfalls lohnend. Möglicherweise finden Sie ja jemand, der Sie so einfach und überzeugend karikiert, dass Ihr Konterfei als Logo für *Die Marke ICH*® geeignet ist.

Ihr Äußeres spricht Bände

Kehren wir noch einmal zu unserem Shakespeare-Zitat zurück. Shakespeare hat in dieser Szene vor allem klar angesprochen, wie wichtig die Augensprache ist. Wir fürchten den „hohlen, verschlagenen Blick", das Anstarren, den „Bösen Blick". Umgekehrt sagt man: „Trau niemanden, der dir nicht in die Augen sehen kann." Solche weit verbreiteten Urteile spiegeln die wichtige Rolle wider, die der Blickkontakt bei allen Formen des persönlichen Gespräches spielt. Um den richtigen Eindruck zu erzeugen, sollte man die Personen, mit denen man spricht, direkt ansehen. Ein häufiges Schließen der Augen oder zielloses Umherschweifen des Blickes sind übliche Anzeichen von Nervosität – und die lässt sich wegtrainieren.

Machen wir uns zunächst einmal bewusst, welche Zeichen wir schon jetzt verwenden. Das beginnt bei unseren Körpermaßen, unserer Körperhaltung, unserem Lächeln – oder auch unserer Griesgrämigkeit. Und es geht weiter mit den Signalen, die wir gestalten, wenn wir Körperpflege betreiben – oder Körperertüchtigung.

- Zum Outfit gehört natürlich auch die **Frisur**: Blonde Haare erhöhen ebenso wie gewelltes Haar die sexuelle Attraktivität – allerdings werden Blondinen in vielen Witzen (und damit auch in einer allgemeinen Auffassung) als dümmlich eingeschätzt, eine Einschätzung, die auch viele Männer mit gewelltem Haar trifft. Eine Glatze bei Männern signalisiert sexuelle Potenz, ein Toupet dagegen eine Paarung von Eitelkeit und Unsicherheit. Langhaarige Männer vermitteln einen Freiheitsanspruch – ein Eindruck, der noch aus der Zeit stammt, als unfreien Leibeigenen die Haare geschoren wurden – aber auch eine gewisse Unernstigkeit.

- **Bärte** hingegen eignen sich ganz hervorragend als Markenzeichen – gerade in einer Zeit, wo Bärte in Führungsetagen eher selten geworden sind, haben sie Signalwirkung für Individualiät: Der langjährige EU-Kommissar und heutige Präsident des Global Marshall Plans Franz Fischler ist in jeder seiner Funktionen erst einmal mit seinem Bart aufgefallen, was ihm noch lange bevor er seine Inhalte präsentiert hat, die Aufmerksamkeit seines Publikums gesichert hat. Der für sein schmales Oberlippenbärtchen bekannte Medienmogul Josef von Ferenczy hat über sein Äußeres gesagt: „Als ich mit 22 Jahren in Ungarn Unternehmer wurde, wirkte sich der Bart sehr günstig auf meine Geschäfte und die Damenwelt aus, denn er ließ mich älter erscheinen." Mit seinem guten Aussehen, seinen Kontakten und seinem Spürsinn für den Publikumsgeschmack hat Ferenczy es zu einem der einflussreichsten Männer des deutschen Mediengeschäftes (und so nebenbei der Politik) gebracht.

- Der 1938 in Hamburg geborene und in Frankreich zu Erfolg gekommene Karl Lagerfeld hat sich als Modeschöpfer und als Fotograf einen Namen gemacht. Aber sein Äußeres war ihm dabei mehr als hilfreich: Sonnenbrille und ein Fächer sind seine Markenzeichen – neben der Haartracht. Den Zopf trug er schon, als dieser noch längst keine Mode war. Im März 2003 erklärte er dem STERN, er habe seiner Frisörin sogar den Frisiersalon geschenkt; unter der Bedingung, dass er bis ans Lebensende dort die Haare gepflegt bekomme.

■ Besonders erfolgreich in der Vermarktung von Äußerlichkeiten, die konsequent gezeigt und so zum Markenzeichen stilisiert werden, sind Künstler: Salvador Dalís Schnurrbart ist vielen kunstfernen Beobachtern wahrscheinlich besser in Erinnerung als seine Gemälde oder deren gemeinsamer Malstil. Der Hut von Beuys, die Kappe von Ernst Fuchs und die Mähne von Andy Warhol hatten eine ähnliche markenprägende Wirkung.

■ Die Beatles wären wahrscheinlich nur eine von vielen Sixties-Bands geblieben, wenn sie sich nicht am Anfang ihrer Karriere als „Pilzköpfe" stylen lassen hätten. Daran waren sie für ihre Fans mindestens so wiedererkennbar wie mit ihrer Musik – erst als die Position als Musiker wirklich gefestigt war, konnten sich die Beatles leisten, an der Musik und nicht an den Haaren gemessen zu werden.

Präsentieren Sie sich mit den richtigen Worten

Stichwort Wiedererkennbarkeit: Wie sehen eigentlich Ihre Briefe aus?

Sie können allein mit den üblichen Einleitungs- und Endfloskeln erreichen, dass Ihr Brief auffällt und Ihrer *Marke ICH®* zugeordnet wird. Muss im Adressfeld eigentlich „S.g. Herrn" stehen? Oder könnte man da nicht „Dem geschätzten Herrn" schreiben? Oder „Wohlgeboren"? Oder „Meinem Freund ..."? Alle diese Formulierungen bleiben mit Sicherheit besser hängen als das übliche, unpersönliche „S.g." – wichtig ist nur, dass Sie sich entschließen, eine Ihren Vorstellungen entsprechende Floskel immer und in jedem Brief zu verwenden. Dasselbe gilt natürlich für die Anrede und die Abschiedsfloskel. Vergessen Sie das „Mit freundlichen Grüßen". Das geht viel, viel persönlicher. Der Verlagsmanager Jürgen Diessl hat sich bereits vor Jahren angewöhnt, sämtliche Post „mit erlesenen Grüßen" zu unterschreiben; tolle Formulierung für einen Verleger! Sie können aber auch Küsse, Segenswünsche, ein „ceterum censeo" oder ein „herzliches Prost" unter Ihre Briefe setzen – überlegen Sie, welcher Wunsch zu Ihrer *Marke ICH®* passt und halten Sie sich daran.

Niemand wird Ihre Briefe künftig vergessen. Im Gegenteil: Man wird Sie immer wieder darauf ansprechen.

Denn wer einen Brief mit der typischen Gestaltung der *Marke ICH®* bekommt, bei dem entsteht sofort ein Bild von der *Marke ICH®*, ein Bild, das womöglich so aussieht, wie Sie es gerne hätten. Ein Bild, bei dem nicht nur Ihr Gesicht in der Erinnerung auftaucht, sondern wahrscheinlich ein Bild Ihrer gesamten Welt.

Dazu gehört, dass Sie den Grundstock Ihrer Formulierungen – nicht nur die Grußfloskeln – einer kritischen Betrachtung unterziehen. Eine starke *Marke ICH®* klingt zuversichtlich, nicht ängstlich. Das beginnt damit, dass Sie das hilflose „ich kann das nicht" weitgehend durch das stolze „ich will das nicht" ersetzen. Sagen Sie nicht: „Ich weiß nicht, ob ich das kann", sondern: „Das ist eine interessante Herausforderung." Ersetzen Sie das unbestimmte „man müsste", „man könnte" und „man sollte" durch „ich werde versuchen ..." oder durch die Aufforderung: „Probieren Sie einmal, ob ..."

... und wohlduftend

Sie hinterlassen mit dieser Art von Formulierung eine Art Duftnote in Ihrer Kommunikation. Wenn wir schon bei Duftnoten sind: Was auch nicht übersehen werden darf ist die Wirkung von Gerüchen – die wirken nämlich sehr direkt in tiefen Hirnschichten. Die meisten Frauen wissen das, sie haben „ihren" eigenen Duft, also eine Geruchsverbindung zu einer Parfüm-Marke, mit der sie identifiziert werden wollen. Männer dagegen vergessen oft, dass das tägliche Pflege-Rendezvous mit sich selbst der erste und wichtigste Schritt vom Mann zum Gentleman ist, dass regelmäßiger Haarschnitt und regelmäßige Maniküre zur Körperpflege gehören wie eine anständige Rasur und ein einprägsamer Duft: Wer gepflegt ist, hat den Schatten der Überlegenheit. Männer meinen allerdings oft, nicht zu stinken wäre schon genug. Immerhin gibt es inzwischen Umfragen, denen zufolge sich heutzutage 82 Prozent der Männer für Herrendüfte interessieren, 18 Prozent mehr als für Computer. Einem Bericht im Berliner TAGESSPIEGEL war im Herbst 2002 zu entnehmen, dass Duftnoten oft in der Familie bleiben: Die 1959 eingeführte Herren-Marke Tabac Original hat seit Jahren einen stabilen Marktanteil von 7,5 Prozent – „Der Nachahmeeffekt für Söhne ist offenbar groß: Männer von 14 Jahren bis ins Greisenalter trugen den Duft auf."

Dabei muss man wissen, dass es zu den wesentlichen Faktoren der Wahrnehmung eines anderen Menschen gehört, „ob wir ihn riechen können" – ein Faktum, das sich auch große Marken zunutze machen, die gar nichts mit Kosmetik zu tun haben: Vor einigen Jahren hat sogar Pirelli einen Rosengeruch markenrechtlich schützen lassen. Diesen Duft mengt Pirelli seinen Autoreifen bei, damit diese nicht nach Gummi riechen. Und die Firma Hetzel bietet sogar duftende Mappen für Bewerbungsschreiben und Angebote an – unter www.duftmappe.de kann man nachlesen, dass Ihr unsichtbarer Verkaufshelfer zu wirken beginnt, ganz gleich, ob Sie Ihre Bewerbung wegschicken oder ein besonderes Angebot: Der Empfänger wird unterschwellig in eine wohlwollende Stimmung versetzt, die den Erfolg Ihres Anliegens positiv beeinflusst. Individuell ist das zwar nicht, aber ein bisschen erinnert das an Liebende, die ihre Liebesbriefe parfümieren, um ein zartes Gefühl beim Empfänger zu wecken. Kann es sich *Die Marke ICH*® da leisten, nach einem Billig-Rasierwasser zu stinken?

Akustische Signale sind wichtige Botschafter der *Marke ICH*®

Auch Klänge können ganze Welten vor uns entstehen lassen: Mozart setzt in der „Hochzeit des Figaro" die Oboe nur dort ein, wo er die Welt der Domestiken andeutet. Selbst wenn Sie kein besonderer Kenner der Opernliteratur sind, werden Sie einige bekannte Opernmotive kennen. Wagner lässt Siegfried ebenso mit einem wiedererkennbaren

Motiv auftreten wie Mozart den Papageno. Bestimmte Motive werden so zu Markenzeichen der Opernhelden. Und dasselbe gilt natürlich für die großen Filme. In billigen Western zeigt uns das Trompetensignal am Höhepunkt der Spannung an, dass die US-Kavallerie gleich da sein wird, um die Guten zu retten und die Bösen zur Hölle zu schicken. In den besseren spielt gleich ein ganzes Orchester auf, in einigen der allerbesten wird das Orchester Kompositionen von Ennio Morricone spielen. Für Sergio Leones Monumentalfilm über die jüdische Mafia „Once Upon A Time In America" hat Morricone im klassischen Opernstil eigene Auftrittsmotive für jeden der Helden geschrieben.

Im Film und auf der Bühne steigert so etwas enorm den Eindruck, den *Die Marke ICH®* des jeweiligen Helden macht. Uns ist es in der Regel nicht vergönnt, dass uns ein Fanfarenbläser ankündigt, wenn wir unseren Auftritt haben. Keine Kanonensalven wurden zu unserer Geburt abgeschossen (wie das bei Thronfolgern üblich war). Aber ein bisschen etwas davon kann *Die Marke ICH®* dennoch haben:

- Kennen wir nicht Kollegen, die stets dieselbe Melodie pfeifend ins Büro kommen? Noch bevor sie eintreten, haben wir vom Gang her mitbekommen, wer sich da unverwechselbar ankündigt.

- Lässt sich nicht auf unserem Computer beim Hochfahren von Windows eine Klangdatei (mit einer von uns zu wählenden „Signation") abspielen? Sie signalisiert: „Hört mal her, jetzt bin ich im System!"

- Kann nicht auf dem Handy ein individuelles Rufsignal eingestellt werden? Bieten nicht alle möglichen technischen Spielereien ähnliche Möglichkeiten?

Wahrscheinlich gibt es noch etliche andere Möglichkeiten, sich ein musikalisches Motiv als Teil der *Marke ICH®* anzueignen. Wer musikalisch (und womöglich technisch begabt) ist, wird es leichter haben, die richtige Idee und damit einen effektvollen Auftritt zu finden. Das scheint auf den ersten Blick ein wenig übertrieben – und wenn Sie jetzt meinen, dass Sie es lieber lassen sollten, dann schieben Sie die Planung Ihres akustischen Auftrittes ruhig etwas auf.

Aber vergessen Sie nicht: Akustische Signale sind – nicht erst seit Radio- und Fernsehwerbungen unsere Erlebniswelt prägen – wichtige Botschafter. Das wissen natürlich nicht nur Opern- und Filmkomponisten. Sie haben ihre Gestaltungsideen schließlich aus jahrhundertealter militärischer Erfahrung übernommen. Im Felde und in der Kaserne hatte die Musik die wichtige Aufgabe, den eigenen zu zeigen, wo sich der Führungsstab befand und was der Führungsstab gerade verlangte. Und: Jede Truppe hatte ihren eigenen Marsch. Ihre eigene Melodie, die (ähnlich wie ihre Uniform) identitätsstiftend gewirkt hat. Der Hoch- und Deutschmeistermarsch kündigte eben das k.u.k. Infanterieregiment No. 4 an, wenn es durch die Straßen marschierte oder Stellungen bezog.

Genauso kündigt uns die Werbung die Marken an:

- „Ein schöner Tag" – eine Komposition für die Brauerei Diebels – war so eingängig, dass sogar die CD eigens verkauft werden konnte.

- „McDonald's ist einfach gut" ist besonders deshalb ein eingängiger Slogan, weil er auch in der Fernsehwerbung mit einem Ohrwurm unterlegt wurde.

- George Gershwins Rhapsody in Blue kennen viele Amerikaner wohl nur deshalb, weil sie von United Airlines in der Fernsehwerbung benutzt wurde.

Der akustische Auftritt wird sogar bis zum Produkt hin geplant, wie Helene Karmasin in ihrem Buch „Produkte als Botschaften" feststellt: „Mercedes bildet einen anderen Markencode als BMW, und jede Äußerung von Mercedes oder BMW muss in diesem Markencode erfolgen, das heißt, jedes Zeichenrepertoire, das benützt wird, muss die jeweilige Position wiedergeben. So fällt die Tür eines großen Mercedes mit einem satten, reichen ‚Plopp' zu, die Tür eines großen BMW mit einem harten, dynamischen Geräusch – zwei akustische Zeichen also, die genau die Gesamtbedeutung der Marke wiedergeben, die genau die Sprache der Marke sprechen, ihrem Markencode folgen."

Die großen Marken wissen also offenbar sehr gut, warum sie akustische Signale mit großer Sorgfalt auswählen und einsetzen. Und *Die Marke ICH®*? Horchen Sie sich doch mal das Band an, mit dem

Sie Anrufer auf Ihrem Anrufbeantworter begrüßen! Was sagt das über Sie, wenn da ohne jede musikalische Untermalung gesagt wird: „Die gewählte Rufnummer ist derzeit nicht erreichbar. Bitte versuchen Sie es später wieder oder hinterlassen Sie eine Nachricht nach dem Pfeifton"? Jedes Callgirl weiß das besser zu machen! Und das betrifft nicht nur die Textierung, sondern eben auch die akustische Untermalung. Callgirls signalisieren damit, dass sie etwas zu verkaufen haben. Und was sie zu verkaufen haben, wofür sie stehen.

Auch Ihre *Marke ICH®* will verkaufen. Will vermitteln, wofür Sie stehen. Wenn jemand sich die Mühe macht, mit Ihrer *Marke ICH®* telefonisch in Kontakt zu treten, Sie aber nicht persönlich erreicht, sollte dieser potenzielle Kunde akustisch ein richtiges Markenbild vermittelt bekommen. Ein Signal, das zu Ihrer *Marke ICH®* passt und das Vertrauen in Ihre Marke verstärkt – letztlich also verkaufen hilft.

Horchen Sie also mal Ihre CD-Sammlung durch und überlegen Sie, welche „Signation" zu Ihnen passt. Welche Musik kann die ersten fünf Sekunden angespielt werden, bevor Sie den Regler zurücknehmen und sagen: „Grüß Gott! Hier spricht *Die Marke ICH®* – aber leider nur vom Tonband. Weder ich selbst noch meine Frau, meine Tochter, mein Sohn oder gar meine Katze sind derzeit in der Lage, das Telefon abzunehmen. Aber mein Tonband, das nimmt gerne Ihre Wünsche entgegen. Und sobald es geht, wird *Die Marke ICH®* sich bemühen, Ihre Wünsche zu erfüllen – oder Sie zumindest zurückzurufen. Bitte sprechen Sie jetzt." Dann kann die Musik noch zwei, drei Takte lang lauter werden, bevor der Signalton Ihren Anrufer zum Sprechen auffordert.

> Horchen Sie mal Ihre CD-Sammlung durch und überlegen Sie, welche „Signation" zu Ihnen passt.

Sie werden überrascht sein, wie viel lieber selbst anrufbeantworterscheue Menschen Ihnen Nachrichten hinterlassen. Und wie Sie auf Ihre Familie, Ihre Katze und auf die schöne Musik angesprochen werden, wenn Sie Ihre Anrufer persönlich treffen.

Die Marke ICH® ist aufgefallen – der erste Schritt zu erfolgreichen Geschäften. Vielleicht finden Sie nun doch den Mut, andere akustische Signale zu setzen – es muss ja nicht gleich das „Hoppla, jetzt komm ich!" des unvergessenen Hans Albers sein. Neben Marlene Dietrich begeisterte auch die Schwedin Greta Garbo das Kinopublikum der 30er Jahre. Das Markenzeichen dieser Schauspielerin war ihre tiefe, dunkle Stimme. Zu ihren Welterfolgen zählen die Filme „Anna Karenina" (1935) und „Ninotschka" (1939). Zarah Leander erkannte die Chance, die sich aus dieser Welle für sie ergab und nutzte sie für ihren eigenen Erfolg.

Bleiben Sie Ihrem Stil treu

Warum wohl sind Hans Albers und Zarah Leander unvergessen? Für *Die Marke ICH®* kann jeder seine eigenen Schlüsse ziehen. Und er wird in den meisten Fällen lauten: Ein bisschen Großspurigkeit („Großkotzigkeit" sagten die feineren Leute damals dazu) schadet überhaupt nicht – wenn man sie gezielt einsetzt und dazu steht, selbst wenn andere die Nase rümpfen mögen. Sollen sie nur; Hauptsache, *Die Marke ICH®* macht das Geschäft! Einen Rückzieher zu machen, weil der eine oder andere Freund (oder ist der in Wirklichkeit ein Mitbewerber, wer kann das schon mit Bestimmtheit ausschließen?) mit sorgenvollem Blick sagt, man habe vielleicht doch etwas überzogen – das ist Gift für eine Marke.

Auch und gerade im persönlichen Bereich!

Man denke sich, dass ein Jugendlicher meint, einen Nasenring zu seinem Markenzeichen machen zu wollen: Wenn der oder die Betreffende dann von kopfschüttelnden Eltern, Lehrern oder Freunden ein „Was soll denn das?" zu hören bekommt, dann ist es entscheidend, nicht zurückzuzipfeln. Wer keine selbstbewusst vorgetragene Story für seinen Nasenring parat hat, wird sich natürlich schwerer tun. Aber wer bei der ersten Kritik zurückweicht, hat sofort (und für lange Zeit) verloren: Auch das nächste Markenzeichen wird ihm niemand glauben. *Die Marke ICH®* wird bei jemandem, der nicht zu dem steht, was seine *Marke ICH®* ausmacht, nicht ernst genommen werden.

Wer einen Nasenring trägt, sollte eine gute Story parat haben.

Nun ist der Nasenring natürlich nur ein Beispiel – aber es macht das Prinzip klar: Stehe zu deinem Namen, zu deinen Prinzipien, deinen Besonderheiten – also zu deiner *Marke ICH®*!

Dann erst wird der Markenname zum Kapital.

Dann wirkt die Marke in Ihrem Umfeld. Eine auffällige Marke wird nämlich auch nach alledem beurteilt, was rund um Sie herum ist. Das Auto, das Sie fahren (oder ob Sie prinzipiell öffentliche Verkehrsmittel vorziehen) ist genauso ein Signal Ihrer *Marke ICH®* wie die Brillenfassung, die Sie tragen. Oder die Uhr an Ihrem Handgelenk. Wechseln Sie nichts davon zu oft – und bleiben Sie Ihrem Stil treu: Einmal blaue Brillenfassungen – immer blaue Brillenfassungen.

■ In der Frühzeit des Fernsehens wurde so getan, als könnte man da nur perfekt aussehende Menschen herzeigen – und zur Perfektion gehörte natürlich auch, dass man keine Brille brauchte. Der Durchbruch beim Fernsehen gelang Ilona Christen am 2. November 1973 in der ARD. Sie war die erste Ansagerin mit Brille. Das irritierte die Deutschen so, dass Ilona Christen binnen weniger Tage zur bekanntesten Fernsehansagerin wurde. „Die Brille ist ein Teil von mir", erinnert sie sich. Der Widerstand hat sich gelohnt: Die Brille wurde ihr Markenzeichen und es gibt schon seit etlichen Jahren eine eigene Kollektion von mehr als 50 Modellen, die ihren Namen trägt. „Weil alle Journalisten sie nach ihrer Brille fragten, kaufte sie sich immer mehr Brillen, damit die Journalisten etwas schreiben konnten", erinnert sich DIE ZEIT. Frau Christen wurde zum Inbegriff der selbstbewussten Brillenträgerin; heute ist sie eine erfolgreiche Talkmasterin.

■ Rudolph Moshammer wurde nicht nur für seinen exklusiven Modeladen in der Münchner Maximilianstraße bekannt – seine Bekanntheit verdankte er eben so sehr seiner Selbststilisierung als Kultfigur. Die schwarze Mähne, die getönten Brillengläser, der Spazierstock. Der Yorkshire Terrier namens Daisy, der weiße Rolls Royce, das Premieren-Abo in der ersten Reihe im Deutschen Theater, das Buch „Meine Mama und ich". All das half verkaufen – und nicht nur Herrn Moshammer, sondern etwa auch McDonald's, als er für die Hamburgerkette in einem Fernsehspot auftrat.

■ Der österreichische Bundeskanzler Bruno Kreisky (1911–1990) verstand sich telegen in Szene zu setzen, indem er (zu einer Zeit, als andere Politiker noch eher verschreckt in die Kamera guckten) auffällig mit seiner Brille spielte, diese während des Gesprächs oder während einer Rede mehrfach abnahm und wieder aufsetzte. Gleichzeitig unterstrich er jede ihm wichtig erscheinende Aussage mit der Einleitung „Ich bin der Meinung", ein Satz, den sich jeder als Kreiskys Markenzeichen einprägen konnte.

■ Kreiskys sozialdemokratische Zeitgenossen Helmut Schmidt und Herbert Wehner (1906–1990) hatten als auffällige Markenzeichen das Pfeifenrauchen – und das üben viele SPD-Politiker: Das gilt auch für den SPD-Fraktionsvorsitzenden Peter Struck. Was ihn bei den Journalisten zunächst noch markanter erscheinen ließ, sind seine roten Haare, die so schön mit der roten Gesinnung zusammenpassen: Struck galt als „der rote Peter". Die Haare sind schütterer geworden – aber die WELT attestiert ihm „Markenzeichen mit hohem Wiedererkennungswert". In der Zeitschrift DIE WOCHE antwortete Struck auf die Frage, wie er sich einem Blinden beschreiben würde mit „Glatze, Schnurrbart, Pfeife". Wer seine Selbstbeschreibung so markant verknappt, darf auch wechselweise mit Lederjacke oder feinstem Tuch gekleidet auftreten.

Der Zustand all der Dinge, mit denen Sie sich umgeben, wird auf Ihr Markenimage abfärben. Die für ihre freche Art bekannte Journalistin Barbara Schöneberger hat dazu den einfachen Satz geschrieben „Sauerei im Auto, Sauerei im Bett" und ergänzt: „Wenn ihr schon 'ne dicke Karre habt, dann sorgt doch bitte dafür, dass sie Fastfood-Abfall-frei ist." Und dass die Schuhe geputzt sind.

Warum sind Markennamen so wichtig? Sie besetzen einen Platz auf der geistigen Landkarte. Wir haben schon erwähnt, dass die Erwähnung von Milka Alpenbilder mit lila Kühen vor unser geistiges Auge zaubert und Marlboro Country eine imaginäre Landschaft mit großem Geschmackserlebnis darstellt. Walt Disney hatte die Idee, ganz reale Länder für seine Marken zu schaffen – und daran kann man sich ein Beispiel nehmen.

Auch Adressen sind Bestandteil der Marke

Im Gastronomiebereich gibt es angeblich drei Erfolgsfaktoren: Erstens Standort, zweitens Standort, drittens Standort. Während diese scherzhafte Definition vielleicht etwas kurzgreift, so ist doch nicht zu übersehen, dass eine Marke nicht nur einen guten Namen, sondern auch eine gute Adresse haben sollte. Bei der Gastronomie ist das ja auch klar beobachtbar: Starbucks Coffee sucht sich die beste Ecke aus, um ein Stadtviertel zu erobern. Aber auch Antiquitäten- und Textilviertel entstehen, weil sich die Kunsthändler und Boutiquen in einer Gegend ansiedeln, sodass dann auch die Kunden bald wissen, wo sie was finden können.

Wo sitzt der Biergigant Anheuser-Busch? Nicht irgendwo in St. Louis, sondern an der Adresse One Busch Place. Ebenso hübsch: CNN sendet nicht von irgendwo in Atlanta, nicht von der Ecke Techwood Drive/Marietta Street, sondern von der Adresse 100 CNN Center. Das Weiße Haus können Sie zwar unter der Adresse 1600 Pennsylvania Ave NW erreichen – The White House, Washington DC reicht aber alle Mal. Diese Adressen sind Markenzeichen, sie tragen zur Glaubwürdigkeit bei: Es stützt die Marke Philips, wenn sie in der Computerstraße residiert. Von einer Brauerei erwartet man geradezu, dass sie in der Bräuhausstraße angesiedelt ist – und wenn sich ein Metzgerbetrieb über Jahrhunderte am selben Platz gehalten hat, dann wäre es nicht ungewöhnlich, dass er in der Fleischergasse zu finden ist. Bauernhöfe haben auch oft den Vorteil, dass ein alter Haus-, Hof- oder Flurname als Markenidentifikation auf der ganz realen Landkarte eingetragen ist.

Aber wo sind eigentlich Sie daheim? In kleinen Gemeinden ist es durchaus nicht unüblich, dass eine Straße nach einem Wohltäter der Gemeinde benannt wird – und als „Wohltat" reicht oft aus, dass der Betreffende ein paar Arbeitsplätze geschaffen hat. Größere Städte sind da eher zimperlich, die verlangen womöglich, dass der Namensgeber auch schon unter der Erde ist – da helfen bei einer Betriebsansiedlung allerdings markenbezogene und kompetenzbescheinigende Sachbezeichnungen. Siehe Computerstraße für Philips.

Eine gute, einprägsame Adresse und eine Umgebung, die die eigene Marke aufwertet, senden wichtige Signale aus:

■ Die Erotik-Kette Beate Uhse hat sich im Jahr 2003 am Berliner Kurfürstendamm die Hausnummer 69 gesichert – eine vom Liebesakt bekannte Position, die noch dazu durch das Drehen der Buchstaben „ea" in „Beate Uhse" visualisiert wird.

- Dagegen hat die Polizei in Southington, Conneticut, mit ihrer Adresse „69 Lazy Lane" erhebliche Probleme – die Straße wurde umbenannt, das Haus umnummeriert.

- Die Route 128 in Boston gilt als „America's Technology Highway".

- Es stärkt *Die Marke ICH®*, wenn ein Herr Bruch seine Visitenkarte mit der Adresse Bruchstraße überreicht, selbst wenn der Straßenzug weder nach ihm noch nach einem seiner Vorfahren benannt ist. Wenn eine Kämpferin für Frauenrechte in der Frauenstraße residiert, hilft das ihrer *Marke ICH®*, weil schließlich kaum jemand weiß, dass die Straße nach „unserer Lieben Frau" (also der Muttergottes) heißt. Umgekehrt wird kein Zahnarzt in eine Schmerzstraße ziehen, auch wenn diese wohl eher nach den Schmerzen des Heilands und seiner Mutter und nicht nach denen seiner Patienten heißt. Bei einem Wohnungswechsel oder der Übersiedelung eines Büros kann das für eine markenbewusste Persönlichkeit durchaus eine Entscheidungshilfe sein.

Legen Sie fest, wo Ihre *Marke ICH®* eingeordnet wird

Wir haben schon gehört, dass das Umfeld, in dem eine Marke dargestellt wird, extrem wichtig ist für seine Einschätzung als luxuriös, wertvoll, verlässlich, partnerschaftlich, erschwinglich oder gar billig. Auch wenn wir mit der *Marke ICH®* wohl nicht als billig eingestuft werden wollen, so muss man doch aufpassen: Eine zu hohe Anmutung kann eine Barriere darstellen, die *Die Marke ICH®* um vitales Geschäft bringen kann.

Am besten ist natürlich dran, wer mit seiner *Marke ICH®* eine ganz neue Kategorie schaffen kann – wie es Hermann Bahlsen aus Hannover geschafft hat. 1889 war das, da wurde seine „Cakes-Fabrik" gegründet.

Schließlich gelang es Bahlsen, die Einzigartigkeit seiner Produkte dadurch zu unterstreichen, dass er 1912 seinen Namen untrennbar mit der neuen Produkt- und Markenqualität seiner Erzeugnisse verband: Nun firmierte er als „H. Bahlsens Keks-Fabrik Hannover". Das eingedeutschte Wort Keks steht noch heute für das, was wir heute im englischen als bisquits oder im amerikanischen als cookies kennen, während cakes inzwischen unsere Kuchen bezeichnen.

Bahlsen hatte mit dem neuen Wort Keks eine eigene Begriffskategorie geschaffen, die untrennbar mit seinem Namen verbunden ist. Damit hat er für seine Marke eine Schablone in den Köpfen der Konsumenten geschaffen – daran haben sich alle Mitbewerber zu messen gehabt. Was daraus zu lernen ist, dass sich der Mut zur Wortschöpfung auszahlt, wenn man voll dazu steht. Denn die neue Bezeichnung Keks stand nun nicht nur im Firmenwortlaut, sie wurde auch durch „Keks-Tage", also entsprechende Werbeveranstaltungen, populär gemacht.

Wer sich mit einer eigenen Kategorie positioniert, kann gleichzeitig besondere Regeln für diese Kategorie festlegen.

Das Schaffen von Kategorien gelingt aber auch im kleineren Maßstab – denken Sie etwa an Journalisten. Natürlich hat man einen besseren Ruf als kompetenter Schreiber, wenn man nicht nur ein Reporter ist, der gelegentlich auch über Restaurants schreibt (wie das Henri Gault noch im Jahr 1961 getan hat), sondern gleich als Restaurantkritiker gilt. Eine Kategorie, die Herr Gault auf Vorschlag seines Redakteurs Christian Millau quasi selber geschaffen hat – bis dahin waren Restaurantkritiken in Zeitungen unkritische Empfehlungen, oft vom jeweiligen Lokal gesponsert. Noch besser ist es, wenn man nicht nur Restaurantkritiker ist, sondern als Gourmet-Papst gesehen wird, wie sich die Herren Gault und Millau später sehr erfolgreich positioniert haben.

Dies ist eine klassische Positionierungsstrategie, die etliche große Marken sehr erfolgreich für ihre Produkte gewählt haben. Und zwar fast immer, indem sie sich über die Kategorie, in die ihre Markenprodukte bisher eingestuft wurden, hinausgehoben haben. Fälle, wo eine Luxusmarke erfolgreich in eine tiefere Kategorie („Luxus für die Massen") eingestiegen ist, sind aus gutem Grund selten: Es besteht dabei die Gefahr, dass die wenigen betuchten Konsumenten lernen, dass man die Luxusmarke ohne viele Abstriche auch billiger haben kann.

Dabei muss man wissen, dass es in der Mitte keine neuen Positionen mehr zu besetzen gibt – im Gegenteil: Allenthalben wird das Verschwinden der Mitte konstatiert – zumindest auf der Angebotsseite.

„Geiz ist geil", meint die Elektrokette Saturn – nicht ohne Erfolg, denn damit spricht sie nicht nur die unteren Einkommensgruppen, sondern auch den wohlhabenden, gut informierten „Smart Shopper" an. Der kauft Grundnahrungsmittel bei Aldi, die Delikatessen im KaDeWe, die Bluse von H&M und die Tasche von Prada. Fazit: Alle wollen sparen, immer mehr tun dies. Zwischen Luxusversorger und Discounter zermahlen, muss sich die Mittelklasse durch die Differenzierung der Angebote nach oben und nach unten neu definieren. Keine einfache Aufgabe. Denn oft ist der Weg aus der Mitte versperrt: Nach oben durch die mangelnden Fähigkeiten, Mehrwert zu schaffen, nach unten hin durch die nachteilige Kostenposition. Fazit: Alle wollen raus aus der Mitte, nur wenige schaffen es.

> Zwischen Luxusversorger und Discounter zermahlen, muss sich die Mittelklasse neu definieren.

Exklusive Marken brauchen ein exklusives Umfeld

Am besten funktioniert das noch, wenn Marken klare **Untermarken** schaffen oder ihren guten Namen klein einem schwächeren Markennamen hinzugesellen: Ein Mariott-Hotel ist eben höherwertig als ein Courtyard by Mariott (dessen Restaurant typischerweise kleiner und dessen Lage oft deutlich schlechter ist) oder gar das eher einfache auf Familien orientierte Fairfield Inn by Mariott. So können Familien mit beschränktem Budget auch ein bisschen Mariott schnuppern, sich vielleicht vornehmen, eines besseren Tages in einer höheren Mariott-Kategorie abzusteigen – ohne dass etablierte Mariott-Kunden an ein Fairfield Inn verlorenzugehen drohen.

Einen ähnlichen Weg kann natürlich auch *Die Marke ICH®* gehen: Angenommen, Ihre Marke ist als Seminartrainer positioniert, ein Kunde kann oder will aber nicht den vollen Preis für den Trainer zahlen – dann kriegt er eben nicht das teure Seminar (das Vollzahlern vorbehalten bleibt), sondern zum Beispiel ein „Schnupperseminar", einen „Überblicksvortrag" oder ein „Impulsstatement". Wichtig ist, dass der Wert der *Marke ICH®* selbst nicht in Frage gestellt wird. Das tun ja auch die Smart-Shopper nicht wirklich, wenn sie zu feilschen beginnen: Leute, die beim Preis von 4000 Euro für eine Uhr um jeden Cent feilschen, wollen nicht in erster Linie sparen, ihnen geht es um die Lust am Feilschen an sich, um das Vergnügen, noch ein bisschen etwas herauszuholen. Gute Verkäufer wissen das ja auch: Auch das beste Parfüm verliert rasch an Attraktivität, wenn wir es dauernd zum Tiefstpreis von 9,99 kaufen können. Parfümerien haben daher die Strategie, das Markenprodukt teuer zu verkaufen, dafür aber bei jedem Kauf ein paar Warenproben anderer Produkte (die insgesamt einen beachtlichen Wert darstellen können) dazuzulegen.

Im Zweifelsfall ist es immer besser, eine bestehende Marke aufzuwerten. So konnte Uncle Ben's Reis mit der „Uncle Ben's Country Inn"-Serie aus dem Massenmarkt Reis aufsteigen in ein Umfeld Fertiggerichte, natürlich klar positioniert als Premium-Fertiggerichte mit südlichem Touch auf Reis-Basis. Natürlich birgt eine solche Aufwertung auch Risiken: Wenn die gehobene Klasse deutlich kleiner ist: Wenn man sich aus einem relativ großen Markt zurückzieht, um nur mehr in einer elitären Gruppe positioniert zu sein, kann das dem Rückzug in eine Nische gleich kommen: Wer die Dienste seiner *Marke ICH®* der türkischen Minderheit in Deutschland anbietet, findet einen breiteren Markt vor, als wer seine Dienste nur türkischen Generaldirektoren in Deutschland anbieten will – auch wenn diese vermutlich für die einzelne Dienstleistung mehr zu bezahlen gewillt sind.

Gerade bei der preislichen Positionierung machen große Marken oft große Fehler: Ein Luxusauto zum Preis eines Mittelklassewagens ist eben kein Luxusauto mehr – der Imageschaden, den die Marke Cadillac in den 80er Jahren durch die Einführung des billigen Kleinwagens Cimarron erlitten hat, sollte jedem eine Mahnung sein. Und dass es der Familienmarke Chevrolet nicht gelungen ist, ein Luxusauto glaubwürdig zu verkaufen, ebenfalls. Es war eben „nur" ein Chevy.

Wie steht es um den Geldwert Ihrer *Marke ICH®*?

Für *Die Marke ICH®* heißt das: Wir müssen wertvoll wirken (und als wertvoll weiterempfohlen worden sein), wenn wir viel verdienen wollen.

Zur richtigen Positionierung gehören neben den erwähnten Kleinigkeiten von der Brille bis zur Wohnumgebung natürlich auch die

Menschen, mit denen wir es zu tun haben – und mit denen wir uns sehen lassen. Wir haben schon mehrfach darauf hingewiesen, wie wichtig Herolde sein können, noch dazu von anderen als bedeutend wahrgenommene Herolde. Aber nicht alle rund um uns sind Herolde, obwohl sie auf diese oder jene Weise Signale über unser *Marke ICH®* ausstrahlen. Wir werden eben auch danach beurteilt, mit wem wir Sport treiben (und welchen Sport), wen wir in Lokalen treffen (und in welchen Lokalen) und mit wem wir ins Bett gehen. Wenn wir uns Sorgen darum machen, mit wem sich unsere 14-jährige Tochter herumtreibt, ist das verantwortungsvoll. Aber wir müssen für uns selber dieselbe Verantwortung übernehmen: Mit wem treiben wir uns eigentlich herum? Und was sagt es über uns aus, mit wem wir unsere Freizeit verbringen.

Noch mehr natürlich: Was sagt es über uns aus, mit wem wir Geschäfte machen? Für eine Marke ist es ganz wichtig, dass es Vorstellungen darüber gibt, wer wohl ihre Kunden sein könnten. Bei unserer *Marke ICH®* ist für unsere mögliche weitere Kundschaft, unsere möglichen weiteren Arbeit- und Auftraggeber ganz entscheidend, dass sie wissen, was für Leute denn sonst mit uns Geschäfte machen. Und mit wem wir uns sonst so abgeben. Wie weit das Umfeld ist, das man dabei beachten muss, zeigt das Beispiel von Cartier, mit unerwarteten und auch unerwünschten, für die Marke langfristig gefährlichen Nebenwirkungen: Der noble Ex-Hofjuwelier Cartier hat 1968 mit einer neuen Produktserie den Anspruch erhoben, die „musts" der Luxuswelt zu liefern: In den 70er und 80er Jahren „musste" man Cartier-Accessoirs haben, um der noblen Welt zugerechnet zu werden. Das lockte allerdings die falschen Kunden an: So gelten zum Beispiel bei der Cartier-Zigarette Animierdamen als Stammkunden. Dies hat unvermeidlich zur Folge, dass der gewünschte Hauch von Exklusivität bei der Marke Cartier zumindest langfristig an Glaubwürdigkeit verliert.

Das Image kann also recht weit von dem entfernt sein, was wir uns als Identität einer Marke (oder einer Person) vorstellen. Cartier strebt die Markenidentität einer Nobelmarke an, in gewissen Kreisen aber wird es zur Halbweltmarke. Wir sehen an diesem Beispiel deutlich, dass das Image wiedergibt, wie die Marke gesehen und erlebt wird, während die Identität der Marke

Das Umfeld einer Marke muss sehr weit gefasst, beobachtet und womöglich auch beherrscht werden.

womöglich ganz anders angelegt ist. Das Umfeld einer Marke muss also sehr weit gefasst, beobachtet und womöglich auch beherrscht werden.

Nach dem Medien Dialog in Berlin im November 2002 analysierte der TAGESSPIEGEL treffend, wie Fernsehanstalten das Umfeld um ihre Star-Moderatoren (die so genannten Anchor-Persons) herum aufbauen. Es beginnt schon mit dem Namen, jeder muss als *Marke ICH®* vermittelt werden: „Harald Schmidt Show", „Späth am Abend" oder noch kürzer „Maischberger", „Friedman" – stets sollen die Namen der Moderatoren für Glaubwürdigkeit bürgen. Aber um aus einer Talkshow eine erfolgreiche Marke zu machen, reichen der Name und das wohlgeschminkte Moderatoren-Gesicht nicht aus. Auch die Regie, die Studio-Dekoration müssen einzigartig sein. Sabine Christiansen erklärte an einem Beispiel, wie sehr sie sich um die Marke „Christiansen" sorgt: Als die Moderation des Kanzler-Duells an sie herangetragen wurde, hätten sie diskutiert – Könnte das Duell mit seinen übertrieben vielen Regeln der wöchentlichen Sendung schaden? Es hat ihr nicht geschadet.

Die Bedeutung dieser Positionierungsstrategien kann gar nicht überschätzt werden. Große Produzenten wenden sie sowieso an: Sie fragen sich, worauf sie sich am besten verstehen, als was sie gesehen werden – steht eine Automarke (wie Subaru) für Allradantrieb, dann muss sie sich darauf konzentrieren. Und sich in der Umgebung der Konkurrenz als die Allrad-Marke etablieren. Dadurch erst entsteht Prestige, entsteht Differenzierung, entsteht Ruhm.

Dabei darf das Umfeld ruhig vordefiniert sein, etwa im Militär. Dort wurde nach dem 9. September 2001 plötzlich klar, dass die Anforderungen an einen Offizier vielschichtiger waren als angenommen: Plötzlich war gefragt, wer etwa in Orientalistik bewandert war: Der einzige Orientkenner in einer westlichen Armee zu sein, war damals eine tolle Positionierung – während das noch Tage vorher als recht exotisch gegolten hätte und Orientalistik als „Orchideenstudium" verschrien war.

Kompetenz, die sich womöglich mit einem Titel verbinden lässt, macht nicht nur kompetente Personen, sondern auch kompetente Marken aus: Wenn Brauer „Cold Filtered" auf ihr Bier schreiben, dann brauchen die Kunden ja nicht zu wissen, dass niemand sein Bier warm filtrieren würde – es klingt halt einfach gut, eindrucksvoll, kompetent. Dasselbe gilt für „Megapearls" im Persil, für „Fluoristan" in der karieshemmenden Zahnpasta Crest und für Trinitron-Bildröhren in Sony-Fernsehern. Keiner weiß, was das soll, aber allein, dass es vom Unternehmen überhaupt angesprochen wird, gibt der Marke eine Aura der technischen Kompetenz.

Das wusste man schon vor über 100 Jahren in der konservativen österreichischen Schulverwaltung: Da wurde den Gymnasiallehrern anstatt eines höheren Gehalts der Titel „Professor" zugestanden, was immerhin das Prestige und schließlich die Arbeitszufriedenheit erhöhte. Als Professoren konnten die Lehrer dann auch leichter anderswo (Neben-)Beschäftigungen finden. Und der Hauptjob in der Höheren Schule wurde immer sicherer, weil immer mehr Eltern ihre Kinder in Schulen schicken wollten, wo Professoren und nicht einfach Fachlehrer unterrichten.

Dasselbe gilt natürlich auch in der Privatwirtschaft. Wenn in einer Bankabteilung alle als „Kundenbetreuer" arbeiten, dann ist es natürlich erstrebenswert, wenn man dort eine *Marke ICH®* als „Großkundenbetreuer" oder als „Betreuer für Freiberufler" positionieren kann. Man schafft so eine eigene Kategorie, entzieht sich dem Vergleich mit den anderen und kann gleichzeitig besondere Regeln für die besondere Kategorie festlegen: Mit Großkunden, Ärzten und Rechtsanwälten muss man doch anders umgehen, nicht wahr?

Aufgaben für *Die Marke ICH®*:

Wenn Marken Signale an Konsumenten aussenden, dann geht es um die Kunst, bestehende Gefühlspakete im Kopf der Verbraucher anzuzapfen und auf die Marke zu übertragen. Profilierung heißt nicht zuletzt: Andockmöglichkeiten an bestehende Denk- und Gefühlsmuster bei unserem Gegenüber zu schaffen.

- Bevor wir über Äußerlichkeiten reden, erinnern wir uns noch einmal an etwas Inhaltliches: Hier geht es darum, Profil zu zeigen. Wir haben schon gesagt, dass das für einen bildenden Künstler leichter sein kann als für einen Anwalt, der zu Beginn seiner Karriere meint, jeden Auftrag annehmen zu müssen. Oder für einen Angestellten, der sich Sorgen um seinen Arbeitsplatz macht. Und trotzdem: Nehmen Sie nicht alles an, denn alles anzunehmen heißt sich zu de-profilieren! Fragen

Sie sich daher: Welche Arbeit, welche Tätigkeit in meinem Bereich gehört zur Profilierung meiner *Marke ICH®* – und was an meiner Tätigkeit lässt mich bloß als „Mädchen für alles" erscheinen?

■ Es macht Sinn, schon lange bevor man eigentlich verhandeln muss, zu wissen, was man dem Kunden vielleicht anbieten kann, damit er den Eindruck hat, vom Markeninhaber besonders bevorzugt worden zu sein – ohne dass er den Eindruck hat, dass es die Marke billiger geben muss und er beim nächsten Mal ruhig verlangen kann, dass es sie tatsächlich noch billiger gibt.

■ Das würde das Wertgefüge, das rund um *Die Marke ICH®* aufgebaut worden ist, ins Rutschen bringen. Der finanzielle Wert, der unserer *Marke ICH®* zugemessen wird, ist zwar nur einer der Werte, die mit einer Marke verknüpft werden – aber er ist ein recht verlässlicher Gradmesser für die Summe der Wertschätzung, die einer Marke entgegengebracht wird.

■ Bedenken Sie: Sie werden jederzeit danach beurteilt werden, welchen Eindruck Sie machen. Machen Sie daher eine Bestandsaufnahme, jetzt sofort, ohne weitere Vorbereitungen: Legen Sie vor sich eine Ihrer Visitenkarten, zwei aktuelle Fotos (schauen Sie wirklich so aus wie auf den Fotos?), sämtlichen Schmuck, den Sie gerade tragen, Ihren Taschenkalender, Ihre Geldtasche, Ihr Mobiltelefon, Ihre Uhr und Ihre Brille. Wie passen diese Dinge zusammen? Passen sie zu dem, was auf der Visitenkarte steht? Wollen Sie den Aufdruck der Visitenkarte ändern – oder lieber andere Accessoires?

■ Steht auf der Visitenkarte das, was Ihre *Marke ICH®* ausmacht – oder könnte der Job-Titel auf Ihrer Visitenkarte „Mädchen für alles" sein? Würden Sie das wollen? Und haben Sie ein Ritual, mit der Sie die Visitenkarte überreichen? Entwickeln Sie eines – dazu sollte unbedingt gehören, dass Sie Visitenkarten, die Ihnen überreicht werden, tatsächlich lesen – in Asien ist es sogar üblich, sich beim Lesen der Visitenkarte zu verbeugen, um Respekt vor dem Menschen und seinen Titeln auszudrücken. Nehmen Sie sich daher Zeit, die Karte genau zu betrachten. Auf der Karte finden Sie meist (weitere) Anknüpfungspunkte für ein persönliches Gespräch. Das reicht vom gemeinsamen Vornamen über eine besondere Schreib-

weise bis zur optischen Gestaltung. Außerdem fühlt sich Ihr Gegenüber wahrgenommen und geschätzt, wenn Sie die Karte betrachten, anstatt sie ohne einen Blick in die Tasche zu stecken.

- Ein kleines, aber wichtiges Hilfsmittel kann ein Namensschild
sein. Auf Konferenzen ist es üblich, solche Namensschilder zu tragen – weil es allen Beteiligten erleichtert, miteinander ins Gespräch
zu kommen. Achten Sie darauf, dass auf Ihrem Namensschild
nicht nur Ihr Name, sondern womöglich auch Ihre Markenbezeichnung steht. Schreiben Sie diese gegebenenfalls selbst dazu.
Oder nehmen Sie immer ein persönliches Namensschild mit, das
Sie sich bei passender Gelegenheit selber anstecken können.

- Seien Sie sich darüber klar, dass Bemerkenswert sein und Auffallen
auch ihre Schattenseiten haben: Wer auffällt, macht sich unbeliebt.
Macht manche verlegen. Neid und Verlegenheit äußern sich in Ablehnung und im Auslachen – stellen Sie sich darauf ein, dass Ihnen
beides begegnen wird. Von manchen, vielleicht sogar von sehr vielen abgelehnt zu werden, gehört definitionsgemäß zum Bemer-
kenswert-sein dazu. Stehen Sie dazu. Nur Feiglinge dürfen darauf
hoffen, unbemerkt zu bleiben – und sie zahlen dafür einen hohen
Preis. Nämlich den Preis, dass sie nichts erreichen können.

- Wer auffällt, muss sich auch selber disziplinieren: Man kann sich
nicht verstecken, weil man sich gerade nicht gut fühlt, weil man in der
Nase bohren oder sich sonst wie daneben benehmen will. Wie Sie
sich benehmen wird Ihrer *Marke ICH®* zugerechnet – wie klein die
Öffentlichkeit auch sein mag, in der Sie sich jeweils befinden.

Aufgaben für Ihren Herold:

- Bitten Sie Ihren Herold, Ihren Anrufbeantworter anzurufen. Was
kann er da verstehen? Haben Sie auf Ihrer Sprachbox klar gesagt,
wer dran ist? Welche Nachricht man Ihnen hinterlassen kann – und
wie Sie gedenken, mit solchen Nachrichten umzugehen?

- Legen Sie sich Fotos zu, auf denen Sie so aussehen, wie Sie gerne
gesehen werden wollen – und wie andere Sie gerne sehen wollen.
Bitten Sie einen Ihrer Herolde, zwei, drei Filme mit Bildern von
Ihnen auszuknipsen. Gehen Sie mit dem Herold dazu in einen

Park, zu einem markanten Gebäude, das typisch für Ihre Heimatstadt ist, an einen Schreibtisch, in Ihr Stammlokal. Posieren Sie für Ihren Herold – und bitten Sie ihn, dass er Sie zum Posieren auffordert. Bitten Sie, dass er sich Rollen für Sie ausdenkt, bevor er eine neue Bilderserie knipst: Feldherr und Philosoph sollte dabei sein, er sollte Sie aber auch auffordern, Trauer, Freude, Stolz und Verliebtheit zu spielen. Aber machen Sie auch mit, wenn er Ihnen sagt, Sie sollten sich an die Stirn tippen, die Zunge zeigen, in der Nase bohren – Sie werden diese Bilder ja nicht aus der Hand geben.

■ Breiten Sie die Bilder aus, bei drei Filmen sind das rund 100 Stück. Wählen Sie (ohne diese Wahl gleich bekanntzugeben) drei bis fünf Bilder, auf denen Sie so dargestellt sind, wie Sie sich selber gerne sehen – und lassen Sie den Herold mit der Kamera fünf Bilder wählen, wie er Sie sieht. Gibt es Überschneidungen? Warum/warum nicht?
Und nun können Sie daran gehen, sich um den optisch wichtigsten Teil Ihrer Auffälligkeit zu kümmern: die Verpackung Ihrer *Marke ICH®.*

■ Fragen Sie sich, fragen Sie Ihren Herold, was Sie tun könnten, um wert-voller, also mehr für Ihre Werte stehend, mehr für einen höheren Preis stehend, auszusehen.

■ Es wird Ihnen wie den meisten Menschen gehen: Sie können sehr gut für das Produkt, das Sie im Namen Ihres Arbeitgebers verkaufen, einen angemessenen (vielleicht sogar auf einer Liste festgesetzten) Preis verlangen – aber Sie bekommen Schwierigkeiten, wenn Sie den eigenen Preis für einen Vortrag, für eine Dienstleistung oder für ein Monatsgehalt nennen sollen. Dabei können und sollen Ihnen Ihre Herolde helfen: Erstens können sie (besser als Sie selber) erheben, welche Honorare (oder Preise oder Gehälter) üblich sind. Und zweitens können sie für Ihren Ruf als wertvolle Marke sorgen: „Der ist teuer, aber gut", kann ein Herold eben leichter sagen, als man es über sich selber verbreiten könnte. Und ein Herold hat auch weniger emotionale Hemmungen, den richtigen, von Ihnen geforderten Preis zu nennen. Er wirkt damit wie eine Künstleragentur, aber er wird für seine Leistung weniger Provision verlangen als eine Agentur.

Die richtige Verpackung Ihrer Marke ICH®

Können Sie sich Coca-Cola mit einem grünen Etikett vorstellen? In einer blauen Dose? In einem bauchigen Bierseidel? Schwerlich. Man hätte wohl immer Zweifel, ob das wirklich Coca-Cola ist.

Markensymbole begegnen uns überall – natürlich auch beim Essen und Trinken. Und da nicht nur, wenn wir an eine Schokolade denken und uns sofort die Farbe lila einfällt. Nicht nur, wenn wir an Fast Food denken und uns sofort ein gelbes M auf rotem Grund einfällt. Nicht nur, wenn wir an Suppenwürze denken und uns dafür nur eine Flaschenform vorstellen können.

Stimmen Sie Ihr Äußeres mit Ihren Kernwerten ab

Die erfolgreichsten Marken sind vor allem deshalb erfolgreich, weil Verpackung und Inhalt harmonieren – eine gute Verpackung signalisiert Qualitäten und Werte der Marke. Ob ein Markenauftritt als konsistent empfunden wird, hängt stark damit zusammen, ob die Verpackung zur Marke und zum Inhalt passt. Und für unsere *Marke ICH®* ist eben unsere Garderobe die Verpackung. Fixe, von außen vorgegebene Regeln gibt es immer weniger – und das ist gut für die individuelle Präsentation der *Marke ICH®*.

So ungerecht es auch sein mag: Menschen beurteilen einander in erster Linie nach solchen Äußerlichkeiten. Achten wir also auf diese Äußerlichkeiten. Achten wir vor allem darauf, dass diese Äußerlichkeiten mit den Werten übereinstimmen, die wir für unsere *Marke ICH®* festgelegt haben. Wenn Keuschheit ein solcher Wert ist, verbietet sich laszive Kleidung. Wenn Sportlichkeit ein Kernwert unserer Marke ist, passen dreiteiliger Anzug oder Abendkleid nicht dazu. Wenn *Die Marke ICH®* für Konservativität stehen soll, wird sie sich nicht mit T-Shirts und Bermudas zeigen. Niemandem. Niemals; am besten auch nicht im Urlaub.

Das heißt nicht, dass die äußere Verpackung der *Marke ICH®* konventionell sein muss. Sie muss den eigenen Konventionen der Marke folgen – und diese müssen nicht unbedingt den Konventionen anderer entsprechen. Marken wie McDonald's haben die Konvention, nach der Kellner und Serviererinnen eine bestimmte, meist schwarz-weiße Kleidung zu tragen haben, durchbrochen und eine neue gesetzt. Es steht jedem von uns frei, für unsere *Marke ICH®* eigene Konventionen zu schaffen.

Aber dann muss man sich natürlich konsequent daran halten. *Die Marke ICH®* kann nicht alle paar Wochen einen neuen Kleidungsstil wählen. Große Marken tun das auch nicht. Das 4711 Kölnisch Wasser präsentiert sich auch seit 1880 im stets gleichen, charakteristischen Flacon.

Unsere Kleidung ist die Verpackung unserer *Marke ICH®* – und wir sollten uns stets bewusst sein, dass die Verpackung nicht dazu da ist, das darin verpackte Produkt zu verstecken. Oder einen Markeneindruck zu erwecken, der dem Produkt nicht entspricht. Die besten Verpackungen sind die, die mit dem Inhalt völlig harmonieren.

„Kleider machen Leute"

Wenn Sie ins Ausland kommen, möglichst in ein ganz exotisches, dann gehen Sie einmal durch einen Supermarkt. Schauen Sie herum – es mag sein, dass Ihnen die Markenbegriffe gar nichts sagen; aber Sie werden immer erkennen können, dass Tide ein Waschmittel ist und Lipton ein Tee. Auch wenn die Packung völlig in arabischen Schriftzeichen bedruckt ist. Auch wenn Ihnen gerade diese beiden Marken nicht vertraut sein sollten.

Und was signalisiert die Verpackung, die Kleidung in der Sie daherkommen?

Die Berliner Outplacement-Beraterin Janine Berg-Peer schilderte 1996 ihre Beobachtungen der BERLINER ZEITUNG: „Kleiderfragen sind Teil des Sich-Verkaufens. Da gibt es generell sehr viel Beratungsbedarf. Ich schreibe nicht vor, was jemand anziehen soll. Jeder muss

selbst wissen, was auf seiner Hierarchie-Ebene und in seinem beruflichen Umfeld üblicherweise angezogen wird. Ich will lediglich die
Wirkung bewusst machen. Jeder soll anziehen, was ihm gefällt. Er
muss nur wissen, dass jeder Mensch bei der
ersten Begegnung durch seine Kleidung   **Jeder Mensch wird bei**
eingestuft und beurteilt wird. Wer sich im   **der ersten Begegnung**
Hawaihemd bei der Deutschen Bank be-   **nach seiner Kleidung**
wirbt, trifft möglicherweise jemanden, der   **eingestuft und beurteilt.**
das irre originell findet. Die Chancen sind
aber sehr gering." Beraterinnen wie Frau Berg-Peer schauen zuerst
einmal auf die Schuhe – und das tun auch mögliche Arbeitgeber, Ge-
schäfts- und Lebenspartner. Es geht nicht nur darum, ob die Schuhe
geputzt sind, obwohl das natürlich auch ein Thema ist. Keiner wird es
ansprechen, aber viele Entscheidungsträger bemerken es. Ebenso wie
wahrgenommen wird, ob jemand in Turnschuhen (die bei IT-Firmen
durchaus passend sein können, sonst aber wahrscheinlich einen falschen Begriff von „Sportlichkeit" vermitteln) daherkommt, in Billig-
tretern („Achtung, Kreppsohle!"), in bodenständigen Trachtenschu-
hen oder englischem Nobelschuhwerk.

In diesem Punkt hat sich seit zehn Jahren nicht viel geändert: Die
meisten Männer sind auch heute nicht gewohnt, ihre eigenen Schuhe als
etwas wahrzunehmen, das ein Signal aussendet – und das, obwohl dieselben Männer bei den Schuhen einer Dame sehr wohl imstande sind zu
sagen, ob die Absatzhöhe und der Schnitt des Schuhes der jeweiligen
Frau, ihrer Selbstdarstellung und ihrer momentanen Rolle entsprechen.

Frauen sind eher darauf trainiert, sich „richtig" zu kleiden – viele
neigen allerdings dazu, auf der „sicheren Seite" zu bleiben, was von
übervorsichtigen Karriereratgebern auch noch gefördert wird. Da
findet sich oft der Rat, möglichst wenig feminin aufzutreten. Und so
laufen in vielen Büros gleichförmig in unauffällige Alltagsanzüge gekleidete Männer und in ebenso uninteressant wirkende Hosenanzüge
gekleidete Frauen herum. Gerade der – vermeintliche – Anpassungs-
druck verunsichert. Es lohnt daher, durch die Wahl einer zur eigenen
Marke ICH® passenden Garderobe zu einem mutigeren Auftritt zu
finden – denn die Äußerlichkeiten wirken unmittelbar und bestim-
mend auf unser Gegenüber, sie können sogar das, was wir sagen, in
den Schatten stellen, oder noch besser, ins richtige Licht rücken.

- Ganz offensichtlich ist das, wenn wir einem Uniformierten begegnen: Sie können keinen Polizisten sehen, ohne sofort Ihr Gewissen zu erforschen, ob Sie vielleicht zu schnell gefahren sind oder falsch geparkt haben. Ein Polizist in Uniform steht uns daher immer zunächst in seiner staatlichen Funktion gegenüber, selbst wenn wir ihn ganz privat treffen.

- Uniform-Signale vermitteln uns natürlich auch Soldaten und Angehörige von Wachdiensten, die nicht zufällig „offiziös" wirkende Uniformen tragen. Hier hat es einen klaren Wandel gegeben: Waren Mitarbeiter von Wach- und Schließgesellschaften früher oft in Uniformteile gekleidet, die an die lokale Polizei erinnerten (und oft tatsächlich von dort stammten), so sind in den letzten zwei Jahrzehnten Uniformen im amerikanischen Stil zum Markenzeichen der „Schwarzen Sheriffs" geworden.

- Im Bereich des Verkehrs hat man schon lange Uniformen verwendet: Matrosen, Schaffner, Flugbegleiterinnen sind immer mit einer Bekleidung ausgestattet, die der Markenidentität ihres Unternehmens gerecht werden soll. Dasselbe gilt für Hotelportiere, Pagen und andere Dienstboten – deren Uniformierung erinnert daran, dass früher auch Diener in (zunächst adeligen) Privathaushalten mit ihrer Uniform als Bedienstete einer bestimmten „Herrschaft" gekennzeichnet waren.

- Und noch ein Beispiel für Uniformen: Sie begegnen uns natürlich auch in der Gastronomie. Es gibt kaum eine Gaststätte, in der Sie nicht auf den ersten Blick erkennen könnten, wer für die Bedienung zuständig ist. Das Signal kann im Tragen eines Smoking bestehen wie in den traditionellen europäischen Kaffeehäusern. Noch deutlicher ist es in der amerikanischen Systemgastronomie: Die Servierkräfte bei Burger King, McDonald's, Pizza Hut oder Hard Rock Cafe tragen eine zum jeweiligen Unternehmen passende Uniform – und dasselbe gilt natürlich auch für die Ketten Nordsee, Maredo's, Starbucks Coffee oder Akakiko. Viele kleine Lokale haben das ebenfalls erkannt und mehr oder weniger strenge Kleidungsvorschriften erlassen: Zumindest einheitliche T-Shirts (etwa das für Diebels-Kellner, auf denen „Ich bring's" steht) sind in vielen Fällen als Minimum der Corporate Identity vorgeschrieben.

■ Erfahrene Redner stellen sich bei ihren Auftritten schon rein äußerlich auf das Publikum ein. Probieren Sie es ruhig aus: Sprechen Sie vor einer Gruppe von Kleinunternehmern, dann werden Sie ganz anders aufgenommen werden, wenn Sie in Hemdsärmeln auftreten, mit Anzug und Krawatte oder mit einer Seidenmasche. Letztere signalisiert urbane Extravaganz, Anzug und Krawatte stehen für Korrektheit (oft aber auch für Anpasslertum), die Hemdsärmel belegen Praxisbezug, aber auf eher niedriger Ebene. Untersuchungen haben ergeben, dass bei einer Rede nur etwa 7 Prozent des Eindrucks, den die Zuhörer gewinnen, vom Inhalt des Vortrages selbst abhängen. 38 Prozent hingegen gehen auf die Sprechweise des Vortragenden und 55 Prozent auf seine nonverbalen Botschaften zurück, zu denen auch die Kleidung gehört. Es gibt das berühmte Rededuell-Beispiel Kennedy gegen Nixon aus dem Jahr 1960. Auf dieses Duell haben die Leute, die es im Radio gehört haben, ganz anders reagiert als die Fernsehzuschauer. Das bedeutet: Offensichtlich hat allein die Bilddimension unterschiedliche Wirkungen entfaltet.

■ Stellen Sie sich einen Mann vor, der Hosenträger und Gürtel gleichzeitig trägt – sie wissen sofort, dass das ein übervorsichtiger Paranoiker ist. Wenn jemand Schuhe aus Kunstleder trägt, fragen wir uns unwillkürlich, woran der gute Mann sonst noch spart. Und wer jeden Tag einen ganz anderen Kleidungsstil ausführt, macht einen sprunghaften und unzuverlässigen Eindruck.

■ Mit Frack und Zylinder ist man beim Auftritt auf dem Opernball korrekt gekleidet (ein Herr kann dort kaum etwas anderes tragen) – bei den meisten anderen Anlässen ist man aber mit dieser Kleidung „overdressed". Lediglich als Conférencier einer Show passt dieses Outfit – denn es signalisiert die Rolle seines Trägers.

Denken Sie schließlich an die Wirkung von Markenkleidung auf unser eigenes Selbstbewusstsein und auf andere. Wer mit T-Shirts, Sweatern, Hemden, Jeans oder Schuhen auftritt, die erkennbar von

Markenartiklern kommen, signalisiert seine Verbindung zu der jeweiligen Marke, kann also etwas von diesem Markenimage auf sich selber transferieren. Aber Achtung: Wer trotz auffälligen Übergewichts eine besonders sportliche Marke zur Selbstinszenierung wählt, wirkt peinlich – ebenso wie es peinlich wirkt, wenn sich ein blonder nordischer Typ mit italienischer Markenkleidung „romanisieren" will.

Passen Sie sich nicht an

Viele Stil-Ratgeber raten dazu, möglichst dezent aufzutreten. Sich unbedingt anzupassen. Dieser Rat ist fast immer falsch. Ein Blick in die Marketing-Trickkiste der Pharma-Industrie zeigt, warum das so ist: Die Pharma-Forscher haben herausgefunden, dass sehr kleine oder sehr große Pillen von den Patienten als viel wirksamer eingeschätzt werden als mittelgroße: Mit dem Mittelmaß assoziiert man nämlich Unwirksamkeit. Ja – und noch eine Lehre aus der Pharma-Forschung, bevor wir uns wieder der Kleidung zuwenden: Eine Pille muss bitter schmecken und nicht gefällig, wenn ihr Wirkung zugetraut werden soll.

Natürlich geht es bei der Wahl unserer Kleidung und des Auftretens der *Marke ICH®* nicht darum, jede Regel nur um des Regelbruchs willen zu brechen. Die Aufforderung zum Auffallen ist also keine Aufforderung zum Auffallen um jeden Preis. Greifen Sie nicht zum nächstbesten Faschingskostüm, so war das nicht gemeint.

Aber: Ihre Kleidung muss Sie so markant aussehen lassen, dass Sie jederzeit daran wiedererkannt werden können – weil sie sich von der Verpackung anderer Marken abhebt. Voraussetzung dafür, dass Sie sich die Extravaganz der *Marke ICH®* leisten können, ist natürlich, dass an der *Marke ICH®* auch sonst alles passt. Das heißt: Die Leistung muss stimmen. Und zwar 100-prozentig, so wie man es von einem Markenartikler zu Recht erwartet. Wer äußerlich auffällt, wird genauer angeschaut. Wenn alles stimmt, dann wird das beim Verkaufen helfen. Wer nicht

Wer äußerlich auffällt, wird genauer angeschaut – mit allen Vorteilen, die das bringt. Aber auch Fehler fallen so eher auf.

mehr als ein farbenfrohes Äußeres zu bieten hat, wird allerdings umso schneller als Versager entlarvt werden. Blender werden zu Recht geächtet.

Okay, Sie sind kein Blender.

In einer Umgebung, wo alle im Nadelstreif herumlaufen, wirkt man bereits mit etwas lässigerer Kleidung auffällig. Wo alle Männer Krawatten tragen, ist man mit Fliege, Seidenschleife, Trachtenbindel oder auch Schalkrawatte zwar immer noch innerhalb der Konvention, aber eben doch auffällig anders. Und so wie eine Frau im Hosenanzug vor 40, auch noch vor 30 Jahren besonders auffällig gewirkt hat, so ist es heute umgekehrt auffällig, wenn eine Frau ein Kleid oder ein Kostüm trägt – es macht aus einer Frau eine Dame; so wie das um den Hemdkragen gebundene Ding aus einem Mann einen Herren macht.

Andererseits darf Ihre Kleidung nicht völlig deplatziert wirken. Und es muss klar sein, dass bunt gefärbte Haare, Tattoos, extravaganter Schmuck, Bermudashorts zum Anzug, Strapse unter dem Kostüm, auffallende Hüte, oder was sonst zur eigenen Markenpersönlichkeit passen mag, noch lange keine Garantie dafür sind, dass man sich durchsetzt.

Bewusst gewählte, gelegentlich auch provokante Kleidung hilft dabei, wie die Imageberaterin Mary Spillane erklärt. Sie hat ihre eigene *Marke ICH®* aufgebaut, nachdem sie das Büchlein „Colour Me Beautiful", einen Bekleidungs- und Schminkratgeber für amerikanische Hausfrauen, gelesen hat. Die Idee sprang von den USA nach England über und Mary Spillane positionierte sich mit ihrem Unternehmen ImageWorks als Image Consultant. Heute gilt Spillane als Image-Guru – sie lehrte nicht nur unsichere englische Hausfrauen, sondern auch Schauspieler, Sportler, Manager und Politiker, wie man sich Erfolg versprechend kleidet und darstellt. Spillanes Geschäft setzt jährlich rund sechs Millionen Pfund (8,7 Millionen Euro) um. Etwa 35 Prozent der Kunden von ImageWorks sind Männer. Unter anderem haben sich in den letzten Jahren Hochschulen beraten lassen, wie ihr Lehrpersonal glaubwürdiger wirken könnte: „Lehrkräfte sollen kompetent und energiegeladen wirken" – und dazu brauche man nicht unbedingt viel Geld, sondern bloß den Verzicht auf unprofessionelles Aussehen wie die bei manchen Lehrern beliebten Sandalen respektive geblümten Kleider. Es ist nicht sehr erstaunlich, dass dieser Rat bei den besserwisserischen Lehrern nicht gut ankommt – die meisten Lehrer haben ja auch kein ausgeprägtes Markenprofil, aber sie sind auch nicht bereit, sich dem Markenprofil ihre Schule oder Hochschule unterzuordnen.

Beachten Sie den Wiedererkennungseffekt

Wer sich an die gängige Karriere-Literatur hält, die das „nur nicht auffallen" zur Generalempfehlung macht, wird keine Marke aufbauen können. Es mag sein, dass es noch Unternehmen gibt, in denen graue Anzüge von der Stange zur Kleiderordnung gehören, wo Frauen mittellange Röcke tragen sollen und auch sonst nichts Auffälliges „erwünscht" ist.

Aber selbst in solchen Unternehmen lohnt es, gegen die Konvention zu verstoßen. Und zwar selbstbewusst und konsequent – wie die sprichwörtlichen Marinekadetten, die ihre Uniform mit ein wenig „Pfiff" tragen.

Wir alle kennen Beispiele von Menschen, die sich gewisse „Markenzeichen" geschaffen haben, die einen hohen Wiedererkennungseffekt bedeuten. Diese Äußerlichkeiten haben jeweils dazu beigetragen, die Individualität der *Marke ICH®* zu unterstreichen:

■ Kann sich irgendjemand Charlie Chaplin ohne Bärtchen, Wuschelfrisur, Bowler und Spazierstock vorstellten? Schon 1935, also vor fast 70 Jahren, hat Hermann Ullstein erkannt, dass es sich bei Chaplin um eine *Marke ICH®* handelte. Und er verwendete ganz ähnliche Begriffe wie wir heute: „Der große Charlie Chaplin hatte den guten Einfall, dadurch für sich Reklame zu machen, dass er nie in der Rolle eines Fremden auftrat, sondern immer als Charlie Chaplin. Freilich hat er aus sich ein Zerrbild gemacht ... Ja, der Gang, den er sich als Komiker künstlich zugelegt hatte, bildete sein Hauptmerkmal, oder werbemäßig gesprochen, seine ‚Handelsmarke': Die Füße weit nach außen gewandt, konnte er schnell und langsam gehen, und hatte infolgedessen einen ‚Auftritt' wie kein anderer. Das ewig Gleichbleibende seiner Maske war ein Nonplusultra an Reklame."

- Der amerikanische CNN-Anchorman Larry King tritt meist hemdsärmelig und mit Hosenträgern auf – das unterstreicht den Eindruck, dass er bei seinen Interviews „bei der Arbeit" ist; so sitzen Millionen Männer am Schreibtisch, nachdem sie das Sakko im eigenen Büro aufgehängt haben.

- Der deutsche Reichskanzler und Außenminister Gustav Stresemann (1878–1929) hat mit der grau in grau gestreiften Hose, dem hellgrauen Gilet und dem dunkelgrauen Sakko dazu einen Anzug-Stil geschaffen, der noch Jahrzehnte nach seinem Tod als „korrekte" Kleidung gegolten hat.

- Die Engländerin Anita Roddick ist nicht nur mit ihrer 1600 Franchise-Läden zählenden Kette The Body Shop berühmt geworden, sondern auch damit, dass sie mit langen Röcken und Hippie-Sandalen so ganz anders wirkte als andere Unternehmerinnen – dafür wurde sie auch zur bekanntesten Geschäftsfrau Englands. Seit 2002 ist Roddick aus dem operativen Geschäft bei Body Shop ausgestiegen und verbreitet ihre Lebens- und Geschäftsphilosophie im Internet unter www.anitaroddick.com.

- Der Automobilweltmeister Niki Lauda wurde bei seinem spektakulären Rennunfall am 1. August 1976 derartig schwer am Kopf verletzt, dass er die Narben stets unter einer Kappe verbirgt – und zwar unter einer leuchtend roten Kappe. Damit kehrte er seine Verletzung in ein Marketing-Signal um.

- Wenn Sie den Namen Marlene Dietrich hören, dann denken Sie an das zu ihrer Zeit ungeheuer frivol wirkende Bild, auf dem sie 1930 mit Zylinder und bestrapsten Beinen als die umhertingelnde Kabarettsängerin „Lola" in dem Film „Der blaue Engel" posierte. Sie gehörte seither zu den Filmgöttinnen: Die Dietrich eroberte als eine der wenigen deutschen Schauspielerinnen die Traumstudios in Hollywood. Es folgten Filme wie „Marocco" (1930) und „Shanghai Express" (1932). Marlene Dietrich erschien mit ihrem markanten Gesicht und in ihren Hosenanzügen oft streng. Doch schon damals setzte sie mit ihrem persönlichen Stil Modetrends, die seitdem immer wieder ein Revival erleben.

- Der Dirigent Herbert von Karajan setzte jedes denkbare Signal seiner Modernität: Er fuhr nicht nur schnelle Autos und flog sein eigenes Flugzeug. In den 60er Jahren trug er auch die damals neuen Rollkragenpullover – ob am Pult oder in Wiener Nobelrestaurants, wo man damals noch auf Krawattenzwang bestand und den Maestro medienwirksam hinauskomplimentierte.

- Das Nobelrestaurant, von dem die Geschichte mit Karajans Hinauswurf kolportiert wird, ist das Sacher – das seine heutige Weltgeltung Anna Sacher (1859–1930) verdankt. „Die Wirtin der Könige" rauchte Zigarren (was ja bis vor Kurzem für Damen als unmöglich galt) und war stets von ihren beiden Zwergbullis umgeben.

- Man muss nicht so weit gehen wie Salvador Dalí – aber er ist ein gutes Beispiel dafür, wie das funktioniert: Als kleiner Junge schämte er sich, weil er so schnell errötete. Als Heranwachsender schämte er sich, weil er obsessiv masturbierte, als erwachsener Mann schämte er sich seiner Impotenz und seiner homosexuellen Neigungen. Außerhalb des engsten Familienzirkels litt Dalí dermaßen an der krankhaften Angst vor dem Rotwerden, dass er diese Angst mit exaltierten Auftritten kompensierte. In Verbindung mit seinem gepflegten, dandyhaften und exzentrischen Äußeren und seinem künstlerischen Talent wurde der Surrealist mit dem gezwirbelten Schnurrbart ein vielgefeierter Star.

- Dass man sich auch heute noch mit modischen Accessoires aus der Masse der Politiker herausheben kann, beweist etwa der SPD-Politiker Karl Lauterbach, den die FRANKFURTER ALLGEMEINE SONNTAGSZEITUNG prägnant als „Die Ich-AG mit Fliege" portraitierte. Die roten, blauen, grünen und vor allem die orangenen Schals des Ukrainers Viktor Juschtschenko haben Kampagnen-Geschichte für diverse Parteien und ihre Spitzenmänner geschrieben. Und was war das für eine Sensation, als die damalige bayrische SPD-Vorsitzende Renate Schmidt bei einem Sommerfest sehen ließ, dass sie halterlose Strümpfe trägt!

Sie alle haben gezeigt, dass Äußerlichkeiten wesentlich für die Selbstvermarktung sind.

Und sie sind angeeckt. Das gehört dazu. „Ich kann Ihnen keine Formel für Erfolg geben. Aber ich kann Ihnen eine Formel für Misserfolg sagen: Versuchen Sie, jedermann zu gefallen", sagte schon 1950 der US-Journalist und Pulitzer-Preisträger Herbert Bayard Swope.

> „Ich kann Ihnen eine Formel für Misserfolg geben: Versuchen Sie, jedermann zu gefallen!"

Im dezenten Anzug eckt man nicht an. Man wird bestenfalls als das wahrgenommen, was das Outfit signalisiert: „Achtung, hier kommt ein Anpassler!"

Anecken erfordert Mut. Aber gerade das ist ein gutes Training: Ein Mann, der tagtäglich in der schwarzen Existentialisten-Kluft ins Büro geht, wird ständig argwöhnischen Blicken ausgesetzt sein. Eine Frau, die zeigt, dass sie unter ihrem kurzen Rock Strapse trägt, wird sich die Begehrlichkeit der Männer und den Argwohn der Frauen ihrer Umgebung zuziehen. Das aber stärkt das Selbstbewusstsein und die eigene Beobachtungsgabe dafür, wer es wirklich gut mit einem meint. Zudringlichkeiten und Anfeindungen abzuwehren, bleibt ohnehin keinem erspart – warum dann nicht den ganzen Kampf auskämpfen?

Was trägt „man"?

Man sollte allerdings wissen, welche Signale man aussendet und wie sie von anderen (miss-)verstanden werden können. Auch wenn dieses Buch kein Stilberater sein kann und will (individuelle Marken brauchen individuelle Kreationen), so geben wir doch ein paar Hinweise:

- Rot gibt Dynamik, Emotion, Lebendigkeit und Engagement wieder – bei Frauen ein fast selbstverständliches Signal. Bei Männern ist das deutlich schwieriger: Rot ist bei Krawatten fast immer okay. Bei Schuhen wirkt dieselbe Farbe mutig und sollte sich dann auch sonst in den Accessoires (Krawatte, Schal, Hutband oder Brille) wiederfinden. Und ein rotes Taschentuch in der hinteren Jeanstasche ist ein Stilmittel, das man nicht achtlos einsetzen sollte – es signalisiert, dass man schwul ist und auf Faustfick steht. Dass gewisse Rottöne generell für Sex stehen, darf als bekannt vorausgesetzt werden.

- Gelbe Pullover – einst heimliches Erkennungszeichen von Schwulen – werden längst nicht mehr in diesen Kontext gesetzt. Hans-Dietrich Genscher trug sie, weil sie der Parteifarbe seiner FDP entsprachen und weil Gelb an sich eine freundliche Farbe ist, die den Träger unkompliziert und zugänglich wirken lässt.

- Weiß ist eine edle, Unschuld zeigende Farbe – schon allein, weil sie fleckengefährdet ist, ist sie unpraktisch und daher besonders für höher gestellte Persönlichkeiten (die sich nicht die Hände schmutzig machen) geeignet. Es lässt den Träger der weißen Kleidung aber nicht nur sauber und klar, sondern oft auch unberührbar und abgehoben erscheinen. Politiker wollen in Fernsehdiskussionen meist mit weißem Hemd eine „weiße Weste" signalisieren.

- Schwarz steht für Verweigerung und Unangepasstheit – wie die Existentialisten in der Gefolgschaft Jean-Paul Sartres. Gleichzeitig steht schwarz für Elite (am Hofe Karl V. war es das einzig hoffähige Outfit), es ist die Farbe des Jesuitenordens ebenso wie jene der Spitze der asiatischen Kampfsportler. Und es gehört zu offiziellen Anlässen wie Bällen – als Frack oder Smoking. Wer sich sonst schwarz kleidet, ist in Trauer. Oder Künstler, Philosoph, Priester – oder in der Kreativbranche tätig. Der Werber Bernd Misske, selber überzeugter Schwarz-Träger, sagte dazu einmal dem EXTRA-DIENST: „Schwarz wirkt wie ein Passepartout – alles andere wird wichtiger." Dies natürlich auf eine sehr elegante Art. Ach ja: Weil Schwarz alles andere wichtiger macht, lässt es den Träger auch schlanker wirken.

- Gold ist bei fast allen Marken – vom Kaffee bis zur Kreditkarte – ein Signal einer Premium-Positionierung. In der Kleidung ist Gold aber meist für Repräsentationszwecke vorbehalten – ob im Messornat, beim Kaisermantel oder beim Bühnenkostüm von Superstars wie Elvis Presley. Im Bereich von Uniformen wird Gold bei den höchsten Rängen mehr oder weniger großzügig auf den Aufschlägen eingesetzt – wer seiner *Marke ICH®* eine uniformähnliche Verpackung verpasst, kann also mit einigem Mut auf goldene Stickerei zurückgreifen. Ansonsten wirkt Gold (weil es ja nicht echt ist) auf Kleidungstücken eher peinlich.

- Für viele Frauen ist es ein heikles Thema, wie weit sie sich „weiblich" geben wollen – in einer Welt, wo das selten geworden ist, kann das zur Positionierung sinnvoll sein, zitiert das Magazin FORMAT den Wirtschaftscoach Christine Bauer-Jelinek: „Es ist okay, wenn Frauen erkennen, wie sie mit ihren Vorgesetzten umgehen müssen, um zu bekommen, was sie wollen." Und zur „Würde", die angeblich auf dem Spiel stünde, wenn eine Frau etwas von ihren körperlichen Reizen zeigt? „Die Würde kann den Preis haben, dass auf dem Gehaltszettel ein Drittel weniger draufsteht." Und schließlich sei der kurze Rock nur das Pendant zur Krawatte beim Mann, der Krawatten vielleicht hasst – „der bekommt deshalb auch nicht gleich die Sinnkrise". Und Ingrid Kösten von der Agentur „Woman Success" (www.womansuccess.at) sagte im selben Magazin: „Dass sich Männer dadurch gestört fühlen, ist durchaus legitim."

- Manche Kleidungsstücke haben aufgrund gelockerter Kleiderordnungen völlig ihre provokative Kraft verloren: In den 80er Jahren waren etablierte Parlamentarier noch schockiert, wenn Grüne und Linkssozialisten ohne Krawatte in die Parlamente gingen oder sich (wie Joschka Fischer 1985 in Hessen) in Turnschuhen als Minister angeloben ließen. Heute „darf" man das – aber da macht es auch keinen richtigen Spaß mehr. Und manche Symbole sind so lange vergessen, dass sie keinen mehr aufregen: Weiße Stutzen zur kurzen oder zur Kniebundhose zu tragen, war in Böhmen und Österreich einst ein Erkennungszeichen heimlicher Nazis – heute kann man das ohne Bedenken tun. Falls man überhaupt Knickerbocker oder kurze Hosen tragen will.

  > Wer Konventionen bricht, setzt Zeichen: Joschka Fischer ließ sich 1985 in Turnschuhen als Minister angeloben.

- Es gibt eine Reihe von bekannten Regeln, was man „darf" und was man „sicher nicht darf" – ob Sie sich daran halten wollen oder nicht, hängt weitestgehend davon ab, wie weit Ihnen ein Regelbruch als Markenzeichen wichtig ist. Kennen sollten Sie die Regeln trotzdem: Blumenkrawatten wirken weiblich; fliederfarbene Hemden sollten nur sehr junge Männer tragen; Socken sollten nie lustiger sein als man selber; Schuhe sollten die Zehen nicht sehen lassen;

ein Cowgirl- oder Matrosen-Look passt nicht ins Büro. „Man" trägt als Herr keine weißen Tennissocken zum Anzug, „man" verzichtet als Dame auch im Sommer nicht auf Strümpfe. Und wenn doch, dann sollte es ein bewusstes modisches Statement sein.

Starke Marken folgen ohnehin ihren eigenen Regeln. Die Kulturjournalistin Clarissa Stadler hat das in ihren Erwägungen über das Wesen der Popkultur einmal so erklärt: „Braucht jede Newcomerband einen eigenen Stylisten, um im Video-Style Contest bestehen zu können? Ja. Jedes T-Shirt zählt, jede Schweißperle muss richtig inszeniert werden, und es ist nicht egal, ob das knappe Fetisch-Bustier von Madonna von Gaultier, Dolce & Gabbana oder XY ist. Apropos Madonna: Das Material Girl war cleverer als die anderen, wechselte die Designer wie die Unterhosen und legte sich erst gar nicht auf einen Lieblingscouturier fest. Das ist auch das Mindeste, was man von einer Ikone erwarten kann. Statt auf den Wellen mitzureiten, selbst den Ton angeben. "

Stil verlangt Konsequenz

Die Äußerlichkeiten der Marken-Verpackung – also unserer Kleidung – müssen ebenso konsequent gepflegt werden wie die inneren Werte der Marke. Das ist beschwerlich und verlangt eiserne Disziplin. Vor allem beim Weglassen dessen, was einem spontan gefällt. Man darf nicht einen Tag einen eleganten, am nächsten einen schlampigen Eindruck machen – ebenso wenig, wie man an einem Tag kumpelhaft und am nächsten oberlehrerhaft auftreten darf. Ikea kann da als gedankliches Vorbild gelten: Der Stil der Produkte (kein Blümchensofa), der Stil der Präsentation (kein nobles Einrichtungshaus-Ambiente, sondern eher der Eindruck von ständiger Renovierung) und der Stil der Mitarbeiter (eingestellt werden bevorzugt junge, kumpelhafte Typen) ist klar aufeinander abgestimmt.

Die Rolle der *Marke ICH®* muss genauso konsequent gepflegt werden wie die Verpackung. Sprunghaftigkeit wird von Ihrem Gegenüber ebenso abgestraft wie der Versuch, jedem Modetrend nachzulaufen. Trösten Sie sich – auch Unternehmen wird diese Disziplin ab-

verlangt und Manager müssen sich oft selber Beschränkungen auf-
erlegen, um nicht durch Herumexperimentieren eine gut eingeführte
Marke zu gefährden: Die Image-Politik eines Unternehmens verlangt
ein langjähriges, konsequentes Durchhalten der als richtig erkannten
Linie. Ein Cadillac zum Beispiel muss immer ein Cadillac bleiben, ob
1950 oder 1990 produziert. Auch wenn das den Auto-Designern langweilig erscheinen mag. Im Design Ihres Outfits und Ihrer Umgebung
müssen Sie dieselbe Konsequenz in der Selbstbeschränkung haben.

Das schärfste Beispiel für die konsequente Durchforstung der
Garderobe haben wir in dem Buch „Die Geschichte der O" gefunden.
Die Protagonistin entschließt sich, allen Vorgaben ihres Geliebten zu
folgen – auch bei der Bekleidung. Und der Geliebte verlangt, dass sie
unter dem Kleid ständig nackt und ständig zugänglich ist, auf Hös-
chen verzichtet und Strümpfe mit Strumpfbändern statt mit Strapsen
trägt: „Morgen werde sie in ihren Schränken Musterung halten, unter
den Kleidern, in den Schubladen und unter ihrer Wäsche, und ihm
ausnahmslos alles abliefern, was sie darin an Strumpfgürteln und Hös-
chen finde; ebenso alle Büstenhalter, die so gearbeitet waren, wie der,
dessen Träger er erst hatte abschneiden müssen, ehe er ihn ihr aus-
ziehen konnte; Unterkleider, die so weit hinaufreichten, dass sie ihre
Brüste bedeckten, Blusen und Kleider, die nicht vorne zu öffnen
waren, alle Röcke, die so eng waren, dass man sie nicht mit einer einzigen Bewegung hochschlagen konnte. Sie sollte sich andere Büstenhalter machen lassen, andere Blusen, andere Kleider … Es dauerte beinahe zwei Stunden, bis sie alle Kleidungsstücke, die in den Koffer ge-
packt werden mussten, auf dem Bett ausgelegt hatte."

Diese detailreiche Darstellung, die Pauline Réage (eigentlich Anne
Declos, 1907–1998) in den 50er Jahren gegeben hat, trifft zwar vor
allem auf eine Garderobe der 50er Jahre zu, sie ist aber wegen ihrer
Konsequenz nicht nur ein in der SM-Szene hoch geschätztes Beispiel.
Réages literarische Figur ist im besten Sinne
markant. Die Marke „O" wird daher in
Rollenspielen der Szene gerne aufgegriffen.

Es lohnt, mit der gleichen Gründlichkeit
die eigene Garderobe zu durchforsten und
auf einen geschlossen wirkenden Stil zu
reduzieren. Wer sich entschließt, Trachten-

Durchforsten Sie Ihren Kleiderschrank – was nicht zum Stil Ihrer *Marke ICH®* passt, spenden Sie am besten der Altkleidersammlung.

kleidung zu tragen, weil seine *Marke ICH®* sehr traditionell positioniert ist, kann und soll alle seine Business-Anzüge ausmustern.

Der Werber Manfred Schwall fühlt sich durch eine konsequente Beschränkung seiner Garderobe nicht beschränkt, im Gegenteil, versicherte er der Fachzeitschrift EXTRADIENST: „Seit etwa zehn Jahren verzichte ich auf exaltierte Auffälligkeiten und kleide mich vornehmlich schwarz. Es ist einfach bequem, die Frage der Bekleidung auf schwarz zu reduzieren: Beim Kauf, am Morgen beim Anziehen – kein Stress. Ein weiterer Vorteil ist, dass mich meine Umwelt – vor allem meine Kunden – durch den Gleichklang meiner Garderobe in konstanter Verfassung erleben. Das finde ich gut. Bunte Farben dominieren und lenken ab. Wenn man's philosophisch betrachtet, steigt damit auch der Authentizitätsfaktor."

Ein sehr gutes Beispiel, dass man so den Wiedererkennungswert der *Marke ICH®* steigert, hat der österreichische Manager Viktor Klima geliefert: Er hatte eine Garderobe, die im Wesentlichen aus blauen Anzügen, weißen Hemden und roten Krawatten bestanden hat – eine schlichte, aber durchaus passable Kleiderwahl für einen Manager mit sozialdemokratischem Background. Der Mann hat es auf diese Weise in die Bundesregierung geschafft. Für drei Jahre war er sogar Bundeskanzler der Republik Österreich, ehe er wieder auf einem Managementposten verschwunden ist.

Aufgaben für *Die Marke ICH*®:

Die Marke ICH® weiß sich anzuziehen – und sie vermittelt das, was bei großen Unternehmen als „Corporate Identity" gilt. Jede Provinzsparkasse hat vom Türgriff der Geschäftsräume bis zum Briefpapier der Mitarbeiter alles durchgestylt. *Die Marke ICH*® muss ebenso vom Scheitel bis zur Sohle durchgestylt werden – ob mit dem Rat professioneller Stylisten und Visagisten wie dem der Profis von CMB oder dem Rat kritischer Freunde und Freundinnen ist eine Frage des Vertrauens (und des Geldes). Vielleicht auch eine des Probierens im kleinen Kreis oder in einem fremden Umfeld. Wer sich seiner *Marke ICH*® bewusst ist, stellt auch seine Garderobe entsprechend um. Es müssen nicht alles Maßanzüge vom teuersten Schneider der Stadt sein; und keine Modellkleider von französischen Couturiers. Aber die Stücke sollten zusammenpassen, selbst wenn man sie nie kombinieren würde. Wer Hilfiger-Kleidung trägt, drückt damit einen Lebensstil des amerikanischen Westens aus, wer Ralph Lauren bevorzugt, hält es eher mit der Ostküste. Französische und italienische Designer-Marken vermitteln ebenfalls klare Botschaften – und wer nicht sehr viel Geschick im Kombinieren hat, der sollte es lieber bleiben lassen. Oder seine Stilbrüche mit so viel Selbstbewusstsein inszenieren, dass Peinlichkeit gar nicht erst aufkommt. Ein stilsicherer Herold ist hier natürlich eine große Hilfe – wählen Sie ihn oder sie gut aus.

■ Um sich den Wert der richtigen Verpackung vorzustellen, machen Sie folgendes Gedankenexperiment: Jemand versucht, Ihnen eine Tafel Schokolade ohne lila Verpackung als Milka zu verkaufen – wie viel billiger als die gewohnt verpackte Schokolade müsste sie sein? Würden Sie sie überhaupt kaufen?

■ Stellen Sie sich vor, Sie müssten morgen jemanden treffen, der Ihnen sehr wichtig ist – aber keiner weiß, wie der andere aussieht. Überprüfen Sie, rasch: Können Sie Ihr Äußeres in zwei bis drei Sätzen beschreiben, sodass Sie unverwechselbar wiedererkannt werden?

■ Welche unverwechselbaren Äußerlichkeiten können Sie an sich beschreiben? Ist Ihre Kleidung ein sicheres Erkennungsmerkmal? Warum – oder warum nicht?

- Sagen Sie nicht: Ich kann doch heute nicht wissen, was ich morgen anhaben werde. Ob es regnet oder schneit, ob es ein Sonntag oder ein ganz normaler Arbeitstag ist: Ihre Kleidung, wenigstens ein Kleidungsstück sollte stets wiedererkennbar sein – es sei denn, Sie gehen ins Schwimmbad, aber da sieht und erkennt Sie hoffentlich keiner!

- Sehen Sie sich die Fotos an, die es von Ihnen in verschiedener Kleidung gibt. Was davon passt? Was sollte aussortiert werden? Seien Sie lieber etwas konsequenter als etwas zu wenig konsequent beim Ausmustern Ihrer Garderobe.

- Definieren Sie Ihren Stil – und überprüfen Sie dabei ständig, wie dieser Stil mit Ihrer *Marke ICH®* zusammenpasst.

- Bedenken Sie dabei, dass die Verpackung einer Marke nicht dazu da ist, das Produkt zu verbergen. Die Verpackung muss anzeigen, was drinnen ist – und es darf keine Mogelpackung sein. Wenn Sie nicht sportlich sind, dann wählen Sie keine sportliche Kleidung für Ihre *Marke ICH®*. Wenn Sie korrekte Umgangsformen nicht beherrschen (oder nicht einhalten wollen), dann verzichten Sie auf Anzug oder Business-Dress – es sei denn, Sie wollen mit Ihren Regelbrüchen in diesem Bereich besonders auffallen.

- Wählen Sie einen verlässlichen Herold aus, mit dem Sie einen Großeinkauf machen: Ein paar ähnliche Hemden oder Blusen; zwei Jacken und einen Anzug beziehungsweise ein Kostüm als Grundausstattung Ihrer künftigen Garderobe. Und unbedingt zwei, besser drei Paar Schuhe des gleichen Stils. In einigen Metropolen können Sie auch die professionelle Hilfe von Einkaufsbegleiterinnen in Anspruch nehmen: In New York sind die Personal Shoppers schon gang und gäbe, die für oder mit ihrer (vorwiegend weiblichen) Kundschaft Kleidung und Accessoires einkaufen gehen. Das kostet aber: Jede Stunde Einkaufsberatung kostet rund 100 Euro – und folgt man dem Rat der Profi-Einkäuferin, so legt man für eine Basisausstattung der Garderobe von 5000 Euro aufwärts hin.

- Nachdem Sie bereits vorher mit Ihrem Herold das Posieren vor der Kamera geübt haben, gehen Sie in Ihrer neu definierten Garderobe zu einem professionellen Fotografen und lassen Sie eine Portraitserie von sich anfertigen.

Aufgaben für Ihren Herold:

Bitten Sie je einen männlichen und einen weiblichen Herold, natürlich jeweils einzeln, mit Ihnen ein paar (Mode-)Zeitschriften durchzublättern (und womöglich ein paar Mode-Auslagen anzuschauen) – lassen Sie sich erzählen, bei welcher Kleidung er, bei welcher Kleidung sie sagt, dass das typisch für Ihre *Marke ICH®* sein könnte:

■ Lässt sich ein Stil definieren, der Ihnen entspricht? Eine Marke, die ganz klar zu Ihnen passt – mit der es womöglich eine Verbindung zu Ihrer *Marke ICH®* gibt? Ist dieser Stil derselbe, den Sie wählen würden?

■ Gehen Sie mit Ihrem Herold Fotos durch, die Sie in verschiedener Kleidung zeigen, gehen Sie mit Ihrem Herold Ihre Garderobe durch – und lassen Sie sich empfehlen, welche Stücke sofort zur Altkleidersammlung gehören.

■ Lässt sich ein Kleidungsstück definieren, das künftig immer dabei ist – etwa eine Fliege, eine Krawatte oder ein Schal einer bestimmten Farbe? Ein Hut? Schuhe eines bestimmten Stils, einer bestimmten Marke?

■ Bitten Sie nach Möglichkeit einen Herold, mit Ihnen mitzugehen, wenn Sie Ihren nächsten Großeinkauf machen – und bitten Sie ihn, sich darauf vorzubereiten. Was würde er für Sie kaufen?

Ihre *Marke ICH®* und Ihre Partner

Wer Markenartikel kauft, investiert in die Sicherheit, keinen Fehler beim Einkaufen gemacht zu haben. Bananen sehen alle mehr oder weniger gleich aus – aber einer Marke ist es gelungen, aus einer gewöhnlichen Banane eine Chiquita zu machen. Und die steht für eine Qualität, die wir zwar nicht nachprüfen können, die wir aber als gegeben annehmen. Dasselbe gilt für Moro-Orangen, Evian-Wasser und Bramburi-Kartoffeln – selbst bei Massengütern vertraut man lieber großen Marken.

Umso mehr gilt das bei Kleidung: Wer weiß schon wirklich, welche Krawattenbreite die Mode derzeit verlangt, wie die Hose geschnitten sein muss – beziehungsweise welche Rocklänge und welche Farbe der Saison gerade aktuell ist? Wer aber Markenkleidung kauft, kann nach der Mode gekleidet sein, ohne sich wirklich darum gekümmert zu haben. Das eingenähte Schild von Lagerfeld, Cardin, Valentino, Boss oder auch Loden Frey gibt dem in Modefragen unsicheren Konsumenten einen quasi mystischen Schutz davor, falsch gekleidet zu sein.

Durch die ostentative Verwendung bestimmter Marken geben wir als Konsumenten ein Signal an unsere Umwelt: Die Bahlsen-Packung zeigt unseren Gästen, dass wir sie schätzen – während das nahezu identische Produkt von Aldi den Eindruck erweckt, dass uns unsere Gäste eigentlich nicht viel wert sind. Wir zahlen also eine Art „Privat-Steuer" dafür, ein Markenprodukt zu verwenden. Wir alle wissen, dass die meisten Tafelwässer geschmacklich nicht von den in unseren Breiten üblichen Leitungswässern zu unterscheiden sind. Aber würden wir statt der repräsentativen Appolinaris-, Römerquelle- oder Evian-Flasche einfach eine Karaffe mit Leitungswasser auftischen? Natürlich nicht. Was würden denn da die Leute denken?

Eben. So wie wir als Konsumenten Marken benutzen, um damit etwas auszudrücken, werden auch andere unsere *Marke ICH®* benutzen, um so etwas auszudrücken. Das ist klar, wenn unsere *Marke ICH®* die eines Gastronomen ist: Gäste kommen in unser Lokal, um sich (je nach unserem Angebot) konservativ oder kosmopolitisch, formell oder leger, indisch, mexikanisch, kubanisch oder italienisch zu fühlen – und dieses Gefühl zu dokumentieren. Die mehr als 500 Guinness-Pubs in Deutschland erlauben jedem Gast, sich für die Dauer des Lokalbesuchs als welterfahren und mit keltischer Kultur (inklusive dem Genuss des ungewöhnlichen Bieres) vertraut zu gebärden.

Allianzen bringen gegenseitigen Nutzen

Was für den Besuch eines bestimmten Restaurants oder einer bestimmten Bar gilt, gilt aber auch allgemein: Prinzipiell gehen Menschen mit unserer *Marke ICH®* eine Allianz ein, um eine besondere Erwartung erfüllt zu sehen. Und unsere *Marke ICH®* geht mit anderen Marken Allianzen ein, um besondere Stärken überhaupt erst ausspielen zu können.

Was bedeutet das? Wir versuchen, unseren Namen in den Kontext anderer Namen zu stellen. So lange wir selber noch nicht so berühmt sind, finden wir es ganz nett, uns auf einen berühmten Arbeitgeber berufen zu können. So lange wir selber noch keinen allgemein anerkannten Markennamen haben, hilft es vielleicht, sich etwas vom Ruhm anderer zu borgen – indem wir uns als Schüler, Fans oder, etwas großspuriger: Nachfolger berühmterer Personen bezeichnen. Oder mit anderen, bekannteren Personen Allianzen schließen. Wenn diese schon länger tot sind, können sie sich praktischerweise nicht einmal dagegen wehren.

Ganz früh dran damit war Hermann Bahlsen: In seinem Bestreben, seine Kekse mit der schöngeistigen Welt Markenallianzen schließen zu lassen, ging er bereits im 19. Jahrhundert so weit, sein Hauptprodukt mit dem Namen des Philosophen Gottfried Wilhelm Leibniz (1646–1716) zu bezeichnen: Für die Leibniz-Cakes strahlte bereits Mitte der neunziger Jahre des 19. Jahrhunderts die erste Lichtwerbung am Potsdamer Platz in Berlin. Bahlsen investierte in Markenwerbung – und zwar von den besten Jugendstil-Künstlern, deren Ruf automatisch auch auf die gebackenen Kunstwerke abfärbte, darunter Peter Behrens und Heinrich Mittag. Karl Siebrecht wurde 1911 beauftragt, das neue Fabrikgebäude zu bauen. Für die ab 1904 angebotenen luftdicht verpackten Dauerbackwaren wurde die Marke „Tet" (ein ägyptisches Wort für Haltbarkeit) geschaffen – durch die Propagierung des „ägyptischen" Stils von Bahlsen und den von ihm beauftragen Künstlern entstand die Mode, in „Tet"-Kostümen auf Faschingsveranstaltungen zu gehen.

Hier hat sich eine Marke optimal in die Kultur eingepasst. Und das funktioniert mehr als 90 Jahre später natürlich noch viel, viel professioneller. Wir sehen am Beispiel des Sponsorings: Starke Marken können durchaus auch dann kooperieren, wenn sie in völlig verschiedenen Geschäftsfeldern tätig sind. Dann kann die eine Marke als Eye-Catcher für die andere dienen.

Allianzen können auch von relativ kleinen Unternehmen geschlossen werden, wenn entsprechende Initiative dahintersteckt.

Zum Beispiel in der Auslage eine Kaffeegeschäftes: Da erwartet man Kaffeebohnen, Kaffeepackungen und Kaffeegeschirr. Rudolf Krapf von der Alois Dallmayr Kaffee OHG hatte eine andere Idee: Er suchte die Kooperation mit dem Staatlichen Museum für Völkerkunde in München, das ihm Exponate aus den Anbauländern des Kaffees zur Verfügung stellte – was nicht nur die Auslagen in der Dienerstraße verschönerte, sondern gleichzeitig eine preiswerte Werbung für den Besuch dieses sonst nur in Fachkreisen profilierten Museums war. Ähnlich erfolgreich war eine Aktion des Deuticke-Verlages, Buchhändler zu einer Kooperation mit Brauereien zu bewegen, um Bierbücher zu bewerben. Die Biermarken erkannten die Chance, sich in Auslagen von Buchgeschäften zu präsentieren – während die in den Schaufenstern aufgebauten Biergartengarnituren und Bierwerbeschilder einen außergewöhnlichen Aufmerksamkeitswert für die Literatur-Handlungen schufen.

Man sieht, dass solche Allianzen auch von relativ kleinen Unternehmen geschlossen werden können, wenn entsprechende Initiative dahintersteckt. Warum sollte ein junger Maler nicht versuchen, seine Bilder in der Auslage einer Mode- oder Lebensmittelkette zu zeigen? Für die Handelskette wäre es ein Blickfang, für den Künstler eine Chance, seiner Kunst ein Publikum zu verschaffen.

Natürlich ist das in den letzten Jahren auch von großen Medienunternehmen entdeckt worden: Die großen Hollywood-Filme der letzten Jahre wurden regelmäßig durch Allianzen aufgewertet – gleichzeitig wurde in den Filmen selber Product Placement betrieben. So ist in „Lost World" (dem zweiten Teil von „Jurassic Park") ein Mercedes prominent platziert, was der Marke einen starken Auftritt in den USA sicherte. In ähnlicher Weise funktionierten die Kooperationen bei „Evita" (in der Mode- und Kosmetikbranche) und schließlich bei James Bond.

Allianzen stärken die Kompetenz der Partner

Was können wir von den Marken-Allianzen lernen, wenn wir weder eine Buchhandlung besitzen noch „Bond, James Bond" heißen? Viel. Denn *Die Marke ICH®* muss beinahe ständig Allianzen eingehen – nur nehmen wir das meistens nicht bewusst wahr, solange wir uns selber nicht als Marke verstehen.

Die Marke ICH® ist ein Partner eines anderen Unternehmens. Sie sind nicht allein auf der Welt – auch nicht als Anbieter dessen, wofür Ihre *Marke ICH®* steht. Ob Sie nun Selbständiger oder Angestellter sind, Sie werden immer mit anderen Marken zu tun haben. Manche werden einfach Mitbewerber sein und bleiben. Andere werden gleichgestellte Partner sein, manche werden Sie sich verpflichten können. Sehr oft aber werden Sie selber von einem anderen Partner abhängig sein.

Trösten Sie sich: Das geht auch ganz großen Marken so. Kodak hat einmal untersuchen lassen, ob eine – potenzielle – Produktinnovation eher vom Markt angenommen würde, wenn sie von Kodak käme oder eher als Sony-Produkt angenommen würde. Je etwa 20 Prozent gaben Sony beziehungsweise Kodak den Vorzug – aber 80 Prozent hätten es am liebsten, wenn beide Marken mit der ihnen zugeschriebenen Kompetenz dahintersteckten. Nestlé tritt daher seit 2002 stärker als Vertrauen stärkende Über-Marke für verschiedene seiner Unter-Marken auf.

Auch große Marken können nicht alles. Mehr noch: Sie sollen und dürfen nicht alles machen, um ihr klares Profil nicht zu verlieren. Es kann aber sehr sinnvoll sein, mit passenden Partnern zu kooperieren:

1. Dadurch kann der gute Ruf der einen Marke auf die andere übertragen werden.

2. Der Markenauftritt findet plötzlich in einer anderen Umgebung, einem vielleicht überraschenden Umfeld statt.

3. Es öffnen sich neue Geschäftsfelder und Kundenkreise.

4. Im Idealfall ergibt die Allianz für beide Partner mehr als die Summe ihrer Einzelteile – also eine Verjüngung und Höherpositionierung beider Marken.

Zum Beispiel Harley Davidson: Der Motorradhersteller hat seine Marke für Schreibgeräte, Herrenkosmetika und eine Restaurantkette lizensiert. Das bringt nicht nur unmittelbare Lizenzgebühren. Es wertet auch die Marke auf, wenn

- die Partnerschaft in einen Bereich wirkt, der gedanklich zur Markenwelt der Stammmarke passt – Sportbrillen zu Sportwagen oder Biker-Kneipen zu Motorrädern;

- eine durchgängige Gemeinsamkeit im Markenauftritt und Design erkennbar bleibt;

- die Qualität des lizensierten Produktes als „Premium-Klasse" wahrgenommen wird – schlecht funktionierende Lizenzprodukte lassen allzu schnell den Eindruck entstehen, dass auch das Hauptprodukt mangelhaft wäre;

- nicht zuletzt auch die Preisgestaltung des Lizenzproduktes in dieses Konzept passt. Füllfedern und Nobelkugelschreiber mögen zu Harley-Davidson passen – Wegwerfkugelschreiber nicht.

Zusammengefasst: Die Glaubwürdigkeit der Marke in ihrer neuen Rolle ist das wichtigste Entscheidungskriterium über ihren möglichen künftigen Erfolg. Das gilt natürlich auch für *Die Marke ICH®* und alle ihre möglichen Karrieresprünge: Glaubt man dem ideensprühenden Kreativdirektor, dass er auch die Finanzplanung im Griff haben kann, wenn er im Unternehmen zum Generaldirektor aufsteigt?

Angestellte, die sich als Partner verstehen

Haben wir – als Markenführer unserer *Marke ICH®* – überhaupt die Möglichkeit, das Zustandekommen von Allianzen zu beeinflussen? Üblicherweise läuft es ja so, dass ein Herr X oder eine Frau Y bei dieser oder jener Firma eine Anstellung erlangt und darüber heilfroh ist. Daraus ergibt sich ein klares Verhältnis von Unterordnung unter einen mächtigen Arbeitgeber. *Die Marke ICH®* ist aber nicht irgendein Angestellter. Markenallianzen wollen daher gut überlegt sein. Auch dann, wenn wir eigentlich nur eine ganz normale Angestelltentätigkeit suchen: Im Bewusstsein, dass wir als eigene *Marke ICH®* und damit als Unternehmer in eigener Sache zum Jobinterview gehen, werden wir kritischer prüfen, ob wir nicht die *Marke ICH®* in eine Sackgasse manövrieren. Allein das Faktum, dass wir prüfen, kann aber viel für unsere *Marke ICH®* tun – vorausgesetzt, es wird bei Kunden und möglichen anderen Allianzpartnern zum richtigen Zeitpunkt bekannt. Martin Maier war ein großer Journalist, der seine Karriere noch in der Zwischenkriegszeit beim legendären PRAGER TAGBLATT begonnen hat. Jungen Kollegen pflegte er den Rat zu geben, jedes Angebot zu prüfen, jedes mögliche Bewerbungsgespräch zu führen – Nein könnte man ja immer noch sagen: „Und im Nachhinein wird man sagen: Das ist der Mann, der das Angebot von Rockefeller ausgeschlagen hat." Keine üble Nachrede für eine *Marke ICH®* (man braucht ja nicht unbedingt dazu zu sagen, wie unanständig schlecht das Angebot des Herrn Rockefeller oder von wem immer auch war).

Partnerschaften gehen wir immer dann ein, wenn wir unsere *Marke ICH®* in den Dienst eines anderen Unternehmens stellen. Sei es, dass wir ganz oben in der Chefetage sitzen oder ganz unten im Kellerlokal als Aushilfskraft servieren. Sehen wir uns ein Beispiel an, das eine Teilzeit-Kassierin in einem Supermarkt in Clute, Texas, betrifft. Ihr Mann erzählte in einer Diskussion der Zeitschrift FAST COMPANY im Internet, dass die Schlangen an den Kassen manchmal bei seiner Frau am längsten sind – und die Kunden trotzdem nicht an andere Kassen wechseln wollen. Nicht, weil seine Frau so schnell wäre, sondern weil sie sich eben bei ihrer *Marke ICH®* am wohlsten fühlten. Dasselbe Phänomen tritt bei fast allen Selbstbedienungs-Läden und

Cafeterias auf. Selbst Aushilfskäfte haben eine *Marke ICH®* in das Geschäft einzubringen; und wenn die Kunden das schätzen, dann kann aus einer Hilfskraft bald ein hoch ge- schätzter Mitarbeiter werden. Das ist im Interesse von beiden Beteiligten: Wer als Marke und nicht einfach als Dienstnummer X mit seinem Arbeitgeber verhandelt, hat eine stärkere Position – auch wenn seine Dienstnummer nicht gerade 007 ist. Umge- kehrt hat ein Unternehmer mehr von einem

Wer als Marke und nicht einfach als Dienst- nummer X mit seinem Arbeitgeber verhandelt, hat eine stärkere Position.

profilierten Mitarbeiter als von irgendeiner Nummer. Auch der Unter- nehmer weiß, dass auf seiner Lohnliste nicht lauter 007 stehen. Aber wenn der eine oder andere darunter ist, der als Marke herzeigbar ist, dann ist das auch für den Arbeitgeber ein gewaltiger Vorteil.

Berthold Porath, der Marketingmanager der Brauerei Ott im schwäbischen Bad Schussenried, ist dafür ein besonders gutes Beispiel: Neben seinem Full-Time-Job, in dem er unter anderem Deutschlands erstes Bierkrugmuseum aufbaute, entwickelte er wie viele andere Manager auch nach und nach eine viel beachtete Vortragstätigkeit – was er aber anders machte als die anderen, ist die Vermarktung dieses Mehrwerts. Unter www.berthold-porath.de dokumentiert er seine Kompetenz, bietet neben hoch bezahlten Vorträgen auch Coaching und Lebensberatung an. „Beep (brain-energy-emotion-power)" heißt es überall auf seiner Website, die rasch klar macht, dass dies nicht bloß das Hobby irgendeines beliebigen Angestellten ist – Berthold Porath, der unumwunden zugibt, aus der ersten Ausgabe dieses Buches viel für die Entwicklung seiner eigenen *Marke ICH®* gelernt zu haben, meint seine Darstellung immer ernst, selbst wenn er auf einem Foto mit Zylinder und auf dem anderen in der Lederhose zu sehen ist.

Wichtig ist, dass er seine Kompetenz und seine künstlerische Ader zur Selbstpräsentation seiner *Marke ICH®* nutzt: So gründete er mit drei anderen Jungunternehmern die Netzwerk Oberschwaben GmbH, in die er seine in Brauerei und Museum gesammelte Erfah- rung als Event- und Kulturmanager einbringt. Für die Brauerei be- deutet dies, dass ihr Prokurist Porath nach innen und außen immer stärker wahrgenommen wird: Wer so kompetente Mitarbeiter hat, muss selbst ein kompetentes Unternehmen sein. Andererseits wird der Wert von Poraths eigener *Marke ICH®* dadurch gestärkt, dass er eben nicht nur im Netzwerk, sondern mit großem Engagement weiter in der renommierten Brauerei Ott tätig ist.

Es ist eine Win-Win-Situation für alle Beteiligten, wenn sie das Spiel konsequent, ehrlich und mit dem nötigen gegenseitigen Respekt spielen. Für einen Angestellten mit fester Firmenbindung ist der Markt für seine *Marke ICH®* möglicherweise auf die Mitarbeiter eines einzigen Unternehmens beschränkt. Das kann allerdings bei verschiedenen Unternehmen sehr verschieden große Kreise bedeuten – bei Weltunternehmen wie IBM kann das durchaus auch Weltgeltung für *Die Marke ICH®* eines Mitarbeiters bedeuten, zumindest konzernintern. Für einen Arzt sind es die einzelnen Patienten – wobei es natürlich einen Unterschied macht, ob dieser Arzt Landarzt irgendwo in den Rocky Mountains oder Spezialist an der Innsbrucker Herzklinik ist. Im zweiten Fall kann wiederum von einem Weltmarkt gesprochen werden, ist doch der Arzt „Zulieferer", vielleicht sogar Markenpartner seiner Klinik. Gemeinsam können der Spezialist und die Klinik zahlungskräftige Patienten aus der ganzen Welt anwerben. Wer es sich leisten kann, lässt sich ja gerne im besten Spital der Welt von den besten Ärzten behandeln. Und in der Regel kennt man den Namen der Klinik früher als den der Ärzte.

Zulieferer werden zu wert-vollen Partnern

Zulieferer zu sein, kann also eine sehr profitable Markenpositionierung sein, man muss nur selbst entsprechend profiliert sein. Falls Sie Biertrinker sind, werden Sie schon mal Hopfenbittere aus dem Hause Barth (dem Weltmarktführer im Hopfenhandel) geschmeckt haben, wenn Sie Weintrinker sind, haben Sie wahrscheinlich schon einmal einen Wein getrunken, der von Hillebrand (dem Weltmarktführer für Weintanks) transportiert wurde. Sie hatten nur keine Ahnung davon – Ihnen hat ja noch niemand gesagt, dass das etwas mit der Qualität des Bieres oder Weines zu tun haben könnte.

Warum eigentlich nicht? Sehen wir uns ein Fallbeispiel an, das wir für zukunftsweisend halten. Wir gehen davon aus, dass Sie von Personalcomputern so viel verstehen wie wir – und das ist praktisch gar nichts. Aber auch Sie werden davon gehört haben, dass die eigentliche Rechnerleistung eines Computers in der so genannten CPU liegt, einem Bestandteil, dessen Hersteller üblicherweise nur Experten kennen. Seit einigen Jahren – genau genommen wahrscheinlich seit 1991 – kennen Sie aber eine vertrauenswürdige Marke für solche CPUs. Diese Marke heißt Intel und Sie kennen sie aus der Werbung: Intel hat sich entschlossen, mit einer Kampagne, die allein bei der Einführung 100 Millionen Dollar gekostet hat, klarzumachen, was die Rechner aller möglichen Hersteller wirklich flott macht: „Intel inside".

Intel hat es damit geschafft, vom beliebigen Zulieferer eines Computerbauteils zu einer Marke zu werden, die vom Letztverbraucher verlangt wird. In ähnlicher Weise konnte der Pentium-Chip von Intel auch Computer-Laien faszinieren. Dasselbe gilt für Software von Microsoft, speziell das Betriebssystem Windows. Keiner von uns Laien kann wirklich beurteilen, ob dies das beste System ist – aber

> **Intel wurde vom beliebigen Zulieferer eines Computerbauteils zu einer Marke, die vom Letztverbraucher verlangt wird.**

wir alle wissen, dass es sich um eine starke Marke handelt, der wir zu vertrauen bereit sind.

Das heißt: Wir sind auch bereit, mehr zu bezahlen, wenn in einem Rechner ein Pentium Prozessor oder ein Windows Betriebssystem steckt. Ebenso wie wir bereit sind, für ein Fruchtjoghurt mehr zu bezahlen, wenn darin die Fruchtzubereitung des bekannten Marmeladenherstellers Darbo steckt. Beate Uhse und Flensburger kooperieren neuerdings beim angeblich potenzsteigernden Bier „Popp". Und die neuen Uhren von Timberland bekommen seit 2006 ein Werk von Swatch.

Für *Die Marke ICH®* können wir daraus lernen, dass unsere Rolle als „Zulieferer" durchaus eine entsprechende Würdigung erfahren kann. Im Medienbereich ist das ja längst üblich. In der Gastronomie ist das erst eine neuere Entwicklung – aber seit einigen Jahren sind es nicht mehr bloß eine Hand voll „Chefs", deren Beitrag zur guten Küche eines Hauses geschätzt wird. Und in immer mehr Dienstleistungsbereichen wird es den Kunden wichtig, von diesem oder jenem Berater, Betreuer oder Servicetechniker bedient zu werden. Vorausgesetzt, diese Kunden kennen *Die Marke ICH®*, die sie verlangen müssen.

Hier kommen wir zu der Gemeinsamkeit, die eine erfolgreiche *Marke ICH®* mit Marken von Weltgeltung haben wird: „Große" Marken setzen Qualitätsstandards – und zwar in einer Weise, dass möglichst alle möglichen Kunden diesen Qualitätsstandard als verbindlich wahrnehmen und anerkennen. Und „groß" kann auch eine sehr spezialisierte Marke sein:

- Wir haben schon das Beispiel des Arztes angesprochen, dessen Patienten prinzipiell aus der ganzen Welt anzureisen bereit sind, wenn er nur eine entsprechende Spezialisierung auf deren Wehwehchen anzubieten hat. Und seine *Marke ICH®* einen entsprechend starken Ruf hat. Umgekehrt kann es vernünftig sein, statt der medizinischen Spezialisierung eine fremdsprachige Betreuung anzubieten: Mitglieder der International Community in UNO-Städten wie New York, Genf und Wien gehen eben lieber zu einem Zahnarzt, von dem sie auch sicher sind, dass er versteht, wo genau es ihnen wehtut.

- Wer seine Brötchen als Programmierer verdient, ist prinzipiell nicht daran gebunden, seine Arbeit einer Softwareschmiede am gleichen Ort anzubieten. Über das Internet ist ein Angebot und eine Leistung der *Marke ICH®* gerade so schnell auf der anderen Seite der Erdkugel.

- Dasselbe gilt für viele Arten von Expertisen. Weltweit gibt es nur einige hundert Experten für das Unschädlichmachen von chemischen Kampfstoffen oder Anti-Personenminen. Diese Experten müssen ihr Wissen ja nicht exklusiv einer einzigen Armee zur Verfügung stellen – Engagements bei der UNO oder Privatunternehmen sind nicht nur finanziell lukrativer. Sie stärken auch die Bekanntheit ihrer *Marke ICH®*, die sie auch dadurch aufwerten, dass sie gleichzeitig das Fachwissen auf den neuesten Stand bringen. Das ist ein Nutzen, der letztlich der Armee des eigenen Landes gelegen kommen wird. Und: Was im Geschäft mit Krieg und Frieden gilt, gilt in den meisten Industriebereichen ebenso.

- Selbst Landwirte und Handelsmarken bilden Allianzen. Nehmen wir das Beispiel einer Packung „6 Bio-Eier aus Freilandhaltung":

Auf der Verpackung garantiert die Marke „Spar" die Stärke und das Qualitätsbewusstsein eines großen Handelsunternehmens. Gleich vier kleinere Prüfzeichen (das Austria Kontrollzeichen, die Bestätigung des Vereins Aktiver Tierschutz Steiermark, das Siegel Geprüfte Qualität aus Österreich und das Zeichen Ernte für das Leben) stehen dafür ein, dass es wirklich um Ware aus einem ökologischen Betrieb geht, doch die müssten nicht sein. Die wirkliche Glaubwürdigkeit gewinnt das Produkt durch die Marke der Familie Schmidt, jenes Bauernhofes aus Kautzen, der als einer von vielen Betrieben mit der großen Eiermarke von Spar verbunden ist. Jeder dieser Kleinbetriebe profitiert davon – und umgekehrt wäre die ganze Bio-Marke viel weniger glaubwürdig, wenn da nicht ein kleiner Zettel beigepackt wäre, der mit Name, Adresse und Telefonnummer auf *Die Marke ICH®* des Bauern hinweist, von dem das Produkt tatsächlich stammt.

> Handelsmarken wären viel weniger glaubwürdig, wäre da den Bio-Eiern nicht ein kleiner Zettel beigepackt, der auf *Die Marke ICH®* des Bauern hinweist.

■ Fußballklubs geben Transfers von Spielern bekannt – und tagelang wird in allen einschlägigen Medien über die Ablösesummen berichtet. Das bedeutet zunächst, dass der einkaufende Klub bedeutend (und finanzkräftig) ist, es bedeutet zudem, dass der transferierte Spieler einen beachtlichen Markenwert hat. Die spielerische Leistung, zunehmend aber auch das mediale Talent und die Werbewirksamkeit werden finanziell bewertet.

■ Ähnlich ist es mit allen Tätigkeiten, wo *Die Marke ICH®* im Bereich Kommunikation, Medien und Werbung tätig ist. So gilt auch im Medienbereich vielfach das Star-Prinzip: Nicht jeder Fernsehjournalist darf auch die Nachrichtensendung oder eine Talk-Show moderieren, nicht jeder Zeitungsredakteur darf auch Kommentare schreiben und Kolumnen füllen. Aber diejenigen, die sich im Laufe der Jahre einen Namen (= eine *Marke ICH®*) geschaffen haben, werden als Marken-Partner geschätzt. In den USA gibt es den Begriff des „syndicated columnist", der seine Arbeit über Agenten anbietet: Wenn Art Buchwalds Kolumnen nicht nur in der HERALD

TRIBUNE, sondern auch in dem einen oder anderen Provinzblatt erscheinen, dann hilft das der kleinen Zeitung, zu verkaufen. Hier kommt eine Dreiecksbeziehung von Marken zustande, ebenso, wenn der von CNN bekannte Interviewer Larry King eine Kolumne für USA TODAY schreibt – wobei Art Buchwald und Larry King die entscheidenden Teile dieser Markenallianz sind und von ihrer Bekanntheit gleich doppelt profitieren. Wir kennen dasselbe natürlich auch im deutschen Sprachraum. Wenn ein Kolumnist seine *Marke ICH®* gut positioniert hat, dann kann er aus dem Wechsel von einem Medium zum anderen gewaltigen Profit schlagen – und sein „neuer" Auftraggeber kann versuchen, möglichst viel Image (und damit Leserbindung) vom „alten" Auftraggeber abzuzocken.

■ Kleine und mittelständische Unternehmer können das Allianz-Prinzip genauso nutzen: Wenn etwa ein In-Lokal bekannt ist, dann stehen die Kellnerinnen und Kellner, die dort arbeiten wollen, Schlange. Hier geht es auch um geschickte Auswahl: Womöglich bringt ein anderswo beliebter Kellner neue Gäste mit. Auch die Markenallianz mit einem anderswo schon bekannten Diskjockey lohnt für den Discobesitzer ebenso wie für den wechselwilligen Plattenaufleger.

■ Ebenso werden bei einem erfolgreichen Lokal die Vertreter der Biermarken Schlange stehen, um ihr Bier in dem jeweiligen Lokal ausschenken zu dürfen – und das Markenzeichen ihres Bieres neben das des Lokales setzen zu können. Das ist für den Lokalbesitzer, der seinen Betrieb schon zur Marke gemacht hat, natürlich eine bessere Ausgangslage als für den, der vor der Eröffnung seines Ladens zur jeweiligen Brauerei betteln kommt.

■ Eine oder mehrere Nummern größer sind die Product-Placements, die in großen Filmen passieren. 1977 war das noch mehr oder weniger Zufall: Da lief der Film „Saturday Night Fever", in dem John Travolta einen weißen dreiteiligen Anzug trug, der im Handumdrehen zum unverzichtbaren Outfit jedes Disco-Schicki-Mickis wurde. Der Hersteller Tobias Kotzin verkaufte (wohl für ihn selbst überraschend) drei Millionen von dem guten Stück. Danach ging es professioneller zu: Reebok entwickelte für „Aliens" einen Schuh, den Sigourney Weaver trug: Er wurde dann auch kräftig als

„Alien Stomper" vermarktet. Wir erzählen das in diesem Zusammenhang, weil dasselbe heute sogar mit Nachrichtensprechern passiert. Das bedeutet: Wenn Sie Glück und Geschick haben, bekommt auch Ihre *Marke ICH®* die Bekleidung, die Brillen, womöglich sogar den Dienstwagen gesponsert. Vorausgesetzt, Ihre *Marke ICH®* steht so sehr in der Öffentlichkeit, dass das Sponsoring einem Bekleidungshaus, Optiker, Hutmacher etc. attraktiv erscheint.

■ Völlig selbstverständlich ist Internationalisierung für alle, deren *Marke ICH®* in der Kultur tätig ist. Film- und Theaterproduzenten kündigen Projekte langfristig an: Wenn Steven Spielberg einen neuen Film produziert, dann ist stets eine Sensation zu erwarten – und alle Welt will wissen, wer bei der absehbaren Erfolgsstory wohl dabei sein wird. Dasselbe gilt für die Wiener Philharmoniker, die jedes Jahr einen anderen Dirigenten „einladen", mit ihnen das Neujahrskonzert aufzuführen. Oder für Bauherren, die einen berühmten Architekten beauftragen, an einem vielfrequentierten Platz zu bauen. Große Namen ergänzen einander da prächtig. Kunst denkt global, hat immer schon global gedacht. Der Künstler, als ein von Gott oder den Göttern geliebtes und begnadetes Kind, brauchte lange gar keine eigene Marke zu entwickeln. Die, die mit ihm Geschäfte machen wollten (etwa durch Theateraufführungen, Konzerte oder später den Druck der Werke), die brauchten aber Künstler mit starkem Namen. Marken, die verkaufen. Das heißt in diesem Fall: Die Häuser füllen oder den Buchabsatz sichern.

Starke Marken sitzen bei der Partnersuche am längeren Hebel

Mit einer starken *Marke ICH®* auftreten zu können, hilft, die eigenen Interessen beim Partner, Auftraggeber, Arbeitgeber, Kunden durchzusetzen. Und möglicherweise überhaupt erst „würdig" zu werden, eine Partnerschaft einzugehen. Denn Unternehmen haben meistens keine Scheu, mit ihrer Ehrfurcht gebietenden Markenstärke jene einzuschüchtern, die submissest darum bitten, doch ein wenig zu diesem Markenerfolg beitragen zu dürfen. Umso erstaunlicher ist, dass Personalchefs immer wieder von Arbeitssuchenden berichten, die nicht nur über ihre eigene Markenstärke nichts wissen, sondern auch die des Unternehmens nicht zu erkennen vermögen: „Absolut negativ wird bewertet, wenn dem Bewerber bei der Frage, warum man ausgerechnet in diesem Betrieb arbeiten wolle, leider nichts besonders einfällt. Dies scheint allerdings eine weit verbreitete ‚Krankheit' zu sein, wie die Personalchefs bestätigen", schreibt der HOCHSCHUL-STANDARD Jungakademikern ins Stammbuch.

Dabei muss klar sein, dass die Markeninhaber am längeren Hebel sitzen. Wer eine starke Marke hat, tut sich ja leichter, die jeweils besten Talente zu rekrutieren; weil die gerne für starke Marken arbeiten. Und wer die Marke des Arbeitgebers nicht respektiert, kann noch so gut und originell sein – er passt nicht dazu. Eine starke Marke macht jene, die für sie arbeiten, stolz – sie ist eine Inspiration darüber nachzudenken, was man tun kann. Und was man tun könnte. Das gilt für formelle Mitarbeiter einer Marke – also etwa die Angestellten von Mercedes und Lufthansa oder die Schauspieler am Thalia-Theater – ebenso wie für die nur lose mit unserer Marke verknüpften Herolde.

Die Marke ICH® kann Menschen stolz darauf machen, dass man sie bloß kennt. Weil sie ihnen Gehör „schenken", wie es so treffend heißt: „Sie würden sich gerne mit diesem so sympathisch und wichtig wirkenden Herrn unterhalten, der neben Ihnen steht. Bloß worüber? … Ich verrate Ihnen das Lieblingsthema aller Gesprächspartnerinnen und -partner, mit denen Sie je zu tun haben werden. Ein Thema, über das Sie stundenlang sprechen können, ohne dass es Ihrem Gegenüber langweilig wird. Es ist das Thema, das sie/ihn mehr interessiert als jede andere Sache auf der Welt: er/sie selbst … Jeder ist sich selbst der Nächste, jeder steht gerne im Rampenlicht … Ein interessanter Gesprächspartner ist nicht jemand, der redet, sondern jemand, der zuhört! Beherrschen Sie die Kunst des Zuhörens, werden Sie immer im Mittelpunkt der Aufmerksamkeit stehen. Man wird sich stundenlang mit Ihnen unterhalten und sich an Sie als interessanten Gesprächspartner erinnern – obwohl Sie kaum etwas gesagt, nur ab und zu eine Frage gestellt haben. Wer fragt und zuhört, führt; wer redet, steht in der Defensive", rät der PR-Berater Wolfgang Hars. Und wenn Sie nach dem Fest als gute Zuhörerin oder guter Zuhörer gelten, dann haben Sie den sympathisch und wichtig wirkenden Herrn bereits als neuen Herold für Ihre *Marke ICH®* rekrutiert.

Aufgaben für *Die Marke ICH®*:

Von der „Intel Inside"-Kampagne können wir lernen, was Ingredient-Branding bedeutet: Ein Produkt oder eine Dienstleistung wird erst dadurch wirklich wertvoll, dass eine andere Marke gewisse „anerkannte" Zutaten beisteuert. Wenn Sie also in einem Unternehmen oder einer Arbeitsgemeinschaft tätig sind, dann sollten Sie darauf achten, dass Ihr eigener Beitrag nicht untergeht: Bestehen Sie darauf, dass andere wahrnehmen, dass ein Projekt gelungen ist, weil Sie daran mitgewirkt haben.

Gehen Sie selber bewusst und respektvoll mit Marken um, sei das jene Ihres Autos, Ihres Kleidermachers oder jene Ihres Arbeitgebers. Wenn Sie stolz verkünden, wie toll die Marke Ihres Arbeitgebers, Auftraggebers, Partners oder Kunden ist, dann färbt das erstens auf Sie selber positiv ab – und hilft andererseits durchzusetzen, dass auch von der anderen Seite klargestellt wird, dass ein bisschen etwas von dieser Markenstärke Ihrem Beitrag zu verdanken ist.

■ Machen wir uns klar, welche Marken-Signale wir ständig aussenden, indem wir selber Marken verwenden: Wer eine Rolex trägt, einen Porsche fährt und Roederer-Champagner trinkt, wird eben von anderen als etwas Besonderes erlebt.

■ Natürlich gibt es aktivere Gestaltungen von Markenallianzen als den des Kaufs von Produkten. Zum Beispiel die Wahl des richtigen Auftrag- oder Arbeitgebers: Es ist eben für *Die Marke ICH®* etwas anderes, für Microsoft oder IBM zu arbeiten als einfach „in der Computerbranche" tätig zu sein.

■ Was ist Ihr spezifischer Beitrag zur Marke Ihrer Partner, Auftraggeber oder Arbeitgeber? Warum ist es gut, dass ein (vielleicht sehr kleiner) Teil der Arbeit von Ihrer *Marke ICH®* geleistet wurde? Es ist mindestens so wichtig, wie die Mitteilung der Drogeriemarktkette DM, dass ihre Fotoausarbeitung auf Fotopapier von Kodak erfolgt. Unterschätzen Sie nicht, was wir von „Intel Inside" über Ingredient-Branding lernen können und was andere schon gelernt haben: Ein Mikrochip ist ein winziger Teil, aber vielleicht der wichtigste im Computer. Andere Hersteller von Computerbauteilen haben die Lehre inzwischen gelernt – weil ja ohne die Soundkarte, das Keyboard oder das Betriebssystem auch nichts läuft, sind SoundBlaser, Logitech und Windows ebenfalls vertraute Namen geworden. Und jetzt sind Sie dran: Was können Sie tun, damit Ihr eigener Beitrag auffällt?

- Machen Sie sich kundig, wer bei Ihren wichtigsten Geschäftspartnern, Lieferanten und Kunden für Marketing und Öffentlichkeitsarbeit zuständig ist. Diese Leute sollten jedenfalls wissen, dass Sie (wenn auch vielleicht „nur" als Angestellter) am gemeinsamen Geschäftserfolg beteiligt sind. Sie sind daher Zielgruppe für Public Relations, wie wir Sie im nächsten Kapitel ansprechen werden.

Aufgaben für Ihren Herold:

Gute Netzwerker brauchen zwei Dinge: Vertrauen in Ihre *Marke ICH®* und einen langen Atem. Es wäre völlig verkehrt, ein Netzwerk rein auf Berechnung aufzubauen. Gutes Networking basiert auf Vertrauen ohne unmittelbare Erwartungshaltung. Konfrontieren Sie daher nie einen Herold mit der Einstellung: „Wenn du das jetzt nicht für mich machst, kannst du mich vergessen."

- Auch im intellektuellen Bereich ist es gängig, Allianzen zu schließen: Wer schreibt oder redet, streut immer wieder Zitate ein, die seine Behauptungen belegen sollen. „Die Leute werden Ihre Ideen lieber akzeptieren, wenn Sie dazusagen, dass Benjamin Franklin es schon gesagt hat." Das hat natürlich auch nicht irgendwer geschrieben, sondern David H. Comins im WASHINGTONIAN im November 1978. Ob diese Quelle relevant ist? Aber natürlich doch: Jedes gegenseitige Zitieren wertet auf.

- Lassen Sie vor allem Ihre Herolde wissen, wie wichtig Ihnen die Zusammenarbeit mit anderen Marken ist – und seien Sie sicher, dass es sich lohnt, dass die Herolde immer wieder darauf hinweisen: Ihre *Marke ICH®* ist nicht nur ein kleines Rädchen, sondern der für den Erfolg entscheidende Beitrag zum Erfolg Ihres Arbeitgebers oder Partners.

Public Relations für Ihre *Marke ICH*®

Sich selbst zu verkaufen, das hat, wie schon gesagt, etwas Anrüchiges an sich. Das hängt zu einem guten Teil mit den bürgerlichen Werten zusammen. Sich selbst zu verkaufen – das heißt im ursprünglichsten Sinne: sich prostituieren. Für bürgerliche Kreise dagegen blieb es die Regel, dass man in seinem Leben vorzugsweise nur zwei Mal in der Zeitung stehen soll: bei der Geburts- und bei der Todesanzeige. Prominenz an sich galt schon als suspekt, vielfach wurde „vornehme Zurückhaltung" auch von Mäzenen und anderen Wohltätern geübt. Bestenfalls erschien es angemessen, in den eigenen Kreisen einen „guten Ruf" zu haben oder zu pflegen. Das erlaubte sogar Damen, einen „berühmten" Salon zu haben, in dem sich die Welt (beziehungsweise: was in den jeweiligen Kreisen dafür gehalten wurde) treffen konnte. Wer die gesellschaftlichen Regeln einhielt, konnte es immerhin zu einer beschränkten Markengeltung bringen.

Dazu muss man wissen, dass noch bis weit ins 19. Jahrhundert Polizei- und Gewerbeordnungen galten, die Werbung überhaupt beschränkten: Es war gegen die Ehre – und verboten – anderen Geschäftsleuten Kunden durch Werbung mit Wort, Schrift, Bildern oder Ausstellung im Fenster abspenstig zu machen. Es gab zwar Gewerbetreibende wie Drogisten, Barbiere, Schausteller und Fahrende, die ihre Waren durch Marktschreien, durch Kaufrufe anpriesen, aber ihr Wirkungskreis war durch den Umfang ihrer Stimme und die Lesbarkeit ihrer Schautafeln begrenzt.

Das hat sich grundsätzlich geändert – von den Supermärkten, die die früheren Marktplätze ersetzt haben, bis hin zu den Elfenbeintürmen der Wissenschaft. Hier gilt längst, dass zitiert werden das Renommee des jeweiligen Professors erhöht – je öfter, desto besser, desto wertvoller Die *Marke ICH*® des Wissenschafters. Wobei es nicht nur mehr ausschließlich um Fachpublikationen geht, wie DIE ZEIT am Beispiel des „Quotenkönigs der Wissenschaft" darstellte: „Jürgen W. Falter hat es geschafft: Der Politikwissenschaftler gibt Journalisten

Interviews darüber, warum er Journalisten so viele Interviews gibt. Geholfen hat diese Selbsttherapie bislang nicht. 40 Sekunden zu Parteien hat der Parteienforscher stets zu bieten. Selbst aus der Badewanne heraus stillt der Mainzer den Erklärhunger der Medien. Auf Dauer vergeblich, sie rufen immer wieder an." 15 Talk-Show-Auftritte, 212 Print-Zitierungen, 19 große Interviews und vier Eigenbeiträge weist die Statistik der ZEIT für den öffentlichkeitsgewandten Mainzer Politikwissenschafter Falter aus. Man würde allerdings zu kurz greifen, wenn man Public Relations ausschließlich nur als die Bestrebung begreifen würde, *Die Marke ICH®* in die Zeitung, das Radio oder Fernsehen zu bekommen – Public Relations bedeutet, dass wir generell beeinflussen müssen, wie andere uns wahrnehmen, wie sie über uns denken und welche Gefühle sie dabei haben. Und das muss aktiv gestaltet werden.

Machen Sie etwas aus sich

„Wer schreibt, der bleibt" – „Publish or perish!" – diese Devise gilt nicht nur, wenn Sie Journalist oder Wissenschaftler sind. Wenn Sie etwas zu sagen haben, dann sagen Sie es auch. Scheuen Sie sich nicht, Stellung zu beziehen. Scheuen Sie sich nicht, eine andere Meinung zu haben als viele Ihrer Zuhörer. Das ist der Luxus, den *Die Marke ICH®* wie jede starke Marke genießt, solange sie nicht Weltmarktführer ist. Wer eine große Mehrheit zu verteidigen hat, der scheut sich, irgendjemanden vor den Kopf zu stoßen – Sie kennen das Phänomen von Politikern großer Parteien, die es möglichst jedem recht machen wollen. Umso stärker ist die Herausforderung durch Figuren wie Ross Perot, Joschka Fischer oder Gertraud Knoll – sie sprechen nicht das übliche Politikergewäsch und sie sagen klar, für wen und gegen wen sie sind.

Benetton kann sich leisten, auf Skinheads, Rechtsradikale und Ausländerfeinde als Kunden zu verzichten. Umso mehr Respekt genießt die Marke bei denen, die es mutig finden, wie engagiert Benetton gegen Rassismus auftritt. Und sie genießt sogar Respekt bei Leuten, die nicht unbedingt unterstützen, was Benetton sagt oder gar wie Benetton es vermittelt. Ebenso wird Ihre *Marke ICH®* respektiert, wenn sie sagt, wofür sie steht – sogar dann, wenn das Thema noch nicht mehrheitsfähig sein sollte. Schließlich genießen auch die Grünen Respekt: Obwohl sie sicher nicht mehrheitsfähig sind, gelten sie nun immerhin als regierungsfähig.

Eine starke Marke hat immer etwas zu sagen – zu dem Thema, in dem sie sich Kompetenz und Anerkennung aufgebaut hat. Wenn Sie eines der folgenden Beispiele aufgreifen, dann gehen Sie in die richtige Richtung; denn Sie stellen stets sicher, dass Ihre Aussagen mit der Kompetenz Ihrer *Marke ICH®* in Verbindung gebracht wird:

- So wie Benetton zum Thema Menschenrechte Aussagen trifft, kann *Die Marke ICH®* eines Arztes über Gesundheitsvorsorge sprechen (sei es im Lion's Club, in der Volkshochschule oder im lokalen Radiosender).

- So wie Sprite Durstlöschen verspricht, kann *Die Marke ICH®* eines Sportlehrers Fitness versprechen – nicht nur seinen Schülern oder den Kunden eines Fitness-Studios, sondern auch den Besuchern von Seniorennachmittagen, Betriebsversammlungen oder gar von Seminaren über „mentale und physische Fitness".

- IBM steht für das Versprechen der „solutions for a small planet". Dasselbe gilt, auf viel niedrigerer Ebene, natürlich für Programmierer, die die mit ihrer *Marke ICH®* verbundenen Ideen nicht bloß in abteilungsinternen Besprechungen äußern müssen, sondern auch in anderen Unternehmensbereichen ihre Innovationen bekanntmachen sollten – und die sich in einschlägigen Techniker-Zirkeln und Vereinen hervortun können. Oder in der Lokalpresse: Da sollte es ihnen gelingen, dem Lokalredakteur einen Beitrag über die Vermeidung von Computerpannen oder preisgünstige Software und ihre Vor- und Nachteile anzudienen.

- Wenn Ihre *Marke ICH®* irgendwo in der Elektrotechnik angesiedelt ist, wird Ihre Lokalzeitung gerne eine Kurzserie über die Verhütung von Stromunfällen von Ihnen abdrucken. Am Honorar verdienen Sie zunächst wahrscheinlich wenig – aber an dem Ansehen, das Ihr Elektrofachgeschäft damit bei den Zeitungslesern gewinnt: „Der muss ja ein ehrlicher Handwerker sein – der sagt uns ja, wie wir kleine Reparaturen gefahrlos selbst durchführen können."

- Wenn Ihre *Marke ICH®* mit Kindern zu tun hat, können Sie als Kindergärtnerin, Schuldirektorin, Erziehungsberaterin oder Fürsorgerin praktische Tipps für die Schulwahl im Bezirk oder die Bewältigung von Erziehungsaufgaben, vielleicht auch über neu auftauchende Unsitten unter den Kindern berichten. Vorausgesetzt, dass Sie dabei bedenken, dass Ihre Leser nicht die Kinder sind, die Sie jeden Tag vor sich haben, sondern Eltern, die denselben Problemen gegenüberstehen, wie Sie selber, nur noch deutlich hilfloser.

- Wenn Ihre *Marke ICH®* in einem Amt beheimatet ist, dann fragen Sie doch einfach nach, ob die Zeitung nicht eine Story aus Ihrer Feder drucken will, wie man die Behördenwege am schnellsten absolviert.

- Wir haben immer wieder darauf hingewiesen, dass sich *Die Marke ICH®* umso leichter tut, je stärker sie fokussiert ist, je klarer es ist, was sie tut: Ein Geriatriker wird daher mehr Chancen auf einen Expertenstatus (und damit Erwähnung in den Medien) haben als ein Allgemeinmediziner – vorausgesetzt, er bleibt bei seinem Thema, also den Gesundheitsproblemen älterer Menschen. Es schadet nicht, alle Welt (beziehungsweise alle Medien, die uns mit der Welt verbinden) von diesem Expertenstatus wissen zu lassen. Bleiben Sie in Ihrer sicheren Nische, aber weisen Sie darauf hin, dass in Ihrer Nische eine Goldgrube des Wissens steckt – freie Information für die Medien. Und gute Behandlung für Patienten (Klienten, Kunden), die Ihre Dienste auch gut bezahlen.

- Einen hervorragenden Weg, sich eine Marke als Experte aufzubauen, hat der Bamberger Gastronom Gerhard Schoolmann gefunden: Er betreibt neben seinen Gastronomiebetrieben einen Infodienst mit hochwertigen Nachrichten aus dem Gastrobusiness. Kostenlos kann sich jeder am Gastgewerbe Interessierte unter http://www. abseits.de/ weblog/2003_05_01_archiv.html anmelden und an Schoolmanns Wissen teilhaben. Die Botschaft ist klar: Wer so viel an Information weiterzugeben hat wie Schoolmann, muss offenbar noch mehr davon haben – und ist daher erste Adresse als Berater.

- Ein regelmäßiger Newsletter kann der einfachen Information darüber dienen, welche Projekte Sie gerade angehen und welche Ge-

- danken Sie dabei so haben. Der Kaplan Franz Xaver Brandmayr schreibt seinen Freunden regelmäßig so einen Brief – Seelsorge ohne Aufdringlichkeit.

- Wenn Sie bisher bloß ein „kleiner Angestellter" in irgendeiner Abteilung eines großen Konzerns gewesen sind – dann schaffen Sie Anerkennung für Ihre *Marke ICH®* dadurch, dass Sie in der Betriebszeitung die Erfolge Ihrer Abteilung, Ihres Teams und Ihres Chefs (der liest das mit besonderer Aufmerksamkeit!) darstellen. Sie sind der Überbringer einer guten Nachricht, das bleibt hängen!

- Und wenn es in der Hauszeitung geklappt hat, dann überlegen Sie, ob das Thema nicht auch für ein Fachpublikum oder für qualifizierte, zahlungskräftige Laien interessant sein könnte. Das kann sogar recht profitabel sein: Mit Vorträgen und Fachartikeln lässt sich gutes Geld verdienen, mit Seminaren sowieso: Der Spitzenkoch Toni Mörwald etwa lässt sich ab 139 Euro einen Nachmittag lang über die Schulter schauen.

Rege Kontakte zu Journalisten und Presse

Generell ist alles, was *Die Marke ICH®* tut, mit Sicherheit so interessant, dass es auch andere interessieren könnte. Und wir sollten uns dafür eine qualifizierte Öffentlichkeit schaffen. Sicher müssen wir uns dafür nach und nach in der Kunst der freien Rede üben – aber das müssen wir ohnehin.

Oder, wenn das komfortabler erscheint – zunächst in schriftlichen Veröffentlichungen. Niemand erwartet von Ihnen, dass Sie gleich einen Bestseller schreiben. Niemand wird Ihnen anbieten, den Leitartikel der FRANKFURTER ALLGEMEINEN ZEITUNG zu schreiben – zumindest nicht sofort. Aber wenn sich Ihre *Marke ICH®* „einen Namen gemacht" hat, werden Sie dazu eingeladen werden, Ihre Ansicht auszudrücken. Sie müssen nur allgemein bekannt machen, dass Sie das auch können.

Das kann durchaus mit einem Leserbrief an eine große Tageszeitung beginnen. Oder, wenn Sie zu einem speziellen Problem etwas zu sagen haben: in einem knappen Brief an eine Fachzeitschrift.

Schreiben Sie kurz und prägnant – und lassen Sie klar erkennen, dass da jemand schreibt, der etwas von der Sache versteht.

Rechnen Sie nicht fest damit, dass Ihr Brief in der nächsten Ausgabe abgedruckt wird, glauben Sie schon gar nicht, dass Sie zu einem Vorstellungsgespräch für eine feste Kolumne eingeladen werden. Aber bleiben Sie hartnäckig. Schreiben Sie ein zweites und ein drittes Mal zu einem ähnlichen Thema – irgendwann wird die Redaktion auf Sie aufmerksam werden. Und der eine oder andere Ihrer Kunden wird Ihren Namen entdecken, wird sich mit Ihrer Meinung auseinandersetzen, sobald sie gedruckt erscheint.

Natürlich können – sollten! – Sie dem auch nachhelfen, indem Sie den Hinweis ausstreuen: „Haben Sie schon gesehen, heute bin ich in der Zeitung zitiert worden! Was meinen eigentlich Sie zu dem Thema?" – und schon ist Ihre *Marke ICH®* wieder im Gespräch. Vielleicht wollen Sie auch den Artikel ausschneiden und in Ihrem Büro aufhängen – oder Kopien an Freunde und Kunden verschicken.

Das Verschicken von Kopien dessen, was andere über Sie publiziert haben, gehört zu den effizientesten Möglichkeiten, das Herold-Prinzip zu verstärken.

Sie sollten aber auch gezielt die öffentliche Meinung ansprechen, sollten Kontakte mit Journalisten zu Ihrem regelmäßigen Markenpflege-Programm machen. Wie viele Journalisten kennen Sie persönlich? Versuchen Sie gezielt, Journalisten kennen zu lernen – die meisten beißen nicht! Also laden Sie diesen oder jenen Redakteur zum Essen ein; manchmal entsteht daraus ein bleibender Kontakt, sehr selten steht schon am nächsten Tag eine Story in der Zeitung. Erwarten Sie nicht zu viel, drängen Sie nicht. Es ist schon viel, wenn Sie einen Journalisten so beeindruckt haben, dass er Sie vielleicht ein zweites Mal anhört. Journalisten sind Meinungsführer – selbst dann, wenn sie nichts über Sie schreiben, besteht eine gute Chance, dass sie über Sie etwas weitererzählen. Journalisten als gesellschaftliche Nachrichten-Katalysatoren sind also geradezu ideale Herolde. Aber versuchen Sie ja nicht, sie unter Druck zu setzen, seien Sie nicht lästig, wenn Ihr Leserbrief oder das Interview mit Ihnen nicht erscheint.

Journalisten als gesellschaftliche Nachrichten-Katalysatoren sind geradezu ideale Herolde.

Sondern positionieren Sie sich als Experten. Bieten Sie zusätzliche Information an. Und sprechen Sie andere Journalisten an. Die richtige Antwort auf die Frage „Wie viele Journalisten kennen Sie?" ist immer: zu wenige. Dazu kommt, dass gerade im Medienbusiness stets alles in Bewegung ist – kaum sind Sie mit einem Journalisten Ihrer Regionalzeitung vertraut geworden, ist er schon wieder woanders und Sie müssen seinen Nachfolger erst einmal kennen lernen. Journalisten-Dateien up-to-date zu halten kann ganz schön aufreibend sein. Aber es kann auch wunderbare positive Effekte haben: Öfter als man glaubt, steigt ein Journalist eines Regionalmediums in die Redaktion einer überregionalen Zeitung oder eines Fernsehsenders auf. Und erinnert sich dann auch dort Ihres Expertenstatus. Also bauen Sie Kontakte aus, listen Sie alle Medien auf, die sich vielleicht für das, was Ihre *Marke ICH®* tut, interessieren könnten.

Wenn dann irgendwann Ihr Umfeld aus diesem oder jenem Grund in den Fokus der aktuellen Berichterstattung gerät, werden Ihre Medienkontakte Sie als Experten kennen – und Ihr Kommentar wird gefragt sein. Vielleicht nicht in nationalen Medien, sehr wahrscheinlich aber in den regionalen (was für Ihre *Marke ICH®* und deren regionale Zielgruppe ohnehin wichtiger ist). Vergessen Sie nicht die Fachmedien, denken Sie womöglich auch an ausländische. Dort zitiert zu werden, unterstützt den Ruf im eigenen Land sehr – und es gelingt vergleichsweise leicht, weil ausländische Medien hungrig auf „exotische Nachrichten" sind. Als in Österreich die „Kampagne für gutes Bier" gegründet wurde, erging eine kurze Presseaussendung an Getränkejournalisten in aller Welt – das kalifornische Magazin CELEBRATOR brachte einen längeren Bericht. Was wieder die Glaubwürdigkeit des wackeren Vereins in Österreich stärkte. Kopien von Storys in ausländischen Medien an inländische Adressaten zu verteilen, ist daher eine besonders wirksame Methode.

Und wenn Sie Ihre Presseaussendung über E-Mail verschicken, macht es ja durchaus Sinn, dabei auch entlegenere Kontakte auszunutzen. Wenn Sie also den Aufwand nicht scheuen, erstellen Sie eine eigene Journalisten-Datenbank mit entsprechender Mailingliste. Einfacher ist es, einen professionellen Versandservice für Ihre Presseaussendung zu verwenden – etwa Pressetext Europe (mit eigenen Niederlassungen in Deutschland, der Schweiz und Österreich: www.pressetext.com). Hier sind die Empfänger Journalisten und Opinion-Leader, die sich zum jeweiligen Thema angemeldet haben – ob Sie genau die Journalisten erreichen, die Sie persönlich erreichen wollen, ist mit diesem Instrument allerdings eher fraglich.

Belästigen Sie niemanden mit unnützen Informationen. Eine Presseaussendung über Ihr Gartenfest geht maximal Ihre Regionalzeitung an. Belästigen Sie aber niemanden mit unnützen Informationen. Eine Presseaussendung über Ihr Gartenfest geht wirklich nur die Lokalredaktion Ihrer Regionalzeitung an. Wenn sich aber Ihre *Marke ICH®* damit profiliert, „Zucker, Brot und Peitsche" an den Finanzminister zu schicken, dann lassen Sie es den gesamten Medienverteiler wissen. Die Aktion „Letztes Hemd" für Kanzler Gerhard Schröder wurde vom Internet-Marketing-Fachmann Christian Stein aus Schwerte am 21. November 2002 mit einer E-Mail an 135 Adressen gestartet. Einen Tag später gab's die erste Interviewanfrage eines Radiosenders, praktisch alle Medien griffen die witzig gemachte Story auf. Und im Berliner Kanzleramt war man so perplex, dass man nicht einmal bestätigen wollte, dass die Hemden verärgerter Bürger zu Tausenden eingetroffen sind. Die Aktion ist im Internet (www.aktionletzteshemd.de) gut dokumentiert und kann als Anregung für clevere Guerrilla-Marketing-Kampagnen gelten.

Dass Sie Storys über Ihre *Marke ICH®* aufheben und mit Angabe von Datum und Medium archivieren, ist sowieso eine Selbstverständlichkeit. Was weniger bekannt ist: Journalisten schätzen andere Medien typischerweise als besonders glaubwürdige Informationsquelle ein. Daher macht es Sinn, einer eigenen Pressemappe ein paar Kopien von Geschichten beizulegen, die andere Medien schon gebracht haben. Das führt nicht nur dazu, dass vielleicht das eine oder andere Faktum einfach von dort übernommen wird – es stärkt auch die Position eines Journalisten in der Bewertung der Geschichte: Wenn DIE ZEIT über jemanden geschrieben hat, dann kann es doch nicht ganz falsch sein, wenn auch der WEINVIERTLER RUNDBLICK darüber schreibt, oder?

Wobei es sicher leichter ist, in die Lokalzeitung zu kommen. Aber es lohnt der Versuch, an größere oder ausländische Medien heranzutreten: Typischerweise haben große Medien ein sehr viel stärker themenzentriertes Interesse. Ihr Suchscheinwerfer ist punktgenau eingestellt – wenn Sie aber Experte gerade in diesem Punkt sind, dann schauen Sie, ins Scheinwerferlicht zu kommen. FOCUS oder DER SPIE-GEL werden normalerweise nicht über einen kleinen Goldschmied, Tankwart oder Angestellten berichten; aber wenn man abschätzen kann, dass dort gerade eine Story über Goldschmuck als Wertanlage, die Auswirkungen der Ökosteuer auf Tankstellen oder die Arbeitsverhältnisse in ihrer Branche vorbereitet wird, sollte man sich einmal beim zuständigen Redakteur melden – oft sucht der ja gerade jemanden aus der Branche, den er als Zeugen für seine Arbeit benennen kann. Und schon ist der Goldschmied aus Karlsruhe, der Tankwart aus Karlshorst oder der Angestellte aus Karlsbad in der Story erwähnt.

Öffentliche Meinung ist alles

Erwarten Sie nicht, dass in einer Story über Sie auch gleich eine Kaufempfehlung stehen wird. Aber nehmen Sie dankbar an, dass Ihr Name Anerkennung findet. Ihre Kunden, Partner, Freunde werden den Namen Ihrer *Marke ICH®* künftig höher schätzen. Es mag sein, dass Ihre eigentliche Botschaft überhaupt nicht ankommt, Sie aber mit einem anderen Aspekt deutlich wahrgenommen werden. Jay Conrad Levinson, der Guerrilla-Marketing-Experte, berichtete von einer Modeschöpferin, die sich nach einer überstandenen Krebserkrankung mit ihrer neuen Kollektion bei den Medien zurückmeldete. Die dachten aber gar nicht daran, ihre neue Kollektion zum Thema zu machen, sondern berichteten über ihre überstandene Krebserkrankung.

Nicht böse sein, im Gegenteil: Wenn die Medien die Story anders herum haben wollen, dann füttern Sie sie eben andersherum: Auch wenn Sie zunächst als „vom Krebs geheilte Modedesignerin" statt wegen Ihrer Kollektion wahrgenommen werden – Sie prägen die öffentliche Meinung mit. Und Ihre Kunden werden früher oder später (eher früher, wenn Sie oft in den Medien erwähnt sind) wissen wollen, was die Designerin denn so an Mode entwirft. Bingo!

„Öffentliche Meinung ist alles. Was im Einklang mit der öffentlichen Meinung steht, kann nicht fehlschlagen. Ohne diese gibt es keinen Erfolg. Deshalb hat der, der die öffentliche Meinung zu formen vermag, mehr Erfolg." Das stammt weder von einer gerissenen Marketing-Agentur noch von einem politischen Spin-Doctor, sondern von Abraham Lincoln, der 1861 bis 1865 während des Bürgerkriegs Präsident der USA war. Und es gilt noch heute – im deutschen Sprachraum wird es aber noch nicht so stark geglaubt wie im amerikanisch-englischen. Es ist auch kein Zufall, dass unter den 25 wertvollsten Marken der Welt 18 US-amerikanische sind.

Gerade bei uns im deutschsprachigen Raum ist dieses Verständnis von Marken noch deutlich unterentwickelt: „Im Land der Ingenieure verlassen sich die Manager noch immer allzu gerne auf die Einzigartigkeit ihrer Produkte – ohne ihre Unternehmen auch imagemäßig nach vorn zu bringen", analysiert die Illustrierte FOCUS. Während Marken wie Coca-Cola und Sony von San Francisco bis Wladiwostok bekannt sind, besaß etwa Beck's bis zur Übernahme durch die markenorientierte belgische Interbrew-Gruppe höchstens europaweite Ausstrahlung. „Unsere Unternehmen sind in der Markenführung noch lange keine Champions", kritisiert Interbrand-Manager Jürgen Häusler. Tue Gutes und rede darüber. Das ist für Amerikaner selbstverständlich, aber den Deutschen eher peinlich. Der internationale Ruf entscheidet heute immer stärker darüber, welche Produkte auf dem Weltmarkt langfristig erfolgreich sind. Unternehmen, die das nicht begreifen, werden Marktanteile verlieren. Erst wenn der Kunde ein Coke ordert und die angebotene Pepsi strikt ablehnt, hat es das Unternehmen wirklich geschafft.

Wer schon jetzt in Marken denkt, ist bei der ersten kulturellen Welle dabei.

Nun ist Weltgeltung ein sehr hoch gestecktes Ziel für *Die Marke ICH®*. Nicht für jeden von uns wird es zutreffen – aber es ist wichtig, das Prinzip der kulturellen Einbettung unserer Marke zu verstehen. Gerade weil es im deutschsprachigen Raum eher unüblich ist, seine Marke offensiv darzustellen, hat *Die Marke ICH®* einen kulturellen Vorteil, wenn ihr das gelingt. In absehbarer Zeit werden sehr viele Menschen in den Kategorien von Marken denken – wer es schon jetzt tut, ist bei der ersten kulturellen Welle dabei.

Und kann bereits die Vorteile voll ausnutzen, die sich durch die um eine Marke gewachsene Kultur ergeben – denn auch um *Die Marke ICH®* wächst eine Kultur. Große Medienunternehmen haben das längst erkannt. Sie bauen sehr aktiv an einem kulturellen Umfeld –

und dasselbe machen die Anchorpersons, also die Kolumnisten, Interviewer, Präsentatoren und Talkmaster. Es ist kein Zufall, dass der Kolumnist Hans Rauscher von sich als einer Marke spricht. Es ist kein Zufall, dass Medienmitarbeiter mit hoher Bildschirmpräsenz in der Wahrnehmung des Publikums ein besonders klares Profil haben. Ein klares Profil ist ein ganz wichtiger Wert einer Marke – eine *Marke ICH*® mit klarem Profil genießt auch hohes Vertrauen. Und so ist es auch kein Zufall, dass viele Wissenschaftler die breite Öffentlichkeit suchen und sich nicht auf die nur in Elfenbeintürmen zirkulierenden Fachzeitschriften beschränken. Der wichtigste Schritt, um nicht nur als starke Persönlichkeit, sondern auch als Marke wahrgenommen zu werden, ist eben der bewusste Schritt an die Öffentlichkeit. So wie es der Soziologe Ulrich Beck getan hat, der nicht bloß irgendwelche Studien anstellt, sondern deren Ergebnisse auch in lesbarer Form in Druck befördert. Beck, bekannt geworden durch seine Bücher über die „Risikogesellschaft", schafft sich Öffentlichkeit, mischt sich in die politische Diskussion ein. Erst durch seine Veröffentlichungen schafft Beck seiner *Marke ICH*® moralisches Gewicht. Erst durch seine klaren Aussagen wird er von der Wissenschaftlerpersönlichkeit zur Marke.

> Erst durch den bewussten Schritt in die Öffentlichkeit wird eine starke Persönlichkeit auch als Marke wahrgenommen.

Kommunizieren – immer und bei jeder Gelegenheit

Wer *Die Marke ICH*® entwickeln will, darf ebenso wenig Scheu davor haben, bekannt zu werden wie ein Hollywoodstar. Im Gegenteil: Ein guter Schauspieler, der sein Licht unter den Scheffel stellt, bleibt ewig unbekannt. Fritz Wepper, der jahrzehntelang eine fixe Nebenrolle bei Derrick spielte, hat die große Chance eines Engagements beim amerikanischen Film ausgeschlagen – er blieb auch hierzulande als der ewige Zweite punziert. Es ist kein Problem, seine Karriere auf einer Provinzbühne zu beginnen – und es ist ehrenvoll, auch später ab und zu dem Provinzpublikum die Ehre zu geben. Aber das Ziel, ein größeres Publikum zu erreichen, darf ein Schauspieler nicht aus den Augen verlieren, wenn er seine Markenidentität nicht gefährden will.

Was für Schauspieler gilt, gilt für alle Markenartikel. Eine Marke, die nicht bekannt wird, hat eigentlich schon verloren – mag das Produkt noch so gut sein. Ohne Werbung und PR gehen auch Marken mit hohem Potenzial unter.

Keine Marke kann sich leisten, nur ihren eigenen Job zu machen. „Man kann nicht nicht kommunizieren", sagt der Kommunikationsexperte Paul Watzlawik – auch Kommunikationsverweigerung stellt eine Form von Kommunikation dar; eine Form, die meist nicht sehr gut ankommt. Starke Marken müssen heute mehr denn je kommunizieren – und zwar immer mehr interaktiv, also auf die Reaktionen anderer eingehend: Schließlich wollen die Kunden, Partner, Freunde unserer *Marke ICH®*, oft aber auch ganz wildfremde Menschen, die irgendwo im Internet auf unsere *Marke ICH®* gestoßen sind, ja immer wieder etwas wissen. Große Markenunternehmen beschäftigen ganze Abteilungen damit, eine Form individueller oder individualisierter Öffentlichkeitsarbeit zu betreiben, indem Telefonate, Briefe und vor allem E-Mails beantwortet werden.

Zum Beispiel Nestlé: Der Nahrungsmittelkonzern hat die Dachmarke gestärkt und tut seit 2003 auch bei seinen Submarken (etwa Smarties oder Bärenmarke) kund, dass der Absender Nestlé ist. Das neue Siegel hebt die Möglichkeit hervor, bei Nestlé anzurufen („Wir sind für Sie da"), berichtet die FINANCIAL TIMES DEUTSCHLAND. Traditionelle Massenansprache, etwa über TV-Werbung, werde an Bedeutung verlieren. Der Konzern wolle Marketingmethoden forcieren, die den direkten Kundenkontakt herstellen, dazu gehören auch Internetansprache oder Produktverkostungen.

Auch Kommunikationsverweigerung ist eine Form von Kommunikation; eine Form, die meist nicht sehr gut ankommt.

Für eine *Marke ICH®* ist das eine enorm starke Vorgabe. Unsereins hat nicht die gleichen Ressourcen, die Nestlé hat – aber ganz entziehen kann man sich wohl nicht. Wir haben schon darauf hingewiesen, dass die soziale Kompetenz zu den wichtigsten Ansprüchen einer großen Marke gehört. Soziale Kompetenz setzt überall dort an, wo die Marke gefordert ist, zu kommunizieren. Eine Marke kommuniziert immer und bei jeder Gelegenheit – ob sie das nun durch aktive Werbung, durch ihre Präsenz im Supermarktregal oder durch ihre Verankerung in den

Gedanken potenzieller Kunden tut. Dasselbe tut *Die Marke ICH®* – ob wir auf eine Party gehen oder (entschuldigt? unentschuldigt?) fernbleiben, das ist bereits ein Akt der Kommunikation. Kommen wir nicht, werden sich zumindest einige fragen, was uns wohl wichtiger war. Kommen wir, so werden wir gesehen, einige werden mit uns sprechen, andere nicht. Aber wir werden in jedem Fall kommuniziert haben.

Was bei einer Party funktioniert, funktioniert nach demselben Prinzip auch im Geschäftsleben: Bitten Sie zufriedene Kunden, Mitarbeiter und Kollegen, Sie weiterzuempfehlen und vorzustellen. Wahrscheinlich werden Sie, wenn Sie auf diese Art das Fußvolk Ihrer Herolde vergrößern wollen, die erstaunte Antwort bekommen: „Ja, gerne. Aber was soll ich denn eigentlich über Sie sagen?"

Es ist eine gute Idee, wenn Sie dann dem neu rekrutierten Herold irgendeine Kleinigkeit in die Hand drücken können. Eine Visitenkarte, auf deren Rückseite die Kernaussage zu Ihrer *Marke ICH®* steht, ein Bierdeckel mit Ihrem Aufdruck – oder ein anderes Werbegeschenk, wenn Sie sich das leisten können und wollen; es muss halt zu Ihrer Marke passen. Einfache Kugelschreiber mit dem Aufdruck Ihrer *Marke ICH®* gibt es um etwa 75 Cent, wenn Sie 1000 Stück nehmen, und wenn Sie mehr davon produzieren lassen, wird es entsprechend billiger. Übrigens: Wenn Sie sich dafür entscheiden, kleine Werbegeschenke zu verteilen, dann verschenken Sie diese immer doppelt: Erstens freut sich der Beschenkte, zweitens wird er von dem Erlebnis, gleich zwei Dinger auf einmal bekommen zu haben („auf einem Bein steht man schlecht"), weitererzählen und drittens wird er vielleicht eines Ihrer beiden Werbegeschenke mit dieser Story weiterschenken.

„Tue Gutes und rede darüber"

Oder – in der Variation des Verkaufspapstes „Der Preistreiber", alias Erich-Norbert Detroy: „Glaub an dich und sprich darüber!" Oder ganz simpel: Rede darüber, was du tust.

Diesen einfachen Grundsatz der Öffentlichkeitsarbeit professionell umzusetzen ist eine Kernaufgabe bei der Pflege der *Marke ICH®* – manche bewältigen diese Aufgabe mit spielerischer Leichtigkeit, andere bekommen im entscheidenden Moment den Mund nicht auf. In diesem Fall muss der Herold ran. Daher ist dieser Abschnitt des Buches auch ganz darauf zugeschnitten, mit einem Herold durchgearbeitet zu werden.

Wenn Sie Zeit und Lust haben, können Sie es natürlich auch erst einmal alleine angehen. Und es gibt Leute, die an die Public Relations mit großer Lust herangehen. Tue Gutes und rede darüber? Nein, Johann Sulzberger macht das anders: „Trinke Gutes und rede darüber", streut er mal unvermittelt ein – und macht allein mit dieser kleinen Variation alle stutzig. Wie bitte? Ach so, der Mann ist Vorstand einer Brauerei! Also schmunzelt man und hört hin.

Oder Josef Stiendl. Sein Motto für Public Relations lautet: „Tue Gutes und rede über Käse." Der Mann ist Käsesommelier – und wenn er sein Motto genannt hat, hören tatsächlich alle hin.

Die Zielgruppe zum Hinhören gebracht zu haben, das ist schon die halbe Miete.

Kommunikationsmöglichkeiten ohne Ende

Meistens wird sich eine Kampagne für *Die Marke ICH®* ohnehin nicht an eine breit gestreute Zielgruppe richten müssen. Es kann sein, dass Sie gerade einmal 20 bis 30 Menschen in Ihrem Unternehmen ansprechen müssen. Oder gar nur einen Einzigen – weil dieser eine Entscheidungsträger über den Auftrag oder Job entscheidet, den Sie unbedingt bekommen wollen. Nun: In diesem Fall können Sie aufwändige Werbemittel einsetzen – Sie werden nicht für eine Person einen Werbespot im Fernsehen schalten; aber vielleicht werden Sie (mit professioneller Hilfe) einen Fernsehspot drehen und dieses Video Ihrer Zielperson zukommen lassen. Kann sein, dass diese Person beeindruckt ist und der Auftrag an Sie vergeben wird – aber wenn Ihr Kunde nicht anbeißt und das Video auf ewige Zeiten unbeachtet in einem Stapel verschwindet, war der Aufwand vergebliche Liebesmühe.

Besser ist es immer, wenn ein Markenartikler eine unmittelbare Reaktion auslösen kann. E-Mails können ganz gut sein – aber auch nur, wenn Ihr Name (etwa durch Herolde, die Sie Ihrer Zielperson schon empfohlen haben) wohl bekannt ist. Sie können auch am Arbeitsweg Ihrer Zielperson eine Werbefläche mieten mit der Botschaft: „Herr X, ich habe eine Nachricht für Sie – bitte rufen Sie ..." – das kann dazu führen, dass Herr X wirklich zum Handy greift und Sie anruft. In der Werbebranche ist es sogar schon vorgekommen, dass eine nur an eine Person gerichtete Botschaft als wohlplatziertes Inserat in eine Branchenzeitung gesetzt wurde (irgendjemand hat den Herrn X dann schon auf das interessante Inserat aufmerksam gemacht). Die wirksamste Botschaft soll vor einigen Jahren an einen Manager bei Young & Rubicam geschickt worden sein: Jemand, der einen Termin wollte, ließ für seine Zielperson eine Schachtel mit einer Brieftaube abgeben mit der Bitte, den Terminvorschlag in die Kapsel der Taube zu stecke und die Taube losfliegen zu lassen. Wenn's nicht wahr ist, ist es wenigstens sehr, sehr gut erdacht und wert, nachgeahmt zu werden. Vorausgesetzt, Sie kennen einen Brieftaubenzüchter, der Ihnen einen seiner Schützlinge für diesen ursprünglichen Zweck borgt.

Wenn Sie sich auf Web-Design verstehen, sollten Sie wohl eine eigene Website aufbauen, vielleicht mit einem geschützten Bereich, in den Ihre Zielperson nur hineinkommt, wenn sie einen bestimmten Code eingibt. Das ist sehr effizient, weil man sich diesen seltenen Vorgang gut merken kann – funktioniert aber nur, wenn Ihre eine ausgewählte Zielperson auch wirklich zu Ihrer Website kommt.

Natürlich eignet sich eine einfache und klare Webpräsenz sehr gut zur allgemeinen Unterstützung der *Marke ICH®*. Und eine einfache Webpräsenz mit einer auf Ihre *Marke ICH®* orientierten Namensgebung sollten Sie sowieso haben – das kostet nicht die Welt und lässt sich zur Not mit jedem einfachen Textprogramm machen.

Vergessen Sie bei dem allen nicht, dass Sie als Markenartikler bestehende Kundenbeziehungen pflegen müssen – auch wenn Sie sich gerade um neue Kunden oder Auftraggeber umsehen. Es gilt als Binsenweisheit, dass das Gewinnen eines neuen Kunden fünf bis sieben Mal mehr kostet als das Halten eines alten Kunden. Der Kundenstamm ist ein Grundpfeiler des Markenwertes – neben der Markenbekanntheit, der wahrgenommenen Qualität, den mit der Marke verbundenen Assoziationen und speziellen Vorzügen der jeweiligen Marke und/oder des Produktes. Markentreue reduziert die Marketingkosten, es lohnt also, in die Pflege des Kundenstammes zu investieren.

Markentreue reduziert die Marketingkosten – es lohnt also, in die Pflege des Kundenstammes zu investieren.

Sie müssen Ihre Kunden in der Regel nicht mit Fernsehspots, mit ganzseitigen Anzeigen oder Großplakaten ködern, aber ein bisschen Schnattern gehört zum Geschäft. Sei es, dass Sie als Metzger in den Büros in der Umgebung Ihres Ladens Handzettel – oder gar Warenproben! – verteilen, um so Ihren neuen Pizza-Leberkäs als Besonderheit einzuführen. Sei es, dass Sie als Versicherungsvertreter Ihren Kunden, Nachbarn und Verwandten Grußkarten schicken (und zwar zum Geburtstag, denn zu Weihnachten kann das jeder, da fallen Sie nicht auf!). Sie können sogar Plakate aufhängen – nicht unbedingt solche, wie sie von Politikern in Wahlkampfzeiten landauf, landab hängen; aber Sie können viel für Ihre *Marke ICH®* tun, indem Sie etwa Ihre Bürokollegen (oder Nachbarn oder sogar Laufkundschaft und Passanten) mit einem kleinen Plakat darauf hinweisen, dass Sie heute um 18 Uhr ein Fass Bier anzapfen werden und um Mithilfe beim Austrinken bitten. Man wird Sie fragen, was denn der Anlass wäre, worauf Sie ebenso stolz wie geheimnisvoll sagen können, dass Sie Ihrer Umgebung die *Marke ICH®* und Ihre Herolde vorstellen wollen.

Den Kommunikationsmöglichkeiten sind kaum Grenzen gesetzt – und so lange Sie auch in Ihrem schriftlichen Auftritt die Regeln beachten, die Sie für Ihre *Marke ICH®* aufgestellt haben, wird diese Kommunikation Ihre *Marke ICH®* stützen. Vor allem wird es Sie mit Ihrer *Marke ICH®* von anderen unterscheiden. Andere machen nämlich nicht so viel aus sich.

Sie haben schon gesehen, dass es bei den von uns vorgeschlagenen Beispielen für Eigenwerbung nicht unbedingt um Produktwerbung geht. Wenn Sie einen Pizza-Leberkäse (oder, warum nicht: einen Trüffel-Leberkäse) anbieten, dann kündigen Sie dabei nicht unbedingt das konkrete Produkt an, sondern Sie treffen eine Aussage über *Die Marke ICH®*: „Ich stehe als Metzger für eine neue Geschmacksqualität". Oder, noch besser: „Ich stehe für Qualität und Innovation bei Würsten." Einen ähnlichen Weg ist der Manager Pierre Faucher aus Montreal gegangen: Er hat ganz auf die Produktion des spezifisch kanadischen Produktes

Bewerben Sie nicht eine Einzelleistung, sondern zeigen Sie mit dem Produkt, wofür *Die Marke ICH®* steht.

Ahornsirup umgesattelt – und er vermarktet in seiner „Sucrerie de la Montagne" nicht bloß den süßen Saft (den haben viele Sirupzapfer), sondern das Wildnis-Erlebnis – und seine eigene Kompetenz, die durch ein Hausmuseum ebenso unterstrichen wird wie durch seinen weißen Rauschebart.

Es kann natürlich sein, dass Sie für Ihre *Marke ICH®* eine richtige Kampagne starten wollen – oder müssen, weil Sie zu einem bestimmten Termin etwas präsentieren, darstellen oder verkaufen wollen. Hier ist nicht der Platz, um alles zu schildern, was zu so einer Kampagne gehört oder gehören sollte – behalten Sie aber immer im Hinterkopf, dass eine schlecht gelaufene Kampagne mehr kaputtmachen kann, als man sich gemeinhin vorstellt.

Sie werden nicht das Geld haben, eine nationale Fernsehreklame zur besten Sendezeit kaufen zu können – aber das Beispiel der Marke pets.com sollte Ihnen eine Warnung sein: Das Unternehmen pets.com hatte beim Superbowl 1999 Werbezeit um fünf Millionen Dollar gekauft – es wollte damit an den Erfolg der ersten Apple-Kampagne von 1984 anknüpfen, die der PC-Alternative umgehend nationale Bekanntheit und ein Riesengeschäft eingebracht hat. Bekannt wurde pets.com tatsächlich – aber leider für schlechten Service: Man war einfach nicht darauf eingestellt, dass man die so grandios losgetretene Auftragslawine auch rasch abarbeiten muss. Rund ein Jahr später war das Unternehmen zwar bekannt, aber pleite.

Die Lehre daraus ist: Was immer Sie für Werbung machen, was immer Sie an Versprechungen machen, *Die Marke ICH®* wird daran gemessen, ob Sie das Versprechen halten kann.

Aufgaben für *Die Marke ICH*®:

Wie wichtig Public Relations sind, hat der Boxer Cassius Clay einmal so formuliert: „Die Hälfte des Jahres arbeite ich hart – die andere Hälfte erzähle ich jedem, dass ich hart arbeite." Der Mann hatte damals, in den 60er Jahren, den Ruf, ein „Großmaul" zu sein. Aber die Methode klingt ganz gut.

Natürlich ist nicht jeder berufen, nach Hollywood zu gehen. Und *Die Marke ICH*® ist keine Garantie für ein Flugticket nach LA. Aber sie ist eine Aufforderung, aus dem Schatten zu treten. Bekannt zu werden. Werbung in eigener Sache zu machen. Denn wer *Die Marke ICH*® entwickelt, der weiß, dass er oder sie das Zeug zum Star hat. Auf seinem Gebiet. Auf dem Markt, wo *Die Marke ICH*® platziert werden soll.

■ Denken Sie einmal darüber nach, wie viel Sie über Ihr Gebiet wissen – und wie überdurchschnittlich das ist. Bedenken Sie, wie viel Sie investiert haben, wie viel Zeit und Mühe es gekostet hat, dieses Wissen zu erwerben. Es ist wertvoll – und Sie sollten diesen Wert weitervermitteln. Keine Angst: Wenn Sie Ihr Wissen sinnvoll mit anderen teilen, wird es auf-, nicht abgewertet. Fragen Sie also: Was von Ihrem Wissen wäre für andere besonders wertvoll?

■ Erstellen Sie ein Marketing-Budget. Was wird es kosten, *Die Marke ICH*® bekanntzumachen? Nein, Sie brauchen keinen Plan für die Schaltung von Radio- und Fernsehspots. Aber vielleicht ein paar Drucksorten, Präsentationsfolder, Briefe, Einladungsschreiben; Sie werden vielleicht eine Party geben oder ein Ideen-Feuerwerk abbrennen wollen. Und, was zum Marketing-Budget dazu gehört: Sie haben ja schon begonnen, Ihre Verpackung, also Ihre Garderobe umzustellen, diese Kosten gehören auch ins Marketing-Budget. Ebenso ein paar Restaurantrechnungen, wenn Sie wichtige Kontakte pflegen. Erschrecken Sie nicht: Auch Mahatma Gandhi hatte kein Riesenbudget, als er die größte Demokratie der Welt geschaffen hat. Bis zu zehn Prozent Ihres Einkommens sollten Sie für Marketingmaßnahmen bereithalten – wobei manche Ausgabe durch Fleiß und Kreativität ausgeglichen werden kann. Möglicherweise wird der größte Posten in Ihrem Marketing-Budget die (Arbeits-)Zeit sein, die Sie für PR-Arbeit zur *Marke ICH®* veranschlagen müssen. Das sollten jedenfalls zwei Stunden pro Woche sein.

- Planen Sie Ihre öffentlichen Auftritte: Zu welchem Thema kann *Die Marke ICH®* etwas sagen – zu welchem muss sie gehört werden? Machen Sie sich eine kurze Liste dieser Themen, notieren Sie zwei, drei Schlüsselworte oder Schlüsselsätze, die Sie bei nächster Gelegenheit loswerden sollten. Wo ist das Forum, vor dem Sie zuerst sprechen werden?

- Und wird das irgendwo gedruckt werden? Vorher oder nachher? Sie sollten sich davor hüten, Journalisten zu belästigen – aber einen Journalisten anzurufen, wenn er etwas für Sie Interessantes geschrieben hat, kann einen guten Kontakt begründen. Laden Sie den Medienmann oder die Medienfrau zum Essen ein, das wird in den meisten Fällen akzeptiert. Und nutzen Sie die Gelegenheit, Ihre Meinung so zu äußern, dass Ihre *Marke ICH®* kompetent wirkt.

- Fürchten Sie sich nicht, dass Sie vor einem großen Auditorium sprechen müssen – die Gelegenheit werden Sie mit großer Wahrscheinlichkeit nicht gleich bekommen, selbst wenn Sie es wollten. Viel wahrscheinlicher ist ohnehin, dass Ihnen schon mittelgroße Gruppen als zu große Herausforderung erscheinen. Beginnen Sie daher „klein" – versuchen Sie, die Aufmerksamkeit eines Journalisten zu gewinnen. Wenn Sie überzeugend für diese eine Person gesprochen haben, dann wissen Sie, dass alle Präsentationen relativ ähnlich sind: Sie sprechen ja immer zu Individuen – auch in einem mit 1000 Personen besetzten Saal sprechen Sie jeweils zu Einzelpersonen. Fassen Sie eine davon in Blickkontakt und reden Sie!

- Klarerweise tut man sich leichter, wenn man das geübt hat – und mögliche Fehler kennt. Videotraining wirkt Wunder! Nehmen Sie ein kurzes Gespräch auf Video auf – zum Beispiel, wie Sie einem Ihrer Herolde Ihre *Marke ICH®* erklären. Gefällt Ihnen das, wie Sie wirken? Nein, wahrscheinlich nicht. Macht nichts: Notieren Sie die Dinge, die Ihnen nicht gefallen. Zählen Sie mit, wie oft Sie „äääh" oder „hmmm" gesagt haben. Gibt es Verlegenheitsworte, die Sie oft verwenden? Entweder Sie wollen das kultivieren (manche Politiker tun das, indem sie in jedem zweiten Satz die Floskel „Ich sage in aller Klarheit" oder „Ganz offen gesagt" einflechten) oder Sie lassen die Füllworte gezielt weg.

■ Bauen Sie sich eine Mailingliste auf, eventuell auch mehrere (etwa eigene für Freunde, Kollegen, Kunden, Journalisten) und lassen Sie ab und zu von sich hören. Sie können das über Ihr E-Mail-Programm machen, besser und effizienter ist es aber, wenn Sie sich eine Mailingliste im Internet anlegen, um einen Newsletter zu verschicken. Verschicken Sie den Newsletter nicht beliebig an tausende Menschen, beginnen Sie im kleinen Kreis Ihrer Herolde und ergänzen Sie um jeden wichtigen Kontakt, den Sie knüpfen. Fragen Sie immer, wenn Sie eine Visitkarte bekommen: „Darf ich Ihnen meinen monatlichen Newsletter zuschicken?" Sehr geeignet für die Verwaltung ist etwa Yahoo (im Internet unter de.groups.yahoo.com), www.liszt.com oder deutschsprachig KBX7, wo Sie den Verwaltungskram auslagern, wo Sie selber entscheiden, wer die Nachrichten bekommt – und eventuell, wer von Ihren Gruppenmitgliedern selber Nachrichten auf die Liste setzen darf, um eine Diskussion zu führen.

■ Erstellen Sie eine (zur Not auch recht einfache) Website, auf der Sie kurz Ihre *Marke ICH®* vorstellen. Ihr Name, Ihre Adresse und Ihr Bild machen schon einen guten Grundstock – dann gehört nur noch dazu, dass Sie optisch und textlich vermitteln, wofür Ihre *Marke ICH®* steht.

■ Listen Sie alle Medien auf, die über das Geschäftsfeld Ihrer *Marke ICH®* berichten. Lesen Sie von jeder dieser Zeitungen und Zeitschriften zumindest zwei oder drei Ausgaben. Schreiben Sie einen Leserbrief – und zwar einen an die Redaktion und eine Kopie an den Mitarbeiter, falls er namentlich genannt ist – per E-Mail müssen Sie dafür nicht einmal zusätzliches Porto zahlen. Versuchen Sie Kritik immer positiv zu formulieren, dann hat Ihr Leserbrief bessere Chancen, abgedruckt zu werden.

■ Sammeln Sie Kontakte zu Journalisten. Rufen Sie die an, die über Themen schreiben, die für Ihre *Marke ICH®* relevant sind. Treffen Sie sie. Versuchen Sie, Expertenstatus zu gewinnen, dann werden Journalisten zu Ihren Herolden.

Beobachten Sie die laufenden Ereignisse: Ist Ihr Expertenwissen in absehbarer Zeit für Medien wertvoll? EDV- und Sicherheitsunternehmen haben in den Monaten vor dem 1. 1. 2000 ihre Expertenrolle ausspielen können, wenn es um Probleme mit der Datumsumstellung ging. Ähnliches machen jedes Jahr die Blumenhändler vor dem Valentinstag. Was ist der „Valentinstag" Ihrer Branche? Und wenn die Blumenhändler den Medien jedes Jahr ein neues Gesteck oder eine exotische Blume just in time als Neuigkeit zum Valentinstag anbieten können – welche Neuigkeit hat Ihre *Marke ICH®* zu ihrem „Valentinstag" zu vermelden?

■ Fragen Sie an, ob von Ihnen ein Gastbeitrag erwünscht wäre. Klar, dass bei all dem nicht im Vordergrund steht, was für ein toller Elektriker, Pädagoge, Programmierer, Beamter oder was immer Sie sind. Sie schreiben über ein Problem, das die Leser haben und für das es eine Lösung gibt, die durch *Die Marke ICH®* vermittelt wird. Nicht: „Lassen Sie alles liegen und stehen und holen Sie mich als Fachmann", sondern „Versuchen Sie diese oder jene nahe liegende Lösung – und wenn das wirklich nicht helfen sollte, fragen Sie einen Fachmann" (wie der heißt, steht ohnehin in der Namenszeile des Artikels, Sie brauchen also keine Schleichwerbung für *Die Marke ICH®* zu machen).

> Profilieren Sie sich als Experte, brillieren Sie mit Ihrem Fachwissen – wer viel Wissen weitergibt, dem traut man zu, dass er besonders viel Wissen hat.

■ Richten Sie eine persönliche Erfolgsgalerie ein: Sammeln Sie alle Zeitungserwähnungen, Auszeichnungen, Zeugnisse und Anerkennungsschreiben, die Sie bekommen haben, lassen Sie diese schön rahmen und hängen Sie sie in Ihrem Vorzimmer auf. Das motiviert – und stärkt das Vertrauen Ihres Gegenübers. Es ist daher nicht ungewöhnlich, dass Ärzte in ihren Warteräumen Zertifikate aufhängen, die ihren Besuch bei wichtigen Fortbildungsveranstaltungen renommierter Organisationen und Kliniken bestätigen: Das ist – gerade angesichts der im deutschsprachigen Raum geltenden Werbebeschränkungen für Ärzte und Anwälte – ein guter Weg, den Kunden (Klienten, Patienten) die Stärke der *Marke ICH®* ins Bewusstsein zu rücken.

- Verfeinern kann man das noch dadurch, dass man bei der nächsten Auszeichnung die Öffentlichkeit informiert. Die „Schule des Sprechens" in Wien hat das so gemacht, dass sie an alle Partner und ausgewählte Kunden eine Fotokopie eines eben erhaltenen Jungunternehmerpreises geschickt hat – mit einem kleinen Schreiben dazu, in dem den Partnern dafür gedankt wird, dass sie die Schule des Sprechens so erfolgreich gemacht haben. Ein solcher Dank wirkt ziemlich unwiderstehlich – man kann gar nicht anders, als dem Unternehmen verbunden bleiben!

- Versuchen Sie, Anfragen so rasch wie möglich (also per E-Mail) zu beantworten – möglicherweise nur kurz und mit dem Hinweis: „Ich bin derzeit mit einem Großprojekt (nämlich: …) sehr beschäftigt und kann daher nicht mehr zu Ihrer Anfrage sagen als: …" Das ist erstens eine Möglichkeit, ein bisschen für die eigene aktuelle Arbeit zu werben, und gleichzeitig die wichtige Frage, wenn auch vielleicht unvollständig, zu beantworten. Der Eindruck professioneller Kommunikation wird hängenbleiben.

Aufgaben für Ihren Herold:

Mindestens ein Herold Ihrer *Marke ICH®* sollte Ihnen auch als Testperson für die „offizielle Kommunikation nach außen" herhalten. Haben Sie einen Beitrag für eine Fachzeitschrift geschrieben, eine Presseaussendung oder ein Buch? Wenn Sie nicht ein professioneller Schreiber sind (und im Falle eines Buchmanuskripts selbst dann), sollten Sie einen Herold haben, den Sie bitten können, Ihr Manuskript einmal kritisch durchzulesen. Versteht er etwas nicht, dann hat er wahrscheinlich recht – und Sie sollten umformulieren. Ihr Herold braucht vom Thema nicht viel zu verstehen (das tut Ihre Leserschaft meistens auch nicht), aber wenn er nach der Lektüre immer noch keine Ahnung hat, worum es geht, dann muss das Manuskript überarbeitet werden.

Dasselbe gilt für Reden und andere öffentliche Auftritte – machen Sie eine Generalprobe vor einem Herold! Und wenn Sie die Möglichkeit haben, einen Herold ins Publikum zu setzen, dann tun Sie das – aus zwei Gründen: Sie bekommen so Feedback, wie Sie wirklich gewirkt haben. Und Sie haben jemanden, der nachher beim Smalltalk Ihre Argumente, Ihren positiven Eindruck bei den anderen Zuhörern verstärken kann (ohne dass er sich deswegen ausdrücklich als Ihr Herold deklarieren müsste).

- Ziel jeder PR-Maßnahme ist, andere dazu zu bringen, weiterzuverbreiten,
  wer Sie sind,
  was Sie tun und
  warum das wichtig ist.
  Public Relations sind also darauf ausgerichtet, Herolde zu gewinnen. Und das bedeutet, das Herold-Prinzip auf Kommunikationsprofis auszuweiten.

- Wenn Sie öffentlich auftreten, müssen Sie nicht nur selber gut vorbereitet sein – Sie müssen auch daran mitarbeiten, richtig angekündigt zu werden. Sie glauben gar nicht, wie viele Moderatoren vergessen, Ihren Namen bei der Vorstellung – richtig ausgesprochen – zu nennen, geschweige denn Titel und Funktion. Bereiten Sie daher einen Zettel vor, den Sie dem Moderator überreichen, wenn Sie ihm vor Beginn der Veranstaltung vorgestellt werden. (Für Sie selber heißt das: Seien Sie rechtzeitig da, damit Sie Ihren Auftritt noch einmal mit dem Moderator absprechen können!)

- Bitten Sie einen Herold, Sie ein bisschen mit der Kamera zu verfolgen – wie Sie gehen, reden, diskutieren. Sehen Sie sich das an, gehen Sie mit dem Herold auch durch, warum Sie dies so und jenes anders machen. Wiederholen Sie die Übung, bis Sie sicher sind, besser zu wirken.

Eine starke *Marke ICH®* übersteht auch Krisen leichter

Wir haben vielen geholfen, ihre eigene *Marke ICH®* zu entwickeln. Und wir haben Nachahmer gefunden: Nach der *Marke ICH®* wurde über die ICH-AG und über die ICH-Aktie spekuliert – viele dieser ICH-Aktien sind heute vergessene Junk-Bonds. Und vielfach steckten keine Marken hinter den ICH-AGs – oder die ICH-AGs konnten die versprochene Markenqualität nicht halten. All das war nicht so schlimm wie der Angriff eines Neiders, der uns verbieten wollte, das Konzept der *Marke ICH®* unter diesem von uns gut geschützten Titel zu verbreiten. Der Versuch, *Die Marke ICH®* zu klauen, hat den Angreifer schließlich viel Geld an Schadenersatz und an Gerichtsgebühren gekostet – aber das konnte nur schwer aufwiegen, wie tief wir allein durch das Erlebnis verletzt waren, dass unsere gut aufgebaute Marke angegriffen wurde. Wir sind damit professionell umgegangen, aber innerlich ist so eine Erfahrung schwer zu verdauen.

Freche Nachahmer und dreiste Verhinderer abzuwehren, gehört zum Kerngeschäft: Wir müssen ständig bereit sein, den Kern unserer *Marke ICH®* zu verteidigen – immerhin wissen wir ja nun, was unser Markenkern ist, wissen um seinen Wert und um unsere bewährten Strategien, Terrain zu gewinnen. Wenn aber unsere *Marke ICH®* angegriffen wird, müssen wir dieses Wissen nutzen, um ein Abwehrgefecht, womöglich gar eine Abwehrschlacht, zu führen. Hier gilt es, sich noch einmal auf all das zu konzentrieren, was die Marke ausmacht, was sie wertvoll macht (und daher keinesfalls preisgegeben werden darf) und wo ihre Fans sitzen, die nicht durch die Angriffe von außen verunsichert werden sollten.

Gilt all das, was wir bisher über unsere *Marke ICH®* gewusst haben – oder zu wissen geglaubt haben – weiter, wenn wir uns und unsere Marke unter Beschuss erleben? Wir wünschen es keinem, dies durchstehen zu müssen, aber wir wissen aus Erfahrung: Man kann aus solchen Schlachten gestärkt hervorgehen.

Von Max Frisch stammt der schöne Satz, nach dem eine Krise ein produktiver Zustand ist – man müsse ihm nur den Beigeschmack einer Katastrophe nehmen. Das ist, wenn man selber mitten in der Krise steckt, erstens ein schwacher Trost und zweitens leichter gesagt als getan.

Es sei denn, man hätte sich schon lange vorher darauf eingestimmt, dass der Marke ein Unglück zustoßen könnte. Auch dann ist es – weder für eine bekannte Weltmarke noch für eine mehr oder weniger exponierte *Marke ICH®* – immer noch schwer genug, der Krise zu begegnen und gegenzusteuern. Und doch hilft es, vorbereitet zu sein, zu wissen, welche Gegenmittel schon zur Hand sind.

Krisen können jeden treffen

Zu allererst muss man den Gedanken erst einmal zulassen, dass Krisen (im Wortsinne eigentlich: „Wendepunkte" oder „Entscheidungssituationen") überhaupt eintreten können – und zwar ziemlich plötzlich und mit überraschenden Verläufen. Zumindest die Grundszenarien einer Krise, die auf *Die Marke ICH®* zukommen könnte, lassen sich in groben Zügen skizzieren – und es ist eine gute Praxis, sich erst einmal auf das Schlimmste einzustellen. Ein paar Beispiele für so einen Worst Case – und wie ihn starke Marken gemeistert haben:

■ Eternit war jahrelang ein führender Baustoff für Dächer und Fassaden: einfach zu verarbeiten, preisgünstig herzustellen. Seine Festigkeit erhielt er allerdings durch die Verwendung von Asbest-Fasern. Und diese sind vor etwa 20 Jahren massiv ins Gerede gekommen, weil durch Asbest am Bau eine erhöhte Krebsgefährdung für die Allgemeinheit vermutet wurde. Auch wenn der in den Asbestbaustoffen von Eternit enthaltene Asbest sehr gut gebunden war (und in den hunderttausenden mit Eternit verkleideten Objekten noch immer ist), war die Produktion von Asbestzement-Baustoffen allgemein nicht mehr haltbar. Die Marke Eternit verlor ihr wichtigstes Produkt. Die Strategie, die von Eternit damals angewendet wurde, war zwar nicht optimal – zu lange wurde insistiert, dass Asbest im Allgemeinen und in Asbestzementprodukten im Besonderen ungefährlich wäre. Aber es ist gelungen, Anfang der 90er Jahre aus der Asbestproduktion auszusteigen. Und obwohl das wichtigste zur Marke gehörende Patent damit obsolet geworden war, konnte Eternit seinen Ruf retten, und mit neuen, asbestfreien Baustoffen und einer konsequent ökologischen Ausrichtung den Markt zurückerobern.

■ In ähnlicher Weise, wie sich der Zeitgeist gegen die Asbestindustrie gewendet hat und ihr letztlich die Grundlage entzogen hat, haben sich die Gesetzgeber in der EU gegen die Tabakindustrie verschworen. Diese Verschwörung der europäischen Rechtssetzung ist ganz offen passiert – und man weiß in der Tabakindustrie sehr genau, dass ein Kanal für Markenkommunikation nach dem anderen zugeschüttet wird. Gerade deshalb wird alles auf den Markenaufbau gesetzt – wer nicht schon regelmäßiger Konsument ist, muss jedenfalls wissen, dass es Marlboro Country gibt, dass Memphis die Freiheit in der Luft besetzt hat (Memphis Airbase) und dass Gauloises genuin französisch sind. Auch wenn man praktisch nicht mehr für diese Marken werben darf.

■ Extrem waren die Auswirkungen der Prohibition, die in den 1920er Jahren die amerikanische Alkoholindustrie praktisch zerstörte. Die ganze? Nein, die starken Marken haben überlebt – indem sie entweder nach Kanada ausgewichen sind und ihre Markenpflege dort betrieben haben: Die starke Marke wertete die in den USA illegalen und daher teuren Produkte noch zusätzlich auf. Die andere, vor allem in der Bierindustrie übliche Strategie lautete, auf der starken Marke aufzubauen und verwandte Produkte – vom alkoholfreien Bier bis hin zur „malted milk" – zu brauen. Als die Prohibition 1933 fiel, waren jene Marken, die Überlebensstrategien gefunden hatten, natürlich enorm im Vorteil gegenüber jenen, die „nur" Alkohol und nicht auch einen guten Namen anzubieten hatten.

■ Coca-Cola, die stärkste Marke der Welt, hat in den letzten 20 Jahren einige schwerwiegende Fehler gemacht. Am schlimmsten war wohl die Entscheidung von 1985, sich an Pepsi anzugleichen. Damit sollte der etwas verstaubte Eindruck der Traditionsmarke verjüngt werden, weil sich Pepsi so erfolgreich als „Jugendelixir" und „the choice of a new generation" positioniert hatte. Aber „New Coke" wurde von den Konsumenten nicht wiedererkannt und drohte zum imageschädigenden Flop zu werden. Das war so ähnlich wie der Versuch eines Mannes in der Midlife-Crisis, noch einmal den jugendlichen Liebhaber auf dem Dancefloor spielen zu wollen. So etwas ist im besten Falle lächerlich, im schlechtesten führt es zu einem nachhaltigen Imageschaden. Der alte Sünder tut gut daran, sich rasch wieder so zu positionieren, wie es seiner (hoffentlich gut entwickelten) *Marke ICH®* entspricht. Die Coca-Cola Company bemerkte ihren Fehler rasch – und machte genau das, was wir dem Mann in den besten Jahren empfehlen würden: Coca-Cola kehrte rasch (aber nicht reuig, sondern selbstbewusst) zum alten Rezept zurück und ließ das auch jedermann wissen. Classic Coke half, den Markenwert wiederherzustellen – die junge Zielgruppe wurde ohne Verjüngung des Markenproduktes angesprochen, was als ehrlich und letztlich erfolgreich erlebt wurde.

„New Coke" wirkte wie ein Mann in der Midlife-Crisis, der noch einmal den jugendlichen Liebhaber spielen will.

■ Das kann sogar bedeuten, dass man den Marken-Namen verändert, wenn das Umfeld für die Marke unfreundlich geworden ist. Es ist wichtig, eine solche Umstellung zu machen, so lange noch Zeit dazu ist: Kentucky Fried Chicken war über Jahrzehnte eine erfolgreiche Hühnerbraterei – aber das „Gebratene" hat in den letzten Jahren ein immer schlechteres Image bekommen, weil es von den Konsumenten mit Cholesterin und Krebsgefahr assoziiert wird. Dazu kommt, dass eine Geflügel-Kette auch daran erinnert, dass Hühner nicht nur zu hunderten gebraten, sondern auch zu zehntausenden in Batterien gezüchtet werden. Also hat die Marke ihren Namen schlicht auf das Kürzel KFC reduziert und damit das „Fried" und das „Chicken" mit den potenziell markenschädigenden Untertönen eliminiert. Und zwar noch bevor irgendein Schaden eingetreten ist.

Gehen Sie also sicherheitshalber davon aus, dass auch Ihrer *Marke ICH®* ein übler Schlag versetzt werden kann. Ein solcher Schlag kann sein, dass Sie Ihren Job verlieren, dass Ihre Lebenspartnerschaft zerbricht oder dass Sie persönlich angegriffen werden, weil Sie politisch, sexuell oder persönlich nicht korrekt wären. Bei all dem, was solche Schläge jedem an Kopfweh bereiten, muss sich die *Marke ICH®* auch noch damit auseinandersetzen, ihre Markenstärke durch die Krise zu retten. Das ist aber andererseits auch eine gewisse Entlastung: Denn eine starke *Marke ICH®* ist ein ganz gutes Fundament für einen Neuanfang – auch wenn die Ausrichtung der Marke möglicherweise stark angepasst werden muss.

Offensichtlich ist das, wenn man an Fälle wie jenen von Eternit denkt: Wenn die gesamte Geschäftsgrundlage wegfällt, weil das Produkt, für das man einmal gestanden ist, plötzlich illegal oder unverkäuflich geworden ist, dann muss man wahrscheinlich noch einmal die eigenen D.A.T.A. überprüfen und sehen, was von der bisherigen Markenkompetenz in ein anderes Geschäftsfeld (in welches?) transferierbar ist. Eternit hat das geschafft, indem die Positionierung neu definiert wurde: War Eternit früher eine Marke für Asbestzementprodukte, so wurde die Aufgabe neu überdacht und herausgekommen ist, dass Eternit heute eine führende Marke für effiziente Energienutzung am Bau ist – vom Sonnenkollektor bis zum Passivhaus, das ohne Heizung auskommt.

Marke und zugehöriges Unternehmen können also auch sehr schlimme Krisen überstehen, wenn die Kompetenzen der Marke untersucht, bestehende Stärken genutzt (Eternit hatte bei vielen Bauherren einen durch die Asbest-Verunsicherung kaum angekratzten guten Namen) und neue Geschäftsfelder erschlossen werden, die in einem mehr oder weniger engen Zusammenhang zur bisher schon anerkannten Kompetenz stehen.

Beobachten Sie das Umfeld für *Die Marke ICH®*

Wenn starke Marken solche existenziellen Krisen überstehen können, dann können Sie davon ausgehen, dass auch kleinere Krisen gemeistert werden können. Auch von Ihrer *Marke ICH®*. Wer zum Beispiel vor einem Vierteljahrhundert Steuerberater wurde, hatte ein relativ klar umrissenes Berufsfeld mit relativ klaren Regeln und der Chance, sich zu spezialisieren. Hervorragende Voraussetzungen für *Die Marke ICH®*! Wer sich aber damals spezialisiert hat und seine Kenntnisse, seine technische Ausstattung, das Schwergewicht seiner Tätigkeit, seine Kundenstruktur und auch sein Auftreten nicht an neue Erfordernisse angepasst hat, wird wohl als veraltet gelten und nach und nach alle Klienten verlieren. Wer sich womöglich auf ein Feld spezialisiert hat, das es gar nicht mehr gibt (weil es durch Steuerreformen obsolet geworden ist), der hat versäumt, *Die Marke ICH®* anzupassen und geht unter.

Oder: Ein praktischer Arzt, der seine *Marke ICH®* auf die Anwendung „sanfter Medizin" aufgebaut hat, wird nicht nur Patienten zu behandeln haben. Wesentlich für seinen Markenerfolg wird sein, dass „Alternativmedizin" gesellschaftliche Anerkennung erfährt oder zumindest im Gespräch ist. Wesentlich wird sein, welche neuen Erkenntnisse zum Thema publiziert werden und welche Meinungen davon in der breiteren Öffentlichkeit herrschen. Wesentlich wird sein, wie Gesetzgeber und Standesvertretungen damit umgehen. Im Interesse des Erfolges seiner *Marke ICH®* wird also ein solcher Arzt seine Umwelt bearbeiten und gestalten müssen. Er wird dafür sorgen müssen, dass das Interesse an solchen alternativen Heilmethoden wach bleibt.

Man kann durchaus versuchen, den Lauf der Welt, wenn schon nicht anzuhalten, so doch im eigenen Sinne zu beeinflussen – große Markenartikler tun das, indem sie bei Regierung und Parlamenten lobbyieren, wenn sie fürchten, dass sich das Umfeld für ihre Marke negativ verändert. Ein prominentes Beispiel dafür sind die amerikanischen Brauerfamilien, die durch massive Unterstützung der Regierung Roosevelt 1933 die Aufhebung der Prohibition erwirkt haben. Natürlich haben auch Kleinunternehmer, Freiberufler und Angestellte (über Parteien, Kammerorganisationen, Standesvertretungen und Gewerkschaften) Einfluss auf den Lauf der Welt beziehungsweise der Gesetzgebung – wobei das Wort eines als *Marke ICH®* profilierten Anwalts, Steuerberaters, Unternehmers oder Managers natürlich gewisses Gewicht in der Öffentlichkeit hat. Und damit auch bei den Entscheidungsträgern.

Aber selbst wenn wir den Lauf der großen Welt nicht ändern können – unsere eigene Markenwelt müssen wir in Ordnung halten. Auch und gerade, wenn eine Granate eingeschlagen hat, die uns einen wichtigen Teil unseres Selbstverständnisses als Marke wegzusprengen droht. Gerade dann sollte niemand daran zweifeln müssen, dass *Die Marke ICH®* hochwertige und hochpreisige Qualität liefert.

Selbst dann nicht, wenn uns der Wind ins Gesicht bläst. Nie sollte der Eindruck entstehen: „Na seht ihr, jetzt muss er es auch billiger geben." Im Krisenfall müssen wir uns darum umsehen, dass die Welt, in der *Die Marke ICH®* positioniert ist, noch ein Umfeld darstellt, das auch für andere (also unsere potenziellen Kunden) angenehm erscheint. Sonst wird aus der früher hoch geschätzten Persönlichkeit der *Marke ICH®* ein einsamer Kauz, den keiner mehr ernst nehmen will. Daher noch einmal der Hinweis, dass wir nicht nur *Die Marke ICH®*, sondern auch ihr Umfeld zu pflegen haben – und das in einer sich immer schneller wandelnden Gesamtlage.

Wenn *Die Marke ICH®* in der klassischen Karriereschiene nicht mehr weiterkommt

Unsere Eltern hatten vorgezeichnete Lebenswege. Sie haben einen Beruf erlernt und ihn dann ein paar Jahrzehnte lang ausgeübt. Dabei sind sie langsam aus einfachen Verhältnissen zu gewissem Wohlstand aufgestiegen. Stolz erzählt die Elterngeneration noch heute davon, wie sie das alles durch eigene Leistung geschafft hat. Ein netter Mythos. Ein Mythos, an dem unermüdlich gebastelt wird – gerade jetzt, wo vor allem ältere Arbeitnehmer ihren Arbeitsplatz verlieren.

Was ist nur aus all den schönen Karrieren geworden?

Nichts. Selbst nach vorsichtigen Schätzungen stehen in Deutschland nicht einmal mehr zwei Drittel der Arbeiter und Angestellten in Fabrik und Büro in einem so genannten Normalarbeitsverhältnis – vollzeitig, dauerhaft, sozial abgesichert. Diese Kernbelegschaften (einstmals 85 Prozent) könnten in Zukunft auf ein Drittel oder weniger schrumpfen. Schon 2001 arbeiteten 21 Prozent der Deutschen Arbeitnehmer (rund 6,8 Millionen Personen) in Teilzeit – 1991 waren es erst rund 14 Prozent.

Es gibt die klassische Karriere einfach nicht mehr – das ist eine gute Nachricht für alle, die nicht in militärischen Laufbahnen denken.

Es gibt die klassische Karriere einfach nicht mehr. Wie es die militärische Prägung der Arbeitswelt nicht mehr gibt: Beim Militär war die Laufbahn vorgezeichnet. Nur wem besondere Protektion oder das Schlachtenglück hold waren, der konnte etwas schneller oder höher aufsteigen – nur wer besonders augenfällig Mist baute, machte eine bedeutend langsamere Karriere oder wurde in ganz außergewöhnlichen Fällen entlassen.

Diesem militärischen Schema waren die zivilen Beamtenlaufbahnbilder nachgebaut. Am öffentlichen Dienst orientierten sich dann die Banken, deren Angestellte „Bankbeamte" genannt wurden und de facto unkündbar waren. Daran wieder lehnte sich das Angestelltendienstrecht an und schließlich wurden die Arbeiter den Angestellten weitgehend gleichgestellt. Wer 1950 bei einem gut gehenden Großunternehmen – in welcher Funktion auch immer – eingestiegen ist, konnte mit einiger Sicherheit vor einigen Jahren in einen gut bezahlten Ruhestand wechseln. In manchen Fällen sogar, ohne je einen anderen Arbeitsraum als jenen aus den 50er-Jahren betreten zu haben.

Einkommenszuwächse waren dennoch quasi automatisiert, selbst wenn der jeweilige Mitarbeiter sein ganzes Berufsleben hindurch keine einzige Zusatzqualifikation erwerben musste – übrigens im Unterschied zum militärischen Modell, wo heutzutage mehr und mehr Kurse und Prüfungen zur Voraussetzung der Beförderung gemacht werden.

So entstanden die noch heute für verbindlich gehaltenen Vorstellungen von dem, was eine gute Karriere, ja was überhaupt eine Karriere ist. Dabei stammt der Ausdruck aus dem französischen, wo er ursprünglich eine Rennbahn für Pferde bedeutete. Das Verb „kariolen" bedeutet gar „unsinnig herumfahren" – das kommt heutigen Karriereverläufen viel näher.

Lebenslange Anstellungen gibt es heute praktisch nicht mehr. Die industriell geprägte Welt der Arbeiter und Angestellten löst sich auf. Arbeitgeber rechnen – und greifen lieber auf flexible freie Mitarbeiter zurück: „Job-Nomaden vertreiben Angestellte aus ihrer geschützten Welt", schrieben Uwe Jean Heuser und Stefan Willeke schon 1997 in einem vielbeachteten Artikel in der ZEIT. Es „Job-Nomaden vertreiben ist keine Schande, wenn unsere *Marke* Angestellte aus ihrer *ICH®* davon betroffen ist, in der klassi- geschützten Welt." schen Karriereschiene nicht mehr weiterzu- kommen und aus dem regulären Arbeitsprozess ausscheiden zu müssen. Vor allem, wenn der eigene Arbeitsplatz verschwindet – und sich nichts Vergleichbares mehr finden lässt, weil nämlich überall ganz ähnliche Arbeitsplätze auf Nimmerwiedersehen verschwinden. Die Kündigung ist erst mal ein Schock – sogar, wenn schon seit einem halben Jahr feststeht, dass es so kommen wird. Nach einer Kündigung fühlen sich Betroffene oft mit ihren Zukunftsängsten alleine gelassen.

Beim professionellen **Outplacement** von Janine Berg-Peer in Berlin steht daher die „berufliche Neuorientierung" im Vordergrund. Wer zu Frau Berg-Peer oder einem ihrer Kollegen kommt, hat Glück: Er bekommt immerhin professionelle Hilfe vom letzten Arbeitgeber, der Wirbel vermeiden will und dem Ex-Mitarbeiter zur Kündigung einen Outplacement-Vertrag dazugibt – was allerdings nur jeder zehnte Arbeitgeber tut. Rund 30 Unternehmensberater sind in Deutschland auf Outplacement spezialisiert. 2001 setzten sie rund 36 Millionen Euro um, 20 Prozent mehr als im Jahr 2000. Zum Outplacement gehört in der ersten Stufe, die eigenen Stärken und Schwächen herauszuarbeiten und ein mögliches, künftiges Berufsziel zu benennen. Danach wird die Strategie für die Suche nach der neuen Tätigkeit festgelegt. Anschließend wird die konkrete Vorgehensweise, die persönliche Marketingkampagne, aufgestellt. Die Hilfestellung reicht noch weiter. „Unser Einsatz endet erst, wenn der Mitarbeiter in einem neuen Job platziert ist", erklärt Eberhard von Rundstedt, Geschäftsführender Gesellschafter von Rundstedt & Partner in der Düsseldorfer Königsallee. Häufig werde der Kandidat auch in der Probezeit weiterbetreut und bekomme eine kostenlose neue Beratung, falls er in dieser Phase scheitert.

Vorsorgen für den Krisenfall

Worum es geht, ist, für den Krisenfall vorgesorgt zu haben – Grundlagen und Werte mitgenommen zu haben, die einen anderen Weg für

Die Marke ICH® eröffnen. Wer im neuen, flexibel gewordenen Arbeitsmarkt mit seiner *Marke ICH®* wie ein Markenartikler agiert, hat im Zweifelsfall die besseren Karten: Sicherheit der beruflichen Entwicklung wird künftig hauptsächlich daraus resultieren, dass es einem Arbeit- oder Auftraggeber attraktiv erscheint, Sie zu beschäftigen. Weil er genau diese oder jene Leistung braucht, die Sie anbieten können. Wenn Sie den Unterschied kennen und als die entsprechende *Marke ICH®* auftreten, dann können Sie daraus jene Sicherheit schöpfen, die dem Gesprächspartner klarmacht, dass Sie der oder die Richtige sind.

Wer nicht nur als irgendeine Leiharbeitskraft herumgereicht werden will, wer nicht nur als „freier" Mitarbeiter unterdrückt und als Werkvertragsnehmer ausgebeutet werden will, der muss als ein Unternehmer agieren, der mit dem Pfund, das er hat, wuchert. An die Stelle der Sicherheit eines Arbeitsplatzes tritt die (Selbst-)Sicherheit, dass es einem Arbeitgeber, Auftraggeber oder Kunden attraktiv erscheint, gerade Ihnen eine Aufgabe zu übertragen – weil gerade Sie es gut können, weil gerade Sie sich auf seine Wünsche flexibel einstellen und weil gerade Sie ihm diese Leistung gut verkaufen können.

Tatsächlich kann ein externer Mitarbeiter wesentlich mehr verdienen als ein Angestellter. Einen guten Namen und hervorragende Leistungen vorausgesetzt – er muss also eine *Marke ICH®* sein. Und Marketing betreiben: „Jede Art von unternehmerischem Handeln bedarf des Marketings. Es gibt keine Ausnahme. Es ist nicht möglich, ohne Marketing erfolgreich zu sein ... Es mag sein, dass Sie keine Werbung brauchen werden, aber Sie werden Marketing brauchen", stellt der Unternehmensberater Jay Conrad Levinson fest. Und zwar gerade dann, wenn es einmal nicht so gut läuft.

Es mag sein, dass Sie keine Werbung brauchen werden, aber Sie werden Marketing brauchen.

Daher ist es ja so wichtig, in guten Zeiten alles Denkbare für die Markenpflege zu tun – und dabei künftige Eventualitäten mitzubedenken: Die Marke als arbeitsloser Generaldirektor, arbeitsloser Programmierer oder arbeitsloser Schauspieler ist eben viel schlechter zu pflegen als die des Business-Consultant mit Erfahrung in Top-Positionen, des Vertrags-Programmierers oder des Sprachtrainers mit Schauspiel-Praxis. Mit der richtigen *Marke ICH®* ist man im Zweifelsfalle eben nicht die „arbeitslose Hausfrau und Mutter", sondern eine „Sekretärin nach abgeschlossener Familienphase".

Denken Sie nicht, das wäre dasselbe. Ihr Gesprächspartner bei einem Bewerbungsgespräch kennt den Unterschied zwischen diesen beiden Marken.

Dieser Unterschied entscheidet darüber, ob Sie den Vertrag bekommen. Wenn Sie den Unterschied kennen und als die entsprechende *Marke ICH®* auftreten, dann können Sie daraus jene Sicherheit schöpfen, die dem Gesprächspartner klarmacht, dass Sie der oder die Richtige sind.

Wenn der Übergang auf die neue Marke mehr oder weniger freiwillig erfolgt, ist das natürlich besser. Nicht nur für die Außenwirkung, sondern auch für die eigene Psychohygiene. Johannes Czwalina ist jemand, der sich speziell darum kümmert: Er studierte Archäologie in Jerusalem und Theologie in Basel und hatte über zehn Jahre die Leitung einer Großstadtpfarre inne. Dann stieg er auf Anfrage eines beeindruckten Kirchenbesuchers bei einer renommierten Unternehmensberatung ein, dann gründete er seine eigene – er hat sein Priestergewand in der Sakristei hängen gelassen und gegen Fliege und Nadelstreif ausgetauscht. Er berät nicht zuletzt Menschen, die einen Karriereknick durchmachen: „Ich kenne einige Männer und Frauen, die nahezu zerbrochen waren, weil man sie nach einem vermeintlichen Sturz verleumdet hat, ohne ihnen irgendeine faire Möglichkeit einzuräumen, sich zu äußern. Neben der Ablehnung erleben ‚Gefallene‘ auch, dass sich gute Freunde distanzieren. Von einem Unternehmensberater habe ich folgende Erfahrung gehört: Wenn beispielsweise ein Vorstand in seinem Unternehmen in Ungnade fällt, kann er sich in den seltensten Fällen auf seine Freunde verlassen. Bekunden am Anfang noch 80 Prozent seiner bisherigen Freunde die Solidarität (aber nur dann, wenn man sie unter vier Augen trifft), so bekennen sich von den selben Leuten nur noch 30 Prozent zu ihrem Freund, wenn sie im Kreis anderer Anwesender ihm gegenüberstehen. Geht es dann darum, ohne dass es eigene Vorteile bringt, zu dem Freund zu stehen, sind es nur noch drei Prozent, die zu ihm halten. Wenn es sogar Nachteile bringt für die eigene Karriere, sind es nur noch ein Prozent. Das alte Sprichwort stimmt augenscheinlich. ‚Freunde in der Not, tausend auf ein Lot.‘ Die unerträgliche Resignation und Enttäuschung verleitet dann manchen, sich echt fallen zu lassen."

Schicken Sie Ihre Herolde rechtzeitig aus – in „Ungnade Gefallene" sollten nicht mit allzu viel Loyalität rechnen. Es ist also wichtig, potenzielle Herolde aufzubauen und rechtzeitig auszuschicken – also solange diese nicht das Gefühl bekommen, als letzte übrig gebliebene Einzelkämpfer für Ihre ohnehin verloren geglaubte Marke auftreten zu sollen. Es gibt eine Reihe von Beispielen, wo Menschen einen scheinbaren Karriereknick aufgrund ihrer Markenstärke glänzend überstanden haben:

- Wolfgang Reitzle zum Beispiel, dem der Unternehmensberater Reinhard K. Sprenger in der Zeitschrift SALESBUSINESS im Herbst 2001 ein übersteigertes Ego vorgeworfen hatte, weil er mit „Menjou-Bärtchen und einer blonden TV-Moderatorin an seiner Seite" seine *Marke ICH®* gepflegt hatte. Dies sei BMW-Aufsichtsratschef Eberhard von Kuehnheim zu viel geworden, weshalb er Reitzle schließlich gefeuert habe. Nun: Das Mitglied des exklusiven Augusta National Golf Club in Georgia ist gerade wegen seiner Bekanntheit wieder gut im Geschäft – als Sanierer beim Wiesbadener Linde-Konzern. Dass er ein exzellenter Manager ist, war ohnehin immer unbestritten.

- Bis 1982 war der Linksliberale Günter Verheugen ein prominentes Mitglied der FDP. Als Generalsekretär galt er als rechte Hand des damaligen Parteichefs Hans-Dietrich Genscher. Den Schwenk seines Chefs zur Koalition mit der Union mochte er nicht nachvollziehen und wechselte zur SPD. Verheugen fehlte zwar der sozialdemokratische „Stallgeruch", er brachte es aber dennoch zum Geschäftsführer, zum Chefredakteur des VORWÄRTS und zum profilierten Außenpolitker seiner neuen Partei – schließlich wurde er EU-Erweiterungskommisar.

- Der Hollywood-Manager Wally Amos hat für seine Schokokekse eine gewisse Berühmtheit erlangt: Unter der Marke „Famous Amos" ist er mit Fernsehshows in den USA selber fast so berühmt geworden wie sein Produkt. Finanziell hat er sich allerdings übernommen – und musste schließlich auch den guten Namen verkaufen. Was tun, wenn man sich zwar mit Süßwaren und im Showgeschäft auskennt, aber seine Markenbekanntheit nicht mehr nutzen kann? Amos machte gerade daraus ein Geschäft: Er nannte sich „Uncle Nonamé" (französisch ausgesprochen, also „Nohnamee") und kehrte als Hersteller von Muffins zurück auf den Süßwarenmarkt.

- Jobsi Drießen, der als Chef der Airline LTU gescheitert war, hatte das Kapital seiner Popularität: Der Ex-Karnevalsprinz hat eine enge Beziehung zum Brauchtum und der Gesellschaft seiner Heimatstadt – so wurde er bei der Düsseldorfer Altbierbrauerei Gatzweiler mit Freude in den Vorstand aufgenommen.

- Geradezu legendär ist der Ausspruch des mehrfachen Automobilweltmeisters Niki Lauda, der den Rennsport mit dem Hinweis verließ, das „im Kreis fahren" sei ihm auf die Dauer zu dumm. Lauda hatte als Rennfahrer nicht zuletzt gelernt, sich selbst gut zu verkaufen: Dieses geschäftliche Wissen und seine enorme Popularität bildeten die Basis für den Aufstieg seiner eigenen Airline – und auch wenn er als Unternehmer mehrfach gescheitert ist, so hat die starke Marke Niki Lauda immer wieder den Grundstock für eine neue Karriere geboten.

- Der in den 50er Jahren unter anderem in seiner Rolle als Kaiser Franz Joseph in den Sissi-Filmen erfolgreiche Schauspieler Karl-Heinz Böhm war 1981 ziemlich am Ende seiner Filmkarriere. Aber er nutzte seine Prominenz dazu, eines der bedeutendsten karitativen Lebenswerke zu schaffen, die je einem Österreicher gelungen sind: Er schloss am 16. Mai 1981 in der im ganzen deutschen Sprachraum gesehenen Sendung „Wetten dass?" eine öffentliche Wette, dass die Zuschauer nicht bereit sein würden, je eine Mark für Entwicklungsprojekte in den Hungergebieten Äthiopiens zu spenden. Daraus wurde die Aktion „Menschen für Menschen" – und 56 Prozent der Österreicher wissen inzwischen, wofür der Wohltäter steht.

- In Österreich hat die Wirtschaftskammer den Zug der Zeit erkannt und für erfahrene Führungskräfte eine eigene Job-Vermittlung eingerichtet – sie bürgt mit der Marke TaskManager (www.taskmanager.at) dafür, dass die Kandidaten auch wirklich geeignet sind.

TaskManagement ist eine neue Form des Projektmanagements auf Zeit. Spezialisten mit mindestens 15-jähriger Berufserfahrung werden von der eigens gegründeten ATMG in einem eigenen Test auf Erfahrungen, Spezialisierungen und Potenziale geprüft und erhalten die Möglichkeit, auf einer Vermittlungsplattform ihr Profil zu hinterlegen. Dies bietet den Spezialisten die Möglichkeit, sich kurzfristig als Selbständige in Unternehmen vermitteln zu lassen, in denen sie ihr Spezialwissen projektorientiert und befristet einbringen können – wer ein, zwei Tasks erfolgreich erledigt hat, wird sich eine neue Marke aufgebaut haben. Und das zu überschaubaren Kosten für die Unternehmer, weil die TaskManager zwar pro Auftrag gut bezahlt werden, aber keine Angestellten mit teurer sozialer Absicherung und langer Unternehmensbindung sind. Allein in Österreich soll es derzeit 20.000 TaskManager geben (von denen aber nur 1500 am Projekt der Kammer teilnehmen), innerhalb weniger Jahre werden es wahrscheinlich 50.000 sein.

■ Einer, der einmal gescheitert war, sich aber glänzend gefangen hat, ist der Möbelfabrikant Erwin Berghammer: Er war einer der Ersten in Europa, die Biomöbel gebaut haben. Er hat damit eine Produktkategorie geschaffen – und ist unter dem Gelächter der gesamten Branche mit dieser Idee Pleite gegangen. Nur hat er es sich nicht verdrießen lassen. Er machte einen zweiten Anlauf, als die Zeitungen voll von Geschichten über Formaldehyd-Emissionen aus Spanplatten waren. Berghammer war seiner Idee treu geblieben – und hat unter der Marke Team 7 eine neue Möbelfabrik aufgebaut – und hat als differenzierendes Merkmal seiner Möbel auch ein besonders beständiges Holz, die für Möbel sonst kaum benutzte Erle, verwendet. Nun war die Zeit reif: Team 7 ist heute Europas namhaftester Hersteller von gesundheitlich unbedenklichen Möbeln. Heute lacht keiner mehr über Herrn Berghammer.

■ Franz Krenthaller war ein hoch bezahlter Marketingprofi, der seiner neuen Konzernleitung nicht mehr zu Gesicht stand. Er fühlte sich aber zu jung, um mit etwas über 50 Jahren schon auf die Frühpensionierung zu spekulieren. Er schaffte sich ein paar Schafe an, vermarktete Schafmilch und Schafkäse und mischte Bauernversammlungen auf – bis er selber zum Obmann der Schafbauern gewählt wurde und europaweit als „Schafpapst" berühmt wurde. Streitbar wie er nun einmal war, machte sich Krenthaller Feinde im etablierten Agro Business, setzte sich aber meistens durch. Als er in seinem eigenen Schafzuchtverband aber keine Mehrheit mehr hatte, zog er sich zurück und sattelte noch ein weiteres Mal um: Eine Stiftung, mit der er ursprünglich in Not geratene Schafbauern unterstützt hatte, löste er auf und brachte das Vermögen in eine Stipendienstiftung ein.

Wenn Kritik laut wird

Je stärker Sie mit Ihrer *Marke ICH®* in der Öffentlichkeit stehen, desto mehr Neider werden Sie haben. Andere werden versuchen, Sie von Ihrem Platz zu verdrängen. Werden versuchen, Sie zu diskreditieren. Werden Gerüchte streuen, von denen Sie möglicherweise lange Zeit gar nichts erfahren. Keine Panik! Der Lüneburger Unternehmensberater Hagen Rudolph weiß, dass für unternehmerische Persönlichkeiten ebenso wie für die Unternehmen selbst gilt: „Das Image ist recht stabil, und es bedarf schon beträchtlicher Fehlleistungen, damit das Publikum diese wahrnimmt." Er schließt allerdings die Warnung an: Ist jedoch diese Wahrnehmungsänderung einmal erfolgt, dann „kippt" das Image schnell in das Gegenteil. Und aus Helden werden Schurken.

Lassen Sie daher Angriffe und Anschuldigungen nicht auf sich sitzen. Fragt Sie jemand hinterhältig: „Sie waren ja bisher nicht so erfolgreich, was möchten Sie in Ihrem Leben ändern?" – dann beginnen Sie nicht, sich zu rechtfertigen, das würde nur die Marke weiter beschädigen. Schlagen Sie zurück: „Stimmt nicht, ich war sogar sehr erfolgreich – beunruhigt Sie das?" So geben Sie den Schwarzen Peter dem Frager zurück. Gegner, die Ihnen öffentlich Probleme machen wollen, sollten wissen, dass Sie ihnen selber ein Problem anhängen werden.

> Gegner, die Ihnen öffentlich Probleme machen wollen, sollten wissen, dass Sie ihnen selber ein Problem anhängen werden.

Schlimmer als der direkte Angriff auf Ihre *Marke ICH®* ist das bösartige Gerücht, die mehr oder weniger gezielte Verleumdung, die Konkurrenten gegen Sie in Umlauf setzen –

in der Politik schon eine Routine, dort sind die Akteure das „Dirty Campaigning" ihrer Gegner gewohnt. Uns schockt es aber üblicherweise, wenn wir (oft viel zu spät) erfahren, dass irgendwer ein Gerücht über uns in die Welt gesetzt hat. Man könnte verrückt werden: Alle scheinen hinter unserem Rücken zu flüstern, alle scheinen zu lauern, ob etwas dran ist. Und vor allem: Was wir dagegen zu machen gedenken. Je mehr wir uns aufregen, desto besser für den, der unsere *Marke ICH®* hinterhältig angreift – der kann auch noch auf den Volksmund bauen, der sagt „Wer sich verteidigt, klagt sich an."

Was also tun? Erst einmal muss man Gelassenheit zeigen – denn das ist genau das Gegenbild von dem, was diejenigen wünschen, die unsere *Marke ICH®* angegriffen haben: Die Psychotherapeutin Rotraud Perner analysiert: „Mental wird bei einer Verleumdung versucht, der verleumdeten Person die Angst einzupflanzen, andere könnten das Gerücht glauben, den Kontakt abbrechen, sie isoliert allein lassen. Das kann natürlich geschehen; es liegt ja außerhalb der eigenen Macht. Ein chinesisches Sprichwort sagt: ‚Du kannst nicht verhindern, dass Vögel über deinen Kopf hinwegfliegen, aber du kannst verhindern, dass sie in deinem Haar ein Nest bauen.' Gerüchte sind wie Vögel: Sie kommen von irgendwo her, manchmal weiß man, von wo, manchmal merkt man es erst, wenn sie direkt über einem sind – und dann muss man sie weiterziehen lassen. Nur ja nicht einladen, sich im eigenen Kopf häuslich niederzulassen! Das geschähe, wenn man sich unentwegt damit beschäftigte, andere könnten glauben, man sei so, wie der oder die behauptet. Bekanntlich sagt aber ein Bild mehr als tausend Worte – also gilt es, mit dem eigenen Bild die Gerüchte Lügen zu strafen ... Nur indem man unbeirrt weiter präsent ist und tatkräftig beweist, dass man nicht so ist, wie einen andere sehen, sondern so, wie man selbst gesehen werden will, kann man Gerüchten die Energie nehmen."

Gerade unter heftigem Beschuss muss *Die Marke ICH®* ihre Qualität beweisen – nicht von ihren Kernwerten abgehen, nicht ihr Erscheinungsbild verhüllen, nicht plötzlich einen anderen Weg einschlagen. Sondern cool bleiben, auch wenn es extrem schwer fallen mag. Perner rät, dem Überbringer der schlechten Nachricht (man weiß ja nicht, in welchem Lager der steht) mit lässiger Angewidertheit gegenüberzutreten, etwas in der Art von „Das habe ich ja erwartet, dass meine Feinde solch ein Gerücht in Umlauf setzen ..." zu sagen, schön langsam und unaufgeregt, dann kommt die Botschaft klar herüber: Man ist vorbereitet, man weiß um den Neid der Gegner, man verachtet sie – und spielt ihr Spiel nicht mit. Die Information, dass bei nächster Gelegenheit versucht wird, vernichtend zurückzuschlagen, kann eine gut etablierte *Marke ICH®* durchaus ein paar Tage zurückhalten. Um dann zu tun, was zu tun ist – besser mit dem Rat einer guten Anwaltskanzlei als mit dem Rat des eigenen Zorns, der stets ein schlechter Ratgeber ist.

Verlässliche Herolde kann man aber unverzüglich und gut gebrieft losschicken: „Ich erwarte eigentlich von dir, dass du solchen Verleumdern entgegentrittst und sie stoppst." Oder wenigstens: „Beteilige dich doch nicht dabei, solchen Unsinn zu verbreiten ..."

Solche Botschaften unterstützt eine in sich stimmige *Marke ICH®* mit der entsprechenden Körpersprache. Perner spricht von einer „kraftvollen, distanzierten Gleichgültigkeit. Das Wort Gleichgültigkeit beinhaltet bereits, dass es sich um eine Haltung der Balance handelt: Ich weiche nicht ängstlich oder resignativ zurück, presche aber auch nicht aggressiv vor. Ich bleibe bei mir, auf meinem Standort, ich lasse mich nicht bewegen. Genau das wollen Verleumder nämlich: einen in Bewegung bringen, damit man sich nach ihnen richtet, seinen Platz aufgibt (damit sie ihn dann einnehmen können oder irgendein Protegé)."

Eine besonders elegante Art, Nörgler und unfaire Kritiker abzuwehren, ist, sie öffentlich zu loben: Das führt entweder dazu, dass sie ihre Kritik einstellen, weil sie in uns einen Verbündeten erhoffen – oder dass andere unberechtigt hohe Erwartungen in den Gegner bekommen und enttäuscht werden. Jedenfalls stärkt es Ihre *Marke ICH®*, weil Sie souverän wirken. Ähnlich wie der französische Philosoph und Schriftsteller Voltaire (1694–1778). Er wurde durch den heute nur noch Botanikern bekannten Albrecht von Haller (1708–1777) oft kritisiert. Voltaire dagegen lobte seinen Kritiker Haller stets. Ein gemeinsamer Bekannter, Giovanni Giacomo Casanova, hörte das und sagte: „Sie loben Herrn von Haller? Das ist sehr großherzig – Herr von Haller spricht doch ganz anders von Ihnen!" Darauf lächelte Voltaire: „Es ist natürlich möglich, dass wir uns beide täuschen." Besser und geistreicher kann man einen Kritiker nicht blamieren.

Anders ist das bei Kunden: Versuchen Sie, deren kleine Probleme zu kennen, bevor diese groß werden. Wenn Sie das Problem des Kunden nicht lösen können, dann trennen Sie sich lieber früher und ehrlich von der Aufgabe und dem Kunden als dass Sie einen Schaden an Ihrem Image als verlässlicher *Marke ICH®* hinnehmen.

Wenn Sie wirklich Mist gebaut haben, dann geben Sie es einfach zu. Betreiben Sie Schadensbegrenzung in der Sache – und Offenheit in der Kommunikation. Wie das geht, hat schon im 19. Jahrhundert Wilhelm Busch treffend beschrieben:

> *„Die Selbstkritik hat viel für sich.*
> *Gesetzt den Fall, ich tadle mich:*
> *so hab' ich erstens den Gewinn,*
> *dass ich so hübsch bescheiden bin.*
>
> *Zum Zweiten denken sich die Leut,*
> *der Mann ist lauter Redlichkeit;*
> *auch schnapp' ich drittens diesen Bissen*
> *vorweg den andern Kritiküssen.*
>
> *Und viertens hoff' ich außerdem*
> *auf Widerspruch, der mir genehm.*
> *So kommt es denn zuletzt heraus,*
> *dass ich ein ganz famoses Haus."*

Das heißt natürlich nicht, dass man ständig öffentliche Selbstanklage erheben soll – aber gut choreographiert (das heißt: mit einem Herold gut abgesprochen, der verbreitet, wie ehrlich, selbstkritisch und letztlich doch viel besser als behauptet *Die Marke ICH®* ist) kann Selbstkritik helfen, die Marke wieder intakt dastehen zu lassen.

Vorausgesetzt, man hat rechtzeitig erkannt, dass eine Korrektur überhaupt notwendig ist.

Auch in der Krise mit einer
klaren Kommunikationsstrategie punkten

Nehmen Sie auch schon kleine Unmutsäußerungen wichtig: Unterschätzen Sie nicht die 3:33-Regel. Sie besagt, dass ein positives Erlebnis mit Ihrer Marke im Schnitt drei Mal weitererzählt wird – ein negatives aber elf Mal so oft! Um die Gefahren vorherzusehen, die sich aus einem veränderten Umfeld ergeben, muss man ein guter Zuhörer sein. Große Marken leisten sich dazu aufwendige Marktforschungen (denen sie allerdings häufig misstrauen, wenn die Ergebnisse nicht den eigenen euphorischen Erwartungen entsprechen). Vor allem aber achten Sie auf das Feedback, das sie von Ihren Kunden bekommen: „Wenn sie anrufen oder schreiben, geben sie nicht nur Feedback. Sie tun der Marke einen großen Gefallen, indem sie eine Frühwarnung geben, dass ihre Identität in Gefahr sein könnte. Eine wertvolle Markenidentität kann mit einem einzelnen verärgerten Kunden abzubröckeln beginnen", warnt Lynn B. Upshaw.

Wenn Sie also merken, dass schlechte Nachrichten über Sie im Umlauf sind, dann sorgen Sie dafür, dass Ihre eigene Position zumindest bekannt werden kann: Informieren Sie Ihre Herolde darüber, sichern Sie sich deren Loyalität. Und setzen Sie womöglich eine positive Kommunikation über sich in Gang. Das ist nach der 3:33-Regel ein beachtlicher Aufwand, denn Sie müssen bei einer einzigen negativen Nachricht elf positive Botschaften verbreiten – oder ein und dieselbe positive Botschaft über elf verschiedene Kanäle; wenn's gut geht, kommt sie früher an als die negativen Botschaften.

> Die 3:33-Regel besagt, dass ein positives Erlebnis mit Ihrer Marke im Schnitt drei Mal weiter erzählt wird – ein negatives elf Mal so oft!

Die negativen Botschaften haben ja immer auch einen positiven Effekt: Sie schaffen Aufmerksamkeit für Ihre *Marke ICH®* – alle warten, was Sie sagen, was Sie tun. Die Scheinwerfer sind auf Sie gerichtet, das mag unangenehm sein. Aber andererseits können Sie nun Ihre Position darstellen. Ruhig, sachlich – und wahrscheinlich Sympathie gewinnend. Halten Sie sich an Ihrer *Marke ICH®* fest – sie kann ein Schutzschild gegen das sein, was Ihnen persönlich zustößt oder vorgeworfen wird.

Trösten Sie sich: Das haben schon andere geschafft. Man kann auch hier von großen Marken lernen. Vor allem muss es für eine Marke in der Krise eine eindeutige Kommunikationsstrategie geben: Es ist notwendig, dass alle die gleiche Information bekommen oder zumindest bekommen können – und dass diese Information zumindest nicht falsch ist. Waren Sie eben noch der gefeierte Spezialist Ihres Unternehmens und sind nun sein gefeuerter Ex-Mitarbeiter, so müssen alle, die es wissen wollen, auch erfahren können, „dass sich die Wege getrennt haben". Wer mit wem worüber streitet, muss ja nicht eigens dargelegt werden – es könnte nämlich die Marke beider Vertragspartner beschädigen.

Wenn Sie also aus einem Angestelltenverhältnis ausscheiden müssen, dann nehmen Sie sich das Wichtigste mit, das Sie haben: die unbeschädigte *Marke ICH*® eines Experten auf Ihrem Gebiet.

Wichtig ist in jedem Fall, dass Sie bei einer Krise „in Full Swing" bleiben – völlig sang- und klanglos von der Bildfläche zu verschwinden, können Sie sich nur leisten, wenn Sie Ihre *Marke ICH*® entweder bewusst aufgeben wollen (weil Sie sich etwa unwiderruflich aufs Altenteil zurückziehen). Oder wenn Sie eine Zeit Ruhe brauchen, um an einem ganz anderen Ort wieder aufzutauchen. Wer schweigt, steht im Verdacht, etwas verschweigen zu wollen – und das wird weder von den professionellen Medien geschätzt noch von den zahlreichen „Teilöffentlichkeiten", die Geschäftspartner, Nachbarn, Freunde darstellen.

Im Zweifelsfall ist es selbst bei einem erzwungenen Abschied gescheiter, sich mit einer klaren Abschiedsstrategie zu empfehlen – um dann nach einer längeren Aus-Phase ein Comeback zu haben, auf das sich zumindest einige wirklich gefreut haben.

Aufgaben für *Die Marke ICH®*:

Der wahrscheinlich größte Unterschied zwischen einer *Marke ICH®* und Marken wie Coca-Cola und Chappy ist, dass ein Großteil der Kommunikation dieser Marken von Werbeprofis kontrolliert werden kann, weil eben ein Großteil der Kommunikation nur in der Werbung stattfindet. Ihre *Marke ICH®* muss dagegen viel stärker die Reaktionen der Gegenspieler, der Wettbewerber, der – wenn Sie so wollen – anderen Marken vorausempfinden und ihrerseits rasch darauf antworten. Wenn einem Kunden von Müller Milch ein Fruchtjoghurt nicht schmeckt, dann ist das ein beherrschbares Problem. Wenn Ihrem Chef oder Ihrem Kunden Ihr Arbeitsergebnis nicht passt, Ihrem Publikum Ihr Vortrag nicht gefällt, Ihr Lebenspartner Ihren Geschmack nicht mehr teilt, dann müssen Sie wahrscheinlich sehr rasch und sehr persönlich reagieren. Aber so wie Müller und jeder andere Markenartikler darauf eingestellt ist, dass plötzlich ein, zwei, Dutzende oder Tausende Beschwerden auftreten, so sollten Sie für Ihre *Marke ICH®* gewappnet sein.

■ Machen Sie daher einen Notfallplan: Versuchen Sie, sich das Schlimmste vorzustellen, was Ihrer *Marke ICH®* passieren könnte. Was könnten die schlimmsten Konsequenzen sein? Sind einige dieser Konsequenzen vermeidbar, wenn rechtzeitig eingegriffen wird? Und welche Eingriffe, die Sie selber machen, könnten die Sache noch schlimmer machen?
Da wissen Sie schon, was Sie im Ernstfall nicht tun sollten. Und wie der Schaden eventuell begrenzt werden kann, bevor er noch eingetreten ist.

■ Gibt es eine Schwäche, eine Angriffsfläche, wo Sie sich besonders stark gefährdet fühlen? Dann schließen Sie diese Lücke in guten Zeiten – oder stehen Sie so offen zu Ihrer Schwäche, dass Sie keinen Angriffspunkt mehr bietet. Wer etwa homosexuell ist oder fremdgeht, kann nur dann damit erpresst werden, wenn es ein Geheimnis ist. Sie müssen diese Fakten ja nicht hinausposaunen – die offene Informationspolitik der *Marke ICH®* sollte aber klarstellen, dass jeder wissen kann, was er wirklich wissen will; dann ist das nur noch halb so brisant.

- Haben Sie einen Notfalls-Stab – verlässliche Menschen aus Ihrem Netzwerk, aus dem Kreis Ihrer Herolde, die Ihnen und Ihrer *Marke ICH®* vertrauen? Bauen Sie dieses Team in guten Zeiten auf; möglicherweise brauchen Sie einmal eine „schnelle Eingreiftruppe". Sie müssen wissen, dass Sie diese Truppe nicht alle drei Wochen alarmieren können, sonst ist sie im entscheidenden Fall nicht da. Wenn es aber wirklich um Kopf und Kragen geht, müssen Sie sich Ihres Teams sicher sein können. Und dieses losschicken, bevor die Krise noch allgemein wahrgenommen wird.

- Üben Sie rechtzeitig auch die mentale Bewältigung der Krise, indem Sie frühere negative Erlebnisse noch einmal im Geist durchgehen – Sie werden sehen: Nicht jede Panne ist eine Katastrophe, nicht alles, was im Moment als katastrophal empfunden wird, ist wirklich so schlimm. Erinnern Sie sich daran, dass von den unzähligen romantischen Spaziergängen, die Sie gemacht haben, jener am besten in Erinnerung geblieben ist, bei dem Sie von einem Regenguss überrascht wurden.

- Und wenn Sie sich verteidigen müssen: Bleiben Sie in Ihrer Kommunikation bei einer Linie. Sie müssen dabei damit rechnen, dass sogar der innerste Kreis Ihrer Herolde nur hält, wenn er sehr stabil ist. Bereits in Ihrer Familie werden sich Zeichen von Schadenfreude und Besserwisserei zeigen – und manche werden Sie als dumm und unsinnig bezeichnen. Bedenken Sie: Bleiben Sie jetzt stumm, so weiß man dies als ein Schuldbekenntnis zu deuten. Zeigen Sie daher die Stärke Ihrer *Marke ICH®* auch dann, wenn Ihnen der Wind ins Gesicht bläst. Und bedenken Sie: Das Publikum schätzt Ehrlichkeit, damit gewinnen Sie viel zurück.

- Konsistenz ist gerade in Krisenfällen ein wichtiger Faktor der Markenstärke – und Ihre Glaubwürdigkeit werden Sie noch gut brauchen. Denn so schlimm eine Krise sein mag – es ist kaum ein Szenario vorstellbar, in dem Ihre *Marke ICH®* ganz untergeht. Seien Sie also rechtzeitig auf Angriffe gefasst; dann überstehen Sie diese auch mit Würde.

- Zur Wahrung der Würde Ihrer *Marke ICH®* kann es notwendig sein, dass Sie ehrlich sagen: Ja, da habe ich Mist gebaut.

- Gerade in Krisensituationen ist es wichtig, dass Sie ehrlich und positiv wirken. Reden Sie daher über nichts und niemanden anderen schlecht.

- Schweigen in einer Krise ist das Zweitschlimmste, was man tun kann. Sie wissen vielleicht, dass Sie über jeden Vorwurf erhaben sein können. Aber die Öffentlichkeit weiß das nicht – wenn Sie es ihr nicht sagen. Nicht erregt, nicht verärgert, sondern mit gefasster Bestimmtheit. Übrigens, was noch schlimmer ist als Schweigen: Die „Schuld" an der eigenen Situation auf andere schieben zu wollen. Das ist das Schlimmste.

  > Schweigen in der Krise ist das Zweitschlimmste. Beschuldigungen sind das Schlimmste.

- Geben Sie auch unter Druck nichts von den Werten Ihrer Marke auf. Große Marken passen sich nicht an, nur um ihre liebe Ruhe zu haben.

- Es macht einen gewaltigen Unterschied, ob Sie einem Personalchef als das Bild des womöglich verzweifelten Arbeitssuchenden gegenübertreten – oder als jemand, der ihm genau die Arbeitsleistung anbieten kann, die der Personalchef gerade sucht. Dieser Unterschied entscheidet darüber, ob Sie den Vertrag bekommen.

Aufgaben für Ihren Herold:

Jemand, der nicht erst auf das Abschieben von Schuld, nicht erst auf falsche Sicherheiten und nicht erst auf überkommene Konzepte schielt, bekommt grenzenlose Bewunderung (allenfalls mit einer Portion Neid vergällt), wenn er Erfolg hat – denn er gehört zur raren Spezies echter Unternehmer. Zu den Menschen, die das Zeug zur Marke haben. Wenn's aber einmal schief geht, kommt zum Schaden auch noch der Spott. Wahrscheinlich haben auch Ihre Herolde eine typisch europäische Ausbildung, die zu einem typisch europäischen Sicherheitsdenken führt. Man lernt, Produkt- und Marketingstrategien zu entwickeln, die „nicht allzu falsch" sein können. Scheitert das Konzept dann in der Praxis, dann kann sich so jemand darauf berufen, dass er sich zumindest an die bekannten Grundsätze gehalten hat. Und es wird ihm in der Regel verziehen. Wer jedoch ein radikal neues Konzept versucht und damit scheitert, dem sagt man nachher garantiert: „Das hätten wir dir gleich sagen können, dass das nicht funktioniert."

Es ist sehr wahrscheinlich, dass auch Ihre Herolde so reagieren, wenn Sie nicht rechtzeitig auch den Herolden ein neues Verständnis davon vermittelt haben, warum Ihre *Marke ICH®* alles anders macht.

- Wir haben schon darauf hingewiesen, dass Ihre Herolde viel mehr sein können als die Verkünder Ihrer Botschaft. Sie können und sollen auch wahrnehmen und zurückmelden, was andere über Sie und Ihre *Marke ICH®* sagen – damit werden sie zu einem Vorwarnsystem, bevor sich üble Gerüchte allzu weit verbreiten können.

- Wenn Ihnen ein Herold meldet, dass Sie ein Problem haben (oder andere darüber spekulieren, dass Sie eines hätten), dann versuchen Sie, ihm rasch eine Botschaft mitzugeben, die ein Gegengewicht zu dem Gerücht darstellt.

- Wenn ein Herold in die Situation kommt, Sie verteidigen zu müssen, dann sollte auch er sich nicht auf das Niveau der Angreifer begeben, sondern im eigenen „framing", in der Sprache und auf der Argumentationsline Ihrer *Marke ICH®* bleiben. Das stärkt nicht nur seine Position (er kann nicht von Ihrem Gegner überzeugt oder zu einer teilweisen Zustimmung genötigt werden), es hilft auch, den Ruf Ihrer *Marke ICH®* für die Zeit zu stärken, wenn der Angriff überstanden ist.

Durchstarten mit der *Marke ICH®*

Denken Sie an Motorola oder Nokia, dann denken Sie wahrscheinlich an Mobiltelefone. Dabei hat Nokia 1865 als Papiererzeuger begonnen, hat sich später mit Gummiverarbeitung und danach mit Kabelherstellung befasst – jeweils zu Zeiten, als Papier-, Gummi- und Kabelproduktion als Hochtechnologie gegolten haben. Nokias Anspruch war dabei stets, Hochtechnologie mit skandinavischem Design zu verbinden – lange bevor es die hübschen Handys herstellte, versorgte Nokia eine schwarze Gummiprodukte gewohnte Welt mit bunten Gummistiefeln mit Anti-Rutsch-Sohle. Ähnlich Motorola: Dieses Unternehmen wurde mit Autoradios groß, baute dann Fernsehgeräte und entwickelte elektronische Schaltkreise – Motorola hat sich nie einfach als Hersteller dieser Produkte gesehen, sondern als eine Marke, die für elektronische Kommunikation steht. Derzeit liefern uns die beiden Marken also Mobiltelefone, aber in den Ingenieurbüros wird wahrscheinlich schon darüber nachgedacht, wie sich die jeweilige Marke im High-Tech-Bereich der nächsten 15 oder auch 25 Jahre etablieren kann.

Und noch mehr wird darüber in den Vorstandsetagen nachgedacht, wo das strategische Management der Marken passiert. Die Marke ist gleichzeitig Produkt und Spiegel unserer Gesellschaft. Im kontinuierlichen Wechselspiel mit den gesellschaftlichen Entwicklungen vollzieht sich ihr ständiger Wandel. Nur die Metamorphose garantiert ihre Beständigkeit. Die Dauer des Markenerfolgs, der sich zum Teil über Jahrzehnte nachvollziehen lässt, und die feste, mitunter symbiotische Bindung von Menschen und Marken umgeben sie mit einer beispiellosen Mystik – jener neo-religiöse Aspekt, den wir schon angesprochen haben.

Steter Wandel – mit Treue zu den Werten

Was für Nokia und Motorola gilt, gilt für alle Marken: Jede Marke muss sich weiterentwickeln – auch *Die Marke ICH®*.

Das kann – wie im Falle der beiden Mobiltelefonhersteller – über einen Umstieg auf neue Angebote passieren, wenn dabei Kernwerte der Marke in das neue Geschäftsfeld übernommen und neu belebt werden. Das kann aber auch durch eine konsequente Aktualisierung der bestehenden Marke mit bestehenden Produkten passieren. Oder gar nur mit einem einzigen bestehenden Produkt wie dem Afri-Cola, das im Jahr 2003 infolge des Irakkriegs die dritte erfolgreiche Wiederbelebung erfahren hat: Die 1931 gegründete Marke wurde in den letzten Jahren als exklusive und teure In-Marke in der Szenegastronomie neu positioniert – wobei nicht nur die Individualflaschen, sondern auch der kräftigere Geschmack und der höhere Koffeingehalt zum Erfolg beigetragen haben dürften. 2003 konnte sich das deutsche Afri-Cola sogar als politisch korrekte Alternative zum (wegen des Irakkriegs von vielen Konsumenten verschmähten) amerikanischen Coca-Cola stilisieren.

Am Beispiel Afri-Cola lässt sich überhaupt gut zeigen, wie durch den Aufbau eines Kults um eine neue Marke ein schon etabliert erscheinender Markt aufgemischt werden kann: „Sexy – Maxi – Mini – Super – Flower – Pop-op-Cola, alles ist in Afri-Cola!" hauchten 1968 coole Nonnen hinter beschlagenen Scheiben. Der kollektive Afri-Cola-Rausch war erfunden – und der Mann dahinter hieß Charles Wilp: „Diese Kampagne war mein Beitrag zum Kampf gegen die Prüderie, den bürgerlichen Mief in Deutschland. Ich war sozusagen der erste Bombenleger in Sachen Kreativität." Die Cola-Kampagne machte den Düsseldorfer Werbepapst weltberühmt. Und Afri-Cola zu einer kultigen Marke. Dazu braucht man entweder viel Geld (dann geht es auch etwas schneller) oder viel Geduld. Jedenfalls aber muss man beharrlich sein, darf sich nicht abschrecken lassen davon, dass sich manche kopfschüttelnd abwenden. Vor allem, weil sie ja schon so gut passende Vor-Urteile hatten.

Auch für uns können sich die Umstände verändern – und wir selbst können reifer werden:

- Es war ja ganz lustig (und für die Positionierung als Hippie, Punk oder Mod durchaus sinnvoll), mit 16 lange oder bunte oder eingefettete Haare zu tragen – ein paar Jahre später wünschen Sie sich wahrscheinlich ein anderes Erscheinungsbild, eine Neudefinition der *Marke ICH®*.

- Es war ja ganz vernünftig, eine Schuhmacherlehre abzuschließen. Aber irgendwann hat sich gezeigt, dass die Schuhe aus Ihrer kleinen Werkstatt nicht den erwünschten Verkaufserfolg bringen. Hier kann Refokussierung dazu führen, dass an die Stelle des Schuhmachens der Verkauf von Industrieschuhen tritt (das ist der konventionelle Weg in das Massengeschäft). Refokussierung kann aber auch heißen, die Qualität des Maßschuhs so in den Vordergrund zu rücken, dass man als Schuster der Markenlieferant für eine handverlesene Schar von teuer zahlenden Top-Kunden wird. Refokussierung der Schusterwerkstatt kann andererseits heißen, dass aus dem Schuster ein Lederverarbeitungs-Experte wird, der auch die Berufe des Taschners und Sattlers ausübt. Refokussierung kann heißen, dass der Schuster zu einem Experten für richtiges Gehen wird und gemeinsam mit Orthopäden und Heilgymnastikern eine Praxis eröffnet. Und Refokussierung kann heißen, dass der Schuster einen Absatz- und Schuhsohlendienst eröffnet, für den er zwar überqualifiziert ist, mit dem er aber ein einträgliches Geschäft im Kernbereich seiner *Marke ICH®* machen kann.

- Es war ja ganz erfolgreich, tagaus tagein irgendwelchen Herz-Schmerz-Geschichten für eine zweitklassige Boulevardzeitung hinterherzujagen – mehr Prestige, mehr persönliche Würde und womöglich auch mehr Geld kann es bringen, seine Recherche-Ergebnisse nicht in schlüpfrige Schlagzeilen, sondern in die Dossiers eines Detektivbüros zu schreiben. Dabei wechselt *Die Marke ICH®* nicht ihre Aktivitäten, wohl aber das Geschäftsfeld.

- Es war ja eine Zeit lang emotional befriedigend, Kinder aufzuziehen und *Die Marke ICH®* als perfekte Mutter zu pflegen. Aber irgendwann reicht es nicht mehr, darauf zu warten, dass aus der „Marke der Mutter" die „Marke der Großmutter" wird – da will man es sich und den anderen noch einmal beweisen und eine andere *Marke ICH®*, eine andere Facette der Persönlichkeit erfolgreich ausbauen.

Beharrlichkeit macht sich bezahlt

Dass das möglich ist, wissen wir aus der Markenwelt. Aber dort wie auch im täglichen Leben geht das nicht in ganz kurzer Zeit – und viele Manager neigen zum Aufgeben, wenn sie nicht sofort Erfolge einer geänderten Strategie sehen. Beharrlichkeit ist aber bei der Positionierung einer Marke ganz ausschlaggebend – bei der *Marke ICH®* bedeutet ein Mangel an Beharrlichkeit, dass einem nachgesagt wird, „der weiß nicht, was er will".

Bei Weltmarken ist das nicht anders. Wer sich entschließt, etwas anders zu machen, braucht einen langen Atem oder er lässt die Veränderung lieber ganz. Das auffallendste, heute aber nur mehr in Fachkreisen bekannte Beispiel ist das einer Zigarettenmarke, die auf dem 43. Platz der amerikanischen Verkaufsliste gelegen ist, bevor sich das Management zu einer radikalen Veränderung der Markenidentität entschlossen hat. Es handelt sich um die seit 1902 von Philipp Morris vertriebene Marke Marlboro. Diese Marke war ursprünglich ganz auf die Zielgruppe der Frauen zugeschnitten – sie hatte sogar ein rotes Mundstück, damit man Lippenstiftspuren nicht erkennen konnte. 1924 war diese Zigarette als „Mild as May" positioniert worden.

Wer konsequent an seinem Image arbeitet, kann es verändern – so wie die Damenzigarette Marlboro „männlich" wurde.

1954 hatte die Frauen-Zigarette Marlboro einen Anteil von bloß einem Viertelprozent des US-Marktes – und die Werbeagentur Leo Burnett aus Chicago wurde mit einer Neupositionierung beauftragt. Jay Conrad Levinson erzählt, dass seine Agentur Fotografen in den verbliebenen Rest des Wilden Westens schickte – mit dem Auftrag „zu fotografieren, was Cowboys tun – ohne dabei zu sagen, zu welchem Zweck". Was herauskam, war eine völlige Neupositionierung: Marlboro-Country war erfunden worden, 1964 wurde der Anspruch „Come to where the Flavour is – Marlboro Country" mit einem neuen Slogan begründet. Die Marke begann um zehn Prozent pro Jahr zu wachsen –

1970 war sie bereits die am drittstärksten verkaufte nach Winston und Pall Mall. Und das, obwohl in den ersten Jahren nach Erfindung des „Marlboro Man" immer noch die Mehrzahl der Amerikaner Marlboro für eine weibliche Marke hielt.

Hier ging es um ein konsequentes Festhalten an der neuen „männlichen" Positionierung – und es war sehr schwierig, am Cowboy-Image festzuhalten, das noch lange nicht dem Empfinden des Publikums entsprach. Dass es sich lohnte, zeigte sich spätestens 1972, als Marlboro die bestverkaufte Zigarette der Welt wurde.

Wir sehen, was wir für *Die Marke ICH®* nicht oft genug und allen Widrigkeiten zum Trotz wiederholen können, bestätigt: Konsequenz zahlt sich aus, wenn man wirklich entschlossen ist, andere zu überholen.

Konsequenz heißt: Festhalten an den Werten, festhalten an Namen und Symbolen – aber nicht unbedingt an Produkten: Um von ihrer jeweiligen Zielgruppe weiterhin als relevant wahrgenommen zu werden, können Marken neue Produkte (Milkshakes, Salate, asiatische und sogar arabische Spezialitäten bei der „Hamburger-Marke" McDonald's) und neue Eigenschaften (edles Design für die bis dahin klotzigen, aber sicheren Volvos) entwickeln. Für *Die Marke ICH®* kann das bedeuten, einen neuen Arbeitsplatz, ein neues Berufsfeld oder auch eine neue Positionierung anzunehmen: Aus dem Herzensbrecher von früher wird der gute Ehemann von heute und der Familienvater von morgen; aus dem Mechaniker von gestern der Vorarbeiter von heute und der Manager von morgen.

Welche Entwicklung Sie für *Die Marke ICH®* auch wählen – bleiben Sie authentisch, unterscheidbar und konsistent. Sprunghaftigkeit schadet immer. Sattes Zurücklehnen meistens.

Der Glanz einer Marke will gepflegt sein

Viele große Marken haben einmal einen Durchbruch geschafft und sich dann in ihrem eigenen Erfolg gesonnt. Beim Großteil dieser Marken ist der Glanz inzwischen wieder verblasst: AOL war erfolgreich und hat ein ganzes Unternehmensimperium aufgebaut. Es kam im Jahr 2002 beim jährlichen Interbrand-Ranking gerade noch auf den

63. Platz, heute ist es aus den Top-100 verschwunden. Yahoo war einmal das bedeutendste Portal zum Internet, heute ist es bloß ein solider Standardanbieter. Disney und Mariott sind weitere Beispiele – sie alle haben Großartiges geleistet, aber den Glanz ihrer Marke nicht weitergepflegt.

Zufriedenheit ist Gift – auch für *Die Marke ICH*®.

Dabei kann das Vertrauen in die Qualität und Überlegenheit der vertrauten Marke großen Marken durchaus helfen, auch kritische Zeiten zu überstehen – zumindest auf eine gewisse Zeit. Viele englische Autos waren in den 70er Jahren den Importmarken vom Kontinent technisch in mancher Hinsicht unterlegen – aber die Kunden blieben treu: Alex Trotman schwärmt von der „Liebesaffäre" zwischen Jaguar-Anhängern und ihren Autos. „Die Qualität war damals sehr niedrig und dennoch blieb die Loyalität unglaublich hoch. Sie schienen zu sagen: ‚Ich liebe den Jag, auch wenn er die meiste Zeit in der Werkstätte steht.'" Die englischen Autofahrer hatten eine derartige Bindung zu den auf der Insel gebauten Autos aufgebaut, dass sich die technisch unterlegenen heimischen Marken längere Zeit gegen die Importe behaupten konnten.

Das ist für Markenartikler eine verführerische Position – und eine sehr gefährliche:

- In der ersten Phase übersieht das Management leicht, dass das Produkt in seiner objektiven Qualität hinter der Konkurrenz zurückbleibt. Schließlich scheinen es die Kunden auch nicht zu merken!

- Das kann zu dem Trugschluss führen, dass die objektiven Qualitäten gar nicht so wichtig wären – und dass man folglich daran sparen könnte.

- Wenn dann Einsparungen erfolgen, steigen die Gewinne. Das geht sogar eine Zeit lang gut – und diese Zeit kann zwei, drei oder auch fünf Jahre dauern. Noch hat ja das Publikum nicht auf die Veränderungen reagiert. Im Top-Management knallen dann oft die Sektkorken.

- Schlimm wird es allerdings, wenn unmittelbar danach der Kater einsetzt. Scheinbar „plötzlich" kommen gehäufte Reklamationen. Scheinbar „plötzlich" scheint alle Welt zu wissen, dass es mit der

Produktqualität der Marke abwärts geht. Scheinbar „plötzlich" hat auch die Markenwelt einen Knacks bekommen. Und die Umsätze fallen, der Gewinn sinkt, die Marke ist beschädigt.

- Es sind erst diese geschäftlichen Kenndaten, die das Management aufrütteln. Die von sensiblen Markenkennern bereits früher fühlbaren Veränderungen des Markenerlebnisses sind vom Top-Management bis dahin meist übersehen worden. Jetzt muss gehandelt werden – und meistens mündet dieses Handeln in einer kopflosen Flucht nach vorne.

- Fachleute verschleiern diese Panikreaktionen gerne als „Relaunch", also „Neustart". Oft beginnt damit die wirklich steile Phase des Abstieges: Die alten Kunden, die noch den alten Werten der Marke trauen, werden durch die Neuerung aufgeschreckt. Vielen fällt erst jetzt auf, dass sich da etwas geändert hat, dass Vertrautes verloren gegangen ist. Die Kunden, die sich bereits abgewendet haben, reagieren nicht auf Knopfdruck auf ein neues Signal. Sie haben sich langsam von ihrer alten Liebe gelöst – und wenn diese ein neues Kleid anzieht, wird dadurch nicht automatisch das Feuer der Liebe neu entfacht.

- Wenn es einmal so weit gekommen ist, gelingt es im besten Fall, die Marke auf einem niedrigeren Niveau neu zu positionieren. Häufiger rutscht die Marke ins Billigsegment ab und nicht selten stirbt sie ganz.

Ein berühmtes Beispiel für eine solche Entwicklung war der Abstieg der amerikanischen Biermarke Schlitz vom Marktführer zu einem Billig-Label. Erfolgreicher wurde eine ähnlich bedrohliche Entwicklung der österreichischen Tageszeitung KURIER in den 80er Jahren abgefangen: Hier zeigte sich, dass die Leserschaft auch nach der Ablöse des erfolgreichen Chefredakteurs Gerd Leitgeb noch wuchs. Erst als dann neue Konkurrenz auf dem Zeitungsmarkt auftauchte, verlor der KURIER Leser und geriet in eine gefährliche Abwärtsspirale: Immer häufiger wurde der Zeitung angekreidet, keine Linie zu haben; gegenüber dem neu gegründeten STANDARD und dem neuen Boulevardprodukt TÄGLICH ALLES wirkte die etablierte Zeitung etwas altbacken und unmodern; schließlich wurde die Wirtschaftsberichterstattung, eine Kernkompetenz des KURIER, durch einen dritten Mitbewerber, das WIRTSCHAFTSBLATT, überflügelt. Das hatte zur Folge, dass viele institutionelle Abonnenten – etwa Banken – ihre Abonnements kündigten; eine Entscheidung, die zumindest kurzfristig nicht rückgängig gemacht wird.

Dem KURIER gelang es aber, sich ein neues, modernes Gesicht zu geben und den täglichen Beweis seiner Qualität zu erbringen. Damit konnte die Entwicklung der Zeitung stabilisiert werden und ein Großteil der Leser gehalten und sogar wieder zurückgewonnen werden. Wichtig für diese Entwicklung war allerdings, dass der KURIER auf ein Werteset zurückgreifen konnte, das über Jahrzehnte aufgebaut worden war: die KURIER-Familie – also eine Leserschaft, die immer wieder bei Spendenaufrufen als „Familie" angesprochen worden war und ihr Leibblatt als Familienzeitung begriffen hat. Von dieser Basis aus konnten sowohl die alten Werte („wer den Überblick hat, hat die bessere Zeitung") neu belebt werden, als auch ein Vorsprung an Aktualität (Kernaussage: „Wo man's erfährt") behauptet werden. Heute präsentiert sich der KURIER selbstbewusst einfach als „die richtige Zeitung".

Hektische Änderungen stiften nur Verwirrung

Was der KURIER in diesem Punkt geleistet hat, kann die Anforderung an *Die Marke ICH®* sein, wenn es einmal eine mehr oder weniger lange Phase im Berufsleben nicht mehr bergauf gegangen ist und der Mensch hinter der *Marke ICH®* ein wenig abgenutzt wirkt.

Dann geht es darum, die Kernwerte vorzuführen. Zu zeigen, was man kann. Es macht Sinn, sich rechtzeitig darauf einzustellen, dass das eher überraschend notwendig werden kann. Denn eine Marke kann Angriffe und Rückschläge ganz gut überstehen, sie kann sich sogar ganz neu ausrichten – hektische Änderungen aber sind Gift. Sie wirken bei großen Marken wie eine pathologische Persönlichkeitsveränderung. Und bei der *Marke ICH®* ist das nicht anders. Lynn Upshaw meinte einmal, eine Markenidentität gehöre „wie seltener Wein behandelt, der keine Eile verträgt, der nicht geschüttelt oder zu vielen

Temperaturschwankungen ausgesetzt werden darf". Geduld zahlt sich aus.

Dasselbe gilt, wenn es darum geht, eine langsam ins Gewöhnliche abgerutschte Marke neu zu beleben und wieder in eine gut verdienende Position zu bringen. Der Schuhkonzern Bally hat das in den letzten Jahren vorgeführt: Die einstige Nobelmarke hatte mehr als ein Jahrzehnt lang versucht, am mit heißen Preisen umkämpften Massenmarkt mitzukämpfen – seit 1991 hat sie aber wieder die Schiene der Exklusivität gewählt: Dies bedeutete eine Verringerung des Angebotes von 10.000 auf gerade einmal 400 Schuhmodelle – mit diesen kann Bally nun erfolgreich im oberen Preissegment punkten.

Billigaktionen vergiften das Image wertvoller Marken

Brand-Manager, die kurzfristige Umsatzsteigerungen im Sinne haben, geben teilweise leichtfertig die Ansprüche an ihre Marken auf und bieten sie billiger an. Manchmal auf Kosten der objektiven Produktqualität (indem etwa Lebensmittel einen „gefälligeren", weniger unterscheidbaren Geschmack verpasst bekommen haben), fast immer auf Kosten des Wertes der Marke. Wir alle kennen den Spruch „Was nichts kostet, ist nichts wert" – und in diesem Sinne ist jede Verbilligungsaktion Gift für den Anspruch einer Marke, wertvoll zu sein.

Philip Morris musste das schmerzlich lernen. Der „Marlboro-Friday" ist in die Geschichte von Marketing und Börsenturbulenzen gleichermaßen eingegangen. Es war der 2. April 1993 – und an diesem Tag gab der Tabak- und Lebensmittelkonzern eine Verbilligung von 40 Cents pro Packung Marlboro bekannt. Die Börse interpretierte das Signal als Panikreaktion auf die raucherfeindliche Stimmung im Lande – die Aktien fielen um 14,75 Dollar pro Stück, innerhalb kurzer Zeit mussten die Aktionäre Buchverluste von 13 Milliarden Dollar hinnehmen.

Das kratzte nicht nur am Image von Marlboro: Allgemein wurde damals erwartet, dass die Zeit der großen Marken zu Ende gehen könnte. Denn auch andere Markenartikler sahen sich bedrängt – und den meisten fiel im Kampf um Marktanteile nichts Besseres ein, als bei den Preisen nachzugeben. Das ist, wie sich gezeigt hat, nur kurzfristig eine gute Strategie. Die Manager, die sie einschlagen, brauchen ja die

Folgen nicht zu tragen: Wenn es ihnen gelingt, die Umsatzzahlen ein, zwei Jahre lang hochzuschaukeln, wird allgemein erwartet, dass auch die Gewinne steigen, was wiederum die Aktienkurse beflügelt – in diesem Moment machen die Herren Manager Kasse, suchen sich einen neuen Job und beginnen das Spiel von Neuem mit einer anderen Marke. Sollen sich doch ihre Nachfolger darum kümmern, die Gewinne wirklich zu realisieren – und vor allem das solide Bild der Marke wiederherzustellen. Die Zeitschrift US NEWS & WORLD REPORT formulierte es so: „Tatsächlich kann eine schwache Preispolitik selbst das dominanteste Produkt ruinieren." Werbe-Guru David Ogilvy hat dafür das Tee- und Kaffeeunternehmen Chase & Sanborn als Beispiel: Einst war es eines der großen Unternehmen seiner Branche in den USA – der Versuch, über niedrigere Preise Marktanteile zu gewinnen, hat es in den Ruin getrieben.

Wie desaströs dieses Managerverhalten ist, kann man sich am besten vorstellen, wenn man überlegt, wie sich wohl eine Verbilligungsaktion auf *Die Marke ICH®* auswirken würde: Es würde schlicht bedeuten, um relativ weniger Geld mehr arbeiten zu müssen – mit der vagen Aussicht, größere Marktanteile zu bekommen und vielleicht in einer fernen Zukunft gestärkt die Preise erhöhen zu können. Kein vernünftiger Mensch würde eine solche Strategie für *Die Marke ICH®* einschlagen – aber durchaus vernünftige Menschen applaudieren den „cleveren" Managern, die Preissenkungen als Allheilmittel zur Ankurbelung des Absatzes sehen.

Jack Trout, der seit Jahren Differenzierung und Fokussierung als Marketingstrategie predigt, hat das einmal knapp zusammengefasst: „Produkte guter Qualität sollten teurer sein. Teure Produkte sollten Prestige vermitteln. Was sagt ein hoher Preis über ein Produkt aus? Dass das Produkt eine Menge wert ist. Im Wesentlichen bedeutet das nichts anderes, als dass sich der hohe Preis in einen Vorzug des Produkts verwandelt."

Die Marke ICH® kann daraus lernen: Es kommt nicht darauf an, viel zu verkaufen, viel zu arbeiten oder überall präsent zu sein – es kann für das Geschäft und den Wert der Marke sehr wertvoll sein, sich ein

> Es kommt nicht darauf an, viel zu verkaufen, viel zu arbeiten oder überall präsent zu sein – sondern darauf, sich für das, was man wirklich gut kann, auch wirklich gut zahlen zu lassen.

wenig auf das zurückzuziehen, was man wirklich kann. Und dafür muss man sich dann eben auch wirklich gut zahlen lassen. Schließlich zählt nicht der Umsatz, sondern der Gewinn.

Greifen Sie nicht von hinten an, sondern von der Seite

Denken wir in diesem Zusammenhang an die schwierige Positionierung der Marke Gazelle, die neben der klar erotisch positionierten Wäschemarke Palmers eher blass ausgesehen hat: Jeder wusste, dass junge, hübsche Frauen ihr Untendrunter bei Palmers kaufen; biedere Hausfrauen aber kauften bei Gazelle. Die Gazelle-Manager haben daraufhin versucht, Models in ebenfalls recht reizvolle Wäsche zu stecken: Was Palmers zu bieten hatte, konnte Gazelle offenbar schon lange – nur hat das keiner geglaubt. Im Gegenteil: Jeder Quadratzentimeter Haut, der auf Gazelle-Plakaten zu sehen war, wurde automatisch dem Mitbewerber zugerechnet. Gazelle hatte keine Kompetenz in Sachen Erotik. 1998 wurde die Marke vom Branchenprimus Palmers übernommen und in eine Handelskette mit breitem Markenangebot umgebaut.

Dabei hätte sich Gazelle mit einer eigenständigen Markenstrategie, die Palmers aufgrund von mit der Wäsche verknüpften Werten herausgefordert hätte, wahrscheinlich selbständig erhalten können. Wenn man bedenkt, dass es eine beachtliche Zahl von Frauen gibt, die auf erotischen Auftritt keinen Wert legen – und etliche sogar eine kämpferisch „anti-sexistische" Haltung vertreten –, hätte sich eine Konfliktstrategie des kleinen Wäscheanbieters wohl ausgezahlt: Statt ebenfalls auf Straps und Strumpf zu setzen, hätte sich die Gazelle-Marke bewusst als die Alternative „für die anständige Frau", für Reinheit und Keuschheit und gegen Sexismus positionieren können.

Das ist zwar nicht mehrheitsfähig. Aber das macht nichts, wenn die konkurrierende Marke für eine ausreichend große, zahlungskräftige und loyale Gruppe identitätsstiftend wirkt.

Für *Die Marke ICH®* können wir daraus lernen. Wer feststellen muss, dass seine *Marke ICH®*, aus welchen Gründen auch immer, die erste Position nicht erreichen kann, weiß, wie frustrierend der ständige Blick auf die Hecklichter des Vordermannes wirken kann.

Dabei muss man sich vor Augen halten, dass man kein schlechterer Mensch ist, wenn man ein Rennen nicht gewinnt – nur eben nicht der Schnellste. Man ist nicht einmal unbedingt eine schwächere Marke, wenn man mit Stärken und Schwächen richtig umgeht.

Daher sollte man sich beizeiten überlegen, was für seine *Marke ICH®* aus einer völlig anderen Perspektive drinnen ist: Wenn man den Marktführer nicht mehr von hinten, sondern von der Seite angreifen kann. Oder wenn man im Idealfall den Markt so verändern kann, dass die eigenen Gesetze gelten.

Das kann zum Beispiel bedeuten:

■ Eine Konkurrentin schleppt sämtliche Typen ab, die wie Fotomodelle oder Bodybuilder aussehen. Statt sich darüber zu ärgern, gilt es, *Die Marke ICH®* auf das Aufreißen von Anwälten und Steuerberatern zu spezialisieren: Die haben in der Regel ohnehin mehr Verstand (und Geld!).

■ Ein Bauunternehmer, der bei Großprojekten regelmäßig der Konkurrenz unterliegt, kann mit Gewinn seine Marke auf den bei kleineren und mittleren Aufträgen wichtigeren Service ausrichten.

■ Das funktioniert sogar, wenn sich mehrere Handwerker zu einer gemeinschaftlichen Kampagne zusammenschließen: Die Gemeinschaftswerbung mit dem Slogan „Ihr Tischler macht's persönlich" war eine überzeugende Antwort auf die Angebote der Möbelindustrie und stärkte das Verständnis potenzieller Möbelkäufer, dass sie bei einem Tischler „Markenware" bekommen.

Frischzellen für *Die Marke ICH®*

Wir haben schon gesehen, dass Marken – wie Menschen – gewisse Lebensphasen durchlaufen. Dass sie glanzvolle Höhepunkte erleben und dann langsam verblassen. Entscheidend ist, ob auf die blasse Phase wieder ein Aufschwung folgt. Viele Marken gehen quasi in Frühpension, nachdem das Management einmal abkassiert hat – andere zeigen dagegen schon nach kurzer Zeit wieder eine beachtliche Vitalität. Wir haben es am Beispiel Coca-Cola gesehen: Der Weltführer am Cola-Markt hat seine in den 80er Jahren lebensbedrohlich scheinende

Krise glänzend überstanden. Die Brand Equity, der Wert der Marke Coca-Cola, wurde 1997 mit 43,4 Milliarden Dollar angenommen, er ist innerhalb von nur fünf Jahren weiter gestiegen – auf 69,6 Milliarden.

Vorbilder für ein Durchstarten gibt es genug. Und immer steht eine Analyse des Ist-Zustands am Beginn. Es genügt für diese Analyse nicht, etwa zu sagen: „Ich bin ein hervorragend ausgebildeter Offizier. Ich bin meinen Leistungen, meinem Alter und meiner Qualifikation entsprechend befördert worden – also kann ich sicher sein, dass ich das Beste aus meiner Ausbildung mache."

Unter Markengesichtspunkten müssten wir natürlich auch fragen: „Ist meine Marke in meiner Uniform wirklich am besten entwickelt? Kann ich als Offizier die beste Entlohnung – als Kombination von finanzieller und durch meinen Status bedingter Befriedigung – erlangen?"

Bei den folgenden Beispielen für die Neupositionierung der *Marke ICH®* haben wir absichtlich Soldaten an den Beginn der Liste gestellt – weil nämlich der Soldatenberuf so klar umschrieben und die Karriere so geradlinig vorgezeichnet zu sein scheint, dass sie von konventionell denkenden Menschen innerhalb und außerhalb des Militärs kaum hinterfragt werden:

■ Hans Moll war ein anerkannter Truppenoffizier, der als Heeresbergführer und Heeresbergretter zur absoluten Elite der Alpinisten gehört hat. Seine Tätigkeit war streng fokussiert, wie man das von einer exzellenten Marke erwarten würde. Dennoch hat Moll sich eines Tages die Frage gestellt, wofür er eigentlich am besten ausgebildet ist. Die Analyse hat eine nicht-triviale Lösung ergeben: Moll fand heraus, dass seine Offiziersausbildung nicht bloß für das Kriegführen und die Alpinausbildung, nicht bloß für die Risikobeurteilung in der Bergwelt die passenden Lösungen ergibt. Allgemeiner betrachtet ist seine Ausbildung und seine Tätigkeit eine Managementaufgabe: Menschenführung unter extremen Bedingungen – und bei voller Verantwortung für nicht nur militärische, sondern auch wirtschaftliche Folgen seines Handelns. Moll positionierte seine *Marke ICH®* neu, hängte die Uniform an den Nagel und baute bei einer Bank einen eigenen Bereich für Immobilienfinanzierung auf – wobei ihm die Erfahrungen und Verbindungen als Offizier insofern zugute kamen, als er viele Kameraden für seinen neuen Geschäftsbereich gewinnen konnte, die sich in eine quasi-militärische Führungsstruktur hervorragend eingelebt haben. Zu ähnlichen Resultaten bei der Analyse seiner Assets kam der Bundeswehr-Hauptmann Franz Lechner, der von Presseoffizier auf Eventmanager umsattelte und die „Franz Lechner – Feste GmbH" gründete. Die SÜDDEUTSCHE ZEITUNG nannte ihn schon „Napoleon der Festemacher". Georg Bilgeri bildete vor dem Ersten Weltkrieg die Kaiserjäger in den damals neuen Techniken des Schifahrens aus. Auf ihren Brettern waren sie unschlagbar – aber der Weltkrieg war eben keine Schimeisterschaft. Also besann sich Bilgeri auf seine Kernkompetenz, nämlich den Schiunterricht in Kitzbühel. Übrigens haben die heutigen Schilehrer auch wieder eine Art Uniform an: Die „Roten Teufel" aus Kitzbühel gelten als die bekanntesten Schilehrer der Welt. Geradezu selbstverständlich ist der Wechsel israelischer Offiziere in die Politik – vorausgesetzt, die Offiziere sind profiliert genug. In den USA haben sich sogar eigene Unternehmen etabliert, die Soldaten ein Outplacement in der Wirtschaft anbieten. Soldaten sind nicht nur in einer Disziplin spezialisiert, sie sind auch darauf trainiert, neue Arbeitstechniken rasch zu lernen – und das Erlernte auch rasch anderen weiterzuvermitteln. Außerdem sind Soldaten daran gewöhnt, zielstrebig und projektorientiert zu arbeiten. Hire Quality (www.militaryhire.com) wendet sich auch an niedrigere Ränge der US-Army.

■ Der heutige New Yorker Bürgermeister Michael Bloomberg hat ebenfalls schon zwei andere Karrieren hinter sich, eine davon endete mit einem Hinauswurf: Als Bloomberg 1981 nach 15 Jahren bei der Wertpapierhandelsfirma Salomon Brothers gefeuert wurde, nahm er zehn Millionen Dollar Abfindung mit – und investierte dieses Geld in den Handel mit Finanzinformationen. 20 Kunden abonnierten sein Service, 2002 waren es bereits 165.000. Der Amerikaner hat seinen Namen zum Markenzeichen eines Medienimperiums gemacht – NEWSWEEK hat ihn seinerzeit als den „Info-Mogul der 90er Jahre" bezeichnet. Nebenbei rundete Bloomberg das Bild seiner *Marke ICH®* damit ab, dass er sein Image als Bonvivant mit einer Schwäche für gutes Essen und schöne Frauen pflegte. Oder seinen Ruf als Wohltäter – Bloomberg gehört zu den großzügigsten Spendern Amerikas, was ihm den Einstieg in die politische Karriere eröffnete.

- Ein besonders gelungenes Beispiel für ein perfekt inszeniertes Politik-Marketing liefert der österreichische Bundeskanzler Wolfgang Schüssel. Jahrelang bemühte sich Schüssel als Juniorpartner in einer Koalition mit der Sozialdemokratischen Partei, konservativer Politik zum Durchbruch zu verhelfen. Als er im Jahr 2000 eine Koalition mit der rechtspopulistischen FPÖ einging, war er in weiten Kreisen Österreichs und der Europäischen Union untendurch. Selbst seriöse Minister anderer EU-Staaten steckten sich Buttons mit einem durchgestrichenen Mascherl an – das Mascherl hatte jahrelang als modisches Accessoire Schüssels gegolten. Als Schüssel dann zu seinem ersten Treffen als Regierungschef reisen musste, konnte er absehen, dass er keinerlei Erfolg haben würde. Doch Schüssel überraschte, indem er erstmals seit Jahren ohne Mascherl, sondern mit einer Krawatte auftrat – und alle heimischen Medien berichteten vor allem von seinem neuen Outfit. Seine diplomatische Niederlage war damit überspielt. Schüssel war optisch neu positioniert. Und schaffte es mit Beharrlichkeit, als Kanzler anerkannt zu werden – auf den Slogan „Wer, wenn nicht er?" gaben die österreichischen Wähler im Herbst 2002 die Antwort: Schüssel wurde als Kanzler bestätigt, seine Partei stieg vom dritten auf den ersten Platz auf.

- Außerhalb Englands wenig beachtet ist die erstaunliche Wandlung des britischen Thronfolgers Charles. Solange seine Frau Diana lebte, fand er vor allem wegen seiner Beziehung zu Frau Parker-Bowles Beachtung – seine engagierten Beiträge zur Architekturkritik hatten nie jene Breitenwirkung, die Diana erreichte, wenn sie als Märchenprinzessin einem Unterstandslosen die Hand reichte. Fünf Monate nach Dianas Tod aber hatte sich der Prince of Wales neu positioniert: „He's learning fast" schrieb der EVENING STANDARD nach einer Reise von Prince Charles nach Nepal: „Sicher waren die alten Ghurkas angetreten, um ihren Ehren-Obersten willkommen zu heißen. Aber als die alten Helden die geschniegelte, altmodische Figur des Obersten in seiner Uniform gesehen haben, werden sie kaum mitbekommen haben, dass da ein völlig neuer Mann stand: Er ist der Prinz der Herzen." Der früher stocksteif in seinem dümmlich klingenden Upper-Class-Englisch daherredende Prinz hat plötzlich so etwas wie Charme und Witz entdeckt (oder an sich entdecken lassen), hat ehemalige Kinder-Prostituierte besucht und Aids-Stiftungen beehrt.

- Gleich mehrfach umgestiegen ist der ehemalige deutsche Innenminister Otto Schily: Der Jurist hatte sich als Verteidiger der Terroristin Gudrun Ensslin im Stammheim-Prozess und als Verteidiger Wolfgang Berghofers im Prozess um Wahlfälschungen einen Namen gemacht. Er war Gründungsmitglied der Grünen und einer der ersten grünen Fraktionssprecher, bevor er 1989 zur SPD wechselte, deren stellvertretender Fraktionschef er wurde. Auch er gilt Journalisten als ein Mann, der zwischen allen Stühlen sitzt – aber seine *Marke ICH®* machte ihn bis 2005 für seine Partei unverzichtbar. Sein Beispiel zeigt auch, dass starke Marken Anfeindungen besser widerstehen können.

- Georg Schmitz war Setzer bei der linken TAGESZEITUNG, bekannt wurde er dadurch, dass er gelegentlich eigene Anmerkungen, gezeichnet mit „der Säzzer", in den Text einfügte. Während anderswo Setzer aus dem Produktionsbetrieb wegrationalisiert wurden, ist Schmitz zum Produktionsverantwortlichen der TAZ geworden.

- Nico Wald beschrieb in der RHEIN-NECKAR-ZEITUNG eine für die neue Arbeitssuche typische Karriere: „Es klingt wie ein Märchen aus der Welt von Tausendundeiner Arbeitsstelle: Ein 31-jähriger Koch wird arbeitslos. Er möchte nicht mehr in seinem langjährigen Beruf arbeiten, eine Umschulung lehnt er ab. Das Gespräch mit einem Arbeitsvermittler bringt seine Stärken an den Tag: Er kann kochen, planen und Personal organisieren, kennt sich mit Großküchen ebenso aus wie der Gastronomie. Er schickt kurze Initiativ-Bewerbungen an 150 Firmen aus diesen Branchen. Etwa 15 Unternehmen laden ihn zum Vorstellungsgespräch ein. Heute plant und verkauft der Ex-Koch Großküchen an Kantinen und Krankenhäuser." Das Rezept für die neue Tätigkeit des einstigen Kochs stammt von Hans-Walter Bens und Franz Egle. Die beiden sind Dozenten der Fachhochschule der Bundesanstalt für Arbeit (BA) – und propagieren deutschlandweit das Konzept des Talent-Marketings.

Schaffen kann das nur, wer bereit ist, andere Arbeitsfelder, andere Arbeitsumgebungen und andere Arbeitsformen zu akzeptieren. Und zu lieben. Gleichzeitig sollte man sich immer klar darüber sein, worin der eigentlich Kernwert der *Marke ICH®* liegt – so wie wir es bei Nokia gesehen haben: Hochtechnologie mit skandinavischem Design. Der Fokus wurde dann in jedem Jahrzehnt anders eingestellt – mal auf Papiererzeugung, mal auf Gummistiefel und zuletzt eben auf Mobiltelefone.

Hinterfragen Sie regelmäßig den Fokus Ihrer *Marke ICH®*

Es macht Sinn, die eigene Fokussierung in diesem Lichte immer wieder zu prüfen: Wie sehen die Grundwerte aus, welches Markenkapital hat *Die Marke ICH®*? Und worin drückt es sich im aktuellen Umfeld aus? Denken Sie die Beispiele Bahlsen, Bösendorfer, Wolford und Ford noch einmal durch. Haben diese Marken ihren Fokus eher weit oder eng gewählt? Und vergleichen Sie dann den Fokus Ihrer *Marke ICH®* mit diesen Markenartiklern (und vielleicht noch ein paar anderen, die Ihnen spontan einfallen) und überlegen Sie, ob es auf Ihre *Marke ICH®* eher zutrifft, mit einem Lebensmittel-, Musikinstrumenten-, Bekleidungs- oder Fahrzeughersteller verglichen zu werden. Oder sind Sie vielleicht eher so klar positioniert wie ein Keksbäcker, ein Klavierbauer, ein Strumpfhersteller oder ein Autobauer? Geht es, noch enger zu definieren? Und: Macht es Sinn, eine noch engere Definition zu suchen?

Darauf gibt es keine allgemein gültigen Antworten. Es mag für manche Marken und manche Menschen zu gewissen Zeiten sinnvoll sein, ein sehr weit ausladendes Markendach zu haben – etwa, weil bei Nokia in einer Übergangszeit noch die letzten Gummistiefel gefertigt werden mussten, während das Hauptgeschäft mit Fernsehapparaten die Entwicklung neuer Mobiltelefone finanzierte. Auch für *Die Marke ICH®* gibt es solche Übergangsphasen. Man kann nicht acht oder zehn Marken überzeugend leben, nicht ebenso viele Jobs gut machen. Man kann einen „nine to five-Job" gut machen und abends und am Wochenende vielleicht noch einen zweiten. Man kann in der (wenigen) verbleibenden Freizeit noch ein halbwegs hingebungsvoller

Familienmensch sein. Aber die Marke Partylöwe wird man streichen müssen, die Marke Sportskanone ebenso.

Für eine Neupositionierung eignen sich längere Studien-, Geschäfts- oder Kuraufenthalte. Da ist es ja nur natürlich, wenn man auch äußerlich „als ein neuer Mensch" zurückkommt! Vielleicht nicht nur neu eingekleidet, sondern auch etwas schlanker oder gar geliftet. Und mit neuen, klarer definierten Zielen.

Die Eckpfeiler *Der Marke ICH®*

Fragen wir uns daher noch einmal, wofür wir selber stehen. Fragen wir uns, ob das auch jeder merken kann – und fragen wir sicherheitshalber ein paar Vertraute, ob wir wirklich so wahrgenommen werden, wie wir das gerne hätten.

Schauen wir noch einmal nach, was wir von großen Marken lernen können. Dabei müssen wir stets bedenken, dass wir hier von Marken und nicht von Unternehmen reden. Ein kleines Unternehmen ist etwas fundamental anderes als eine kleine Ausgabe eines Großunternehmens. Es hat weniger Geld, weniger Entscheidungsebenen – und viel mehr Flexibilität. Eine starke Marke ist aber immer eine starke Marke, ob es sich nun um den Weltmarktführer bei Cola-Getränken handelt oder um den Mechaniker mit dem besten Service in Danville, Kentucky.

Hier ein paar Beispiele, die in diesem Buch schon angeführt worden sind, aber noch einen zweiten Gedanken verdienen:

■ Stellen wir klar, wer wir sind. Denn wer wir sind, wofür unsere *Marke ICH®* steht, das sagt mehr über uns aus als das, was wir machen oder anstreben. Große Marken werden nicht für ihre Produkte bewundert, nicht für ihre herausragenden Manager, nicht für spezifische Technologien, sondern für das, wofür sie stehen. Denn die Welt ändert sich und mit ihr die Ziele und Produkte einer Marke: Als George Eastman am 4. September 1888 seine Marke registrieren ließ, hat es noch keines der Produkte gegeben, die wir heute unter der Kodak-Marke kaufen können. Aber es gab einen Kernwert der Kodak-Marke, der bis heute besteht: einfaches Fotografieren mit qualitativ hochwertigem Material („You press the button – we do the rest").

- Machen wir deutlich, was wir tun! Was macht *Die Marke ICH®* wirklich? Nicht: Büroarbeit – sondern Problemlösungen für bestimmte administrative Aufgaben. So wie Coca-Cola nicht einfach Getränke macht, sondern kohlensäurehaltige Erfrischungsgetränke, unter der engeren Coke-Marke überhaupt nur Cola-Getränke. So wie Porsche nicht einfach Autos baut, sondern Sportwagen – keine Lkw, keine Kombis, keine Kleinwagen für den Stadtverkehr. Eine starke Marke macht nicht alles, aber was sie macht, macht sie richtig.

- Werden wir uns klar darüber, wer die Kunden der *Marke ICH®* sind: Was sind das für Persönlichkeiten, denen unsere *Marke ICH®* gefallen soll? So wie das Pepsi getan hat, als es sich als „the choice of a new generation" hingestellt hat, die Marke als erste Wahl der neuen Generation. So wie es Pepsi in Europa getan hat, wo es seine Herkunft aus dem pulsierend-jugendlichen Zentrum des Amerikanismus betonte: „Pepsi ist New York" – und spricht damit die jungen Leute an, die sich mit New York identifizieren.

- Unsere Stärke ist nicht unsere Arbeit selbst, sondern der Nutzen, den unsere Kunden (Vorgesetzten, Partner) erleben: Ihr Umgang mit der *Marke ICH®* muss ihnen das Gefühl der Sicherheit geben, beim Richtigen das Richtige in bester Qualität bekommen zu haben. Dann werden sie wiederkommen, so wie Fahrer von Citroën, Mercedes oder Saturn immer wieder Autos derselben Marke kaufen. Sie tun das nicht, weil sie diesen oder jenen technischen Vorsprung des jeweiligen Autos schätzen, sondern weil sie sich mit der Idee wohlfühlen, dass die jeweilige Marke für sie den größten Nutzen bringt.

- Stellen wir klar, was die Unique Selling Proposition (USP) der *Marke ICH®* ist: Warum gerade ich? Dafür muss es ein überzeugendes Argument geben, das *Die Marke ICH®* über die anderen hinaushebt. Jede Zeitung hat einen Wirtschaftsteil, der mehr oder weniger leserlich ist. Aber das WALL STREET JOURNAL macht seinen potenziellen Lesern eine USP, der man kaum widerstehen kann: „Geld spricht. Wir übersetzen." Computer sind schwierig zu bedienen – Apple dagegen macht uns den einzigartigen Vorschlag, das Ding einfach einzuschalten und loszulegen. Das ist ein Kundennutzen, den *Die Marke ICH®* ebenfalls bieten muss.

- Wichtig ist, dass wir nicht einen Nutzen versprechen, für den schon jemand anderer bekannt ist! Selbst wenn wir wirklich besser sind, wird das der *Marke ICH®* nicht geglaubt werden – so wie Gazelle nicht geglaubt wurde, mindestens so verführerische Wäsche zu führen wie Palmers.

- Erinnern wir uns daran, auch als Zweiter oder Dritter die strahlenden Stärken der *Marke ICH®* zu zeigen! So wie Avis seine zweite Position mit einem herausfordernden Versprechen verbunden hat: „We try harder" – wir bemühen uns mehr.

- Legen wir die Scheu ab, auch in unserem Eigenmarketing anders zu sein! Es kostet Mühe, mit der *Marke ICH®* anders auszusehen, anders zu arbeiten, anders mit Leuten umzugehen, als es die anderen tun. Vielfach wird man dafür belächelt, vielleicht gar ausgelacht werden. Pete Slosberg hat dieses Risiko auf sich genommen, als er „Pete's Brewing" mit Kinospots beworben hat, in denen er sich darüber lustig gemacht hat, dass ihn keiner als Star sieht – er ist gerade damit zum Star geworden, seine Biermarke zu einer etablierten Institution auf dem amerikanischen Biermarkt. Wer aber sein Angebot und sein Marketing darauf abstellt, etwas Ähnliches zu machen, was die anderen tun (weil es angeblich den Kundengeschmack trifft), kann wahrscheinlich gar keine richtige Marke etablieren, sondern bestenfalls ein Me-Too-Produkt anbieten, das zu Recht bald wieder aus der Mode kommt.

- Setzen wir Standards, an denen wir uns selber messen lassen – die aber gleichzeitig Vorgaben für Wettbewerber sind. Für *Die Marke ICH®* müssen solche Standards in Äußerlichkeiten (Umgangsformen, Kleidung, grafischer Gestaltung von Schriftstücken) ebenso liegen wie in Inhalten (spezialisiertes Fachwissen, klare Vermittlung komplizierter Zusammenhänge, gleich bleibende Qualität von Produkten und Leistungen) – all das vermittelt Kunden, Partnern und Geldgebern das Gefühl von Qualität. So wie McDonald's mit seinen weltweit gleichen Restaurants und deren weltweit gleicher Kernproduktpalette Standards für die McDonald's-Qualität geschaffen hat. So wie das damals kleine Software-Unternehmen Microsoft mit seinem Betriebssystem (und der darauf aufsetzenden Anwender-Software) Standards für die gesamte Computerwelt geschaffen hat.

- Tun wir alles, um die Glaubwürdigkeit unserer *Marke ICH®* zu erhöhen. Das heißt, wir müssen unserem Gegenüber (jedem unserer Gegenüber!) so konsistent gegenübertreten wie nur möglich. Wir müssen das Vertrauen aufbauen, dass wir es gut mit ihm meinen. So wie es der Mischkonzern Virgin, die Versicherung Allstate („You are in good hands") oder der Fernsehsender MTV getan haben: Diese Marken können sogar jugendliche Zielgruppen ansprechen, die nichts mehr hassen, als als Zielgruppe einer Marke verstanden zu werden.

- Seien wir bereit, uns mit unserer *Marke ICH®* in die Öffentlichkeit zu drängen. Nicht um der persönlichen Eitelkeit willen und nicht mit einem retouschierten Äußeren – sondern mit einer Betonung all dessen, wofür wir stehen. So wie die Läden von McDonald's und Benetton schon von weitem zu erkennen sind – jeder weiß, was ihn dort erwartet. Und mehr noch: wofür diese Marken stehen.

- Aber vermeiden wir es, bloß um des Auffallens willen aufzufallen – sonst riskieren wir einen Vampireffekt: Man erinnert sich an das schreiende Kind in der Werbung oder an die nackte Schönheit – aber um welche Marke es da eigentlich gegangen ist, wird leicht vergessen. Wenn *Die Marke ICH®* zu stark ihre eigene Eitelkeit demonstriert und zu wenig ihre Inhalte, dann schadet sie sich mehr, als sie dem Markenaufbau nutzt.

- Seien wir uns bewusst, dass *Die Marke ICH®* ständig Allianzen eingehen muss – oft gezwungenermaßen als der schwächere Partner. Dennoch können wir von Intel lernen, dass es sowohl für den Zulieferer als auch für dessen Abnehmer sinnvoll und finanziell einträglich sein kann, darauf hinzuweisen, wer für diesen oder jenen wichtigen Beitrag zum Gesamtergebnis verantwortlich ist.

- Bauen wir uns Lobbys und Netzwerke, vielleicht sogar Fanclubs auf, die unsere *Marke ICH®* zu stützen bereit sind: Eine starke Marke wirkt anziehend und inspirierend auf Mitarbeiter, Investoren und Geschäftspartner – und so können stärkere und tiefere Beziehungen mit Lieferanten und Kunden etabliert werden und langfristige Investitionen durch Vertrauen abgesichert werden. Jeder, der mit unserer *Marke ICH®* zu tun hat, sollte so stolz sein, wie Leute, die für IBM arbeiten, zuliefern oder dort einkaufen. Dann geht der alte Wunsch in Erfüllung, den früher jeder gute Geschäftsmann seinen Kunden zum Abschied mit auf den Weg gegeben hat: „Bitte empfehlen Sie uns weiter." Unsere *Marke ICH®* wird wirklich weiterempfohlen, und zwar genau mit den Argumenten, die wir unseren Herolden eingeimpft haben!

Vor allem aber: Denken und leben wir wie ein Markenartikler. Alles, was wir tun (und was wir uns entschließen, nicht zu tun), hat einen Einfluss darauf, wie *Die Marke ICH®* von unserer Umgebung erlebt wird.

Erst wenn unser Leben und unser Auftreten deckungsgleich sind – und diese Übereinstimmung allgemein wahrgenommen wird, beginnt *Die Marke ICH®* zu leben. Eine starke *Marke ICH®* leuchtet im Dunkeln. Mehr können Sie sich nicht wünschen.

Aufgaben für *Die Marke ICH®*:

Ganz sicher werden Sie nach der Lektüre dieses Buches anders über Beruf und Erfolg denken. Aber das ist ohnehin unvermeidlich. Denn nichts verändert sich derzeit so stark wie unsere berufliche Umwelt. *Die Marke ICH®* ist der sicherste Weg, in diesen unsicheren Zeiten zu bestehen. Dabei wünschen wir Ihnen nicht nur viel Erfolg. Wir wünschen auch viel Spaß – denn *Die Marke ICH®* ist kein knochentrockenes Programm, sondern eine Einladung zu Veränderungen, die Freude machen. Selbst wer auch in Zukunft noch Angestellter sein kann, will, darf – auch der muss ein neues Verständnis von Arbeit und Arbeitsbeziehungen bekommen. Sein Boss ist in Zukunft nicht mehr bloß kontrollierende Autorität: Er ist ein Kunde, der seinen Wünschen entsprechend bedient werden muss. Wenn er so behandelt wird und bemerkt, dass sein Mitarbeiter eine *Marke ICH®*, ein selbständig agierender Unternehmer ist, dann kann das dem Arbeitsverhältnis nur förderlich sein. Selbst dann, wenn der Boss bei längerem Nachdenken bemerkt, dass unternehmerisches Denken im Sinne der *Marke ICH®* auch weniger Loyalität bedeutet – aber das wird durch größere Eigeninitiative bei weitem aufgewogen.

Gefragt sind neue Fähigkeiten. Qualifikationen, die in der Regel nicht an den Schulen gelehrt werden. So muss ein neuer Selbständiger viel besser zuhören – aber auch viel besser reden und schreiben – können, als das von einem Angestellten im selben Berufsbereich erwartet wird. Kommunikationsfähigkeit, Generalistendenken, Selbstorganisation und strikte Konzentration auf die eigenen Stärken – das sind die Fähigkeiten, die bei Selbständigen gefragt sind, die man sich aber selber erarbeiten muss.

Wir wollen nun noch einmal in einem Schnelldurchgang eine Checkliste für den Weg zur eigenen *Marke ICH®* durchgehen:

■ Der erste Schritt ist immer Spezialisierung: Was genau macht Ihre *Marke ICH®*? Wie kann dieser Fokus stärker betont werden? Was können Sie, was andere nicht können? Das ist Ihre USP, die „Unique Selling Proposition", der wichtigste Grund bei Ihnen und nicht anderswo zu kaufen.

■ Und: Was macht Ihre *Marke ICH®* sicher nicht – was lässt *Die Marke ICH®* ganz bewusst bleiben?

■ Was ist das Ungewöhnlichste, Interessanteste, am ehesten im Gehirn Hängenbleibende an Ihnen? Haben Sie – vielleicht aus einem früheren Lebensabschnitt, aus einem anderen Interessengebiet – beeindruckende Fähigkeiten, die Ihrer *Marke ICH®* von heute Kraft geben können?

■ Was sind die fünf wichtigsten Eigenschaften, die zu Ihrer *Marke ICH®* gehören? Wo ist die persönliche Note, die der *Marke ICH®* mit diesen Eigenschaften einen sympathischen, vielleicht auch frechen Zug gibt?

■ Sie brauchen ein Motto, kurz und knackig, damit es fest sitzt. Wie lautet das Statement, mit dem Sie Ihre Marke darstellen können? Erinnern Sie sich an den Satz „Ich bin …", und erklären Sie: „weil ich …" Das Wichtigste ist, dass Sie Ihre Botschaft rüberbringen – wenn das nicht gleich gelingt, feilen Sie daran, probieren Sie sie im kleinen Kreis (vor der Stammmannschaft Ihrer Herolde) aus, feilen Sie weiter.

■ Schreiben Sie noch einmal auf, was für Sie Erfolg ist – wo sehen Sie sich beruflich und privat in einem Jahr, wo in fünf, wo in zehn Jahren?

- Wer ist Ihre Zielgruppe, wer soll von Ihren Fähigkeiten erfahren? Und welche Schritte unternehmen Sie, damit die Zielgruppe das auch erfährt: Was tun Sie, um positiv aufzufallen?

- Die Wahrscheinlichkeit, dass Sie sich gleich beim ersten Auftritt als *Die Marke ICH®* blamieren, können Sie erheblich reduzieren, wenn Sie dafür sorgen, dass andere für Sie die Werbetrommel rühren. Nehmen Sie daher überall, wo Ihnen Ihr Auftritt wichtig ist, einen Herold mit.

- Konsistenz, Klarheit und Authentizität sind die wichtigsten Eigenschaften einer Marke – überprüfen Sie daher regelmäßig: Stehe ich noch für das, wofür ich stehen will – was müsste ich stärker tun, was weglassen, um konsistent zu wirken? Wie kann ich anderen klarmachen, wo der Kern meiner *Marke ICH®* liegt? Und bleibe ich noch ich selber, wenn ich den Vorgaben anderer folge – anstatt dem, was ich mir für *Die Marke ICH®* vorgenommen habe?

- Seien Sie sich Ihres Expertenstatus bewusst – und seien Sie stolz auf das, was Sie tun. Versprechen Sie, was Sie halten können. Selten weniger. Auf keinen Fall mehr. Wenn bekannt wird, dass Sie Ihre Versprechen nicht halten können, ist Ihre *Marke ICH®* schwer beschädigt. Wenn Sie also noch kein Experte im Feld Ihrer *Marke ICH®* sind, dann werden Sie erst einmal einer – sonst verschwenden Sie anderer Leute Zeit.

- Bedenken Sie, dass der Mehrwert einer Marke darin liegt, dass sie Ruhm genießt. Nehmen Sie jede Gelegenheit wahr, für Ihre *Marke ICH®* Ruhm zu sammeln.

- Nur wer sich selbst treu ist, kann mit der Treue seiner Kunden rechnen. Sprunghafte Änderungen können Marken zerstören. Machen Sie sich daher den Grundsatz zu eigen, dass eine große Marke vor allem gelassen ist – und in Gelassenheit kann man sich üben. Bleiben Sie Ihrem guten Markennamen, Ihrem Markenkern, Ihren Zielen treu. Denn oft wird all das von Ihrer Zielgruppe erst wahrgenommen, wenn es Ihnen und Ihren Herolden schon auf die Nerven geht.

Zum Schluss laden wir Sie noch einmal ein zu träumen, zu spielen. Das „Planetenspiel" kennen Sie ja schon, nehmen Sie sich noch einmal eine Viertelstunde Zeit, zu diesem imaginären Planeten zu reisen, der Ihrer *Marke ICH®* gewidmet ist. Wahrscheinlich werden Sie jetzt, nachdem Sie dieses Buch durchgearbeitet haben, andere Vorstellungen von dem Planeten haben, werden schönere und schärfere Bilder davon machen können, weil Sie *Die Marke ICH®* ja nun gut kennen. Denken Sie sich in diesen Ausflug hinein. Träumen Sie davon. Was können Sie auf diesem Planeten entdecken? Wie ist dort die Landschaft? Wie riecht es dort? Was ist zu hören? Wie schmeckt es dort? Wie greift sich dieser Planet an? Welche Menschen leben dort? Welche schönen Erfahrungen kann man dort machen? Welche schlechten Erfahrungen kann man dort machen? Welche Souvenirs würden Sie von diesem Planeten *Marke ICH®* mitnehmen? Und welche Fotos würden Sie dort machen?

Aufgaben für Ihren Herold:

Lassen Sie auch einen oder mehrere Ihrer Herolde das Planetenspiel spielen – Sie werden dadurch viel über sich lernen. Ihre Herolde sind besser als jeder Business-Consultant beim Finden von neuen Ideen, wo die Stärken Ihrer *Marke ICH®* besonders gut zur Geltung kommen könnten – besonders, wenn es Ihnen gelingt, junge Herolde zu rekrutieren, die Sie ständig fragen, warum Sie dieses so und jenes anders machen – und ob man das ändern könnte. Nein, ändern Sie nichts, was zentral zur *Marke ICH®* gehört. Aber horchen Sie sich die Anmerkungen gut an – und ändern Sie vor allem die Routinen und Kommunikationskanäle, wenn es sich mit Ihrer *Marke ICH®* vereinbaren lässt. Und vergessen Sie nie, was Ihre Herolde für Sie bedeuten. Sagen Sie Ihnen zumindest Danke – jedes Mal, wenn Sie einen Erfolg haben, den Sie ohne das Herold-Prinzip nicht gehabt hätten.

Oder schenken Sie Ihnen ein gutes Buch – dieses Buch! Es kann auch Ihren Herolden helfen, noch besser zu werden.

Literaturauswahl

„Die Kunst zu werben", Katalog des Münchner Stadtmuseums, München 1996

Aaker, David und Joachimsthaler, Erich: „Brand Leadership", The Free Press, New York 2000

Aaker, David: „Building Strong Brands", The Free Press, New York 1996

Aaker, David: „Management des Markenwertes", Campus Verlag, Frankfurt 1992

Andrew, David: „Brand Revitalisation and Extension", in: Hart/ Murphy (ed.) „Brands – The new wealth creators", Macmillan, London 1998

Armstrong, Derek Lee und Yu, Kam Wai: „The Persona Principle™", FIRESIDE/SIMON&SCHUSTER, New York 1996

Bixler, Susan und Nix-Rice, Nancy: „The New Professional Image", Adams Media Corporation, Holbrook,1997

Bridges, William: „Ich & Co.", Hoffmann & Campe, Hamburg 1996

Buchholz, Andreas und Wördemann, Wolfram: „Was Siegermarken anders machen", Econ, München/Düsseldorf 1998

Buckingham, Marcus und Clifton Donald: „Now, Discover Your Strengths", The Free Press, New York 2001

Curtis Design: „Branding Your Beer: The 5 P's of a Great Identity", Broschüre, San Francisco 1998

D'Alessandro: „Was Marken unschlagbar macht", Redline Wirtschaft bei Verlag Moderne Industrie, München 2002

Dru, Jean-Marie: „Disruption – Regeln brechen und den Markt aufrütteln", Campus, Frankfurt 1997

Fisher Roffer Robin: „Make a Name for yourself", Broadway Books, New York 2002

Hars, Wolfgang: „Ich bin gut! Eigenwerbung wie ein Profi – Image-Kampagne für das Ich", Oesch Verlag, Zürich 1995

Hars, Wolfgang: „Lurchi, Klementine & Co.", Argon Verlag, Berlin 2000

Hart und Murphy (ed.): „Brands – The New Wealth Creators", Macmillan, London 1998

Hochegger Research/Gaines-Ross, Leslie: „Der Chef als Kapital", Linde Verlag, Wien 2006

Heimburg, York von: „Sieger und Verlierer – Fokussierung entscheidet", Metropolitan-Verlag, Düsseldorf 1997

Huber, Kurt: „Image", Verlag Moderne Industrie, Landsberg 1987

Karmasin, Helene: „Produkte als Botschaften", 2. Auflage, Wirtschaftsverlag Ueberreuter, Wien 1998

Keller, Kevin Lane: „Strategic Brand Management", Prentice Hall, Upper Saddle River 1998

Ketteringham, John und Nayak, P. Ranganath: „Senkrechtstarter – Große Produktideen und ihre Durchsetzung", Econ, Düsseldorf 1987

Koch, Klaus-Dieter: „Reiz ist geil", Orell-Füssli, Zürich 2006

Köppl, Peter: „Public Affairs Management: Strategien & Taktiken erfolgreicher Unternehmenskommunikation", Linde Verlag, Wien 2000

Levinson, Jay Conrad, Frishman, Rick and Lublin, Jill: „Guerrilla Publicity", Adams Media Corporation, Avon 2002

Levinson, Jay Conrad: „Guerrilla Marketing – completely revised and updated for the 90's", Houghton Mifflin Co., Boston/New York 1993

Märtin, Doris: „Image Design", Wilhelm Heyne Verlag, München 2000

Marshall, Susan: „Die Kunst, Profil zu zeigen", Redline Wirtschaft, Frankfurt 2003

Mollenhauer, Hans P.: „Von Omas Küche zur Fertigpackung", Casimir Katz Verlag, Gernsbach 1988

Perner, Rotraud: „Die Hausapotheke für die Seele", Deuticke Verlag, Wien 2005.

Peters, Tom: „The Brand You 50", Alfred A. Knopf, New York 1999

Ries, Al & Laura: „Die Entstehung der Marken", Redline Wirtschaft, Frankfurt am Main 2005

Thomsett, Michael C.: „A Treasury of Business Quotations", St. James Press, Chicago/London 1990

Tölle, Marianne: „Die Entwicklung der Persönlichkeit", Verlag Time-Life, Amsterdam 1996

Toscani, Oliviero: „Die Werbung ist ein lächelndes Aas", Bollmann Verlag, Mannheim 1996

Trout, Jack und Rivkin, Steve: „Differenzieren oder Verlieren", Redline Wirtschaft bei Verlag Moderne Industrie, München 2003

Twitchell, James B.: „20 Ads that shook the World", Three Rivers Press, New York 2000

Ullstein, Hermann: „Wirb und Werde!", Verlag A. Francke, Bern 1935

Upshaw, Lynn B.: „Building Brand Identity – A Strategy for Success in a Hostile Marketplace", John Wiley & Sons, New York 1995

Zugmann, Johanna und Lanthaler, Werner: „Die ICH-Aktie. Mit neuem Karrieredenken auf Erfolgskurs", Verlag Frankfurter Allgemeine Zeitung, Frankfurt am Main 2000

Register starker Marken

Wie man sich sicher und gewandt auf glattem Parkett bewegt

Ob im Job-Alltag, bei Konferenzen oder Geschäftseinladungen: die „Tretminen" lauern überall. Und auf internationalem Parkett mit Asiaten oder Amerikaner kommen weitere, ungeahnte Stolperfallen dazu. Auch der zweite Business-Behaviour-Titel mit brandneuen Kolumnen aus dem Handelsblatt hilft aus der Patsche und gibt Tipps, wo's keine Regeln gibt.

Diese unterhaltsame wie feinsinnige Lektüre empfiehlt sich jedem, der in Sachen Benimm niemals daneben liegen möchte.

160 Seiten
Hardcover
€ 15,90 (D) / € 16,40 (A) /
CHF 28,50
ISBN-10: 3-636-01365-3
ISBN-13: 978-3-636-01365-1

www.redline-wirtschaft.de

REDLINE WIRTSCHAFT